Leitfäden der Informatik

Klaus Meyer-Wegener

Multimediale Datenbanken

Multimediale Datenbanken

Leitfäden der Informatik

Herausgegeben von

Prof. Dr. Bernd Becker, Freiburg
Prof. Dr. Friedemann Mattern, Zürich
Prof. Dr. Heinrich Müller, Dortmund
Prof. Dr. Wilhelm Schäfer, Paderborn
Prof. Dr. Dorothea Wagner, Karlsruhe
Prof. Dr. Ingo Wegener, Dortmund

Die Leitfäden der Informatik behandeln

■ Themen aus der Theoretischen, Praktischen und Technischen Informatik entsprechend dem aktuellen Stand der Wissenschaft in einer systematischen und fundierten Darstellung des jeweiligen Gebietes.

■ Methoden und Ergebnisse der Informatik, aufgearbeitet und dargestellt aus Sicht der Anwendungen in einer für Anwender verständlichen, exakten und präzisen Form.

Die Bände der Reihe wenden sich zum einen als Grundlage und Ergänzung zu Vorlesungen der Informatik an Studierende und Lehrende in Informatik-Studiengängen an Hochschulen, zum anderen an „Praktiker", die sich einen Überblick über die Anwendungen der Informatik (-Methoden) verschaffen wollen; sie dienen aber auch in Wirtschaft, Industrie und Verwaltung tätigen Informatikern und Informatikerinnen zur Fortbildung in praxisrelevanten Fragestellungen ihres Faches.

Klaus Meyer-Wegener

Multimediale Datenbanken

Einsatz von Datenbanktechnik in Multimedia-Systemen

2., überarbeitete und erweiterte Auflage

B. G. Teubner Stuttgart · Leipzig · Wiesbaden

Bibliografische Information der Deutschen Bibliothek
Die Deutsche Bibliothek verzeichnet diese Publikation in der Deutschen Nationalbibliographie; detaillierte bibliografische Daten sind im Internet über <http://dnb.ddb.de> abrufbar.

Prof. Dr. Klaus Meyer-Wegener
Geboren 1956 in Bremen. 1975-1980 Studium der Informatik an der TH Darmstadt. Nach Abschluss als Diplom-Informatiker 1980 Wiss. Mitarbeiter an der Universität Kaiserslautern. 1986 Promotion. 1986-1990 Hochschulassistent an der Universität Kaiserslautern. 1988 Forschungsaufenthalt an der Naval Postgraduate School in Monterey, Kalifornien. Habilitation. 1990-1993 Professor an der Universität Erlangen-Nürnberg. 1993-2001 Professor an der TU Dresden. Seit Oktober 2001 Lehrstuhl für Informatik 6 (Datenbanksysteme) an der Universität Erlangen-Nürnberg.

1. Auflage 1988
2., überarbeitete und erweiterte Auflage Oktober 2003

Umschlaggestaltung: Ulrike Weigel, www.CorporateDesignGroup.de

Gedruckt auf säurefreiem und chlorfrei gebleichtem Papier.

ISBN-13: 978-3-519-12419-1   e-ISBN-13: 978-3-322-80143-2
DOI: 10.1007/978-3-322-80143-2

Vorwort der ersten Auflage

Datenbanksysteme lagen bereits seit Abschluss des Studiums im Schwerpunkt meiner Interessen. Ich hatte mich allerdings nur mit formatierten Daten befasst, bis ich Ende 1987 eine Tätigkeit als Gastwissenschaftler an der Naval Postgraduate School in Monterey, Kalifornien, aufnehmen konnte. Prof. Vincent Y. Lum hatte dort gerade mit einem neuen Projekt begonnen, in dem insbesondere auch Multimedia-Datenbanken untersucht werden sollten.

Im Rahmen dieses Projekts habe ich mich mit allen Formen von Multimedia auf Rechnersystemen befasst und immer besonderes Augenmerk auf die Daten gerichtet, die dabei entstehen und aufbewahrt werden müssen. Unabhängig von Datenbanksystemen gibt es schon einige Vorschläge für die Organisation von Multimedia-Daten, oft unter dem Stichwort „Hypermedia". Auch diese mussten sorgfältig untersucht und den Möglichkeiten eines Datenbanksystems gegenübergestellt werden. In diesem Buch werden die wichtigsten Ergebnisse dieser Bestandsaufnahme dokumentiert und in Vorschläge für die Gestaltung von Multimedia-Datenbanksystemen umgesetzt.

Das Themengebiet Multimedia ist derzeit noch voller Dynamik; viele Wissenschaftler arbeiten weltweit daran. Während dieses Buch erstellt wurde, erschienen laufend neue Bücher, Artikel und Tagungsbände, die leider nicht mehr alle berücksichtigt werden konnten. Meine Absicht war, aus den Einzelvorschlägen die Prinzipien herauszufiltern, die auch auf längere Sicht Bestand haben würden. Inwieweit mir das gelungen ist, muss die Zukunft zeigen.

Danksagungen:

Viele Personen haben mich durch Anregungen, Kommentare, Diskussionsbeiträge oder auch nur durch das Abnehmen von anderen Aufgaben bei der Abfassung des Buchs unterstützt. Ihnen allen sei bei dieser Gelegenheit herzlich gedankt. Auch wenn sie hier nicht namentlich erwähnt werden, weiß ich ihre Hilfe ebenso zu schätzen wie die der folgenden Personen.

First of all, I would like to thank Prof. Vincent Y. Lum of the Naval Postgraduate School in Monterey, California, for giving me the opportunity to dig into a new subject, for many fruitful discussions, and for the continuing support. Many of the ideas presented in this book are strongly influenced by him.

I would also like to thank Prof. Neil C. Rowe of the Naval Postgraduate School for his patience regarding my insufficient mastership of the English language and for his invaluable help in the area of natural language processing. The parser introduced in section 6.4 is his work.

Mein herzlicher Dank geht auch an Herrn Prof. Dr. Theo Härder, Universität Kaiserslautern, der mir nach meiner Rückkehr aus Monterey gestattet hat, an diesem Thema weiterzuarbeiten, obwohl es keinen direkten Nutzen für die in seiner Gruppe laufenden Projekte hatte. Er hat mir die Freiräume gewährt, die die Voraussetzung dafür waren, dass dieses Buch überhaupt entstehen konnte, und hat den Fortgang stets kritisch begleitet. Schließlich war er auch bereit, die Begutachtung der Habilitationsschrift zu übernehmen, die diesem Buch zugrundeliegt.

Für die Einwilligung, das zweite Gutachten zur Habilitationsschrift anzufertigen, und die zahlreichen konstruktiven Verbesserungsvorschläge, die in die Erstellung des Buchs eingeflossen sind, danke ich Herrn Prof. Dr. Hans-Jürgen Appelrath von der Universität Oldenburg.

Herrn Prof. Dr. Hartmut Wedekind, Universität Erlangen-Nürnberg, danke ich für einige wertvolle Hinweise zur Abrundung des zweiten Kapitels.

Mein Dank gilt auch dem Teubner-Verlag und besonders Herrn Dr. Peter Spuhler für die gute Zusammenarbeit.

Schließlich möchte ich meiner Frau Anne danken, die eine Neuauflage dessen erleben musste, was sie während der Erstellung meiner Dissertation schon zu ertragen hatte. Ihr Verständnis für meine Anspannung und meine mangelnde Verfügbarkeit waren mindestens ebenso wichtig für die Entstehung dieses Buches wie die fachliche Unterstützung von anderer Seite. Sie hat mir obendrein noch sehr bei der Schlussredaktion geholfen.

Erlangen, im Februar 1991

Klaus Meyer-Wegener

Vorwort zur zweiten Auflage

Seit etwa 1995 hatte ich Pläne zur Überarbeitung des Buchs. Anlass dafür gab es sogar schon früher. Es war dann aber doch ganz gut, dass mir die Zeit fehlte, die Pläne sofort in die Tat umzusetzen. In der Zeit seit 1995 sind immerhin sechs Bücher zum selben Thema erschienen. Nun konnte ich ihren Stand berücksichtigen und noch aktuellere Entwicklungen einbeziehen.

Enormes hat sich seit der ersten Auflage getan. So ist das World-wide Web entstanden, von dem in der ersten Auflage noch gar nicht die Rede sein konnte. Andere Hypermedia-Systeme sind dadurch fast bedeutungslos geworden.

1991 musste das Buch vieles Grundlegende zu Multimedia noch selbst einführen. Heute kann auf eine Fülle anderer Literatur verwiesen werden. Die entsprechenden Abschnitte wurden stark gekürzt.

Geblieben ist die Idee, Abstrakten Datentypen für Medienobjekte zu definieren in relationale oder objektorientierte Datenbanken einzubetten. „Objektrelationale Datenbanken" sind heute Stand der Technik und versuchen, die Konzepte beider zu vereinigen. Fast alle Hersteller gehen in diese Richtung, und für die Datentypen hat sich ein Markt etabliert. Mit SQL:1999 ist auch die Norm entsprechend erweitert worden.

Im Rückblick auf die erste Auflage sieht man sehr deutlich, was sehr schnell veraltet ist und was Bestand hatte. Deshalb habe ich auch jetzt wieder versucht, mich auf das Prinzip zu beschränken. Die Vorstellung konkreter Systeme kann nur als Beispiel und zur Veranschaulichung dienen; ansonsten veralten die Aussagen zu schnell. Deshalb sind bei weitem nicht alle Systeme berücksichtigt, die es inzwischen gibt; ihre Zahl ist ja sehr groß geworden. Ich bitte die Kollegen um Nachsicht, die ihr System nun gerade nicht wiederfinden.

Neu sind die Übungsaufgaben. Sie sind zu den Vorlesungen entstanden, die ich die ganzen Jahre über zu diesem Thema gehalten habe, und es war der Wunsch des Verlags, sie mit in das Buch aufzunehmen. Die Lösungen sind nicht im Buch selbst enthalten, sondern werden auf dem Web-Server zur Verfügung gestellt. Das bietet die Möglichkeit, sie Zug um Zug zu ergänzen, wenn sich neue Ideen auftun.

Während die erste Auflage in Word auf einem Macintosh geschrieben wurde, entstand die zweite als LaTeX-Dokument unter Windows. Für den Satz wurde die Dokumentklasse trd2book verwendet, die alle Vorgaben des Teubner-Verlags enthält – ein herzlicher Dank an Herrn Prote!

Zu dem Buch ist eine Web-Seite eingerichtet worden:

http://www6.informatik.uni-erlangen.de/MMDB-Buch/

Sie wird, neben den bereits erwähnten Musterlösungen zu den Übungen, die unvermeidlichen Korrekturen und eine Reihe von weiteren, hoffentlich nützlichen Informationen rund um das Buch anbieten.

Danksagungen:

Mein Dank geht ganz besonders an Herrn Dr. Spuhler vom Teubner-Verlag, der mich über lange Jahre hinweg betreut hat. Die Zusammenarbeit mit ihm war immer sehr angenehm, und er hat dabei viel Geduld bewiesen. In seiner Nachfolge musste dann auch Herrn Sandten mehrere Verschiebungen des Abgabetermins erleiden; ich danke ihm ebenfalls und hoffe darauf, dass die Zusammenarbeit so gut weitergeht, wie sie begonnen hat.

Die Mitarbeiter am Lehrstuhl IMMD 6, Rolf Käckenhoff, Thomas Kirsche und Detlef Merten, wie auch die Mitarbeiter an der Professur für Datenbanken der TU Dresden, Kai Bruns, Ulrich Marder, Günter Robbert, Christoph Baumgarten, Henrike Berthold, Frank Binkowski und Andreas Märcz, habe mich in vielen lebhaften Diskussionen immer wieder gefordert und mir zahllose Anregungen gegeben, ohne die dieses Buch viel ärmer wäre. Dafür danke ich Ihnen allen ganz herzlich.

Das gilt in gleicher Weise für meine derzeitigen Mitarbeiter im Bereich Multimedia, Marcus Meyerhöfer und Maciej Suchomski, die über die Diskussionen hinaus auch noch den Text korrekturgelesen und wichtige Hinweise dazu gegeben haben. Auch ihnen danke ich ganz herzlich.

Frau Prof. Dr. Susanne Boll von der Universität Oldenburg erhielt über Prof. Appelrath den Auftrag, sich in der Rolle der Herausgeberin mit dem Inhalt des Buches auseinander zu setzen. Das hat sie sehr gründlich und konstruktiv getan, und dafür bin ich ihr sehr dankbar. Leider konnte ich nicht alle Hinweise umsetzen, weil die Zeit dafür einfach nicht gereicht hat. Aber Herr Sandten hat in einer seiner Mails ja schon von einer dritten Auflage gesprochen ...

Freiwillig haben sich der Lektüre des Entwurfs unterzogen Martin Lang, Student der Informatik in Erlangen, und Thomas Heimrich, Mitarbeiter an der TU Ilmenau. Von beiden kamen ebenfalls sehr wertvolle Hinweise, die ich mich bemüht habe umzusetzen. Das Problem der Zeit bestand natürlich auch hier.

Ingo Schmitt hat mich frühzeitig über sein Buchprojekt im gleichen Themengebiet informiert, so dass ich es schon einbeziehen konnte, obwohl es noch gar nicht erschienen ist. Für das Vertrauen danke ich ihm, und ich hoffe, dass er es nun auch als gerechtfertigt ansieht.

Da man als Professor heute mehr denn je dem Vorwurf ausgesetzt ist, seine Umgebung auszunutzen und dann das Ergebnis unter seinem eigenen Namen zu veröffentlichen, lege ich Wert auf die Feststellung, dass ich das Buch allein geschrieben habe. Was mich das gekostet hat, wissen wohl nur die, die es auch so gemacht haben. Es bedeutet aber auch, dass ich allein für alle Fehler und Auslassungen verantwortlich bin.

Es gibt jemanden, der sehr genau weiß, was mich das alles gekostet hat: Meine Frau Anne. Sie hat mindestens so gelitten wie ich, eher noch mehr. Ich danke ihr dafür sehr und bitte sie, die Hoffnung nicht aufzugeben, dass es doch einmal besser wird.

Es ist nun nicht das Buch geworden, das ich schreiben wollte, sondern das Buch, das ich in der verfügbaren Zeit schreiben konnte. Der Unterschied ist signifikant.

Erlangen, im August 2003

Klaus Meyer-Wegener

Inhaltsverzeichnis

1   Einleitung

„Multimedia" ist inzwischen ein fest etabliertes Schlagwort in der Informatik. Die andauernde Verbesserung (und Verbilligung) der Datenendgeräte und Arbeitsplatzrechner sowie die wachsende Kapazität der Speichermedien ermöglichen es, die Benutzeroberfläche von Rechnersystemen mit Bildern, Graphiken, Tonaufnahmen und Videos anzureichern. Dies war lange Zeit teuren Spezialsystemen vorbehalten. Nun sind Audio- und Videokarten nahezu selbstverständlich. Digitale Kameras, für Stand- wie Bewegtbilder, erobern den Markt. DVD-Spieler können an Rechner wie an Fernseher angeschlossen werden. MP3-Musikaufnahmen auf speziellen Playern oder auch in einem normalen Rechner lösen zunehmend die CD's als Datenträger ab. Bild- und Tonaufnahmen werden zu Daten und können – neben dem üblichen Anzeigen und Abspielen – auch wie Daten verarbeitet werden.

Die Hardware bietet damit einerseits zu sinkenden Kosten viele Möglichkeiten, Benutzungsoberflächen mit neuen Medien qualitativ zu verbessern. Man spricht von einer höheren Informations-„Bandbreite" zwischen Benutzer und System [WL 85], weil bei der Eingabe die Information in jedem Medium direkt, also ohne Umsetzung in ein anderes Medium, und mit geringerem Informationsverlust aufgenommen wird, während bei der Ausgabe die Darstellung in dem am besten geeigneten Medium erfolgt, das eine schnellere Auffassung durch den Benutzer ermöglicht.

Im System ist aber andererseits auch mehr Information verfügbar, weil beispielsweise die in einem Foto enthaltene Information praktisch nicht vollständig in textueller oder tabellarischer Darstellung wiedergegeben werden kann. Ein Bild sagt eben mehr aus tausend Worte. Und damit entsteht die Aufgabe, diese zusätzliche Information auch angemessen zu verwalten.

Es wurden bereits zahllose Anwendungen entwickelt, die sich diese Möglichkeiten zunutze machen. Dazu zählen etwa digitale Bücher, Lehr- und Lernmaterialien, Computerspiele, nicht zuletzt das World-wide Web, digitale Bibliotheken u.v.a.m. In diesen Anwendungen fallen immer mehr Daten an. Oft ist die Produktion dieser Daten sehr aufwändig, man denke nur an die Produktion eines Videoclips. Deshalb möchte man diese Daten gern so verwalten, dass man sie ggf. in anderen Anwendungen oder allgemeiner in anderen Kontexten wiederverwenden kann.

Der erste Ansatz zur Verwaltung, der durch die mitgelieferte Treiber-Software der Ein-/Ausgabegeräte und Speichergeräte ermöglicht wird, besteht meist darin, das einzelne Bild oder die einzelne Tonaufzeichnung in einer *Datei* abzulegen. Die Organisation einer Vielzahl solcher Dateien, ihre Verknüpfung zu Lehrprogrammen, Kursen, elektronischen Büchern oder Werbespots ist damit aber noch nicht geleistet. Man kann sich vorstellen, dass dazu Software von beträchtlicher Komplexität zu erstellen ist, vor allem dann, wenn sie nicht nur einer ganz bestimmten Anwendung dienen, sondern einen gewissen Grad an Allgemeinheit besitzen soll. Das gilt z. B. für einen „Werkzeugkasten", der Lehrern das Erstellen von Unterrichtseinheiten erleichtern soll. Es sind also Software-Bausteine, Unterprogramm-Pakete und Bibliotheken bereitzustellen, die die Konstruktion von Multimedia-Anwendungen unterstützen. Dazu gehören Pakete zur Gestaltung der Ein- und Ausgabe (mit Geräteunabhängigkeit wie z. B. bei GKS [EKPP 83] oder dem Andrew Toolkit [Bor 90]), aber auch solche zur Verwaltung der verschiedenartigen Speichergeräte.

In diesem Buch soll hauptsächlich ein Baustein dieser komplexen Software-Pakete betrachtet werden: die Datenverwaltung. In Multimedia-Anwendungen hat man es mit sehr hohen Speicherplatzanforderungen zu tun und dementsprechend mit einer großen Vielfalt von Speichergeräten: Neben den üblichen magnetischen Datenträgern werden auch optische Speichergeräte und sogar analoge Geräte für Audio und Video benutzt. Weiterhin werden Bilder, Tonaufzeichnungen, Graphiken und auch Texte in einer großen Vielzahl von Formaten abgelegt, die ganz verschiedene Arten des Zugriffs und der Verarbeitung unterstützen. Einige dieser Zugriffe besitzen eine inhärente Zeitabhängigkeit, so etwas das Aufzeichnen und Wiedergeben von Audio und Video. Und schließlich stehen die einzelnen Medienobjekte, die in unterschiedlichen Formaten auf unterschiedlichen Datenträgern abgelegt sind, nicht zusammenhanglos nebeneinander, sondern sind auf vielfältige Weise miteinander verknüpft: Ein Bild illustriert einen Text, eine akustische Aufzeichnung enthält Kommentare oder Erläuterungen zu einem Text, eine Graphik gibt die Information einer Tabelle (Text) als Balkendiagramm wieder usw. Es liegt nahe, die komplexen Aufgaben der Datenverwaltung nicht in jeder Anwendung erneut zu lösen, sondern einem anwendungsneutralen Basissystem zu übertragen, das mehr anbietet als eine Dateiverwaltung.

In betriebswirtschaftlich-administrativen Anwendungen mit ihren vergleichsweise einfachen, satzorientierten Datenstrukturen hat es sich bewährt, ein Datenbank-Verwaltungssystem (DBVS) einzusetzen [CBS 98, UW 97, HS 00, KE 01]. Es ist erstrebenswert, die dadurch gewonnenen Vorteile – zentrale Kontrolle über die Daten, Redundanzfreiheit, Integritätssicherung, Mehrbenutzerbetrieb, usw. – auch auf die Verwaltung komplexerer Datenstrukturen für Bilder, Texte, Graphiken, Tonaufnahmen usw. zu übertragen.

Das Ergebnis ist ein neuartiges DBVS, das als *Multimedia-DBVS* (MMDBVS) bezeichnet werden soll. Es gibt bereits einige Vorschläge für solche MMDBVS und auch schon erste Prototypen, die jedoch von ganz unterschiedlichen Vorstellungen ausgehen. Da neben den etablierten betriebswirtschaftlich-administrativen Anwendungen inzwischen auch eine Reihe andersartiger Anwendungen (CAD, Software Engineering, Kartographie, Katasterwesen, ...) um Datenbankunterstützung nachgesucht hat, gibt es außerdem seit etwa 1980 Aktivitäten zur Entwicklung sog. Non-Standard-DBVS [Küs 86, L$^+$ 85]. In diese Kategorie fallen im Prinzip auch Multimedia-DBVS, die allerdings etwas anderen Anforderungen genügen sollen. Während sich die bisherigen Ansätze vor allem mit komplexen, aber auch stark strukturierten Daten befassen, sind Multimedia-Objekte zu großen Teilen eher unstrukturiert. Genauer gesagt, ist die Struktur, die zur reinen Darstellung (Wiedergabe) benötigt wird, relativ einfach[1].

Vor einer Ausdehnung der Funktionalität auf multimediale Daten ist es angebracht, sich zu

---

[1]Der Inhalt der Objekte ist dagegen meist sehr komplex strukturiert, wie der Betrachter oder Hörer unmittelbar feststellen kann. Diese Struktur muss aber dem System nicht unbedingt bekannt sein.

vergegenwärtigen, wann ein Einsatz von Datenbanksystemen überhaupt sinnvoll ist. Man denkt immer gleich an eine große Menge von Daten. Das ist sicher auch ein Aspekt, aber vor allem sollte man Datenbanksysteme einsetzen, wenn man an wohlstrukturierten und redundanzfreien Datenbeständen interessiert ist, die flexibel abfragbar (recherchierbar) und vielseitig verwendbar sind, also offen für neue Anwendungen. Daten in einer Datenbank sind von mehreren Anwendungen gleichzeitig nutzbar, bei hoher Aktualität der Daten[2], und ausfallsicher.

Damit dies erreicht werden kann, bieten Datenbanksysteme ein Datenmodell an mit der Möglichkeit, die Daten einer größeren Zahl von Anwendungen in Form eines Schemas zu beschreiben. Die Definition eines geeigneten Schemas, der Datenbank-Entwurf, ist nach wie vor eine entscheidende, aber auch schwierige und aufwändige Angelegenheit, die eine enge Kooperation zwischen Entwickler und späterem Nutzer verlangt. Die sog. Normalisierung von Schemata bietet einige Regeln an, die ein Schema befolgen sollte, um einige positive Eigenschaften aufzuweisen. Sie reicht aber bei weitem nicht aus, um zu wirklich nutzbaren Schemata zu gelangen.

Die zweite Leistung eines Datenbanksystems besteht in der Bereitstellung einer Anfrage-sprache zum bequemen Zugriff auf die Daten, ohne dabei auf die Speicherungsstrukturen Bezug nehmen zu müssen. Sie ermöglicht üblicherweise Selektionen, Verknüpfungen und Aggregationen. Die Formulierung sollte möglichst „deskriptiv" erfolgen können und nicht etwa prozedural. Damit ist gemeint, dass Benutzer spezifizieren, *was* für Daten sie haben möchten, aber möglichst gar nichts dazu sagen müssen, *wie* diese Daten aufgesucht und bereitgestellt werden.

Wenn Datenbestände von mehreren Anwendungen gemeinsam genutzt werden, ist es unver-meidlich, dass diese Anwendungen auch gleichzeitig zugreifen können müssen. Solange sich die Zugriffe auf verschiedene Daten beziehen, tritt dabei kein Problem auf. Geht es aber um dieselben Daten, muss das System eingreifen und die Zugriffe so „synchronisieren", dass kei-ne Konflikte entstehen. Das Ziel ist dabei (und das wird mit heutigen Datenbanksystemen auch erreicht), dass jede Anwendung so programmiert werden kann, als ob sie ganz allein auf der Datenbank arbeitete. Das ist an das Konzept der *Transaktion* geknüpft, also eine Folge von zusammenhängenden Datenbankzugriffen, für die der fiktive Einbenutzerbetrieb hergestellt wird. Eine Transaktion ist zugleich auch die Einheit der Sicherung gegen Fehler und Ausfälle. Für sie gilt eine Alles-oder-Nichts-Eigenschaft: Sie wird entweder vollständig ausgeführt oder aber restlos ungeschehen gemacht (zurückgesetzt). Insbesondere können sich die (als inkonsistent eingeschätzten) Zwischenzustände einer Transaktion niemals dau-erhaft im Datenbestand festsetzen. Im Erfolgsfall wird die Transaktion weiter ausgeführt und strebt dadurch ihren konsistenten Endzustand an, im Fehlerfall setzt das Datenbank-system alles zurück und stellt damit den ebenfalls konsistenten Ausgangszustand wieder her. War die Transaktion nicht selbst schuld an dem Fehler, so kann sie dann wiederholt werden.

Damit ist – in sehr kompakter Form – die allgemeine Leistung eines Datenbanksystems charakterisiert. Die Frage ist nun, ob diese oder ähnliche Leistungen auch für Multimedia-

---

[2]Diese lässt sich tatsächlich bei einer großen Datenmenge *einfacher* bewerkstelligen als bei einer kleinen, weil dann die Wahrscheinlichkeit eines Konflikts, also eines gleichzeitigen Zugriffs zweier Anwendungen auf ein und dasselbe Datenobjekt, geringer ist.

Anwendungen nützlich sind. Das Prinzip Datenunabhängigkeit (Datenabstraktion) ist ungewohnt für Multimedia; man denkt immer gleich in bestimmten Formaten wie JPEG, MP3 oder DivX, die auch die physische Datenstruktur festlegen und nicht nur den Inhalt. Die Überlegung, dieselben Multimedia-Daten ganz verschiedenen Anwendungen auf unterschiedlichen Plattformen zur Verfügung zu stellen, ohne sie redundant in mehreren Formaten vorzuhalten, führt aber sehr schnell zu der Notwendigkeit, auch für diese Objekte ein Datenmodell und ein Schema einzuführen. Die können und sollten dann von den Formaten abstrahieren und eine abstrakte (logische) Sicht auf die Objekte anbieten. Das führt das altbekannte und bewährte Prinzip der Datenunabhängigkeit auch für Multimedia-Datenobjekte ein. Außer einer beträchtlichen Flexibilität in den Speicherungsformen, die für eine Reihe von Optimierungen und die laufende Anpassung an die effektivste Technik genutzt werden kann, erreicht man damit auch eine Anwendungsneutralität der Datenverwaltung, weil man ohnehin geeignete Zugriffsoperationen benötigt und diese leicht eine Anpassung an verschiedene Anwendungsumgebungen vornehmen können. Eine neue Anwendung, die die bereits gespeicherten Datenobjekte nutzen möchte, kann sie sich also in einer Form geben lassen, die sie direkt darstellen oder weiterverarbeiten kann.

Zum Zugriff auf die Datenobjekte gehört auch die Suche oder Selektion, die sich in herkömmlichen DBVS auf die Übereinstimmung von Attributen und Werten stützt, mit einigen Ansätzen zum Mustervergleich. Das reicht aber für Multimedia-Daten nicht aus [Sch 02b]. Hier spielt Ähnlichkeit eine weit größere Rolle als die Übereinstimmung. Dafür müssen Vergleichsoperationen bereitgestellt werden, die komplexe Ähnlichkeitsmaße berechnen können. Das Ergebnis der Suche besteht dann nicht aus einer kleinen Teilmenge von Treffern, sondern einer Rangliste von (möglicherweise sehr vielen) Objekten, die absteigend nach Ähnlichkeit geordnet ist und von der die Anwender meist nur die ersten n überhaupt auswerten. Sichtbar sind davon die genannten Vergleichsoperationen, intern muss das MMDBVS allerdings auch sehr spezielle Zugriffspfade bereitstellen, damit die Ranglisten effizient erstellt werden können.

Unter den Multimedia-Datenobjekten sind, wie erwähnt, einige, die eine inhärente Darstellungszeit besitzen. Auch das ist etwas grundsätzlich Neues für DBVS, konnten sie doch bisher davon ausgehen, dass das Ausgeben von Daten keine besondere Beachtung verdient. Nun aber muss es einerseits zeitgesteuert ablaufen, also zum Beispiel alle 40 ms ein Bild, und es dauert auch noch eine beträchtliche Zeit, vielleicht eine Stunde oder noch länger. Eine solche Ausgabe von Daten muss anders organisiert werden als die Ablieferung von ein paar Zahlen und Zeichenketten. Daraus ergeben sich auch erheblich Anforderungen an die interne Speicherverwaltung. Die war schon durch die beträchtliche Größe der Objekte gefordert; der Aspekt Zeit kommt nun noch dazu.

Bei alledem ist es sinnvoll, sich immer wieder vor Augen zu führen, dass die Aufgabe eines DBVS allgemein und auch eines MMDBVS im speziellen allein das *Speichern und Wiederauffinden* von Datenobjekten ist. Das ist, wie hoffentlich deutlich wurde, schon Herausforderung genug. Man sollte der Versuchung widerstehen, zu viele Bearbeitungsoperationen gleich im DBVS selbst anzubieten. Dafür gibt es bereits Programmpakete, die als Editoren im weitesten Sinne aufgefasst werden können, und die sollen weiterhin ihre Aufgabe behalten. Und die ohnehin komplexe Datenbank-Software sollte nicht unüberschaubar und unwartbar werden. Wichtig ist, dass beide Bausteine zusammenarbeiten können. Das geht, wenn das DBVS als Basisdienst („Infrastruktur") für die Vielzahl der Anwendungen aufgefasst und realisiert wird. Konkret bedeutet das, der Programmschnittstelle (dem „Application Programming Interface", API) größte Aufmerksamkeit zu widmen. Dagegen ist die Endbenutzerschnittstelle eines DBVS von viel geringerer Bedeutung.

Damit ist die Aufgabe eines MMDBVS umrissen, aber noch nicht vollständig beschrieben. Da sie grundlegend ist für das ganze Buch, wird sie im nächsten Kapitel noch einmal aufgearbeitet. Dabei werden auch andere Ansätze vorgestellt, die die Akzente unterschiedlich setzen.

Zur Entwicklung eines MMDBVS ist es in jedem Fall notwendig, sich intensiv mit Multimedia-Daten zu befassen. Im Kapitel 3 werden deshalb die verschiedenen Typen von Multimedia-Daten – Text, Graphik, Rasterbild, Ton und Video – im Detail vorgestellt. Dabei geht es um die Frage, wie diese Informationsträger als Daten in Rechnern repräsentiert werden und wie man dann mit ihnen umgeht: Eingabe, Ausgabe, Modifikation, Extraktion von Merkmalen und Vergleich. Ein Punkt wird betont, der bisher oft vernachlässigt oder umgangen wurde: die inhaltsorientierte Suche oder Inhaltsadressierung. Gerade bei den zu erwartenden großen Datenmengen ist es sehr wichtig, effizient suchen zu können, z. B. nach den Bildern, bei denen eine mehr oder weniger vage Inhaltsangabe zutrifft. Die Vergleichsoperationen sind vom jeweiligen Medium abhängig.

Vor der Entscheidung darüber, welche Operationen man im Kontext einer Anfragesprache auf solchen Daten anbieten sollte, ist ein Blick auf die Systemumgebung zu werfen, in der diese Funktionen dann realisiert werden müssen. Dazu zählen zum einen die Speichergeräte (Kapitel 4) und zum anderen Basismechanismen des Betriebssystems wie Ablaufplanung und Echtzeitunterstützung (Kapitel 5). Von diesem Angebot muss ein DBVS immer ausgehen, um höhere Dienste effektiv bereitstellen zu können, und MMDBVS brauchen noch ein wenig mehr.

Die Definition des MMDBVS-Dienstangebots beginnt dann naheliegenderweise mit dem Datenmodell. Hier gibt es zwei große Entwicklungslinien: Eine Schule hält am bewährten relationalen Datenmodell fest und erweitert es um neue Wertebereiche (Domains), während die andere Schule kategorisch behauptet, dass ein MMDBVS nur ein objektorientiertes DBVS sein kann. Der Herangehensweise in diesem Buch liegt dagegen die These zugrunde, dass die Entscheidung für ein bestimmtes Datenmodell gar nicht so zentral ist und dass vielmehr in jedem Fall die Hauptarbeit in der Definition der neuen Datentypen zu leisten ist. Deshalb ist ihnen das Kapitel 6 gewidmet. Insbesondere die Menge der auf Text, Rasterbild, Graphik usw. angebotenen Operationen muss sehr sorgfältig ausgewählt werden. Dazu zählen auch die Vergleichsoperationen, die die Grundlage für die Suche bilden. Diese neuen Datentypen können dann ein Wertebereich in einem (objekt-) relationalen System oder eine Klasse in einem objektorientierten System sein, wie die Kapitel 7 und 8 zeigen werden.

Nachdem einerseits die Funktionalität eines MMDBVS beschrieben und andererseits zusammengetragen wurde, von welchen Voraussetzungen dabei ausgegangen werden kann, ist die Abbildungsaufgabe, die die Implementierung eines MMDBVS nun zu leisten hat, hinreichend definiert. Dabei entstehen zahlreiche Optimierungsaufgaben, von denen Kapitel 9 einige betrachten wird. Zum Abschluss werden die verschiedenen Techniken zur Behandlung von Multimedia-Daten in einen Architekturvorschlag für MMDBVS umgesetzt.

Kapitel 10 fasst die Konzepte noch einmal zusammen und nennt offene Probleme sowie Anregungen für weitere Forschungsaktivitäten auf diesem Gebiet.

2 Aufgaben eines Multimedia-Datenbanksystems

Überlegungen zum Funktionsumfang von MMDBVS werden schon seit einiger Zeit ange-
stellt. Der früheste Beitrag zu diesem Thema[1] ist ein nur zwei Seiten langes Thesenpapier
von Stavros Christodoulakis für eine Podiumsdiskussion auf der SIGMOD-Konferenz von
1985 [Chr 85]. Darin werden zwei Aufgaben genannt:

- Verwaltung unformatierter Daten und
- Verwaltung neuartiger Geräte zur Darstellung und Speicherung der unformatierten Daten.

Es wird in Kapitel 3 noch verdeutlicht, dass es nicht ausreicht, Medienobjekte nur als
unformatierte Daten zu betrachten und zu behandeln, weil sie stets auch formatierte Daten
umfassen und eine Suche nur auf der zumindest bruchstückhaften Kenntnis des Inhalts
aufgebaut werden kann. Dass die Geräte zur Speicherung von Medienobjekten durch das
MMDBVS verwaltet werden müssen, steht außer Zweifel. Für die Ein-/Ausgabegeräte ist
das nicht so sicher. Christodoulakis war davon selbst auch nicht völlig überzeugt, wie seine
Liste der Teilprobleme zeigt, die bei der Entwicklung eines MMDBVS zu lösen sind:

1. Software-Architektur
Man kann verschiedene Wege gehen, um ein MMDBVS zu realisieren. Zum einen kann
man existierende DBVS erweitern. Wie etwa das Beispiel von POSTGRES zeigt, ist das
mit massiven Änderungen verbunden, die einer Neuimplementierung nahezu gleichkommen
[SR 86]. Zum anderen kann man medienspezifische Spezial-DBVS und Standard-DBVS
unter einer gemeinsamen Benutzerschnittstelle zusammenfassen, wie es etwa in [Loc 88] und
in [Mas 87] vorgeschlagen wird. Hier gibt es Probleme mit der Leistung, weil insbesondere
alle übergreifenden Funktionen, die Mediendaten und formatierte Daten betreffen, nur in
der Integrationsschicht realisiert werden können. Es bleibt schließlich noch die Möglichkeit,
ein ganz neues DBVS zu erstellen, was mit dem größten Aufwand verbunden ist, aber auch
alle Optimierungen zulässt.

2. Inhaltsadressierung
Die Suche kann stets über zugeordnete formatierte Daten oder Texte erfolgen, doch das
ist nicht das eigentliche Problem. Eigenschaften und Strukturen der Medienobjekte selbst
zur Qualifikation heranzuziehen, erfordert die Definition von Ähnlichkeitsmaßen für Muster
und die Ausnutzung von räumlichen Beziehungen. Eine automatische Inhaltserschließung
ist praktisch unmöglich; allerdings kann man sehr verschiedene Arten sog. „Features" extrahieren und für die Suche nutzen.

---

[1]Es gab schon vorher Beiträge zum Thema Multimedia, in denen der Datenhaltungsaspekt jedoch – wenn
überhaupt – nur ohne Datenbank-Hintergrund diskutiert wurde.

3. *Performance (Leistungsfähigkeit)*
Es müssen Zugriffsmethoden für die neuen Datentypen bereitgestellt werden (z. B. Signatur-Dateien für Texte oder Ikonen-Indexe für Rasterbilder). Hardware-Architektur, physischer Datenbankentwurf und die Optimierung von Anfragen müssen die neuen Datentypen, ihre Größe und die auf ihnen definierten Operationen berücksichtigen.

4. *Benutzerschnittstelle*
Wenn das MMDBVS eine Endbenutzerschnittstelle anbietet, muss diese die verschiedenen Geräte bedienen können, die zur Ein- und Ausgabe in den verschiedenen Medien benötigt werden.

5. *Operationen*
Soweit es möglich ist, sollte das MMDBVS Operationen zur Extraktion von Information aus Medienobjekten und deren Darstellung in formatierter Form anbieten. Weiterhin sollten Operationen zur Medien-Umsetzung zur Verfügung stehen.

6. *Mehrbenutzerbetrieb, Recovery, Zugriffskontrolle, Unterstützung von Versionen*
Was schon die herkömmlichen DBVS von einfachen Dateisystemen unterscheidet, sollte auch in MMDBVS verfügbar sein. Die entscheidende Frage ist dabei die nach dem Granulat der Synchronisation und der Zugriffskontrolle: Sollen jeweils ganze Medienobjekte einem Benutzer zum Ändern exklusiv zugeteilt werden oder nur Teile davon?

7. *Speichergeräte mit großer Kapazität*
Die Verwaltung der neuartigen Speichergeräte, vor allem der optischen Platten, ist zweifelsfrei Aufgabe des MMDBVS. Das schließt die Konsistenzkontrolle für Kopien ein, die evtl. aus Performance-Gründen auf anderen Datenträgern gehalten werden müssen, und die Auswahl und Anwendung von Komprimierungstechniken.

8. *Techniken des Information Retrieval*
Die Zuteilung von Schlagwörtern und die Volltextsuche können sehr nützlich sein. Dazu müssen die seit langem bekannten Techniken des Information Retrieval in herkömmliche DBVS integriert werden, wie es ja auch schon seit einiger Zeit versucht wird. Hier besteht ein enger Zusammenhang mit dem Punkt 2.

9. *Einsetzbare Prototypen*
Es sollten zügig Prototypen realisiert werden, damit Anwendungserfahrung gesammelt werden kann.

Dies gilt es nun zu sichten, zu ordnen und weiterzuentwickeln. Die im letzten Kapitel schon angesprochenen Punkte haben Anhaltspunkte geliefert, müssen aber noch vertieft werden. In Mittelpunkt steht wieder das Speichern und Wiedergewinnen, nun eben von Medienobjekten. Dabei sind etliche Randbedingungen zu beachten, die sich insbesondere durch die Forderung nach Datenunabhängigkeit ergeben. Ihnen wird nun jeweils ein eigener Abschnitt gewidmet.

2.1 Speichern und Wiedergewinnen von Medienobjekten

Diese zunächst bescheiden wirkende Aufgabe eines MMDBVS führt auf eine lange Reihe von technischen Problemen, die in diesem Buch nach und nach angegangen werden sollen.

Sie ist eigentlich zu lesen mit dem Zusatz „nicht mehr und nicht weniger". Dabei bedeutet „nicht mehr", dass keine Integration komplexer Bearbeitungs- und Auswertungsalgorithmen in das DBVS angestrebt wird. Beispiele dafür sind Systeme zur Bild- oder Textanalyse und die große Zahl von Editoren für Medienobjekte. Sie sollen eigenständig bleiben. Eine sinnvolle Erweiterung könnte aber sein, dass man in dem Öffnungs- und Speicherungsdialog, über den sie alle in der einen oder anderen Form verfügen, nicht nur den Zugriff auf Dateien unterstützt, sondern auch den auf eine Datenbank, also etwa die Bestimmung des zu bearbeitenden oder zu speichernden Objekts mittels einer SQL-artigen Anfrage. ES gibt keinen prinzipiellen Grund, warum das nicht möglich sein sollte. Bei dieser Kooperation von DBVS und Anwendungspaket ergibt sich eine sinnvolle Aufgabenverteilung mit der Trennung von Zugriffs- und Manipulationsoperationen.

Ein MMDBVS sollte aber auch „nicht weniger" leisten als das Speichern und Wiedergewinnen von *Medien*objekten. Die heute oft von DBVS schon gebotene Möglichkeit, „Binary Large Objects" (BLOBs) abzulegen, greift dabei einfach zu kurz, da sie auf die Verschiedenartigkeit der Medien überhaupt keine Rücksicht nimmt und alle gleich behandelt. Es gibt weder Unterstützung für die Suche noch für die Zeitabhängigkeit bei Ein- und Ausgabe. Auch die Komprimierung kann nur verlustfrei erfolgen, während die verlustbehaftete, auf das Medium zugeschnittene inzwischen eine weit größere Bedeutung erlangt hat. Ein MMDBVS muss also die Medien unterscheiden und jeweils spezifische Strukturen und Operationen anbieten.

Analysiert man Anwendungen, die Mediendatenobjekte speichern und wiedergewinnen wollen, so erkennt man sehr schnell, dass sie sie dabei *als Ganzes* betrachten. Man könnte ja auch auf die Idee kommen, die Objekte in elementare Teile zu zerlegen, also z. B. bei einem Rasterbild in die Pixel, und diese dann in den gewohnten Strukturen zu verwalten, etwa in Tupeln von Relationen. Das entspricht ja auch den Regeln der Normalisierung, die Information ist vollständig vorhanden, und alle Auswertungsmöglichkeiten sind gegeben. Dies benachteiligt allerdings gerade den häufigsten Zugriff, nämlich den auf das ganze Objekt, weil es erst mit großem Aufwand aus der „atomisierten" Speicherungsform wieder zusammengesetzt werden muss[2]. Aus diesem Grund wird heute – auch in relationalen Systemen – eher der umgekehrte Weg gewählt: Die aggregierte Form stellt den Regelfall dar, und es gibt Zugriffsoperationen, die bei Bedarf den Zugriff auf Einzelteile ermöglichen. Unter diesen Zugriffsoperationen kann leicht auch eine sein, die alle Teile in Tupel einer Relation überführt.

Wie schon erwähnt, erfordert auch das Speichern und Wiedergewinnen von Datenobjekten noch eine deutliche Präzisierung und eine Identifikation von Teilaufgaben, bevor ein MMDBVS entworfen werden kann. Das Wort „Wiedergewinnen" (als deutsche Übersetzung von „Retrieval") bedarf dabei noch einer kurzen Erläuterung. Es umfasst zwei Teilschritte, nämlich die Lokalisierung (durch Navigation oder Suche) und die eigentliche Ausgabe eines Medienobjekts. Beide müssen anders gestaltet werden als bei formatierten Daten. Dies wird im folgenden nicht in der Reihenfolge diskutiert, in der es dann tatsächlich abläuft, sondern gerade umgekehrt. Dadurch wird mit dem elementareren, der Ausgabe, begonnen, weil die das direkte Gegenstück zum Speichern, der Eingabe, darstellt und notfalls auch

---

[2]Ein Bild fände sich dann ja über rund eine Million Tupel der Struktur Pixel (BildNr, XKoordinate, YKoordinate, Farbwert) verteilt wieder ...

ohne eine Suche zum Einsatz kommen kann.

2.1.1 Geräteunabhängigkeit

Es ist eine Selbstverständlichkeit, dass man als Benutzer eines heutigen DBVS nicht damit behelligt wird, auf welchen Externspeicher die Daten abgelegt werden, die man dem DBVS übergeben hat. Der Datenbank-Administrator kann Einfluss auf diese Ablage nehmen und sie sogar im Laufe der Zeit verändern, ohne dass die Benutzer davon etwas zu spüren bekommen.

Mit dem Auftreten multimedialer Daten hat sich das zunächst geändert, weil diese Daten eben besonderen Anforderungen mit sich bringen. Zum einen sind sie groß, zum anderen müssen sie, wenn man schon keine Echtzeit gewährleisten kann, zumindest sehr schnell geschrieben und gelesen werden. Beides verlangt nach neuen Datenträgern, und da boten sich einmal optische Speicher an; CD-ROM und inzwischen DVD gelten ja als *die* Multimedia-Datenträger. Dann hat man aber lange Zeit auch ganz normale Videorecorder mit dem Rechner verbunden, weil sie eben Videos auf die preisgünstigste Art speichern konnten, auch wenn mit ihnen ein wahlfreier Zugriff natürlich nicht geboten werden kann. Daneben gab es noch die analoge Laser-Disk usw.

Diese Speichergeräte zeichneten sich in der Regel dadurch aus, dass sie anders bedient werden mussten als die herkömmlichen Magnetplattenspeicher. Man bekam sehr niedrige Schnittstellen und eine Modulbibliothek mitgeliefert, über die man die Daten ablegen, wieder lesen und ggf. auch noch positionieren konnte. Das zu erledigen war dann Sache der Anwendung, die also einerseits die normalen Daten in Dateien oder einer Datenbank ablegte, die Multimedia-Daten dann aber völlig anders auf diesen besonderen Speichern.

Damit wurde das Ziel der Datenunabhängigkeit verfehlt. Ein Wechsel des Speichers für Multimedia-Daten schlug direkt auf die Anwendungen durch und erforderte dort u. U. eine ganze Reihe von Anpassungen. Als erste Lösung mag das akzeptabel sein, aber auf lange Sicht muss auch hier erreicht werden, dass die Anwendungsprogramme unabhängig von der gerade verwendeten Speichertechnologie sind und dass bei Einführung neuer (besserer) Speichergeräte keine Programmänderungen vorgenommen werden müssen.

Als Aufgabe für das MMDBVS ergibt sich daraus, die spezifischen Eigenschaften aller Speichergeräte so weit wie möglich zu verbergen und nur „Behälter" für die Daten bereitzustellen, die auf verschiedene Speicher abgebildet werden können. Abb. 2.1 veranschaulicht diese Aufgabe. Dass der Behälter darin auch als BLOB bezeichnet wird, ist als Reminiszenz an die vergleichbare Abstraktion in Datenbanken zu sehen, aber nicht als Gleichsetzung. Auch die angedeuteten Speichergeräte dienen als willkürliche Beispiele. Die Dienstleistung für die Anwendungen wird schon in ihren beiden Ausprägungen gezeigt: Das MMDBVS muss sowohl Dateiformate als auch Hauptspeicherformate schreiben (und lesen) können.

2.1.2 Formatunabhängigkeit

Geräteunabhängigkeit allein reicht noch nicht aus, um Datenunabhängigkeit im Sinne existierender DBVS herzustellen. Lädt man eine Festpunktzahl aus der Datenbank in ein

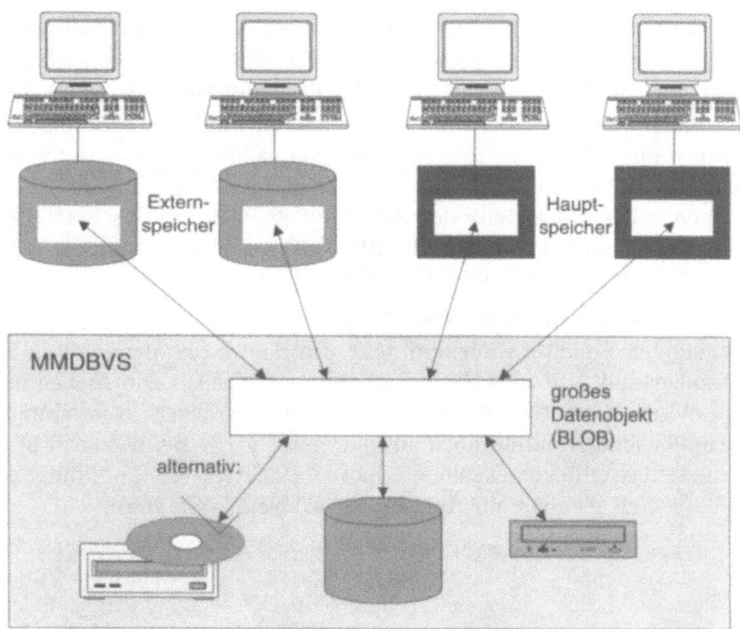

Abbildung 2.1 Geräteunabhängigkeit

Programm, das in einer bestimmten Programmiersprache geschrieben wurde und auf einen bestimmten Prozessor abläuft, so erwartet man zu Recht, dass diese Zahl in dem Format abgeliefert wird, das zur Sprache und Rechnerarchitektur passt – auch dann, wenn das DBVS auf einem anderen Rechner abläuft und intern eine ganz andere Zahlendarstellung verwendet[3]. So vertraut das bei Zahlen und Zeichenketten ist, so ungewohnt ist es bei Multimedia-Daten, obwohl es die gleichen Vorteile bietet.

Für Medienobjekte gibt es eine große Fülle von Speicherungsformaten, unter ihnen diverse „Standards". Allein bei Bildern lassen sich nennen: GIF, TIFF, Sun Rasterfile, FBM, PBM, ALV, JPEG und viele andere mehr. Durch die Überlagerung von Komprimierungstechniken vergrößert sich die Vielfalt noch weiter. Allerdings sind die Formate weitgehend ineinander überführbar, wobei ein ggf. auftretender Informationsverlust zu beachten ist. Die hier zugrunde gelegte These ist, dass diese Konvertierungen nicht wie bisher der Anwendung überlassen, sondern vom MMDBVS übernommen werden sollten.

Wie schon bei den konventionellen Daten ist es die Aufgabe des DBVS, das interne Speicherungsformat vor den Benutzern verbergen und Umsetzungsroutinen bereitzustellen. Das belastet das MMDBVS ohne Zweifel etwas, schafft aber auch wichtige Freiheitsgrade für Betrieb und Administration. So kann nun das interne Speicherungsformat ausgewechselt werden (was vielleicht deshalb sinnvoll ist, weil die Mehrheit der Anwendungen nach einigen Jahren des Einsatzes ein anderes Format bevorzugt als zu Beginn), ohne dass sich

---

[3]Es kann z. B. im ersten Fall „little endian" und in zweiten „big endian" sein.

für die Anwendungen etwas ändert. Wenn das richtige neue Format gewählt wurde, sollte der Zugriff nun um ein paar Millisekunden schneller erfolgen, weil die Konvertierung nicht mehr nötig ist. Ein weiterer Grund kann sein, dass eine neue Komprimierungstechnik verfügbar wird, die Speicherplatz zu sparen hilft. Ist andererseits Speicherplatz kein Problem, während sich bei den Anwendungen keine klare Mehrheit für ein Format ergibt, so ist auch die redundante (replizierte) Speicherung eines Objekts in zwei oder mehr Formaten denkbar. Die Konsistenz der Replikate kann durch das MMDBVS gewährleistet werden. Um es noch einmal zu betonen: Alle diese Änderung durch die Administration sind möglich ohne eine Beeinträchtigung der Anwendungsprogramme.

Abb. 2.2 veranschaulicht diese Vorgehensweise. Die Konvertierung setzt auf den geräteunabhängigen Behältern auf und geht von den darin verwendeten Speicherformaten aus (als Beispiele sind GIF und SUN Rasterfile zu sehen). Die Anwendungen arbeiten aber nicht mit diesen Formaten, sondern mit einer abstrakten Vorstellung von Bildern, die in den nachfolgenden Kapiteln noch ausgearbeitet wird. Beim Zugriff benennen sie das Format, in dem sie das Objekt ausgeliefert haben möchten; die Abbildung zeigt, dass das sowohl ein Dateiformat als auch ein Hauptspeicherformat sein kann.

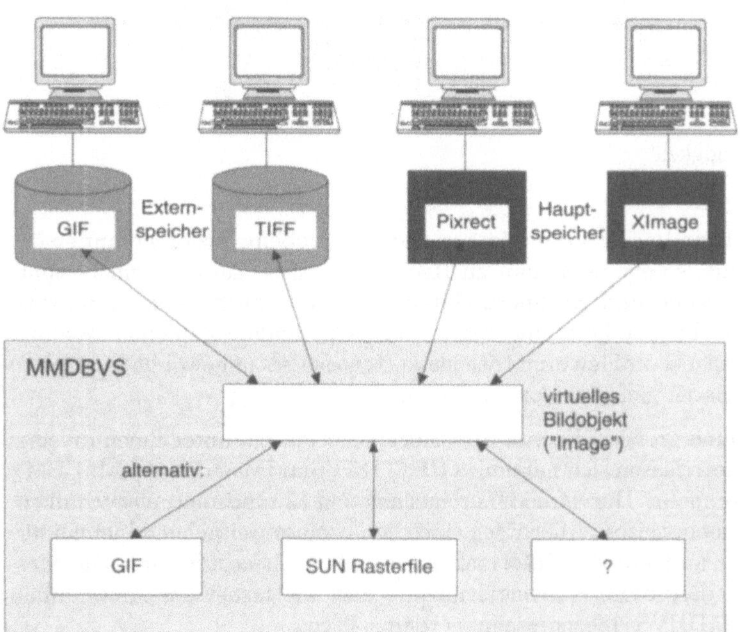

Abbildung 2.2 Formatunabhängigkeit

2.1.3   Beziehungen zwischen Daten in verschiedenen Medien

Datenunabhängigkeit betrifft nur das einzelne Medienobjekt. Selbst wenn man die Objekte nur unter einem Namen oder einem anderen Identifikator ablegt, kann sie schon sinnvoll eingesetzt werden. Für ein DBVS ist das aber noch zu wenig. Es muss möglich sein, Medienobjekte mit anderen Daten zu verknüpfen und größere Einheiten zu bilden. Dies wird hier allgemein als „Beziehung" bezeichnet, auch wenn es später nicht immer mit Mitteln realisiert wird, die auch im Sinne eines Datenmodells eine Beziehung sind. Da aber von Datenmodellen noch gar nicht die Rede ist (dem werden sich die Kapitel 6, 7 und 8 dann ausführlich widmen), soll der Begriff hier im umgangssprachlichen, sehr allgemeinen Sinne verwendet werden.

Für Medienobjekte bieten sich die folgenden Beziehungen an:

Attributbeziehung In vielen Anwendungen liegt es nahe, Objekte des modellierten Weltausschnitts (Entities) nicht mehr nur durch formatierte Attribute zu beschreiben, sondern zusätzlich auch noch durch Medienobjekte. Als Beispiel sei ein Auto genannt, zu dem man auch ein Bild, vielleicht ein Video oder gar das Motorengeräusch ablegen möchte. Man beachte, dass das Medienobjekt den Gegenstand beschreibt, aber nicht etwa als Bestandteil oder Komponente des Gegenstands aufgefasst werden kann.

Komponentenbeziehung Medienobjekte können auf vielfältige Weise zusammengefasst werden, um *multi*-mediale Objekte zu bilden. Dabei kann ein Medium eine herausragende Rolle spielen, der sich die anderen Medien unterordnen. In einem Buch nimmt der Text diese Rolle ein, in einem Vortrag mit Dias der Ton. Es sind aber inzwischen auch viele neue Formen entstanden, bei denen es keine Dominanz eines Mediums mehr gibt. Das Ergebnis der Zusammenfassung wird oft als (multimediales) Dokument bezeichnet. Hier sind die Medienobjekte Bestandteile oder Komponenten dieses Dokuments. Es wäre nicht angemessen zu sagen, dass sie das Dokument beschreiben.

Substitutionsbeziehung Es ist oft möglich, die gleiche Information in verschiedenen Medien darzustellen, z. B. als gesprochene Sprache oder als Text (Transkription). Welches davon der Benutzer abrufen will, kann von vielen Faktoren abhängen, so etwa von seinen Vorlieben oder auch von der Verfügbarkeit der Ausgabegeräte. Damit das MMDBVS eine Alternativdarstellung schnell bereitstellen kann, sollte sie über eine Beziehung erreichbar sein. Die Bezeichnung „Substitutionsbeziehung" unterstellt, dass der Ersteller des Medienobjekts (der Autor) eine bestimmte Darstellung bevorzugt und die anderen Darstellungen eben nur als Ersatz anbietet.

Synchronisationsbeziehung Wenn Medienobjekte zusammen in einem Dokument auftreten, also schon eine Komponentenbeziehung besteht, wünscht der Autor manchmal, dass zwei oder mehr davon gleichzeitig ausgegeben werden sollen, weil sie sich aufeinander beziehen. So soll zu einem bestimmten Teil des Vortrags oder eines Textes ein Bild erscheinen, oder es soll eine Tonaufnahme gespielt werden, wenn der Betrachter eine bestimmte Stelle erreicht. Die strengste Form ist die Lippensynchronität von Ton und Bild bei Video. Wieder muss diese Beziehung dargestellt werden, und es ist auch sinnvoll, die spezielle Bedeutung dem MMDBVS bekanntzumachen, damit es den Zugriff beschleunigen kann.

Es gibt sicher noch weitere Beziehungsarten, aber die genannten sollten zur Verdeutlichung der Aufgabe ausreichen. Wie sich zeigen wird, findet sich leicht Unterstützung für generische Beziehungen, bei denen nur die Anwendung die Semantik kennt. Das ist auch schon nützlich, erlaubt aber nicht die Optimierungen, die aus einer übergreifenden Sicht heraus möglich und sinnvoll wären.

2.1.4 Inhaltsorientierte Suche

Die im letzten Abschnitt vorgestellten Beziehungen ermöglichen den navigierenden Zugriff auf Medienobjekte: Man kann sich damit von einem zum anderen bewegen oder auch zwischen formatierten Daten und Medienobjekten. Auch wenn es in einer Phase der Begeisterung für Hypertext einmal so schien, als ob sich damit alle Probleme lösen ließen, hat man inzwischen längst erkannt, dass man zusätzlich noch die deskriptive Suche benötigt. Die Palette der Suchmaschinen für das WWW ist ein beredtes Beispiel dafür. In Anwendungen mit einer großen Zahl von Medienobjekten, beispielsweise die Röntgenbilder in einem Krankenhaus oder die Fotos einer Zeitung, ist der Bedarf ebenso offenkundig.

Eine Suche über die begleitenden formatierten Daten, z. B. die Archivnummer, den Ersteller oder das Datum, ist natürlich machbar, reicht aber nicht aus. Es gibt sehr schnell auch Anfragen wie z. B. die nach allen Röntgenbildern mit einer Fraktur in der rechten oberen Hälfte des Schädels, allen Bildern eines Schneesturms oder solchen, auf denen Gorbatschow einen Vertrag unterzeichnet. Diese Inhalte werden nicht immer in den begleitenden formatierten Daten verzeichnet sein, so dass man die Medienobjekte selbst heranziehen muss.

Wie später noch ausführlich begründet wird, kann man dabei keine Analyse zum Anfragezeitpunkt machen, weil das einfach zu aufwändig ist. Es bleibt nur die Möglichkeit, eigene Inhaltsangaben für die Medienobjekte verwalten und in der Suche zu nutzen. Die unterscheiden sich von den formatierten Daten, weil sie nur für einen ganz bestimmten Zweck gedacht sind, nämlich die Unterstützung der Suche. Es gibt sehr viele denkbare Varianten für die Inhaltsangaben, die noch diskutiert werden. Altbekannte Beispiele sind Schlagwörter oder Beschriftungen, aber auch Semantische Netze kommen in Frage.

Unabhängig von der Art der Inhaltsangabe ist die exakte Übereinstimmung zwischen ihr und der Anfrage kein brauchbares Kriterium für die Auswahl. Datenbanktechnik hilft also hier nicht viel, sondern man muss auf das zurückgreifen, was für Information-Retrieval-Systeme in langen Jahren entwickelt worden ist. Es kann grob unscharfe Suche charakterisiert werden, bei der auch Daten ausgewählt werden, die nur teilweise mit der Anfrage übereinstimmen. Allgemein ist nur noch Ähnlichkeit zwischen Inhaltsangabe und Anfrage gefordert, nicht mehr Übereinstimmung.

2.1.5 Echtzeitfähigkeit

Der letzte Punkt, der zum Speichern und Wiedergewinnen von Medienobjekten gehört, ist die Zeitabhängigkeit bei Ein- und Ausgabe. Es ist unumstritten, dass das MMDBVS in der Lage sein muss, Mediendaten so schnell abzuspeichern, dass keine Verluste entstehen. Analog soll bei der Ausgabe eine bestimmte Qualität gewährleistet werden. Es soll also möglichst kein Knacken bei Audio und kein Einfrieren bei Video auftreten.

Die Differenzen treten auf, wenn es um die Frage geht, wie die gewünschte Qualität zu gewährleisten ist. Zum einen kann man auf Maßnahmen im MMDBVS verzichten und sich darauf verlassen, dass die Entwicklung der Hardware so rasch fortschreitet, dass sie einfach schnell genug ist. Aus Sicht der Software nennt man das dann „best effort": Man wählt schon schnelle Algorithmen, aber ob sie dann auch schnell genug sind, überlässt man der Hardware oder allgemein der Laufzeitumgebung.

Die andere Entwicklungsrichtung setzt auf die Erkenntnisse aus dem Bereich der Echtzeitsysteme. Sie will Verfahren wie die ratenmonotone Ablaufplanung [LL 73] auch in einem MMDBVS einsetzen, damit es Garantien für eine bestimmte Qualität geben kann. Das erhöht die Komplexität der Implementierung beträchtlich, und die Hersteller werden sehr zögern, diese Techniken zu übernehmen. Ohne die Unterstützung des Betriebssystems kann das MMDBVS ohnehin keine Garantien abgeben, und entsprechende Echtzeit-Betriebssysteme sind inzwischen zwar verfügbar, aber noch nicht sehr weit verbreitet im Einsatz. Somit ist die Versuchung sehr groß, doch einfach die Beschleunigung der Hardware abzuwarten, statt umfangreiche Änderungen am DBVS-Code vorzunehmen. Andererseits liefern Echtzeitsysteme die sauberere Lösung, die auch bei schnellerer Hardware noch funktioniert und dann eben mehr Ressourcen übrig lässt. Im Moment werden beide Entwicklungen gleichzeitig betrieben, und es ist noch offen, was sich durchsetzt. In diesem Buch werden deshalb die Ansätze der Echtzeitsysteme mit betrachtet.

2.2 Schnittstellen und Operationen

Nachdem die erwünschten Leistungen von MMDBVS beschrieben und abgegrenzt wurden, ist noch zu fragen, in welcher Form sie angeboten werden sollten. Die Schnittstelle eines DBVS ist geprägt von der Anfragesprache („query language"), die es anbietet. Diese kann sowohl interaktiv als auch von Programmen aus verwendet werden. In den ersten Versuchen mit Medienobjekten stellte sich sehr schnell heraus, dass es deutliche Unterschiede gibt zwischen dem interaktiven und dem programmierten Zugriff. Das stört zunächst etwas und wurde als Rückschritt empfunden, war es doch schon beim Entwurf von SEQUEL bzw. SQL, der heute verbreitetsten Anfragesprache für relationale DBS, ein herausragendes Ziel gewesen, eine einheitliche Sprache für beide Schnittstellen zu schaffen [C+ 76][4]. Es ist aber nun einmal ein Unterschied, ob man ein Bild ansehen oder ob man es in eine Datenstruktur laden will, ob man eine Tonaufnahme anhören oder im Programm analysieren will usw.

Das soll durch Beispiele verdeutlicht werden. Dafür wird im Vorgriff auf die folgenden Kapitel unterstellt, dass ein relationales DBVS um die Datentypen Text, Graphic, Image, Sound usw. erweitert wurde und diese als Wertebereiche für Attribute verwendet werden dürfen. Dann kann man eine Relation wie die folgende definieren:

```
create table Person
    (Name                    char(30),
     ...,
     Portrait                Image,
     Fingerabdruck           Image)
```

Es kann hier noch nicht gezeigt werden, dass sogar Zugriffsoperationen der Datentypen abhängig sind von der Art der Schnittstelle, weil diese Operationen erst im Kapitel 6 eingeführt werden.

---

[4]Allerdings war das selbst bei den „spartanisch" einfachen Datenstrukturen des Relationenmodells nicht konsequent durchzuhalten, wie das Cursor-Konzept an der Programmschnittstelle zeigt.

2.2.1   Programmschnittstelle

Die Programmschnittstelle wird hier noch nicht systematisch eingeführt, sondern nur anhand des Beispiels vorgestellt. Dazu wird angenommen, dass ein Programm einen Fingerabdruck in eine Datenstruktur laden will, um ihn dann weiter zu analysieren. Um diese Datenstruktur in der richtigen Größe anlegen zu können, informiert sich das Programm zunächst über Höhe und Breite des Bildes, das diesen Fingerabdruck darstellt. Dabei kann es entsprechende Zugriffsoperationen des Datentyps Image verwenden:

```
exec sql
    select Fingerabdruck.height(), Fingerabdruck.width() into :hoehe, :breite
    from Person
    where Name = "Müller";
```

Nun kann das Programm Speicherplatz anlegen für die Pixel des Bildes und anschließend das Bild in diesen Bereich einlesen:

```
exec sql
    select Fingerabdruck.pixelmatrix() into :pixel
    from Person
    where Name = "Müller";
```

Die where-Klausel ist in diesem Beispiel sehr einfach gehalten; sie wird in der Realität meist komplexer sein. Dann ist darauf zu achten, dass sie in beiden Anweisungen genau gleich aussieht.

Das Programm kann nun das in pixel bereitstehende Bild bearbeiten. In vielen Fällen ist aber die Aufgabe auch nur, es auf einem Ausgabegerät darzustellen und dadurch sichtbar zu machen. Dann wird die Datenstruktur pixel weitergereicht an das Ausgabegerät, z. B. ein Fenster auf dem Bildschirm, mit dem entsprechenden Operationen des graphischen Werkzeugkastens. Dafür kann man auch direkt eine Operation des Datentyps Image definieren, so dass sich der Code verkürzt auf:

```
exec sql
    select Fingerabdruck.display(:fenster) into :fehler
    from Person
    where ... ;
if ( fehler != 0 )
    ... ;
```

Ganz analog kann auch ein Ausschreiben des Bildobjekts in eine Datei erfolgen:

```
exec sql
    select Fingerabdruck.toFile(:datei) into :fehler
    from Person
    where ... ;
if ( fehler != 0 )
    ... ;
```

Beides ist nicht ganz unproblematisch in SQL, weil die Operationen kein Ergebnis liefern wie üblich, sondern ihre Wirkung sozusagen über „Seiteneffekte" erreichen. Als Rückgabewert bleibt dann nur eine Quittung übrig, die die erfolgreiche Ausführung anzeigt – oder auch die erfolglose. Selbst DBVS, die die Erweiterung um neue Datentypen und deren Operationen unterstützen (vgl. Kapitel 7), tun sich schwer mit diesen Seiteneffekten, schon allein aus Gründen der Sicherheit. Es kann also auch sein, dass man nur die Operation pixel aus dem ersten SQL-Beispiel realisieren kann und auf das Durchreichen an ein Ausgabegerät oder eine Datei verzichten muss[5].

2.2.2   Interaktive Schnittstelle

Interaktives Arbeiten mit einer Datenbank bedeutet, dass man SQL-Anweisungen als Text am Bildschirm eintippt und direkt ausführen lässt. Die Ergebnistabelle wird angezeigt, und man kann darin blättern. Handelt es sich jedoch bei einem Attributwert um ein Medienobjekt, so erscheint die sofortige Ausgabe in einer Standard-Darstellung, die bei Zahlen und Zeichenketten keine Probleme bereitet, kaum noch geeignet. Man stelle sich nur vor, es gingen plötzlich zehn oder zwanzig Fenster mit Bildern auf, oder schlimmer noch, zehn Audio-Sequenzen würden abgespielt ...

Die SQL-Anfrage vereinfacht sich zunächst dadurch, dass man sich um Höhe und Breite nicht selbst kümmern muss, sondern einfach das Attribut benennt:

```
select Fingerabdruck
from Person
where Name = "Müller";
```

Das Ergebnis ist auch hier eine Tabelle; es bietet sich aber an, die Bildwerte zunächst über ein Sonderzeichen oder ein Bildsymbol (ein „Icon") anzuzeigen. Der Benutzer verwendet dann einen Mausklick oder ein spezielles Kommando zum Anzeigen einzelner Bilder und steuert so, wie viele Bilder gleichzeitig zu sehen sind.

Dies sollte nur als eine erste Skizze einer interaktiven Schnittstelle verstanden werden. Hier sind viel ausgefeiltere Gestaltungen möglich und auch sinnvoll. Es ging im Moment ja nur darum, den Unterschied zur Programmschnittstelle aufzuzeigen.

Manche Zugriffsoperationen eignen sich auch für die interaktive Nutzung. Das gilt z. B. für die, die einen Ausschnitt bilden oder das Bild auf die Hälfte verkleinern. Auch das Schreiben auf eine Datei kann interaktiv veranlasst werden, dann mit einer Zeichenketten-Konstanten (dem Dateinamen) als Parameter.

So weit wurden Medienobjekte immer nur als Beispiele verwendet und bruchstückhaft beschrieben. Im nächsten Kapitel wird nun systematischer untersucht, welche Medienobjekte es überhaupt gibt, wie sie aufgebaut sind und wie man mit ihnen umgehen kann.

---

[5]Bei funktionaler Programmierung, z. B. in LISP, hätte man hier sehr viel weniger Probleme. Allerdings sind diese Programmiersprachen für Datenbank-Anwendungen nicht sehr gebräuchlich.

2.3   Übungsaufgaben

Aufgabe 2.1. Für viele Arten von Mediendaten gibt es heute schon Bearbeitungssysteme, für Text und Graphik sowieso, zunehmend aber auch für Rasterbilder, Audio und Video. Diese Editoren arbeiten in der Regel mit Dateien. Dennoch ist auch eine Kopplung an Multimedia-Datenbanken denkbar. Dafür gibt es z. B. die folgenden Möglichkeiten:

1. Der Editor ruft das MMDBVS auf, liest beim Öffnen ein Datenobjekt und speichert es nach der Bearbeitung wieder ab.
2. Der Editor ruft das MMDBVS auf und modifiziert ein Medienobjekt direkt durch den Aufruf von Operationen. Das schließt das Lesen und Schreiben des ganzen Objekts als Sonderfall ein.
3. Das MMDBVS ruft den Editor auf, stellt ihm ein Medienobjekt in einer Datei zur Verfügung und speichert den Inhalt dieser Datei nach Beendigung des Editors wieder in der Datenbank ab.
4. Das MMDBVS bietet die volle Funktionalität des Editors direkt als Operationen auf dem Medienobjekt an.

Bewerten Sie diese Möglichkeiten u. a. nach den folgenden Kriterien:

- Aufwand zur Kopplung eines gegebenen Editors an das MMDBVS,
- Zahl der benötigten Datenbank-Operationen auf den Medienobjekten,
- Zahl der Kopiervorgänge für ein Medienobjekt vor und nach dem Editieren.

Aufgabe 2.2. Entwickeln Sie erste Organisationsformen für Medienobjekte. Gewohnt ist man die hierarchischen Verzeichnisstrukturen von Dateisystemen. Was kann man damit erreichen, und was fehlt noch? Entwerfen Sie alternative Strukturen und diskutieren Sie deren Möglichkeiten. Als Hinweise seien Mengen (auch nicht-hierarchisch) und Verknüpfungen (Hypermedia) genannt.

Aufgabe 2.3. Nennen Sie Anwendungsbeispiele für Beziehungen zwischen Medienobjekten und strukturierten Daten sowie zwischen Medienobjekten untereinander. Ordnen Sie diese den eingeführten Beziehungsarten zu oder schlagen Sie neue Beziehungsarten vor.

Aufgabe 2.4. Skizzieren Sie weitere Programme, die mit Medienobjekten in relationalen Datenbanken arbeiten und dazu erweitertes SQL verwenden. Welche Zugriffsoperationen sollte es geben?

3 Multimedia-Daten

In diesem Kapitel soll untersucht werden, wie die Medienobjekte und Daten beschaffen sind, die in einem MMDBVS verwaltet werden müssen. Das erfordert eine Bestandsaufnahme der verwendeten Speicherformate, Codierungen und Standards. Ebenso sorgfältig muss die Benutzung dieser Daten, die heute mit medienspezifischen Systemen etwa zur Textverarbeitung oder zur Bildanalyse erfolgt, betrachtet werden. Aufgabe eines MMDBVS wird es dann sein, alle Zugriffe auf die Daten auch weiterhin zu unterstützen und dabei von den verwendeten Speicherformaten zu abstrahieren.

Es geht dabei nicht um eine vollständige Beschreibung aller Aspekte von Mediendatenobjekten. Dafür gibt es inzwischen eine ganze Reihe von Büchern. Zu nennen sind hier das Standardwerk von Steinmetz [Ste 99] und das „Taschenbuch Multimedia" [Hen 00]. Vielmehr soll hier versucht werden, aus der großen Zahl von Formaten den Informationsgehalt zu extrahieren, also das, was allen diesen Formaten gemeinsam ist. Auch die Operationen werden danach eingeschätzt, wie sie auf diesen Informationsgehalt wirken. So ist bei Komprimierungsverfahren nicht das Entscheidende, wieviel Speicherplatz sie einsparen, sondern wieviel Information bei ihnen verlorengeht. Dass auch die Vergleichsoperationen, die die Grundlage der Suche bilden, auf den Inhalt Bezug nehmen, versteht sich von selbst. Leider ist man gewohnt, sofort in Codierungen zu denken – sagt man nicht oft „ASCII", wenn man eigentlich nur „Text" meint? Codierungen bestimmen ja auch den möglichen Informationsgehalt, aber das gilt umgekehrt eben nicht.

Für einige Medienobjekte gibt es bereits Verwaltungs- oder Archivierungssysteme, die manchmal eine Datenbank verwenden, manchmal auch nicht. Interessant sind bei ihnen die Zugriffsoperationen, die sich meist direkt aus den Anwendungen ergeben haben und die ein MMDBVS natürlich auch anbieten können sollte, wenn auch vielleicht in anderer Syntax.

Die Betrachtungen beschränken sich auf Text, Graphik, Rasterbild, Audio und Video. Denkbar sind auch noch Geruch, Geschmack, Tastsinn und weitere Medien, die jedoch bei weitem nicht die Rolle spielen wie die erstgenannten. Das liegt vor allem daran, dass für sie erst in beschränktem Maße Ein- und Ausgabegeräte vorhanden sind.

In der Tat kann man die Medienobjekte am besten nach diesen Geräten einteilen, wie es die Abb. 3.1 zeigt[1]. Eingabegeräte erzeugen ganz bestimmte Datenobjekte, die man dann zwar umformen und weiterverarbeiten kann, die aber zunächst in einer bevorzugten Form auftreten. Eine Tastatur erzeugt Text, den man dann als Kommando oder eben auch einfach als

---

[1]In dieser Abbildung wurden englische Bezeichnungen verwendet, weil sie deutlich kürzer sind als die deutschen und deshalb besser in die Kästen passen. Bei einigen davon („frame grabber") steht eine deutsche Übersetzung ohnehin nicht zur Verfügung.

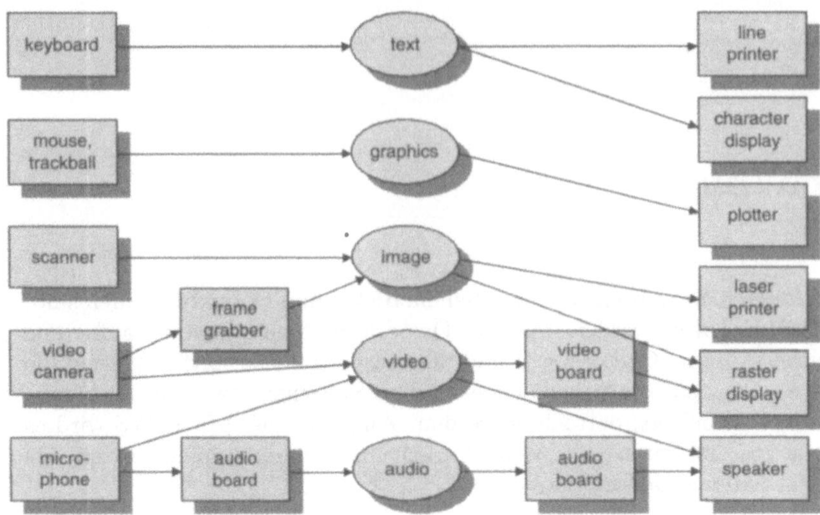

Abbildung 3.1 Medienobjekte nach Ein- und Ausgabegeräten

Text interpretieren kann. Maus, Trackball, graphisches Tablett etc. erzeugen Koordinatenangaben und damit Graphik. Analog gilt auf der Ausgabeseite, dass man die Datenobjekte
so erstellen muss, dass die Geräte sie darstellen können. Die Transformationen erfolgen
manchmal in der System-Software oder sogar in der Hardware, so dass man sie gar nicht
mehr wahrnimmt. Der eine oder andere Leser wird einen Pfeil zwischen „text" und „laser
printer" vermissen, wo man doch ganz offensichtlich Texte auf Laser-Druckern ausgeben
kann, dies auch tagtäglich tut. Intern werden diese aber zunächst in Pixel überführt, und
dann stimmt die Darstellung doch wieder. Transitive Übergänge sind generell weggelassen
worden. Es sollte auch beachtet werden, dass die Übergänge von ganz links bis ganz rechts
zwar möglich sind, es aber durchaus auch Fälle geben, in denen nur der linke oder nur der
rechte Übergang vollzogen wird. Im ersten Fall wird ein Datenobjekt erzeugt („aufgenommen"), dann aber nur interner Verarbeitung und Analyse unterzogen. Im zweiten Fall wird
ein Medienobjekt für die Ausgabe im Rechner generiert, entstammt also gar nicht einer
vorherigen Eingabe. Das ist z. B. bei Animationen der Fall.

Blickt man nun etwas genauer in die Medienobjekte hinein, so erkennt man erste Strukturen,
die in Tab. 3.1 zusammengefasst sind. Bemerkenswert sind hier die Unterschiede. Schon
die zweite Spalte, in der die elementaren Bestandteile der Medienobjekte genannt werden,
macht sie sehr deutlich. Es gab immer wieder die Aussage, Medienobjekte bestünden aus
Symbolen, aber während das für Text und auch Graphik noch gelten mag, trifft es für die
anderen Medienobjekte sicher nicht mehr zu. Sie sind eher als Messwerte aufzufassen. Und
bei Video ist es ganz anders, weil auch die Elemente selbst wieder Medienobjekte sind.

Auch die Anordnung der Elemente (Spalte 3) weist Unterschiede auf. Die Folge ist ver-
treten (bei Text und Tonaufnahme), aber bei Graphik findet sich erstaunlicherweise eine
Menge. Das liegt daran, dass die Elemente ihre Koordinaten in sich tragen und sich da-

Tabelle 3.1 Merkmale der Medienobjekte

Medium	Elemente	Anordnung	typische Größe	zeit-abhängig?	Sinn
Text	druckbare Zeichen	Folge	10 KB (5 S.)	nein	visuell/ akustisch
Graphik	Vektoren, Flächen	Menge	10 KB	nein	visuell
Rasterbild	Bildpunkte (Pixel)	Matrix	1 MB (1024x1024)	nein	visuell
Tonaufnahme	Lautstärke-pegel	Folge	600 MB (Audio-CD)	ja	akustisch
Bewegtbild (Video-Clip)	Rasterbild, Graphik	Folge	2 GB (30 min.)	ja	visuell

durch auf der (zweidimensionalen) Fläche selbst positionieren. In welcher Reihenfolge man sie dann zeichnet, ist für das Ergebnis unerheblich. Man kann natürlich versuchen, dabei eine Reihenfolge zu wählen, die die Bewegungen eines Plotters minimiert und dadurch die Ausgabegeschwindigkeit optimiert. Der Informationsgehalt ist davon aber nicht betroffen.

Die Größe (Spalte 4) ist nur als sehr grobe Abschätzung zu betrachten, sie kann ja auch innerhalb der Medien beträchtlich schwanken. So gibt es beispielsweise bei der Erzeugung von Druckvorlagen mit sehr präzisen Farbdefinitionen riesige Bilder. In den Klammern ist jeweils angedeutet, wie der entsprechende Wert zustandegekommen ist. Auch hier geht es nur darum, das Spektrum zu verdeutlichen.

Zur Zeitabhängigkeit ist nichts weiter zu sagen, die Bedeutung ist offensichtlich. In der letzten Spalte wird der Vollständigkeit halber noch der menschliche Sinn angeführt, der durch das jeweilige Medium angesprochen wird, obwohl das für die Speicherung keine Auswirkung hat. Interessant ist dabei vielleicht die Mehrdeutigkeit von Text. Sie entsteht dadurch, dass die Konvertierung in gesprochene Sprache relativ einfach ist.

Insgesamt kann man feststellen, dass sich keine einheitliche Gruppierung dieser fünf Typen von Medienobjekten ergibt. Wo nach der einen Spalte Text, Audio und Video zusammen in eine Gruppe passen könnten, sind es nach einer anderen Text, Graphik und Rasterbild. Die Schlussfolgerung daraus lautet, dass man alle fünf gesondert behandeln sollte. Im Sinne einer Klassenhierarchie ist eine Superklasse „Medienobjekt" natürlich vertretbar; Zwischenebenen, wie sie z. B. ORION mit „räumlich" und „linear" versucht hat [WK 87], erscheinen dagegen als ziemlich willkürlich. Insbesondere wegen der Zeitabhängigkeit muss ein MMDBVS die Unterschiede auch kennen; BLOB's für alle ist keine Lösung.

Bei allen Unterschieden gibt es, wenn man abstrahiert, auch Gemeinsamkeiten, die im nächsten Abschnitt behandelt werden. Es überrascht nun aber nicht mehr, dass dann Abschnitte folgen, die jedem Medientyp einzeln gewidmet sind. Dabei werden, der historischen Entwicklung entsprechend, die Medientypen zunächst separat behandelt. Der Integrationsaspekt, der die Bezeichnung „Multimedia" erst rechtfertigt, wird in den späteren Abschnitten ergänzt.

Vorab noch eine Begriffsklärung: Wenn von einem „Medienobjekt" (oder korrekter, wenn auch umständlicher: einem Mediendatenobjekt) die Rede ist, meint das ein Datenobjekt, das genau einem einzigen Medium angehört, also ein einzelnes Bild oder ein Textstück. Ein „Multimedia-Objekt" hingegen (Multimedia-Datenobjekt, manchmal auch „Mixed-Mode Object") stellt schon eine Aggregation (Komposition) von Medienobjekten unterschiedlichen Typs dar, also z. B. von Text, Bild und Ton. Video könnte auch schon in diese Kategorie fallen (wenn es sich nicht um einen Stummfilm handelt), aber es gibt Speicherungsformen, die die Bestandteile so eng miteinander verknüpfen, dass es sinnvoll ist, sie dann als atomare Einheit zu betrachten. Und schließlich wird „Multimedia-Daten" als Sammelbegriff für Medienobjekte und Multimedia-Objekte gemeinsam verwendet.

3.1   Gemeinsamkeiten der Medienobjekte

In den Untersuchungen, die die durch die Speicherung von Multimedia-Daten entstehenden neuen Anforderungen an DBVS ermitteln wollen, wird immer wieder hervorgehoben, dass es sich dabei um *unformatierte Daten* handelt [WL 85]. Das grenzt sie ab von den formatierten Daten, die in Form von Feldern, Sätzen und Satztypen bzw. Attributen, Tupeln und Relationen organisiert sind, was ihre Bedeutung stark einschränkt und sie dadurch zugleich besser nutzbar macht. „Unformatiert" bedeutet dagegen, dass:

• die einzelnen Werte (oder Instanzen) dieser Datentypen aus einer variabel langen Folge von relativ kleinen (Darstellungs-) Elementen bestehen und
• die implizite komplexe Struktur dieser Werte dem verwaltenden System nur in Ansätzen bekannt ist.

Die Darstellungselemente sind dabei Buchstaben im Fall von Text, Linien bei Graphik, Bildpunkte bei Rasterbildern und Lautstärkemesswerte bei Tonaufnahmen (die Begriffe „Zeichen" und „Symbol" erscheinen wegen der beiden letzten Beispiele nicht angemessen). Folgen von solchen Elementen weisen Strukturen auf wie die Gruppierung zu Worten und Sätzen bei Text, zu geometrischen Figuren bei Graphik usw. Das Erkennen dieser Strukturen erlaubt noch keineswegs die Beantwortung von Fragen auf einer semantischen Ebene, wie man sie bei formatierten Daten gewohnt ist, also etwa danach, welches Gehalt ein bestimmter Angestellter bekommt.

Ein kleines Beispiel soll den Unterschied noch verdeutlichen. Es wird die (annähernd) gleiche Information einmal formatiert und einmal unformatiert dargestellt. Zunächst formatiert (in einer fiktiven Syntax):

    (Name = "Müller", GebDat = "520623", ...)

Hier gilt es sich nun bewusst zu machen, was man damit eigentlich definiert hat: Zum einen werden die einzelnen Felder (Merkmale, Attribute, ...) eine maximale Länge haben, was einen endlichen Wertevorrat impliziert. Die Daten selbst treten auf als Werte dieser Felder, die auch noch durch einen Namen beschrieben sind, der wesentliche Information hinzufügt – der Wert von GebDat wäre sonst wohl unverständlich; selbst jetzt muss man noch raten, dass es sich wohl um Jahr, Monat und Tag handelt, jeweils mit zwei Ziffern. Die Bedeutung der Daten ist durch die Namen (und die Wertebereiche, die im Beispiel weggelassen wurden) weitgehend vorgegeben und nicht ohne weiteres änderbar[2]. Dadurch haben die Daten auch einen relativ geringen Informationsgehalt; sie stellen eben ein Geburtsdatum dar und sonst nichts. Es ist sicher schon deutlich geworden, dass diese formatierten Daten die Domäne der klassischen Datenbank-Technik sind.

Unformatiert könnte man die gleiche Information wie folgt speichern:

> "Er heißt Müller. Geboren ist er am 23. Juni des Jahres 1952. ... "

Hier stellt man nun fest, dass die Länge im Prinzip beliebig sein kann, beschränkt vielleicht nur durch technische Grenzen, aber nicht durch Konzepte wie Wertebereiche. Dann sind die Daten zum großen Teil selbstbeschreibend; aus Wörtern wie „heißt" schließt der Leser auf den Namen. Die Bedeutung ist nur schwach vorgegeben. Das ganze Datenobjekt wird vielleicht mit „Lebenslauf" oder „Personenbeschreibung" bezeichnet, aber das lässt viel Raum für alle möglichen Informationen. Demzufolge kann auch der Informationsgehalt sehr hoch sein, wenn der Autor viel schreiben will. Man beachte etwa, dass mit den kleinen Wort „er" auch noch die Information über das Geschlecht enthalten ist. Der Umgang mit derartigen Datenobjekten ist seit langem die Domäne des Information Retrieval. Sie gilt es in MMDBVS nun aber auch zu berücksichtigen.

Die weitere Betrachtung der Medienobjekte zeigt, dass ihre Einstufung als unformatierte Daten noch unvollständig ist. Sie erfasst nur den Teil, der im folgenden als *Rohdaten* bezeichnet werden soll. Vom Volumen her machen diese den größten Teil eines Medienobjekts aus. Das heißt aber nicht, dass die anderen Teile unbedeutend sind.

Selbst wenn man weiß, dass es sich bei einer Folge von Bits um einen Text, also um Buchstaben, Wörter und Sätze handelt, kann man ohne weitere Angaben kaum etwas mit ihnen anfangen. Vielmehr muss man im allgemeinen Fall auch noch den verwendeten Code kennen (z. B. ASCII, EBCDIC oder Unicode). Selbst wenn dieser durch den Kontext fest vorgegeben ist (was immer nur zeitlich befristet unterstellt werden darf!), kann etwa das Sonderzeichen <Return> des Codes immer noch sowohl Zeilenende als auch Absatzende bedeuten. Weiterhin kann der Text Formatierungsanweisungen eines Textverarbeitungssystems enthalten, die nicht nur das Layout des Textes definieren, sondern zum Verständnis des Inhalts beitragen können, wie das Beispiel einer Hervorhebungen durch Kursivschrift zeigt.

Die unformatierten Rohdaten werden also stets von einer Reihe von formatierten Daten begleitet, die die *korrekte Interpretation* der Rohdaten überhaupt erst möglich machen – auch wenn man sich das selten bewusst macht und diese Information z. B. über den Suffix des Dateinamens oder in Form eines „Headers" implizit bereitstellt. Diese Daten sollen im folgenden *Registrierungsdaten* genannt werden. Für Rasterbilder etwa zählen dazu die Höhe und die Breite des Bildes ebenso wie die Pixeltiefe. Ohne diese Angaben können die Rohdaten eigentlich nur als Bitstring behandelt werden.

---

[2]Genau das bereitet in vielen Datenbank-Anwendungen erhebliche Probleme. Wenn man Werte speichern muss, an die man beim Entwurf nicht gedacht hat, greift man oft zu sehr unschönen Maßnahmen. Man kreiert z. B. fiktive Werte (-999), die eine bestimmte Bedeutung haben – was man wissen muss. Eine andere Variante sind die in vielen Datenbanken zu findenden Felder mit Namen wie „Memo" oder „Extra", deren Inhalt völlig undefiniert ist, aber dadurch eben auch beliebig sein kann ...

Es gibt noch eine zweite Klasse von formatierten Daten, die ebenfalls obligatorisch sind und deshalb auch den Registrierungsdaten zugeordnet werden sollen: *identifizierende* Daten. Es kann durchaus vorkommen, dass die Rohdaten und die zur Interpretation benötigten Daten vollkommen übereinstimmen und es sich dennoch um zwei verschiedene Medienobjekte handelt. Für die Verkehrsüberwachung beispielsweise werden oft fest montierte Kameras eingesetzt, die wiederholt das gleiche Bild einer leeren Kreuzung liefern können, vor allem nachts. Nur durch zusätzliche Angaben (Zeitpunkt der Aufnahme, Standort des Aufnahmegeräts und Objekt der Aufnahme) kann eine sinnvolle Weiterverarbeitung des Medienobjekts ermöglicht werden – man denke an Röntgenbilder in einem Krankenhaus! Diese Angaben sind gar nicht oder nur mit großem Aufwand aus dem Objekt selbst zu rekonstruieren. Sie dienen zur korrekten Identifizierung des Objekts in einem bestimmten Kontext. Wenn dann die identifizierenden Registrierungsdaten zwei Medienobjekte unterscheiden, die sich in den Rohdaten völlig gleichen, so kann dies selbst wieder eine sehr wichtige Information darstellen. Das zeigt schon das Beispiel der Verkehrskamera, aber es gilt auch allgemeiner für Aufzeichnungsgeräte.

Der Informationsgehalt wird durch das Eingabegerät bestimmt; er kann durch das Speicherungsverfahren (Komprimierung) und die Ausgabe (z. B. mit geringer Auflösung) nur noch reduziert werden.

Ein wichtiges Kriterium für die Beurteilung der Kette von Eingabe über Speicherung und ggf. Bearbeitung zur Ausgabe ist die auch schon aus der Haushaltselektronik geläufige Wiedergabequalität. Sie ist medienspezifisch in Frequenzen oder Bildzeilen messbar, wobei man aber auch längst daran gewöhnt ist, mit relativ schlechter Qualität zu leben (z. B. beim Telefonieren), wenn das durch den Zweck und die geringen Kosten gerechtfertigt ist.

Unabhängig von der Qualität ist es in vielen Anwendungen erforderlich, die Herkunft eines Medienobjekts nachvollziehen zu können. Die Art der Erfassung und das dabei verwendete Gerät können für die Aussagekraft ganz entscheidend sein, und ein menschlicher Benutzer kann sie nur mit diesen Zusatzinformationen richtig einschätzen. Digitale Objekte sind sehr einfach und spurenlos manipulierbar; in bestimmten Umgebungen muss diese Manipulation mit allen verfügbaren Mitteln verhindert werden, wenn z. B. Fotos weiterhin gerichtsverwertbar sein sollen. Bestimmte optische Speichermedien bieten, wie unten ausgeführt wird, dafür die technischen Voraussetzungen.

Die Bearbeitung von Medienobjekten erzeugt abgeleitete Daten, die man in einigen Fällen, z. B. bei einer aufwändigen Linienerkennung in Rasterbildern, nicht immer wieder neu erzeugen, sondern mit dem Medienobjekt abspeichern möchte. Da sie die Struktur oder den Inhalt des Medienobjekts beschreiben, sollen sie als *Beschreibungsdaten* bezeichnet werden. Im Gegensatz zu den Registrierungsdaten sind sie nicht obligatorisch; man kann sie auch als Hilfsdaten bezeichnen, die den Umgang mit und vor allem die Suche nach Medienobjekten erleichtern.

Je nach Anwendung können Beschreibungsdaten sehr unterschiedlich ausfallen. Strukturbeschreibungen bei Text können z. B. Kapitel und Abschnitte markieren (durch Angabe von Anfangs- und Endposition). Inhaltsbeschreibungen können Schlagwörter sein, aber auch Scripts [SA 77] oder Frames [Min 75, FK 85]. Beschreibungsdaten können demnach sowohl formatiert als auch unformatiert sein. Im folgenden werden in den Beispielen oft Texte als Inhaltsbeschreibungen verwendet, weil sie sich so einfach darstellen lassen. Es gibt aber auch zahlreiche andere Formen, wie später im Zusammenhang mit der Suche noch ausführlich dargestellt wird.

Im Rechner gespeicherte Medienobjekte bestehen also keineswegs allein aus unformatierten Daten; vielmehr werden diese Rohdaten immer von Registrierungsdaten und oft auch noch von Beschreibungsdaten begleitet. Die hier gewählten Bezeichnungen sind nicht bindend; man findet in der Literatur auch andere dafür. Oft spricht man von *Metadaten,* und in der Tat gehören sie auch in diese Kategorie. Aber der Begriff „Metadaten" umfasst noch viel mehr, etwa Schemadefinitionen der unterschiedlichsten Art, so dass er für den Zweck dieses Buches als zu allgemein empfunden wird.

Die Dreiteilung der Medienobjekte macht es einfacher, die Wirkung der verschiedenen *Operationen* auf ihnen zu beschreiben oder zumindest einzugrenzen. Es lassen sich die folgenden Gruppen unterscheiden:

- anlegen (bei der Eingabe, „create")
- ausgeben (an ein Programm oder ein Gerät)
- löschen
- modifizieren
- weitergeben
- archivieren
- auswerten (analysieren, aggregieren)
- vergleichen

Die Reihenfolge entspricht in etwa wachsender Komplexität. Beim *Anlegen* eines Medienobjekts folgt aus dem oben Gesagten, dass die Eingabe vollständig sein, also aus Rohdaten *und* Registrierungsdaten bestehen muss. Beschreibungsdaten können dagegen später nachgereicht werden. Das *Ausgeben* muss in den meisten Fällen ein ganz bestimmtes Datenformat erzeugen, wie es vom Ausgabegerät oder vom Programm verlangt wird. So muss z. B. einer Audio-Karte die wiederzugebende Tonaufnahme im ADPCM-Format übergeben werden (vgl. Abschnitt 3.5), auch wenn die Abspeicherung des Medienobjekts in einem ganz anderen Format erfolgte. Man erkennt hier noch einmal die aus der Formatunabhängigkeit entstehende Aufteilung in Archivierungsformat und Auslieferungsformat. Die erforderliche Formatumsetzung ist Bestandteil der Ausgabeoperation. Es versteht sich, dass auch die Ausgabe immer auf Rohdaten und Registrierungsdaten zusammen Bezug nehmen muss. Lesender Zugriff auf die Rohdaten darf generell nur unter Benutzung der Registrierungsdaten erfolgen.

Das *Löschen* ist eine vergleichsweise unspektakuläre Operation. Bei ihm ist trivialerweise darauf zu achten, dass alle abhängigen Daten, also Registrierungs- und Beschreibungsdaten, mit gelöscht werden. Auch beim *Modifizieren* eines Medienobjekts muss sichergestellt sein, dass die Änderung von Rohdaten und Registrierungsdaten im Einklang erfolgt. Es darf nicht vorkommen, dass allein das Attribut „Höhe" eines Rasterbilds verändert wird, die Rohdaten aber bleiben, wie sie sind. Auch darf die Spezifikation der Modifikation durch den Benutzer nicht vom gewählten Speicherungsformat abhängen. Beides legt eine Datenabstraktion oder Datenkapselung nahe, wie sie bei Verwendung von Abstrakten Datentypen erreicht wird [Gut 77]. Darauf wird in Kapitel 6 ausführlich eingegangen.

Hinter der Operation *Weitergabe* verbirgt sich die Verallgemeinerung dessen, was beim Versenden von Medienobjekten per Mail zu tun ist. Es muss damit gerechnet werden, dass die Objekte ihren Kontext verlassen und in einem ganz anderen Kontext verwendet werden sollen. Das bedeutet, dass alles explizit gemacht werden muss, was im ursprünglichen Kontext gilt (und im neuen u. U. nicht mehr). Das fällt schwer und ist auch eine häufige Fehlerquelle, weil man geneigt ist, den vorliegenden Kontext als allgemeingültig zu betrachten. Als konkreter Vorschlag im Bereich der Mail-Systeme hat sich MIME [BF 92] inzwischen durchgesetzt. Auch das *Archivieren* muss einen Kontextwechsel verkraften können, der hier aber meist ungewollt durch den Ablauf der Zeit eintritt. Die Situation ist vergleichbar, aber eher noch schwieriger, weil es die neuen Kontexte noch nicht gibt und man deshalb auch nicht ermessen kann, was in ihnen anders sein wird. Es bleibt also nur, die Medienobjekte so vollständig wie möglich zu beschreiben. Das Problem ist erkannt, und es gibt inzwischen eine Reihe von Untersuchungen dazu, siehe etwa das Projekt Cedars [The 00].

Die Operationen zur *Auswertung* dienen der Erzeugung von Beschreibungsdaten aus den Rohdaten (und Registrierungsdaten), ggf. unter Verwendung zusätzlicher Information. Es kann sich dabei auch um Operationen handeln, die zu neuen, abgeleiteten Medienobjekten gleichen oder unterschiedlichen Typs führen, wie zum Beispiel bei der Kontrastverstärkung in Fotos. In diese Kategorie fallen auch die Verfahren der optischen Zeichenerkennung. Ergebnis einer Auswertung können aber auch formatierte Daten (Statistiken) oder Wissensrepräsentationen (Semantische Netze) sein.

Hinter der Operation *Vergleich* verbirgt sich eine ganze Reihe von Interpretationsmöglichkeiten. Sie ist deshalb so wichtig, weil sie die Grundlage der Suche bildet. Der bei formatierten Daten übliche Vergleich eines Attributs (Felds) mit einem Wert lässt sich nicht ohne weiteres auf Medienobjekte übertragen. Natürlich kann man zwei Medienobjekte gleichen Typs Element für Element miteinander vergleichen, doch ist das eine wenig nützliche Operation. Sehr viel typischer für alle Arten von Medienobjekten sind dagegen die verschiedenen Formen der Mustererkennung, bei denen geprüft wird, ob ein gegebenes Muster von Elementen und Platzhaltern („wild cards") in den Rohdaten vorkommt oder nicht. Für diese Form des Vergleichs gibt es etliche Techniken und Hilfsstrukturen, etwa die Signaturdatei für die Textsuche [FC 84, Dep 86] oder das Ikonen-Indexieren bei Rasterbildern [Tan 80, GL 86, CSY 87]. Weitere werden in den nachfolgenden Abschnitten bei Betrachtung der einzelnen Medien vorgestellt. Das ist sicher in einer ganzen Reihe von Anwendungen sehr nützlich, greift in anderen aber auch noch zu kurz.

Insbesondere Systeme mit hohem Verbreitungsgrad und Laien als potenziellen Benutzern sollten Vergleiche auf einer abstrakteren Ebene anbieten. Sie ermöglichen dann eine andere Art der Suche nach Medienobjekten, die sich einerseits nicht auf Gegenstände beschränkt, die auch in formatierten Daten dargestellt sind, und andererseits nicht nur so „syntaktisch" vorgeht wie die Mustererkennung. Medienobjekte auf der Basis ihres Inhalts zu lokalisieren wird als „inhaltsorientierte" Suche bezeichnet. Christodoulakis forderte sie bereits in [Chr 85] für MMDBVS und benutzte die Bezeichnung „Inhaltsadressierung". Was gemeint ist, lässt sich am besten durch eine Reihe von Beispielen deutlich machen:

• Suche in den Fotos einer Verbrecherkartei auf der Basis von Zeugenaussagen („buschige Augenbrauen", „hohe Stirn", „breite Nase");

• Suche nach Luftbildaufnahmen, auf denen ein Flugplatz (unbebautes Gelände, ein Fluss,

...) zu sehen ist;

• Recherche nach Pressefotos, die Mitterand und Kohl beim Unterzeichnen eines Vertrags zeigen;

• Suche nach Texten zum Thema Straßenverkehr;

• Suche nach Rundfunkdiskussionen und Interviews zum Für und Wider von Tempo 100

• usw.

Es ist offensichtlich, dass diese Art der Suche kaum durch Mustererkennung nachgebildet werden kann. Von MMDBVS wird deshalb gefordert, dafür andere Unterstützung zu bieten, weil sonst der Benutzer (das Programm) alle Medienobjekte nacheinander lesen müsste, um selbst zu entscheiden, welche interessant sind und welche nicht. Es gibt Systeme, die sich auf ein solches „Browsing" von Medienobjekten zurückgezogen haben, weil das noch am einfachsten zu realisieren ist. Bei kleinen Mengen von Medienobjekten mag das noch akzeptabel sein, bei großen ist es das sicher nicht mehr.

Die Analyse einer solchen Menge von Medienobjekten zur Laufzeit im Hinblick auf eine konkret vorliegende Anfrage hätte den Vorteil, dass ganz gezielt in den Medienobjekten gesucht werden könnte (z. B. nur nach den „buschigen Augenbrauen" des Täters). Allerdings sind die heute verfügbaren Verfahren zur Texterschließung, zur Bilderkennung, zum Sprachverstehen usw. derzeit noch viel zu aufwändig und obendrein auf eng umgrenzte Themengebiete beschränkt. Selbst die Analyse eines einzelnen Bildes oder eines einzelnen gesprochenen Satzes dauert oft noch Minuten oder gar Stunden, so dass nicht einmal die parallele Durchführung auf einer großen Menge von Medienobjekten helfen würde. Folglich kann die Analyse nicht erst zum Zeitpunkt der Anfrage erfolgen; sie muss im voraus stattfinden, und das Ergebnis muss zusammen mit den Medienobjekten gespeichert werden. Nach der oben eingeführten Einteilung fällt es mit unter die Beschreibungsdaten.

Damit ist allerdings der Nachteil verbunden, dass nun im voraus abgeschätzt werden muss, nach welchen Gegenständen, Themen, Situationen o. ä. die Benutzer wohl fragen werden. Wenn die Inhaltserschließung einen bestimmten Aspekt nicht erfasst, kann das zugehörige Medienobjekt bei der Suche nach diesem Aspekt nicht gefunden werden[3].

Es kann und sollte durchaus offen gelassen werden, wie die Erzeugung der Inhaltsangaben zu einem Medienobjekt erfolgt. Falls effiziente Algorithmen und die erforderlichen Rechenkapazitäten zur Verfügung stehen, kann das automatisch geschehen. Andererseits kann man die Inhaltsangaben aber auch durch die Benutzer eingeben lassen, wenn die das mit erheblich weniger Aufwand und deutlich besserem Ergebnis leisten können. Für Autoren ist es ohnehin selbstverständlich, dass sie zu einem Artikel für eine Fachzeitschrift auch noch eine Kurzfassung und Schlagworte abliefern müssen. Hier stellt sich die Frage, in welcher Form die Benutzer die Inhaltsangaben machen: als Text, als Schlagwortliste, als Semantisches Netz oder noch ganz anders. Dabei ist die externe Präsentation mit Masken und Menüs deutlich zu trennen von den Strukturen, die intern verwaltet werden. Dazu gleich mehr. Zunächst soll festgehalten werden, dass es für ein MMDBVS unerheblich ist, ob die Inhaltsangabe von einem Algorithmus erstellt oder von einem Benutzer eingegeben wurde. Es hat lediglich die Speicherung des Ergebnisses vorzunehmen und darauf Suchoperationen bereitzustellen.

---

[3]Dieses Problem wäre auch durch eine Analyse zur Laufzeit nicht vollständig lösbar, weil man nicht für alle denkbaren Aspekte Erkennungsalgorithmen bereitstellen kann.

Es gibt unterschiedliche Typen von Inhaltsangaben, die im folgenden kurz vorgestellt und bewertet werden sollen.

Schlagwörter: Mit der Zuteilung von Schlagwörtern hat man inzwischen viel Erfahrung gesammelt, vor allem im Information Retrieval (vgl. Unterabschnitt 3.2.3). Schlagwortlisten sind relativ einfach zu erstellen, mit Einschränkungen sogar automatisch („Automatisches Indexieren"). Allerdings sind die Ausdrucksmöglichkeiten von Schlagwortlisten für die hier betrachtete Umgebung nicht mächtig genug. Sie können beispielsweise keine Zusammenhänge, Abläufe oder Kausalitäten darstellen und damit den komplexen Inhalt etwa eines Bildes nur unzureichend wiedergeben. Das Suchverfahren ist allerdings – bezogen auf die Schlagwortlisten, nicht auf den eigentlichen Inhalt – exakt definiert.

Formatierte Daten: Man kann die in einem Medienobjekt dargestellten oder behandelten Objekte auch als Tupel in Relationen ablegen, wie im Kapitel 7 noch ausführlich gezeigt werden wird. Dann lässt sich die Suche mit der schon verfügbaren Datenbanktechnik sehr effizient realisieren. Allerdings will man meist nicht so viele verschiedene Gegenstände verwalten, wie es dann notwendig wäre, und Dinge wie Sturm, Nacht oder Schnee, die in einer Suche nach Bildern vorkommen können, lassen sich nur schwer durch Attribute beschreiben. Wie bei den Schlagwortlisten erreicht man auch mit formatierten Daten nicht die gewünschte Ausdrucksmächtigkeit.

Wissensrepräsentationstechniken: Um die gewünschte Ausdrucksmächtigkeit zu erhalten, könnte man auf eine der zahlreichen Wissensrepräsentationstechniken zurückgreifen, als da etwa sind: Prädikate, Semantische Netze, Frames, Scripts, Conceptual Graphs, Conceptual Dependency u. v. a. Einen Überblick gibt z. B. Winston in [Win 84]. Obwohl die Formatierung teilweise schwächer ausfällt als etwa im Relationenmodell, sind immer noch hinreichend effiziente Suchtechniken verfügbar. Allerdings sind Inhaltsangaben in diesen Formaten für Menschen sehr viel schwieriger zu erstellen als etwa Schlagwortlisten oder Relationen (Tabellen). Dafür wird dann meist ein speziell ausgebildeter „Wissensingenieur" herangezogen.

Freier Text: Eine Kurzfassung oder Inhaltsangabe in Form eines Textes ist für den Menschen natürlich am einfachsten zu erstellen. Die Ausdrucksmächtigkeit ist dabei eher noch höher als bei den Wissensrepräsentationstechniken. Das Problem ist jedoch die Suche. Es bleibt eigentlich nur die Volltextsuche, also Mustererkennung, die in ihrer Effektivität zu stark von den gewählten Formulierungen abhängt. Man hat die Schwierigkeit der Inhaltserschließung praktisch nur in das Medium Text verlagert.

Eingeschränkter Text: Statt in der Inhaltsangabe beliebigen Text zuzulassen, kann man sich auf einfachere Formen beschränken, die z. B. keine Nebensätze und nur Nominalphrasen enthalten, also Schlagzeilen, Beschriftungen oder Sätze im Telegrammstil (engl. Captions). Solche Schlagzeilen sind seit langem als Bild- oder Tonspurbeschriftungen üblich („die Hanseatic beim Auslaufen aus dem Hamburger Hafen in starker Dünung"). Auch sie sind für die Benutzer einfach einzugeben und haben große Ausdrucksmächtigkeit, wenngleich sicher nicht so wie beliebiger Text. Vor allem aber sind sie Texterschließungsmethoden erheblich leichter zugänglich, so dass sie intern in formalere Darstellungsarten, z. B. Wissensrepräsentation, umgesetzt werden können, die dann wieder eine effiziente Suche ermöglichen.

Tabelle 3.2 Bewertung verschiedener Formen von Inhaltsangaben

	Suche	Erstellbarkeit	Ausdrucks- mächtigkeit
Schlagworte	+	+	−
formatierte Daten	+	+	−
Wissensrepräsentation	+	−	+
Text	−	+	+
Schlagzeilen	0	+	0

Tabelle 3.2 fasst die Bewertung der verschiedenen Inhaltsangaben noch einmal zusammen. Der zuletzt genannte Ansatz bietet einen sinnvollen Kompromiss, der die Erstellung von Inhaltsangaben durch Laien zulässt, hinreichend große Ausdrucksmächtigkeit bietet und außerdem die Umsetzung in formalere Darstellungsarten ermöglicht, die den Weg zum Einsatz effizienter Suchmethoden eröffnet. Deshalb soll dieser Ansatz noch weiter untersucht werden, siehe Unterabschnitt 6.3.

Diese Inhaltsangaben sind allgemein für jedes Medium geeignet. In den folgenden Abschnitten werden jeweils auch noch die für ein Medium spezifischen Inhaltsangaben erläutert. Dabei handelt es sich allerdings meist um „syntaktischere", die sog. Features, die automatisch aus den Mediendaten extrahiert werden.

Soweit das, was sich allgemein zu Medienobjekten sagen lässt. Es kann als ein Rahmen dienen, in den sich die folgenden Betrachtungen einfügen lassen. Allerdings kommt noch viel Detail hinzu, dass auch nicht vernachlässigt werden darf, wenn man wirklich leistungsfähige MMDBVS erstellen will.

3.2   Text

Text wird gern unterschätzt, weil er so selbstverständlich ist. Wenn man von Multimedia spricht, rechnet man ihn vielleicht noch nicht einmal mit. Bei genauerer Betrachtung merkt man aber sehr schnell, dass er eben auch unformatiert ist und nur über Ähnlichkeitsmaße gesucht werden kann.

Textverarbeitung mit dem Rechner ist heute allgegenwärtig. In der Regel werden die Texte so über eine Tastatur erfasst, wie sie früher mit einer Schreibmaschine auf Papier geschrieben wurden. Es ist aber auch möglich, mit Hilfe sog. Scanner und zusätzlicher Hard- und Software zur „Optical Character Recognition" (OCR) maschinengeschriebene und gedruckte Texte von Papier einzulesen.

Im Rechner stehen die Texte dann für die weitere Verarbeitung zur Verfügung. Das bedeutet zuallererst natürlich die Druckaufbereitung, evtl. aber auch das Versenden mit elektronischer Post und die Prüfung von Rechtschreibung und Stil. Der einzelne Text wird meist als Datei abgelegt. Die Menge der entstehenden Dateien kann ggf. noch hierarchisch gegliedert werden, z. B. durch Zuordnung zu Verzeichnissen (Directories) oder „Ordnern". Das Dateiformat hängt vom verwendeten Textverarbeitungssystem ab.

3.2.1 Struktur

Wenn man versucht, davon etwas zu abstrahieren, stellt man fest, dass Text aus einer *Folge von abdruckbaren Zeichen* besteht, in die spezielle nicht abdruckbare Steuerzeichen eingestreut sein können, die aber ebenfalls sichtbare Wirkung im Ausdruck erzeugen. Dadurch grenzen sich Textdateien von anderen Dateien mit beliebigen Byte-Folgen ab. Die Steuerzeichen markieren z. B. das Zeilenende, einen Seitenwechsel, den Beginn von Fett- und Kursivdruck, den Wechsel des Zeichensatzes usw. Sie sind Anweisungen an einen Formatierer oder ein Gerät, können dabei aber auch Information tragen, die für das richtige Verständnis des Textes von Bedeutung ist, etwa durch Hervorhebung oder die Kennzeichnung von Überschriften. Auch Quellcode in verschiedenen Programmiersprachen kann als besondere Art von Text aufgefasst werden.

In großen heterogenen Umgebungen hat man es mit verschiedenen Arten von Text zu tun, die ein zentrales Archivierungssystem (wie ein DBVS) erkennen und gesondert behandeln muss. Wenn man die volle Allgemeinheit erfassen will, muss man berücksichtigen, dass unterschiedlich viele Bits für die Abspeicherung eines Zeichens verwendet werden können. In vielen Fällen sind es acht Bits, so bei den ISO-8859-Zeichensätzen wie dem in Westeuropa und den USA gebräuchlichen Latin1. Er hat die älteren Codes ASCII und EBCDIC weitgehend abgelöst, die ebenfalls 8 Bit verwenden (beim ASCII waren es zunächst sogar nur 7). Inzwischen ist aber auch der Unicode auf dem Vormarsch, der 16 Bits pro Zeichen belegt, dafür aber auch japanische und chinesische Zeichen darstellen kann. Für den Informationsgehalt ist eigentlich nur das *Alphabet* von Bedeutung, also die Menge der verwendeten Buchstaben- oder Wortsymbole – unabhängig von ihrer Codierung. Sie ergibt sich u. U. implizit aus der Sprache, wenn diese bekannt ist.

Text kann prinzipiell beliebig lang sein. Zur korrekten Handhabung muss die Länge feststellbar sein, entweder durch ein Längenfeld auf einer festen Position (meist am Anfang) oder durch ein spezielles Textende-Zeichen (z. B. mit allen Bits null). Viele Texte tragen außerdem eine Zeilenstruktur, die wieder über Längenfelder oder ein Zeilenende-Zeichen (z. B. „Return" oder „Line Feed") kenntlich gemacht werden kann. Denkbar ist auch noch eine über Zeiger verkettete Speicherung („Scatter"-Struktur).

All diese Zusatzangaben zur Art der Speicherung – Anzahl der Bits pro Zeichen, verwendeter Code, Textende-Zeichen, Zeilenende-Zeichen – sind Beispiele für Registrierungsdaten, die mit einem Text verwaltet werden müssen. Für speziellere Typen von Text kann diese Liste durchaus noch erweitert werden; bei Quellcode etwa um die Angabe der Programmiersprache und bei natürlichsprachlichem Text um die Angabe der Sprache sowie bei Text mit eingestreuten Steueranweisungen durch Benennung des Textformatierers, für den diese gedacht sind (Troff, TEX usw.). Bei Dateien drückt man dies sehr oft durch einen ganz bestimmten Suffix zum Dateinamen aus. Wichtige Subtypen sind heute SGML und vor allem XML. Sie haben zunächst einmal alle Eigenschaften von Text; es lassen sich sämtliche Textoperationen auf sie anwenden. Interessant ist aber die große Menge zusätzlicher

Operationen, die sich nur bei ihnen ergibt.

3.2.2 Operationen

Zum Umgang mit Text müssen *Operationen* bereitstehen. Das Dateisystem von UNIX™ [Mar 83] gibt einige Anhaltspunkte, weil es auf Textdateien zugeschnitten ist, dabei allerdings auch nicht abdruckbare Zeichen zulässt (z. B. bei ausführbarem Code). Allgemein werden mindestens folgende Operationen auf Text benötigt:

- *lesend:*
- Ermitteln der Länge,
- Herausholen einer Teilfolge ab einer bestimmten Zeichenposition in einer bestimmten Länge (Substring-Operation),
- Ermitteln der Zeichenposition eines gegebenen Suchmusters (Volltextsuche);
- *ändernd:*
- Anfügen weiteren Textes am Ende,
- Ersetzen ab einer bestimmten Zeichenposition in einer bestimmten Länge durch einen gegebenen Text.

Weitere Operationen sind für die Subtypen von Texten denkbar, etwa Wörter zählen, Rechtschreibung prüfen, Steuerzeichen entfernen usw.

Für die Verwaltung großer Mengen von Texten gibt es bereits eine Reihe von Systemen. Information Retrieval und Hypertext haben eine lange Tradition; sie werden unten in eigenen Unterabschnitten behandelt. Daneben gibt es viele einfachere Systeme, in denen man zwar komplexe Suchausdrücke formulieren kann, die Wortmasken, Wortgruppen und Wortabstände enthalten, die Suche jedoch auf einen Mustervergleich beschränkt. Man bezeichnet das als Volltextsuche. Kommt ein Wort im Text nicht vor, weil der Autor eine eigene Begriffswelt aufgebaut hat, so kann der Text bei der Suche nach diesem Wort nicht gefunden werden, auch wenn er das damit verbundene Konzept sehr wohl behandelt. Umgekehrt führt ein Auftreten eines Wortes oder einer Wortgruppe immer zu einem Treffer, selbst wenn der entsprechende Satz lautet: „Die Betrachtung von ... würde an dieser Stelle zu weit führen". Es ist wichtig, sich die Qualität dieser Art von Suche immer wieder vor Augen zu halten. Sie ist nicht wertlos, weil sie in gewisser Hinsicht exakt ist (auf syntaktischer Ebene), so dass ein Benutzer genau wissen kann, was sie leistet. Er sollte aber auch wissen, was sie nicht leisten kann.

3.2.3 Information Retrieval

Aus diesen Gründen hat man in Information-Retrieval-Systemen (IR-Systemen) die Volltextsuche ergänzt um die Zuteilung von *Schlagwörtern*, die sich in Bibliothekskatalogen seit langem bewährt hat [SM 83, Geb 81, May 97, Row 92]. Man bezeichnet das als *Indexierung*. Hier können auch Wörter zugeteilt werden, die im Text nicht vorkommen, aber dennoch relevant sind. Analog werden nur die Schlagwörter[4] zugeteilt, zu denen der Text wirklich

---

[4]Im deutschen Sprachgebrauch werden Schlagwörter, die von außen zugeteilt werden, und *Stichwörter*, die dem Text entnommen sein müssen, unterschieden; im Englischen werden beide als „keywords" bezeichnet.

relevante Aussagen macht, und nicht solche, die nur in Randbemerkungen auftauchen.

Schlagwörter sind entweder frei wählbar oder müssen einer verbindlichen Liste entnommen werden. Die verbindliche Liste mag vielleicht beim Beschreiben eines Textes als Einschränkung empfunden werden, hat aber Vorteile für das Wiederauffinden, weil man in ihr die Schlagwörter findet, die überhaupt zu Treffern führen können. Daher ist die Liste eine große Hilfe bei der Formulierung von Anfragen.

Ein *Thesaurus* ist eine solche verbindliche Schlagwortliste mit zwei zusätzlichen Eigenschaften ([Geb 81], S. 46f.):

- Er stellt hierarchische und andere Beziehungen zwischen den Schlagwörtern her (Synonym, Oberbegriff, Unterbegriff usw.).
- Er deckt ein Fachgebiet möglichst systematisch und umfassend ab.

Ein im Thesaurus enthaltenes Schlagwort, das zur Indexierung verwendet werden kann, heißt *Deskriptor*. Der Thesaurus enthält auch sog. Nicht-Deskriptoren, die mit einem Hinweis auf den zu verwendenden Deskriptor versehen sind („DB-Systeme – USE Datenbanksysteme"). Der Thesaurus hilft den Bibliothekaren, sich bei der Indexierung eines einheitlichen Wortschatzes zu bedienen. Die Synonym-, Oberbegriffs- und Unterbegriffs-Beziehungen sind darüber hinaus bei der Recherche nützlich: Ein Nicht-Deskriptor in der Anfrage kann durch seinen Deskriptor ersetzt werden, und falls zu einem Schlagwort zu viele oder zu wenige Literaturstellen gefunden wurden, kann der Benutzer die Suche mit einem Unterbegriff bzw. Oberbegriff wiederholen.

Die Auswahl der Deskriptoren zu einem Text wird meist durch den Bibliothekar vorgenommen. Es gibt aber auch seit langem Ansätze zum Automatischen Indexieren [Har 75, HSP 75], die den Thesaurus benutzen und Methoden aus dem Bereich Textverstehen der Künstlichen Intelligenz verwenden. Bisher sind menschliche Deskribierer effektiver; die Systeme eignen sich aber für eine Vorauswahl.

Die Anfragen benennen entweder direkt die Deskriptoren (dann müssen die Benutzer den Thesaurus konsultieren) oder bestehen ebenfalls aus Text, der dann der gleichen Indexierung unterzogen wird wie zuvor die gespeicherten Dokumente. Damit ergibt sich der allgemeine Information-Retrieval-Prozess, der in Abb. 3.2 dargestellt ist.

Wie die Darstellungen gewählt werden und wie dann der Vergleich erfolgt, ist Sache des sog. Information-Retrieval-Modells. Davon gibt es verschiedene Ausprägungen. Am einfachsten und ältesten ist das *Boolesche Retrieval-Modell*, das nach wie vor von vielen kommerziellen IR-Systemen verwendet wird. Es wird auch von Textmuster-Such-Systemen benutzt, die mit Zeichenketten oder regulären Ausdrücken alle Dokumente durchsuchen. Das ist recht verbreitet und auch sinnvoll für kleinere Dokument-Sammlungen. Die grep-Familie unter Unix ist ein Beispiel. Boolesche IR-Systeme gehen statt dessen von der bereits beschriebenen Indexierung der Dokumente mit Schlagwörtern aus. Die Anfragen bestehen dann ebenfalls aus einer Menge von Schlagwörtern, die durch logische (Boolesche) Operatoren (AND, OR, NOT) verknüpft werden können.

Die Indexierung, also der Vorgang, in dem ein Dokument seine Schlagwörter erhält, ist bereits angesprochen worden. Sie erzeugt die Dokument-Darstellung. Über den bereits vorgestellten Thesaurus hinaus sind noch zwei Maßnahmen zu erwähnen: Zum einen werden sog. Stoppworte entfernt. Das sind z. B. Präpositionen und Artikel, die ohnehin nicht hilf-

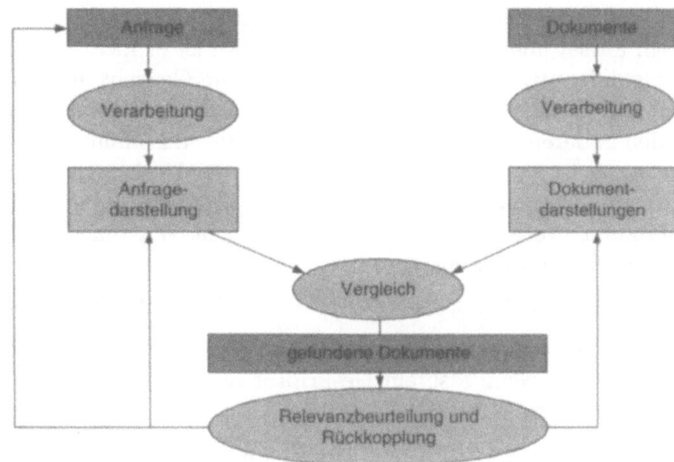

Abbildung 3.2 Der Information-Retrieval-Prozess

reich sind bei der Suche. Allerdings ist ihre Definition sprachabhängig. Zum zweiten wird eine Stammbildung (stemming) durchgeführt, also eine Zusammenfassung von Wörtern, die in unterschiedlichen syntaktischen Formen auftreten, aber vom selben Wort abstammen (z. B. Suche, suchen, gesucht, suchte, ...). Das verkleinert die Menge der Deskriptoren deutlich und beschleunigt dadurch die Suche. Man erhält auch mehr passende Dokumente, unter diesen aber evtl. auch mehr nicht-relevante.

Nach dem bisher beschriebenen Verfahren wird ein Deskriptor einem Dokument zugeteilt, wenn er in diesem Dokument einmal vorkommt. Kommt er zwanzigmal vor, wird er auch zugeteilt, aber der Unterschied geht verloren. Dabei liegt doch die Vermutung nahe, dass häufig vorkommende Deskriptoren wichtiger für das Dokument sind. Um das im Vergleich berücksichtigen zu können, muss die Dokument-Darstellung auch noch um *Gewichte* ergänzt werden. Sie geben zu einem Deskriptor die Häufigkeit seines Auftretens in einem Dokument an, und zwar über alle Variationen hinweg, also vor der Stammbildung. Kommt ein Anfrage-Deskriptor in einem Dokument vor, drückt das Gewicht den Grad der Übereinstimmung mit der Anfrage aus. Dadurch entstehen unterschiedliche Grade von Übereinstimmung, die für ein Ranking der Dokumente genutzt werden können, siehe unten. Für die Auswertung der Booleschen Operatoren in der Anfrage ergeben sich die folgenden Regeln: Bei einem OR wird das höhere Gewicht genommen, wenn beide Deskriptoren vorkommen, bei einem AND das niedrigere. NOT wird auch als zweistelliger Operator interpretiert, weil es praktisch nur als AND NOT vorkommt; in einigen Systemen ist es überhaupt nur so erlaubt. Dann ist die Differenz der Gewichte zu bilden, denn das Vorkommen des in der Anfrage nicht gewollten Deskriptors in einem Dokument reduziert dessen Gewicht.

Mit den Gewichten in der Dokument-Darstellung kann man also ein *Ranking* der gefundene Dokumente durchführen, also eine absteigende Sortierung nach den Gewichten. Solche Listen sind vielen Anwendern von den Suchmaschinen des WWW (die ja auch IR-Systeme sind) her vertraut. Allerdings ist diese Reihenfolgeberechnung noch nicht optimal, weil sie die Verteilung der Deskriptoren in der ganzen Dokumentmenge nicht einbezieht. Wenn ein Term in fast allen Dokumenten vorkommt, ist er nicht so gut geeignet für Suche, weil er zu wenig differenziert – unabhängig von seinem Gewicht in einem einzelnen Dokument. „Gute" Index-Terme kommen dagegen in einigen wenigen Dokumenten häufig vor, dafür aber kaum in den anderen Dokumenten. Das bedeutet, dass man außer der bereits eingeführten *Term Frequency*[5] tf_{ij} (der Häufigkeit, mit der der Deskriptor j im Dokument i vorkommt) auch noch die *Document Frequency* df_j (die Zahl der Dokumente, in denen der Deskriptor j vorkommt) verwenden sollte. Das Gewicht W_{ij} eines Deskriptors j für ein Dokument i berechnet sich dann als:

$$W_{ij} = tf_{ij} \times \log(N/df_j) \quad (N = \text{Zahl aller Dokumente})$$

Dadurch ist es proportional zur Term Frequency und zur invertierten Document Frequency. Bei $df_j = N$, wenn also ein Deskriptor in jedem Dokument vorkommt, wird sein Gewicht, wie gewünscht, auf null reduziert.

Das soweit vorgestellte Boolesche Retrieval-Modell hat den großen Vorteil, einfach zu sein; deshalb wird es in vielen kommerziellen Systemen genutzt. Die Anfrageformulierung ist allerdings recht schwierig und zugleich ganz entscheidend für das Ergebnis. Um sie nicht noch komplexer zu machen, werden Gewichte meist nur zu den Dokument-Deskriptoren ermittelt, selten zu den Anfrage-Deskriptoren. Da die Anfragen typischerweise kurz sind, müsste der Benutzer sie selbst setzen.

Ein weiteres, auch recht bekanntes Retrieval-Modell ist das *Vektorraum-Retrieval-Modell*. Es geht von der Annahme aus, dass es eine feste Menge von Deskriptoren gibt, die für Dokumente und Anfragen genutzt werden. Sie kann über einen Thesaurus realisiert werden. Ein Dokument wird dann dargestellt durch

$$D_i = (T_{i1}, T_{i2}, \ldots, T_{ik}, \ldots, T_{iN})$$

Dabei ist T_{ik} das Gewicht des Deskriptors k im Dokument i. N ist die Anzahl aller Deskriptoren. Die Darstellung einer Anfrage ist analog

$$Q_j = (Q_{j1}, Q_{j2}, \ldots, Q_{jk}, \ldots, Q_{jN})$$

mit Q_{jk} als Gewicht des Deskriptors k in der Anfrage j. Die Gewichte können binär sein (0 oder 1), die W_{ij}, wie sie oben berechnet wurden, oder auch etwas ganz anderes. Dann wird eine Ähnlichkeit (similarity) zwischen D_i und Q_j berechnet als:

$$S(D_i, Q_j) = \sum_{k=1}^{N} (T_{ik} \times Q_{jk})$$

Meist wird zusätzlich noch normalisiert, um die Unterschiede in den Dokument- und Anfragelängen zu berücksichtigen. Dazu wird die Summe noch durch das Produkt der Längen der beiden Vektoren dividiert.

Das Hauptproblem dieses Modells ist, dass die Terme ohne Beziehungen zueinander bewertet werden. Man sagt deshalb, dass es nur bei kurzen Dokumenten und Anfragen ordentlich arbeitet.

---

[5]Im englischen Sprachgebrauch findet sich häufig „Term" anstelle von „Deskriptor", was eigentlich viel ungenauer ist, aber eben auch kürzer. „Term Frequency" ist ein feststehender Begriff, der hier beibehalten wird.

Mit dem Vektorraum-Retrieval-Modell lässt sich aber *Relevanzrückkopplung* (Relevance Feedback) sehr gut realisieren. Sie beginnt damit, dass der Benutzer die gefundenen Dokumente (in der Ranking-Liste) als relevant oder irrelevant kennzeichnet. Es gibt dann zwei Möglichkeiten, diese Information im IR-System auszuwerten: Anfrage- und Dokumentmodifikation.

Bei der *Anfragemodifikation* werden Deskriptoren, die in als relevant gekennzeichneten Dokumenten vorkommen, der Anfrage hinzugefügt, wenn sie dort noch nicht enthalten waren. Andernfalls wird ihr Anfragegewicht erhöht. Analog werden Deskriptoren, die in als irrelevant gekennzeichneten Dokumenten vorkommen, aus der Anfrage entfernt, oder ihr Gewicht wird reduziert. Das kann mit folgender Formel beschrieben werden:

$$Q^{(i+1)} = Q^{(i)} + \alpha \cdot \sum_{D_i \in Rel} D_i - \beta \cdot \sum_{D_i \in NonRel} D_i$$

$Q^{(i)}$ ist dabei die ursprüngliche Anfrage, und $Q^{(i+1)}$ ist die neue, die sich durch Verschiebung der Anfragegewichte ergibt. α und β sind Faktoren, mit denen der Betreiber den Einfluss der Rückkopplung noch ein wenig steuern kann. Es hat sich gezeigt, dass das die Qualität der Ergebnisse erhöht. Allerdings profitiert nur der aktuelle Benutzer davon.

Deshalb gibt es mit der *Dokumentmodifikation* noch eine weitere Möglichkeit, die etwas ungewohnt erscheint und auch komplexere Regeln verlangt:

• Deskriptoren der Anfrage, die in einem als relevant eingestuften Dokument nicht vorkommen, werden dem Dokument auch noch zugeteilt mit einem initialen Gewicht.
• Deskriptoren der Anfrage, die auch in einem als relevant eingestuften Dokument vorkommen, erhalten in diesem Dokument ein um einen bestimmten Betrag erhöhtes Gewicht.
• Deskriptoren, die in der Anfrage nicht vorkommen, aber in einem als relevant eingestuften Dokument, erhalten in diesem Dokument ein etwas geringeres Gewicht, denn das Dokument wurde schließlich auch ohne sie gefunden.

Diese Modifikationen wirken sich positiv aus, wenn anschließend ähnliche Anfragen gestellt werden; sie haben keinen oder sogar nachteiligen Effekt, wenn ganz andere Anfragen gestellt werden.

Als drittes ist das *Probabilistische Retrieval-Modell* zu nennen, das sich wachsender Beliebtheit erfreut und auch recht erfolgreich eingesetzt wird. Es geht von vier Parameter

	$P(rel)$	Wahrscheinlichkeit, dass ein Dokument relevant ist.
	$P(nonrel)$	Wahrscheinlichkeit, dass ein Dokument nicht relevant ist.
aus:	$a1$	Kosten, die mit der Rückgabe eines nicht relevanten Dokuments verbunden sind.
	$a2$	Kosten, die mit der Auslassung eines relevanten Dokuments verbunden sind.

Die Entscheidung für ein Dokument erfolgt dann im Sinne einer Kostenminimierung: Das Dokument wird in die Ergebnismenge aufgenommen, wenn

$$a2 \times P(rel) \geq a1 \times P(nonrel)$$

Wenn das Dokument relevant ist und man es auslässt, entstehen also mehr Kosten, als wenn es nicht relevant ist und man es aufnimmt. Die Hauptaufgabe besteht dann noch in der Abschätzung von $P(rel)$ und $P(nonrel)$. Das würde hier jedoch zu weit führen, so dass nur auf die Literatur verwiesen wird [Rob 77, Sch 97].

Um einen Vergleich dieser (und anderer) Retrieval-Modelle durchführen zu können, muss eine Bewertung von Retrieval-Ergebnissen vorgenommen werden. Ein Kriterium ist dabei sicher auch die Antwortzeit, die aber noch nichts über die Qualität der gelieferten Dokumentmenge aussagt. Eine weitere Kennzahl ist die sog. *Ausbeute* (engl. recall), die definiert ist als Anteil der gelieferten relevanten Dokumente an allen relevanten Dokumenten im System. Das ist schwierig zu bestimmen, weil man die Vergleichsmenge in der Regel ja nicht kennt. Aber man kann den Wert schrittweise annähern, wie gleich noch gezeigt wird. Zuvor ist aber noch die *Präzision* (engl. precision) einzuführen, die als Anteil der gelieferten relevanten Dokumente an den überhaupt gelieferten berechnet wird. Hier gibt es keine Probleme, weil man beide Mengen kennt. Die beiden letzten Kennzahlen hängen zusammen, wie man sich leicht klarmacht: Die Ausbeute lässt sich vergrößern, indem man in der Ranking-Liste weiterblättert, also immer mehr Dokumente abruft, unter denen in der Regel auch immer noch weitere relevante sind. Damit verkleinert sich aber meist auch die Präzision, weil eben auch irrelevante Dokumente geliefert werden, und wenn die Ranking-Liste ihrem Namen gerecht wird, nimmt deren Anteil zu. Es ist Aufgabe des IR-Systems, hier einen Ausgleich finden.

Man stellt die Qualität der Suchergebnisse in einem *Präzisions-Ausbeute-Graphen* dar, wie er in Abb. 3.3 skizziert ist. Er stellt die Präzision über der Ausbeute dar, und er entsteht dadurch, dass man die Ausbeute durch Weiterblättern schrittweise steigert. Man kennt zwar ihren absoluten Betrag nicht, aber man weiß ja, dass sich immer gleich große Schritte ergeben, wenn ein weiteres relevantes Dokument gefunden wird.

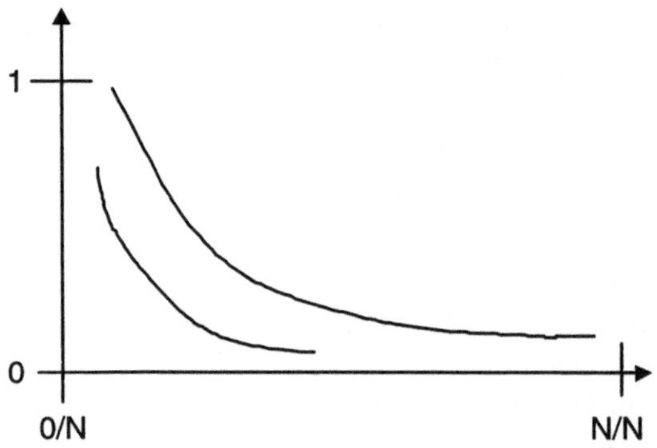

Abbildung 3.3 Präzisions-Ausbeute-Graph

Nicht gezeichnet ist, dass die Kurve immer bei Null beginnt, denn wenn man noch gar kein relevantes Dokument gefunden hat, sind Ausbeute und Präzision null. Das ist bei allen Modellen gleich und deshalb nicht so interessant. Steht gleich an der ersten Position ein relevantes Dokument, so steigt die Kurve auf den Wert 1 für die Präzision bei einer Ausbeute von 1 (bzw. 1/N). Kommen im weiteren Verlauf der Liste nur relevante Dokumente, so bleibt der Präzisionswert bei 1. Mit dem ersten nicht relevanten Dokument wird er für den soweit erreichten Ausbeutewert abgesenkt. Weitere relevante Dokumente können ihn wieder etwas anheben, aber die 1 kann er nicht mehr erreichen. Typischerweise treten immer mehr nicht relevante Dokumente auf, so dass sich in etwa der Verlauf ergibt, den die Abb. 3.3 zeigt.

Ein Beispiel soll dies noch etwas veranschaulichen. Angenommen die Ergebnismenge werde wie folgt bewertet: R, R, I, I, R, R, I, I, R, I (R = relevant, I = irrelevant). Dann ergeben sich sich die in Tab. 3.3 dargestellten Werte. Der Graph dazu ist in Abb. 3.4 zu sehen.

Tabelle 3.3 Beispiel für Präzision und Ausbeute

lauf. Nr.	R/I	Ausbeute	Präzision
1	R	1/N	**1/1**
2	R	2/N	2/2
3	I	2/N	2/3
4	I	2/N	**2/4**
5	R	3/N	**3/5**
6	R	4/N	4/6
7	I	4/N	4/7
8	I	4/N	**4/8**
9	R	5/N	5/9
10	I	5/N	**5/10**

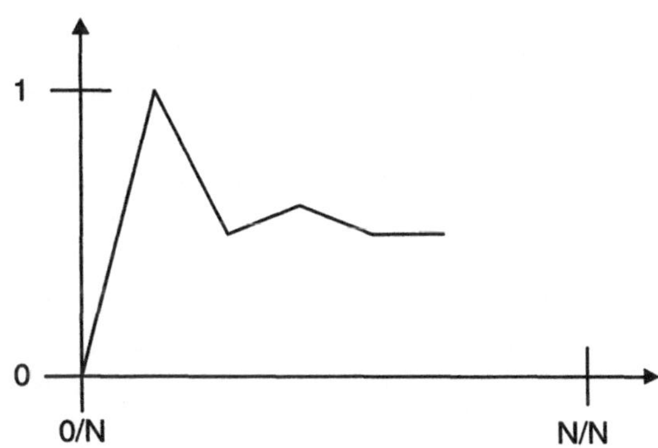

Abbildung 3.4 Präzisions-Ausbeute-Graph für das Beispiel

Interessant ist also, bei welchem Wert die Kurve beginnt (für Ausbeute 1/N) und wie schnell sie abfällt. Um ein Modell oder ein IR-System zu bewerten, muss man sie für viele Anfragen erstellen. Was dann aber als gut oder schlecht angesehen wird, hängt auch noch von der Anwendungssituation ab. Viele Anwender heute wollen Präzision, vor allem die Benutzer der Suchmaschinen im WWW, die Wissenschaft und das Patentamt dagegen wollen Ausbeute.

Die Anwendung dieser Bewertungsverfahren auf IR-Techniken ist in verschiedenen Studien erfolgt, und wie zu erwarten, gibt es keinen eindeutigen Gewinner. Einige Ergebnisse dabei waren: Automatisches Indexieren ist so gut wie manuelles, aber die besten Ergebnisse erzielt eine Kombination von beidem. Bei gleichartigen Anfragen ist Ähnlichkeitssuche besser als exakte Übereinstimmung (Boolesches Retrieval). Das Probabilistische Modell und das Vektorraummodell erreichen ungefähr die gleiche Qualität. Falls nicht alle relevanten Dokumente gleich beim ersten Suchen gefunden werden, erreicht man mit Relevanzrückkopplung eine Verbesserung. Bei Anfrageformulierung und bei Relevanzrückkopplung liefert eine umfangreiche Eingabe durch den Anwender bessere Ergebnisse als eine knappe. Anwendungsbezug und Benutzerprofile nützen sehr viel.

3.2.4 Hypertext

Information Retrieval geht von den üblichen Papierdokumenten aus, die nicht selbst im Rechner abgelegt sein müssen, sondern über eine Bibliotheksnummer oder Signatur referenziert werden. Selbst wenn die Dokumente im Rechner gespeichert sind, so sind sie es doch nur als „elektronische" Kopien der Papierform. Hypertext [Con 87, SW 88] löst sich dagegen vollständig von der Vorstellung papierner Dokumente und nutzt die Möglichkeiten des Rechnereinsatzes. Das bedeutet, dass auf die Linearisierung von Darstellungen, Konzepten, Erläuterungen, Übersichten usw. zu einem Buch verzichtet wird. Statt dessen werden zahlreiche Textfragmente oder Textblöcke verwaltet, die auf vielfältige Weise verknüpft sein können (über „Links"). Ein Spezialfall dieser Verknüpfung kann den gewohnten sequenziellen Durchlauf durch ein Dokument bereitstellen („Nächste Seite"). Daneben kann es beliebige Querverweise geben („zu … siehe auch"), denen nachzugehen auf einem Rechner sehr viel leichter fällt als in einer Bibliothek. Auch kann es verschiedene Pfade durch eine Folge von Textfragmenten geben, die je nach Detailinteresse und verfügbarer Zeit verwendet werden können.

Diese Prinzip ist heute jedem in der Form des World-wide Web vertraut. Allerdings ist das nur eine Variante von Hypertext, und bei weitem nicht die ausgefeilteste. Die in der Vergangenheit entwickelten und erprobten Systeme können meist deutlich mehr. Deshalb lohnt sich ein kurzer Blick auf sie immer noch.

Der erste Vorschlag zu einem mechanisierten Archiv, der einige der Konzepte von Hypertext vorwegnahm, stammt aus dem Jahr 1945 [Bus 45]. Das Memex-System sollte damals noch mit Hilfe von Mikrofilm realisiert werden. Der Begriff Hypertext selbst wurde von T. Nelson eingeführt, der seit Anfang der sechziger Jahre mit rechnergestützten Dokumenten-Archiven experimentierte [Nel 67]. Parallel entwickelte D. Engelbart am Stanford Research Institute sein NLS/Augment-System [Eng 63].

Breites Interesse hat Hypertext jedoch erst mit der Einführung von HyperCard™ durch die Firma Apple als Teil der Software-Grundausstattung des Macintosh-Rechners gefunden. Zwar war das System ebenfalls nicht so leistungsfähig wie die experimentellen Systeme, es machte aber sehr viele Benutzer mit dem Prinzip von Hypertext vertraut und bereitete so den Weg für die Einführung anspruchsvollerer Systeme und letztlich auch für das WWW.

Eine gute Übersicht über die Entwicklung von Hypertext und die verschiedenen Systeme (noch vor HyperCard) gibt [Con 87]. Neben der Verknüpfung von Textfragmenten spielt auch die *Benutzerschnittstelle* eine große Rolle. Es ist praktisch unumgänglich, dass die Ausgabe in *Fenstern* erfolgt, wobei jedes Fenster genau einem Textfragment zugeordnet ist. Die Verweise auf andere Textblöcke sind graphisch markiert – durch Unterlegung,

Einrahmung, Farbe oder Helligkeit – und können durch Anklicken mit der Maus[6] oder Funktionstasten aktiviert werden. Für das so aufgerufene Textfragment wird ein neues Fenster geöffnet (Abb. 3.5).

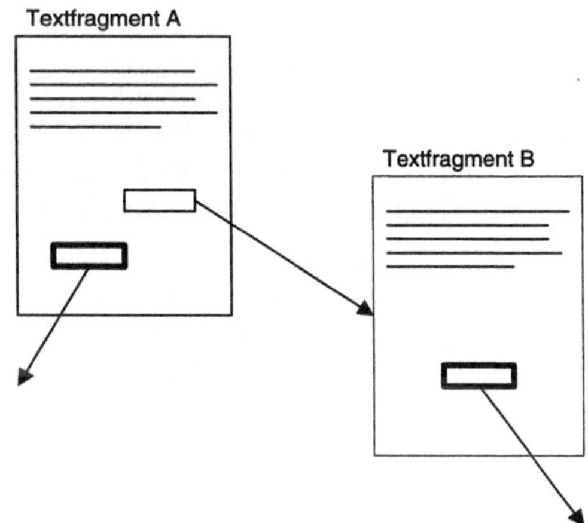

Abbildung 3.5 Bildschirmfenster für die Textfragmente in Hypertext

Der Datenbestand ist also organisiert als Netz von Textfragmenten („Knoten"). Ein zusammenhängendes Netz wird als „Hyperdokument" bezeichnet. Die Netzstruktur legt Begriffe wie „nichtlinearer Text" und „Informationsgeflecht" (information web) nahe. Jeder Knoten hat einen eindeutigen Namen. In einem Fenster, das genau einen Knoten zeigt, kann es beliebig viele Referenzsymbole („link icons") geben. Die Verweise können beschriftet sein, und durch diese Beschriftung (oder durch eine explizite Deklaration) können verschiedene *Verbindungstypen* definiert werden, die man selektiv ausblenden kann, um das Geflecht übersichtlicher zu machen.

Eine wesentliche Anforderung an Hypertext-Systeme ist weiterhin, dass der Benutzer mit wenig Aufwand neue Knoten und neue Verbindungen einbringen kann. Damit sollen das im System verfügbare Wissen laufend ergänzt und die Zusammenarbeit in einem Team bzw. die gemeinsame Erstellung von Dokumenten (Co-authoring) unterstützt werden. Neue Knoten können Beiträge, Anmerkungen, Ergänzungen oder Ideen darstellen. Neue Verbindungen stellen Bezüge her, die bisher noch nicht bemerkt oder beachtet wurden. Beides soll, wie gesagt, auch während des Lesens ohne umständlichen Wechsel des Benutzermodus eintragbar sein. Das ist im WWW zunächst nicht umgesetzt worden und erreicht auch heute noch nicht die nahtlose Integration, die den Hypertext-Entwicklern früher vor Augen stand und die sie in einigen Systemen auch realisiert hatten.

Die Folge davon war allerdings manchmal eine so starke Vernetzung der gespeicherten Textblöcke, dass das Informationsgeflecht ohne weitere Hilfsmittel nahezu undurchschaubar wurde[7]. Für das *Auffinden* von Textblöcken in einem Hyperdokument wurden deshalb

---

[6]Sie wurde von D. Engelbart für die Arbeit mit Hypertext erfunden.
[7]Der resultierende Zustand des Benutzers wird bildhaft als „lost in hyperspace" beschrieben.

neben dem beschriebenen Navigieren entlang der Verbindungen auch eine Volltextsuche, eine Schlagwortsuche und ggf. auch eine Suche nach Attributwerten gefordert. Das setzt natürlich voraus, dass einem Knoten neben dem Text auch Schlagwörter und Attribute (Name-Wert-Paare) zugeordnet werden können.

Falls dem Benutzer ein Bildschirm mit Graphik-Fähigkeiten zur Verfügung steht, was ja heute die Regel ist, kann das Informationsgeflecht visualisiert werden, evtl. sogar mit verschiedenen Farben für die einzelnen Verbindungstypen. Dies hat sich als ein äußerst nützliches Hilfsmittel erwiesen [YMvD 85]. Die Knoten können durch sog. Miniaturen repräsentiert werden, die durch graphische Symbole, Farben oder Beschriftung Aufschluss über ihren Inhalt geben. Der Benutzer kann dann direkt bestimmte Knoten in einem Fenster öffnen.

Die graphische Veranschaulichung des Informationsgeflechts gehört zu den Aufgaben eines sog. *Browsers*[8], der für die Benutzung von Hypertext-Systemen generell gefordert wird [Fos 88]. Er sollte erlauben, die Darstellung den aktuellen Bedürfnissen des Benutzers anzupassen, etwa durch Anzeigen der bisher betrachteten Knoten als Mittelachse des Graphen, um den herum sich die noch nicht benutzten Verweise aufreihen. Das wirkt wie ein Menü, in dem die Möglichkeiten des Weiterblätterns oder Nachschlagens aufgezeigt sind. Zusätzlich kann die graphische Darstellung auf bestimmte Verbindungstypen beschränkt werden, um das Geflecht überschaubarer zu machen. Solche Browser wurden zu den verschiedenen Hypertext-Systemen entwickelt und erprobt [SW 88].

Zusammenfassend stellt [Con 87] fest, dass Hypertext in dreierlei Hinsicht benutzt werden kann:

- *als Datenorganisationsmethode:*
Damit sind Aspekte eines Datenmodells wie auch die Speicherungsstrukturen gemeint: Man sollte sich die Textblöcke als physische Speicherobjekte und die Verweise als Zeiger oder als Adressen vorstellen. Hypertext ist dann zwangsläufig ein selbständiges Datenverwaltungssystem (neben einem DBVS) mit einem eigenen, separaten Datenbestand.

- *als Darstellungsmethode:*
Hypertext kann ähnlich wie das Entity-Relationship-Modell [Che 76] oder Semantische Netze [Win 84] zur Informationsmodellierung benutzt werden, ohne dass das schon physische Strukturen impliziert. Statt dessen wird nach Abschluss der Modellierung eine Abbildung auf ein Datenmodell vorgenommen, z. B. auf das Relationenmodell. Hypertext erhält dadurch die Rolle eines Entwurfs- und Dokumentationshilfsmittels und ist im laufenden System explizit gar nicht mehr vorhanden.

- *als Benutzermodell:*
Dieser Ansatz wurde in der bisherigen Diskussion über die fensterorientierte Benutzeroberfläche unterstellt. Der Benutzer arbeitet in der beschriebenen Weise mit Textblöcken und Verweisen, ohne auf eine bestimmte Datenorganisation oder ein Speicherungsformat Bezug zu nehmen. Auch hier kann intern eine Abbildung auf ein geeignetes DBVS vorgenommen werden.

Mit der Verbreitung des WWW hat sich Hypertext als eine sehr populäre Organisationsform

---

[8]Mit der Verbreitung des World-wide Web hat sich die Bedeutung des Begriffs „Browser" dahingehend gewandelt, dass damit *jede* Client-Software bezeichnet wird, auch wenn sie keine Visualisierung des Informationsgeflechts leistet. Die übliche History-Funktion ist nur eine sehr rudimentäre Variante.

für große Mengen von Textdokumenten etabliert, die von einem DBVS, das auch Texte
verwalten soll, zumindest als eine Option (neben anderen) angeboten werden sollte. In
verschiedenen Hypertext-Systemen – auch in Apple's HyperCard – kann ein Knoten anstelle
von Text auch Graphiken, Fotos oder akustische Aufzeichnungen repräsentieren. Damit
wird das Konzept von Hypertext auf Multimedia-Daten ausgedehnt, und das Ergebnis heißt
Hypermedia. Darauf wird Unterabschnitt 3.8.3 genauer eingehen.

3.2.5   Speicherung

Nachdem im letzten Abschnitt untersucht wurde, wie Textdaten beschaffen sind, welche
Operationen man auf ihnen ausführen möchte und welche Systeme es derzeit schon für den
Umgang mit ihnen gibt, soll nun die Frage nach dem Zusammenspiel mit einem DBVS gestellt werden. Kann man ein neuartiges DBVS entwickeln, das die Datenhaltungsaufgaben
sowohl für die klassische Datenverarbeitung mit formatierten Daten als auch für Textver-
arbeitungssysteme übernimmt?

Information-Retrieval-Systeme (IR-Systeme) waren lange Zeit eigenständige Systeme neben den DBVS, weil man von großen Unterschieden in der Behandlung formatierter und
unformatierter Daten ausging. Seit aber Forschung und Entwicklung bei der Verwaltung
formatierter Daten auf sicheren Füßen stehen, also etwa seit Ende der siebziger Jahre,
gibt es Bemühungen zur Integration der bis dato eher „feindlich" nebeneinander stehen-
den Systeme: DBVS sollen so erweitert werden, dass sie neben formatierten Daten auch
Deskriptorlisten und die darauf anzuwendenden Operationen sowie ggf. die Texte selbst
aufnehmen können.

Es ist relativ einfach, kurze Textstücke, z. B. eine Überschrift, in den formatierten Da-
tenfeldern (Attributen) eines DBVS abzulegen. Meist gibt es für die Attributlänge eine
Obergrenze, aber das stellt kein prinzipielles Problem dar, so dass auch die Texte selbst
mit den anderen Daten zusammen durch ein DBVS verwaltet werden könnten. Entscheidend sind dann aber die Operationen auf diesen variabel langen Textfeldern („long fields").
Der von den Zahlen und kurzen Zeichenketten her gewohnte Attribut-Wert-Vergleich ist für
Texte ungeeignet, denn er leistet nicht das, was man in IR-Systemen an Suche benötigt.
Auch das komplette Ersetzen eines Attributwerts durch einen anderen als einzige Methode
der Änderung ist bei langen Texten nicht angemessen.

Zur Bearbeitung langer Textfelder werden die Operationen, die oben bereits genannt wurden, in verschiedenartiger Syntax angeboten. Zum Vergleich steht die Zeichenkettensuche
mit Mustern und Maskenzeichen („Wildcards") zur Verfügung. Es ist dabei zu beachten,
dass diese Art der Suche (Volltextsuche) keinerlei Inhaltserschließung bedeutet, sondern
rein syntaktisch vorgeht. Sie kann alle Texte liefern, die ein bestimmtes Wort oder eine
Wortgruppe *enthalten*, nicht aber Texte, die ein bestimmtes Thema *behandeln*. Dennoch
sollte ein DBVS, das Texte speichern und verwalten kann, die Volltextsuche als eine Option
neben anderen (Deskriptoren, Texterschließung) anbieten.

Als eine häufig benötigte Operation wird auch noch die Zerlegung einer Zeichenkette nach
gegebenen Trennzeichen angeboten, obwohl sie sich prinzipiell aus primitiveren Operationen
zusammensetzen ließe.

Um die Suchverfahren des Information Retrieval nachzubilden, können die den Texten zugeteilten Deskriptoren in eigenen Relationen abgelegt werden:

```
Textdeskriptoren    (TextNr       integer,
                     Deskriptor    varchar(64),
                     Gewicht       integer)
```

Zur Überprüfung komplexer Boolescher Verknüpfungen von Suchdeskriptoren muss eine Reihe von Anfragen an das DBVS abgesetzt werden. Durch Erweiterungen der Anfragesprache, z. B. das implizite Puffern der Ergebnisrelationen in IQL [Mac 81], kann man sich zumindest die Verwaltung der Ergebnisse im Programm ersparen. Da der Benutzer die Relationen zur Verwaltung von Texten, Deskriptoren (und Thesauri) sieht und in seinen Anfragen berücksichtigen muss, ist der Abstraktionsgrad eines solchen Systems geringer als der eines IR-Systems.

Prinzipiell ist auch die Speicherung von Deskriptoren in multiplen Feldern möglich (z. B. in unnormalisierten Relationen wie im Non-First-Normal-Form-Relationenmodell [PA 86]). Wenn die Suche in diesen Deskriptoren jedoch mit der Anfragesprache nachgebildet werden muss, ist der Umgang mit dem System etwas schwerfällig, weil man z. B. die Einbeziehung eines Thesaurus selbst durchführen muss.

In ähnlicher Weise kann man fragen, ob sich Hypertext-Systeme mit DBVS zusammenfassen lassen. Hypertext-Systeme sind primär Endbenutzersysteme. Sicher könnten ihre Daten mit den Mitteln eines Datenmodells beschrieben und in einem Datenbanksystem abgelegt werden. Dies würde Leistungen wie Mehrbenutzerbetrieb und Ausfallsicherheit hinzufügen, mit denen sich die Hypertext-Systeme derzeit noch etwas schwertun. Dennoch würde es ein beträchtliches Maß an Verwaltungsaufwand erfordern und zu Laufzeiteinbußen führen, die nur gerechtfertigt wären, wenn die Sicht auf die logischen Datenstrukturen, die das DBVS dem Hypertext-System als Basis zur Verfügung stellt, auch noch anderen Anwendungen diente.

Dass Hypertext, wie manchmal etwas euphorisch vorgeschlagen wird, ein DBVS ersetzen kann, ist aber wohl kaum realistisch. Zwar erhebt Hypertext (wie die Datenmodelle der meisten DBVS) einen universellen Anspruch bei der Datenmodellierung, doch fehlen sowohl eine hinreichend mächtige Anfragesprache mit deskriptiven, mengenorientierten Operatoren als auch eine gesicherte Theorie (wie die Relationenalgebra), die mit ihren Äquivalenzbeziehungen die Grundlage für eine Optimierung von Anfragen bilden könnte. Die navigierende Vorgehensweise ist sicher nicht für alle Arten von Anwendungen akzeptabel. Auch müsste (neben Mehrbenutzerbetrieb, Ausfallsicherheit usw.) der Zugriff von Anwendungsprogrammen aus unterstützt werden. Dafür gibt es immerhin Ansätze, z. B. die Hypertext Abstract Machine (HAM [CG 88]).

Zusammenfassend kann man sagen, dass es eine ganze Reihe von Systemen zur Textverarbeitung und zum Wiederauffinden von Texten gibt, die aber alle auf unterschiedlichen Daten- und Dateiformaten aufsetzen und daher bisher disjunkte Mengen von Texten verwalten. Einen Text von einem Wordprocessor auf ein Hypertext-System zu übertragen, bedeutet die Umsetzung des Speicherungsformats und dadurch meist die redundante Speicherung. Für geeignete DBVS besteht hier sicher ein großes Potenzial, eine integrierte und redundanzfreie Verwaltung vieler Texte (z. B. in Bürosystemen) zu übernehmen und trotzdem jeder Art von Anwendung weiterhin die eigene Sicht auf die Daten zu gestatten.

3.3   Graphik

Unter einer Graphik soll hier in erster Linie eine (Linien-) Zeichnung verstanden werden, also das, was man oft auch ein „Vektorbild" nennt. Da Graphik eine sehr komplizierte Struktur aus geometrischen Objekten, Beschriftungen, Schattierungen und Texturen aufweisen kann, erscheint es zunächst fragwürdig, sie mit unter die unformatierten Daten und Medienobjekte einzureihen. Das ist in der Tat nur bei der Einschränkung gerechtfertigt, dass eine Graphik als eine *ungeordnete Sammlung von Linien* aufgefasst wird (Abb. 3.6). Diese Linien werden durch Koordinatenangaben auf einer Zeichenfläche positioniert und fügen sich erst dadurch zu geometrischen Objekten höherer Ordnung (Rechtecken, Polygonen usw.) zusammen. Sie können zusätzlich durch Attribute wie Strichart, Strichstärke und Farbe genauer beschrieben werden. Außer Linien sind als elementare Objekte evtl. noch Flächen und Beschriftungen mit jeweils eigenen Attributen zugelassen.

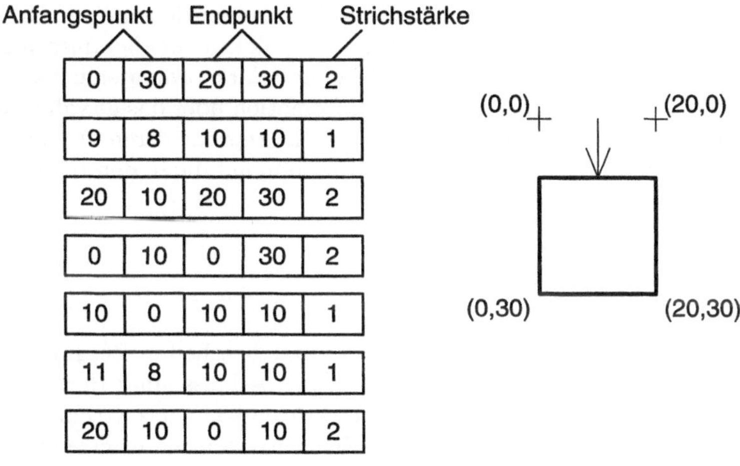

a) Menge von Liniendefinitionen   a) Dargestellte Graphik

Abbildung 3.6 Datenstrukturen für Liniengraphik

Graphik ist dann nur ein Darstellungsmittel und kann durchaus einem dreidimensionalen Modell zugeordnet sein, von dem sie eine aufwändig berechnete Projektion wiedergibt. Ein typisches Beispiel ist die technische Zeichnung. Bei Änderungen am Modell wird die Graphik ungültig; sie muss neu erstellt werden. Nach einer Freigabe ist jedoch nicht mehr mit solchen Änderungen zu rechnen, wohl aber mit wiederholter Ausgabe der Graphik. Weitere typische Beispiele sind Balken- und Tortendiagramme der Geschäftsgraphik, die ebenfalls aus formatierten Daten (Tabellen) abgeleitet werden.

Der Verzicht auf die Verwaltung der komplexen Struktur in der Graphik selbst erlaubt die Einordnung unter die unformatierten Daten, und dies rechtfertigt die Diskussion von Graphik als Medium.

3.3.1   Struktur

Eine Graphik ist, wie erwähnt, eine ungeordnete Sammlung von Linien und ggf. weiteren graphischen Primitivobjekten. Jede dieser Linien muss mindestens durch ein Paar von x-y-Koordinaten beschrieben werden, die Anfangs- und Endpunkt definieren. Andere Typen von Linien können durch Mittelpunkt, Radius und Winkel (Kreisbögen) oder auch durch Stützstellen beschrieben werden. Zu den Koordinatenangaben kommen noch Attribute wie Strichstärke, Strichart (durchgezogen, gestrichelt, gepunktet) und Farbe hinzu. Man erkennt daran, dass die Elemente einer Graphik vielfältiger und komplexer sind als etwa die Buchstaben eines Textes oder die Pixel eines Rasterbilds.

Wenn man möglichst große Allgemeinheit erreichen will, muss die Menge der Linien von Registrierungsdaten begleitet werden, die die korrekte Interpretation der Liniendefinitionen sicherstellen. Dazu zählt ohne Zweifel die Angabe über das verwendete Koordinatensystem. Es ist sinnvoll zu verlangen, dass alle Liniendefinitionen einer Graphik dasselbe Koordinatensystem benutzen; von Graphik zu Graphik kann es aber durchaus unterschiedlich sein. Je nach Art der Graphik ist die Definition in Polarkoordinaten einfacher als die in Kartesischen Koordinaten oder umgekehrt. Die Information über das gewählte Koordinatensystem muss verfügbar sein, um die Zeichnung korrekt reproduzieren zu können. Entsprechendes gilt für die Definition von Farben und Texturen, auf die in den Linien- und Flächendefinitionen Bezug genommen wird.

3.3.2   Operationen

Graphische Editoren (Zeichenprogramme) bearbeiten Zeichnungen in komplexen Hauptspeicherstrukturen und sichern sie nach Abschluss einer Reihe von Änderungen auf nichtflüchtige Speicher. Die entstehenden Dateien können so strukturiert sein wie oben angedeutet, aber die Details sind bei allen Zeichensystemen verschieden. Das wirkt sich in großen Firmen und bei Firmenkooperationen störend aus, weil einerseits die Rechnerumgebungen meist heterogen sind und andererseits der direkte Austausch von Zeichnungen in Form einer Datei (und nicht als Ausdruck auf Papier) gewünscht wird.

Nun kann man zwar sog. *Konverter* schreiben, die die Dateien eines Zeichensystems so umsetzen, dass sie in einem anderen gelesen und auch geändert werden können. Der Entwicklungsaufwand für die große Zahl von Konvertern, die dann benötigt würde, ist allerdings prohibitiv. Statt dessen sind *Austauschformate* definiert worden, die von allen Systemen unterstützt werden sollten. Dazu kann entweder ein Editor so erweitert werden, dass er neben dem eigenen Format auch das Austauschformat direkt lesen und schreiben kann, oder es werden neben dem unveränderten Editor genau zwei Konverter zur Verfügung gestellt, die das Austauschformat in das eigene Format umsetzen und umgekehrt. Beispiele für solche Austauschformate sind das GKS-Metafile und das Computer Graphics Metafile [Bon 85].

Ein hinreichend stabiles Austauschformat eignet sich auch für eine redundanzfreie *Archivierung*. Sofern die Konverter verfügbar gehalten werden, können die spezifischen Formate jederzeit wieder erzeugt werden, um eine Graphik auszugeben oder auch zu verändern. Da man von einer ständig wachsenden Menge solcher Graphik-Dateien in einem Archiv ausgehen kann, stellt sich sehr schnell die Frage nach der *Suche*. Falls den Graphik-Objekten formatierte Daten zugeordnet sind (Archivnummer, Datum der Erstellung, Zeichner usw.), kann in diesen natürlich über Wertegleichheit oder -intervalle gesucht werden. Darüber hinaus sollte aber auch noch die Graphik selbst zur Qualifikation herangezogen werden können. Hier wäre eine Vorgabe von geometrischen Figuren denkbar, die sich in den gewünschten Graphiken wiederfinden sollen. Nicht die exakte Übereinstimmung wäre verlangt, sondern eine genauer zu definierende Ähnlichkeit, die beispielsweise von Größe (Skalierung) und Drehung abstrahiert.

3.3.3 Speicherung

Die Verwaltung graphischer Daten in einem Datenbanksystem wird schon seit einiger Zeit angestrebt und hat in Erweiterung bestehender DBVS zu einer Reihe von Vorschlägen für sog. *Non-Standard-DBVS* geführt [Küs 86, DKML 85]. Die Gründe dafür sind vielfältig; allgemein wird eine Erweiterung des oben beschriebenen Archivs um die Verknüpfung mit formatierten Daten angestrebt und durch diese Systeme auch erreicht. Dabei geht es allerdings in erster Linie um die Speicherung und Verwaltung der den Graphiken zugrundeliegenden geometrischen Modelle (z. B. 3D-Modelle von Werkstücken). Aus ihnen können die Graphiken erzeugt werden, was aber nicht ausschließt, dass diese auch redundant mit abgespeichert werden, wenn die wiederholte Erzeugung vermieden werden soll.

Gleichzeitig können die Modelldaten in ganz anderer Weise verwendet werden, etwa um Berechnungen und Simulationen durchzuführen, NC-Programme zu erzeugen oder die Qualitätsprüfung am bereits erstellten Produkt zu unterstützen. Hier wird dem Wunsch nach Integration der unterschiedlichen Rechnersysteme in einem Industrieunternehmen Rechnung getragen, die schließlich die Vision des „Computer Integrated Manufacturing" (CIM) einer Realisierung näher bringen soll [Wed 88].

Nicht zuletzt um den Ingenieuren den Wechsel von der vertrauten Umgebung des Zeichenbretts zu den 3D-Modellierern zu erleichtern, sollten auch die technischen Zeichnungen erzeugt und verwaltet werden können [Fis 83].

Ähnliches gilt für die Darstellung eines anderen Typs von Graphik in Datenbanken: Landkarten [Fra 83, GP 83, SW 86]. Auch hier steht das formatierte (komplex strukturierte) Modell im Vordergrund, aus dem graphische Darstellungen unterschiedlicher Art abgeleitet werden können (Generalkarte, Flurkarte). Diese Ableitung ist keineswegs trivial [AIK 89] und legt deshalb eine Aufbewahrung des Ergebnisses nahe. Die Kombination eines solchen Datenbanksystems mit anderen Speicherungsformen und einer Reihe von Auswertungsprogrammen wird heute als Geographisches Informationssystem (GIS) bezeichnet [Tom 90, Ber 02a, Chr 02]. Es gibt bereits eine Reihe von Produkten.

Obwohl es also zahlreiche Vorschläge und Lösungen gibt, wie man komplexe dreidimensionale Objekte in einem DBVS als formatierte und strukturierte Daten verwalten kann, ist es dennoch sinnvoll, diese Modellierungsmittel um unstrukturierte graphische Objekte zu ergänzen, die eine schnelle Ausgabe von Projektionen als Ansichten auf einem Bildschirm oder einem Plotter unterstützen.

3.4   Rasterbild (Image)

Rasterbilder im Rechner entstehen primär durch Eingabe von einer Kamera oder einem Scanner. Solche „Fotografien" werden zur Veranschaulichung oder zur Dokumentation eingesetzt. Rasterbilder können aber auch aus anderen Daten (Texten, Graphiken, Messwerten) für die Ausgabe auf einem Drucker oder Rasterbildschirm künstlich erzeugt werden. Beispiele dafür sind Tomogramme und Szintigramme.

Bildverarbeitung (Image Processing) und Computer-Sehen (Computer Vision) sind Teilgebiete der Künstlichen Intelligenz, in denen inzwischen eine Fülle von Verfahren entwickelt worden ist, um digitalisierte und im Rechner gespeicherte Bilder zu bearbeiten (Filterung, Glättung, Kontrastverstärkung, ...) und zu analysieren (Erkennen von Linien, Flächen, einfachen Objekten). Sie sind in Büchern wie [BB 82] und [Mar 82] ausführlich beschrieben. In diesem Kontext sind weniger die Algorithmen von Interesse als vielmehr die Fragen, wie die Bilder gespeichert werden und wie dann auf sie zugegriffen wird.

3.4.1   Struktur

Für Bilder gibt es unzählige Formate, die hier ohne Anspruch auf Vollständigkeit aufgezählt werden sollen:

- Graphics Interchange Format (GIF) der Firma CompuServe [Com 87]
- Sun Rasterfile [Sun 86]
- Portable BitMap (PBM)
- Fuzzy BitMap (FBM)
- ALV (von „Autonomous Land Vehicle")
- Utah Rasterfile (auch „RLE" für Run-Length Encoding)
- TIFF

Diese Formate sind nicht alle gleichwertig, d. h., es kann Bilder geben, die nicht in allen Formaten dargestellt werden können. So sind einige dieser Formate nur für Schwarzweiß-Bilder gedacht. Sollen die für die Speicherung von Rasterbildern verwendeten Datenstrukturen möglichst umfassend beschrieben werden, so ist eine Art „Vereinigung" aller Formate zu bilden, die von den syntaktischen Details abstrahiert.

Jedes Rasterbild muss als eine Matrix von Bildpunkten repräsentiert werden, die im Englischen auch als „Picture Elements" und kurz als „Pixel" oder „Pel" bezeichnet werden. Von Bild zu Bild kann die Zahl der Bits, die zur Darstellung eines Bildpunkts verwendet werden, unterschiedlich sein. In sog. Bitmaps wird nur ein einziges Bit pro Bildpunkt verwendet, das typischerweise schwarz oder weiß anzeigt (allgemeiner: Vordergrund- und Hintergrundfarbe). Bitmaps werden benötigt für die Ausgabe auf Laser-Druckern wie auch für eine Vielzahl einfacher Graphik-Bildschirme (Macintosh [Wil 84], Sun, Apollo, ...). Mit ihnen lassen sich sehr einfach Ausschnitts- und Überlagerungsfunktionen ausführen, weil diese auf die bitweise Anwendung von Booleschen Funktionen zurückgeführt werden können [GS 83]. Damit sind etwa Fenster-Operationen (Verschieben, Vergrößern, Verkleinern, Vordergrund, Hintergrund usw.) einfach zu realisieren.

Graustufen- und Farbbilder verlangen dagegen mehr als ein Bit pro Pixel. Man nennt dies auch die Pixeltiefe und spricht (wohl in Anlehnung an Drucktechniken) von verschiedenen Farbebenen. Innerhalb eines Bildes ist die Pixeltiefe konstant; der Aufwand für die Verwaltung unterschiedlicher Tiefen wird durch die Speicherplatzersparnis nicht gerechtfertigt. In großen, heterogenen Umgebungen muss aber damit gerechnet werden, dass Bilder unterschiedlicher Pixeltiefe nebeneinander zu verwalten sind. Deshalb muss die Pixeltiefe zu einem Bild mit abgespeichert werden, um die korrekte Unterteilung der Bilddaten, die sonst nichts wären als eine Folge von Bits, vornehmen zu können. Die Pixeltiefe ist demnach Teil der Registrierungsdaten. Zu ihnen gehören noch etliche weitere Angaben.

So müssen Höhe und Breite eines Bildes (in Pixeln) bekannt sein, damit die Strukturierung der Pixelfolge in Zeilen und Spalten gleicher Länge rekonstruiert werden kann. Aus Pixeltiefe, Breite und Höhe kann die Gesamtlänge der linearisierten Darstellung der Pixelmatrix (in Bits) errechnet werden. Üblicherweise werden die Breite als erste Dimension (X-Richtung), die Höhe als zweite (Y-Richtung) und die Tiefe als dritte (Z-Richtung) betrachtet.

Die lineare Abspeicherung der Pixelmatrix kann nun ganz unterschiedlich erfolgen. So kann man z.B. die Bits eines Pixels direkt hintereinander ablegen, dann die Pixel einer Zeile und schließlich die Zeilen. Das ist das ZXY-Format, das beispielsweise in einem Sun-Rasterfile verwendet wird. Eine spaltenweise Abspeicherung der Pixel ergibt dagegen das ZYX-Format. Beide Formate sind relativ leicht zu „lesen", weil die Definition eines Bildpunkts zusammenhängend gespeichert ist.

Es werden aber durchaus auch noch das XYZ- und das YXZ-Format verwendet, bei denen die Farbebenen des Bildes getrennt werden. Man beginnt (im XYZ-Format) also mit dem jeweils ersten Bit aller Pixel der ersten Bildzeile, fährt mit den ersten Bits der Pixel in der zweiten Zeile fort usw. bis zu den ersten Bits der letzten Zeile, bevor man zu den zweiten Bits (und damit der nächsten Farbebene) kommt, für die nun wieder mit der ersten Bildzeile begonnen wird. Beim YXZ-Format speichert man die Bits einer einzelnen Farbebene dagegen spaltenweise ab. Beide Formate erlauben den „schichtweisen" Aufbau eines Bildes, etwa bei der Ausgabe auf einem Bildschirm.

Denkbar wären auch noch XZY- und YZX-Format, für die sich bislang jedoch keine sinnvolle Verwendung gefunden hat.

Speziell die Angaben über Pixeltiefe und Abspeicherungsreihenfolge sind oft gar nicht explizit gespeichert, weil sie in einer bestimmten Umgebung konstant sind. Für die Ablage in einem DBVS ist aber eine möglichst neutrale Speicherungsform anzustreben, die auch den zunächst noch gar nicht absehbaren Transfer in eine völlig andersartige Umgebung unterstützt. Das erfordert die explizite Abspeicherung aller Umgebungsparameter. Man kann sich durchaus überlegen, diese unter einem Namen zusammenzufassen („IBM-PC/EGA", „Symbolics", „Sun Rasterfile" usw.), zentral zu speichern und von den Bildern nur darauf zu verweisen.

Ein Pixelwert muss einen Grauwert oder eine Farbe bestimmen. Der Einfachheit halber ist im folgenden nur noch von Farben die Rede; Grauwerte sind als ein Spezialfall mit abgedeckt. Die Hardware stellt einen festen Satz von Farben zur Verfügung, aus dem z. B. über eine laufende Nummer ausgewählt werden kann. Leichter zu merken (und auch für die Hardware direkter zu realisieren) ist eine Zusammensetzung der Farben aus Rot-, Grün- und Blau-Komponenten, jeweils in bestimmter Intensität (die sog. RGB-Codierung). Die Farbdefinition erfolgt dann durch Angabe von drei Zahlen. Typischerweise können die drei Komponenten in 256 verschiedenen Intensitäten beigemischt werden, so dass dreimal 8 Bit für eine Farbdefinition veranschlagt werden müssen. Das führt zu $256^3 = 2^{24} = 16.777.216$ verschiedenen Farben, von denen einige allerdings die gleiche Spektralfarbe (Frequenz) in unterschiedlicher Helligkeit darstellen.

Es gibt andere Arten der Definition von Farben aus Komponenten, so z. B. IHS („Intensity, Hue, and Saturation"), CMY, YUV und YIQ. Die Details dieser Formate sind hier nicht von Bedeutung; sie sind z. B. in [Nib 86, Hen 00] beschrieben. Es soll nur wieder hervorgehoben werden, dass die in einem Bild verwendete Codierung bekannt sein muss, damit eine sinnvolle Rekonstruktion auf einem Ausgabegerät erfolgen kann. Dass die Codierung sich u. U. nicht mit den Anforderungen eines bestimmten Geräts verträgt, ist dabei das geringste Problem; die Codierungen lassen sich alle mit relativ einfachen Formeln ineinander umrechnen.

Die beschriebene Definition der Farbe kann im Pixel selbst erfolgen. Alternativ kann eine separate Farbtabelle (Colormap oder Video Lookup Table [Spr 86]) definiert werden, die von einigen Ausgabegeräten sogar physisch unterstützt wird[9]. Diese Farbtabelle enthält eine begrenzte Zahl von Farbdefinitionen (typisch sind 256 oder 4096), auf die von den Pixeln nur noch verwiesen wird. Dem Nachteil, dass in einem Bild nicht mehr alle möglichen Farben gleichzeitig verwendet werden können, stehen einige Vorteile gegenüber:

- Platzersparnis:
Für ein Pixel werden nur noch so viele Bits veranschlagt, wie nötig sind, um die Einträge in der Farbtabelle zu unterscheiden, also 8 Bits bei 256 Farben und 12 Bits bei 4096 Farben (statt 24).

- Bildbearbeitung:
Bei Fotografien sind die Farbdefinitionen durch die Kameraeinstellung vorgegeben, und das erste Ziel muss eine originalgetreue Wiedergabe sein. Es kann allerdings sinnvoll sein, die Kontraste zwischen sehr ähnlichen Farben zu verstärken, um so dem menschlichen Betrachter Konturen sichtbar zu machen, die er auf dem Originalbild nicht hätte erkennen können. Dies kann allein durch die entsprechende Änderung der Farbtabelle erreicht und ebenso einfach rückgängig gemacht werden, ohne sämtliche Pixel des Bildes zu lesen und ggf. zu ändern.

- Animation:
Ein Bild durch ein anderes zu ersetzen dauert auf einigen Systemen immer noch zu lange, als dass damit der Eindruck bewegter Bilder hervorgerufen werden könnte. Ein Wechsel der Farbtabelle geht aber viel schneller, und das kann zur Erzeugung einfacher „Trickfilme" mit wenigen Farben genutzt werden [Sho 79]. Der Trick liegt darin, dass man in einem

---

[9]Sie stellen dafür ein spezielles Speichersegment zur Verfügung, das mit geeigneten Befehlen geladen und vom Gerät zur Erzeugung der Farben interpretiert wird.

Bild verschiedene Positionen einer Bewegung durch unterschiedliche „Farben" codiert, von denen nur die der Ausgangsposition durch die erste Farbtabelle auch tatsächlich auf sichtbare Farben abgebildet werden. Alle anderen Positionen werden auf die Hintergrundfarbe abgebildet und dadurch zunächst unsichtbar gemacht. Die zweite Farbtabelle macht die zweite Position sichtbar usw.

Es ist prinzipiell immer möglich, zu einem Bild eine Farbtabelle zu erzeugen. Wenn diese beliebig groß sein darf, geht keine Information verloren, doch kann sie dann bis auf die Zahl aller Pixel des Bildes oder die Zahl aller möglichen Farben anwachsen, je nachdem, was kleiner ist, was praktisch keine Speicherplatzersparnis mehr bedeutet. Deshalb erzeugt man eine Farbtabelle oft durch „Zusammenlegung" ähnlicher Farben. Selbst wenn das mit bloßem Auge nicht zu erkennen ist, bedeutet es doch einen Informationsverlust und macht auch die erwähnte Kontrastverstärkung zur Konturerkennung unmöglich. Hier sollte allerdings den Benutzern die Entscheidung überlassen bleiben, ob sie für den vollen Informationsgehalt den erhöhten Speicherplatzbedarf in Kauf nehmen wollen.

Es gibt, wie bereits erwähnt, zahlreiche verschiedene Formate, die jeweils eine bestimmte Speicherungsstruktur für die Pixelmatrix und die sie begleitenden formatierten Daten festlegen. Es hat sich bisher kein dominierendes Format herausgebildet, weil man mit der Vielfalt leben kann. Die Formate lassen sich mit einfach zu erstellenden Konvertern ineinander überführen, und diese Konverter sind in großer Zahl unter anderem als Public-Domain-Software verfügbar. Fast zu jedem Format werden Konverter in viele andere Formate mitgeliefert. Dadurch ist das tatsächliche Speicherungsformat nur noch von untergeordneter Bedeutung; jedes gewünschte andere Format lässt sich ohne großen Aufwand daraus erzeugen. Voraussetzung ist allerdings, dass im Speicherungsformat sämtliche Typen von Rasterbildern dargestellt werden können, also nicht etwa wie im ursprünglichen PBM-Format nur Bitmaps.

3.4.2   Operationen

Auch für Bilder gibt es Editoren, die es erlauben, Pixel oder Pixelbereiche zu markieren und zu verändern, also ihnen andere Farbwerte zuzuweisen. Der Komfort dieser Editoren besteht darin, dass sie neue Pixelwerte aus abstrakteren Beschreibungen berechnen, bevor sie sie in ein Bild einfügen. Man erzeugt im einfachsten Fall eine Linie zwischen zwei Punkten, der Editor berechnet die zugehörigen Pixel und setzt sie im Bild. Dass man damit keine Linie im Sinne der graphischen Editoren erzeugt hat, merkt man spätestens dann, wenn man versucht, die Pixel-Linie zu drehen oder zu strecken. Noch komplexere Funktionen dieser Art beziehen sogar die vorhandenen Pixel ein und verschieben ihre Farbwerte in die gewünschte Richtung, hellen sie z. B. auf, aber nicht einfach linear, sondern unter Einbeziehung der Umgebung. Das Ergebnis sind aber immer wieder Pixel, die einfach einen Farbwert tragen und keine Auskunft über ihre Herleitung geben.

Wie auch bei den anderen Medien bilden die Vergleichsoperationen die Grundlage der Suche. Bei Rasterbildern ist das aber deutlich anspruchsvoller als bei Text und Graphik, weil man die Vergleichsobjekte nicht so einfach eingeben kann, und selbst wenn das gelingt, ist nicht unmittelbar klar, wann eine gute Übereinstimmung zwischen dem Anfragebild und gespeicherten Bilder gegeben ist. Sollen die Farben übereinstimmen oder die Formen oder beides?

In die Suche nach Rasterbildern ist mehr Forschung investiert worden als in die Suche nach anderen Medienobjekten, zum einen, weil man weniger Erfahrung hatte, und zum anderen, weil ein großer aktueller Bedarf besteht. Inzwischen sind aber auch etliche Techniken und Systeme verfügbar. Sie lassen sich in vier Klassen von Ansätzen einteilen:

- attributbasiert
- Textbeschreibung (Annotation)
- elementare Bildmerkmale wie Farbe und Textur („low-level")
- Merkmalsextraktion und Objekterkennung („high-level")

Als inhaltsorientiert kann man davon aber nur die elementaren Bildmerkmale und die Objekterkennung einstufen, wobei letztere wegen des hohen Aufwands nicht praktikabel ist. Die weitaus größte Zahl der Ansätze stützt sich deshalb auf die elementaren Merkmale, von denen es dann aber wieder verschiedene Typen gibt. Farben und Formen sind die wichtigsten; dazu gleich mehr. Texturbasierte Suche ist dagegen noch nicht so weit entwickelt.

Am weitesten verbreitet ist die *farbbasierte Suche*. Sie basiert auf einfachen Konzepten und ist leicht zu implementieren. Die zentrale Idee liegt darin, Bilder mit ähnlicher Farbwahrnehmung zu finden wie in einem Beispielbild oder einer Beschreibung. Man geht dabei von den oben eingeführten drei Primärfarben oder Farbkanäle aus, z.B. von RGB, und diskretisiert jeden Kanal in m Intervalle. Die Anzahl der verschiedenen Farbkombinationen (sog. „bins"), die in den Vergleich einbezogen werden, reduziert sich dadurch auf m^3. Mit ihnen kann man nun ein *Farbhistogramm* $H(M)$ für ein Bild M berechnen als Vektor $(h_1, h_2, \ldots, h_j, \ldots, h_n)$, wobei n die Anzahl der Bins bezeichnet und h_j Anzahl der Pixel von Bild M, die in den Bin j fallen. Ein solches Histogramm wird für jedes gespeicherte Bild berechnet und unter den Beschreibungsdaten mit abgespeichert.

Eine Anfrage muss dann ebenfalls in ein Histogramm abgebildet werden. Wenn sie in Form eines Beispielbilds gestellt wird, kann das Histogramm durch Abzählen berechnet werden. Ansonsten muss es aus der Beschreibung des gesuchten Bildes geschätzt werden. In der Suche wird dann eine *Distanz* zwischen dem Histogramm der Anfrage und dem jedes gespeicherten Bilder berechnet. Es werden entweder die Bilder als Suchergebnis zurückgegeben, bei denen die Distanz geringer ist als ein gegebener Schwellenwert, oder es werden alle Bilder aufsteigend nach Distanz geordnet und von dieser Liste die ersten k geliefert. Für die Berechnung der Distanzen wurden viele Metriken vorgeschlagen. Am einfachsten ist die L1-Metrik, bei der die Absolutbeträge der Differenzen addiert werden:

$$d(M_1, M_2) = \sum_{i=1}^{n} |h_{1,i} - h_{2,i}|$$

Alternativ kann die Euklidische Metrik verwendet werden.

Eine der Beschränkungen des einfachen Ansatzes besteht darin, dass die Ähnlichkeit zwischen Farben (und Bins) ignoriert wird. Die Auswirkungen lassen sich an einem fiktiven Beispiel verdeutlichen: Angenommen, alle Bilder haben N Pixel. Dann ist die maximale Distanz zwischen zwei Bildern $2N$. Sie ergibt sich, wenn in allen Bins, in denen das eine Bild Pixel hat, das andere keine hat und umgekehrt. Das kann allerdings auch Bilder treffen, die zwar ähnlich wahrnehmbare, aber aufgrund der Wahl der Bins keine gemeinsamen

Farben aufweisen. Und wenn man dann noch einbezieht, dass Anfragen die gewünschten Farben gar nicht genau vorgeben, sondern nur annähernd, wird das Problem noch deutlicher. Farben verschieben sich nun einmal leicht durch Rauschen oder Lichtverhältnisse. Bins verschärfen das Problem durch die harte Schnitte an ihren Rändern. Es muss also versucht werden, Beiträge ähnlich wahrnehmbarer Farben auch noch in die Distanzberechnung einzubeziehen.

Eine Möglichkeit ist die Methode, die Niblack et al. in QBIC verwendet haben [NBE$^+$ 93]: Sei X das Anfragehistogramm, Y das Histogramm eines Bildes in der Datenbank, Z das nach einer Metrik berechnete Bin-für-Bin-Histogramm der Ähnlichkeit (inverse Distanz). Dann kann die Ähnlichkeit von X und Y berechnet werden mit der Formel:

$$\|Z\| = Z^T A Z$$

Dabei ist A die symmetrische Farbähnlichkeitsmatrix mit

$$a(i,j) = 1 - d(c_i, c_j)/d_{max}$$

c_i und c_j sind der i-te und j-te Farb-Bin im Histogramm, $d(c_i, c_j)$ ist die Distanz ihrer Farben (nach einer Transformation in den Munsell-Farbraum) und d_{max} ist die maximale Distanz aller Farben des Farbraums. Sind zwei Farben sehr verschieden, liegt $d(c_i, c_j)$ sehr nah an d_{max}, also ist $a(i,j)$ sehr klein, und die zweite Farbe wird nicht einbezogen in die Ähnlichkeitsberechnung mit der ersten. Bei sehr ähnlichen Farben ist $d(c_i, c_j)$ dagegen viel kleiner als d_{max}, so dass $a(i,j)$ nah an 1 liegt und die Ähnlichkeit mit der zweiten Farbe fast so viel zählt wie die mit der ersten.

Eine weitere Möglichkeit ist das kumulative Histogramm:

$$CH(M) = (ch_1, ch_2, \ldots, ch_n)$$

Es wird auf der Basis eines normalen Farbhistogramms $H(M)$ für das Bild M berechnet mit

$$ch_i = \sum_{j \le i} h_j$$

Man addiert also die Häufigkeiten fortlaufend auf. Distanzen zwischen kumulativen Histogrammen können dann wieder mit L1 oder Euklidisch berechnet werden. Dieses Verfahren ist einfach, bezieht allerdings Ähnlichkeiten in der Wahrnehmung nicht ein; gerade bei großen i werden sehr viele und sehr unterschiedliche Farben zusammengeworfen. Und natürlich spielt die Reihenfolge, in der Bins kumuliert werden, eine wichtige Rolle.

Was bisher noch völlig unberücksichtigt bleibt ist die räumliche Anordnung der Farben, also ihre Verteilung über die Fläche. Dass diese bei gleicher Häufigkeit sehr unterschiedlich ausfallen kann, ist offensichtlich. Um das zu berücksichtigen, ist eine Segmentierung der Bilder in eine feste Zahl von Regionen vorzunehmen, so dass dann ein Histogramm für jede Region einzeln angefertigt werden kann. Ein gleichmäßiges Raster ist zunächst die einfachste Variante. Dabei ist es aber sehr schwierig zu entscheiden, wie dieses Raster gebildet werden kann. [LÖON 01] hat gezeigt, dass eine hierarchische Rasterung hier die beste Lösung darstellt, weil sie auf die Besonderheiten der vorliegenden Bilder Rücksicht nehmen kann. Eine andere Variante ist die Trennung von Hintergrund und Vordergrund. Verwendet man für beide zusammen nur ein Histogramm wie bisher, so wird es in der Regel vom flächigen Hintergrund dominiert, obwohl der Vordergrund für die Suche meist wichtiger ist. Es sind auch nur zwei Regionen, so dass die Beschreibungsdaten nicht so umfangreich werden. Sie lassen sich recht gut identifizieren; die Segmentierung muss noch nicht einmal sehr genau sein, ein minimales umfassendes Rechteck genügt. Es kann ermittelt werden über Pixel-Variationen in horizontaler und vertikaler Richtung, oder es wird manuell erzeugt beim Ablegen der Bilder. Bei der Suche kann man dann sogar dem Anwender die Entscheidung überlassen, welche Option bei der konkret vorliegenden Anfrage gewählt werden soll:

- Es wird nur ein Histogramm für Anfrage und Bild verwendet (wie gehabt).
- Die Anfrage liefert nur das Vordergrund-Histogramm.
- Die Anfrage liefert nur das Hintergrund-Histogramm.
- Beide Histogramme werden genutzt, und die beiden Distanzen werden gewichtet.

Experimente zeigen eine deutliche Verbesserung der Suchergebnisse bei Einbeziehung der räumlichen Farbverteilung.

Es gibt noch zahlreiche weitere Verbesserungen, die hier nur angedeutet werden sollen: Bei der Farbverteilung wurde bisher angenommen, dass die Farbräume gleichmäßig unterteilt sind. Das berücksichtigt nicht, welche Farben tatsächlich verwendet werden. Daraus resultieren einige Vorschläge zur ungleichmäßigen Unterteilung, die darauf hinauslaufen, dass Bereiche, denen viele Pixel zugeordnet werden, feiner unterteilt werden als andere. Auch die Farbdarstellung ist kritisch zu überprüfen im Hinblick darauf, welche Farbräume sich am besten für die Distanzberechnung eignen. Das schließt auch die Frage ein, wann Pixel verschiedener Bilder eigentlich das gleiche bedeuten. Dies stellt Anforderungen an die Registrierungsdaten; einige Farbräume (z. B. RGB) benötigen die genaue Spezifikation der Farbe Weiß und der drei Primärfarben als Referenz. Dies muss mit dem einzelnen Bild oder für Gruppen von Bildern erfasst werden.

An Stelle der farbbasierten Suche kann auch eine *formbasierte Suche* zum Einsatz kommen. Sie erfordert eine Segmentierung der Bilder, für die halbautomatische Methoden verfügbar sind. Dann werden eine Darstellung der so bestimmten Formen und Ähnlichkeitsmessung auf diesen Darstellungen benötigt. Jede Form sollte eine eindeutige Darstellung haben, die möglichst invariant gegenüber Translation, Rotation und Skalierung ist. Ähnliche Formen sollten auch ähnliche Darstellungen haben, so dass die Suche wieder mit Distanzen arbeiten kann. Eine Anfrage liefert dann entweder wieder ein Beispielbild oder eine Skizze von Formen.

Die Darstellung einer Form stützt sich auf die folgenden Begriffe:

Hauptachse: Die gerade Linie zwischen den beiden Randpunkten mit der größten Entfernung.

Nebenachse: Die gerade Linie, die senkrecht zur Hauptachse steht und so lang ist, dass ein Rechteck parallel zur Haupt- und Nebenachse, das die Form gerade umschließt, aus den Längen der Haupt- und Nebenachse gebildet werden kann.

Basisrechteck: Das eben eingeführte Rechteck mit den Längen von Haupt- und Nebenachse als Seiten.

Exzentrizität: Das Verhältnis der Längen von Haupt- und Nebenachse (≥ 1).

Eine einfache Formendarstellung kann auf der Basis dieser vier Maße erfolgen. Im Prinzip ist sie für die Beschreibung und die Suche verwendbar, sie kennzeichnet eine Form aber nur sehr grob. Daher wird sie meist nur zusammen mit weiteren Beschreibungen verwendet.

Als weitere Darstellungen kommen Invariante Momente, Fourier-Deskriptoren, Histogramme signifikanter Kanten, geordnete Listen interessanter Punkte und die Anpassung elastischer Muster in Frage, die hier aber nicht weiter erläutert werden (siehe [Lu 99], S. 143ff.). Bei all diesen Verfahren bleibt das Problem, dass die berechnete Ähnlichkeit nicht immer der wahrgenommenen entspricht. Hier soll die *regionengestützte Formdarstellung* Abhilfe schaffen [SL 97], die auch deshalb hier betrachtet werden soll, weil sie eine effiziente und für Datenbanken geeignete Implementierung suggeriert.

Die Idee ist, der Form ein Raster aus quadratischen Zellen gleicher Größe zu überlagern, das gerade groß genug für die Form ist. Die Zellen werden dann vollständig, teilweise oder gar nicht von der Form ausgefüllt. Jede von ihnen wird durch ein Bit dargestellt, das auf 1 gesetzt wird, wenn die Zelle zu mindestens 15 % ausgefüllt ist, und sonst auf 0. Geht man nun von links nach rechts und von oben nach unten durch das Raster, so erhält man eine Binärfolge für die Form. Diese Darstellung ist kompakt, leicht zu ermitteln und auch schon translationsinvariant. Allerdings sind noch einige Detailfragen zu klären. Das beginnt mit der Rastergröße: Je kleiner die Zellen sind, desto genauer ist die Darstellung der Form, desto größer ist aber auch der Aufwand beim Speichern und Berechnen. Als Kompromiss werden Zellen zwischen 10×10 und 20×20 Pixeln angesehen.

Dann fehlt noch die Rotations- und Skalierungs-Normalisierung. Dazu sind die Formen in eine einheitliche Ausrichtung zu bringen. Durch Rotation kann man zunächst dafür sorgen, dass sie (mit der Hauptachse) parallel zur x-Achse liegen Dann gibt es aber immer noch zwei mögliche Positionen: normal und auf dem Kopf. Das ergibt zwei Binärfolgen, mit denen man relativ leicht umgehen kann, so dass es sich nicht lohnt, sie zu vermeiden. Man wird sie nicht bei den gespeicherten Objekten erzeugen, weil das mit dem doppelten Speicherplatzbedarf verbunden wäre, sondern bei den Anfragen. Es wird dann mit beiden Binärfolgen gesucht, und die Treffermengen werden vereinigt. Das gleiche macht man mit Spiegelungen. Zur Skalierung sind die Formen proportional zu vergrößern oder zu verkleinern, bis die Hauptachse eine vorgegebene Länge hat. In Experimenten haben sich 192 Pixel dafür bewährt. Das ergibt dann 10 bis 20 Zellen in der Breite.

Damit liegt nun, nach der Normalisierung und der Entscheidung für eine Zellgröße eine eindeutige Formdarstellung vor[10]. Allerdings kann die Länge der Binärfolge von Bild zu Bild verschieden sein. Wenn das Raster gerade groß genug ist für die normalisierte Form, dann ist zwar die Zahl der Zellen in der x-Richtung immer gleich; Bei einer Zellgröße 24×24 und einer Hauptachse von 192 Pixeln sind es beispielsweise 8 Zellen. Die Zahl der Zellen in y-Richtung, also die Zahl der Zeilen im Raster, ist aber von der Exzentrizität abhängig. Man weiß nur, dass es nicht mehr sein können als in x-Richtung. Im Beispiel kann der Wert also zwischen 1 und 8 liegen, die Binärfolge enthält demnach zwischen 8 und 64 Bits.

Das kann (und muss) in der Definition des Ähnlichkeitsmaßes berücksichtigt werden. Grundsätzlich wird als Distanz einfach die Zahl der ungleichen Zellen genommen. Bei gleicher

---

[10]Ein Problem kann noch sein, dass die Hauptachse nicht eindeutig ist. Die schlimmste Variante davon ist der Kreis – obwohl es da auch schon wieder egal ist. Hier ist eine Sonderbehandlung erforderlich, wobei wieder versucht werden sollte, aus der Anfrage mehrere Suchmuster zu generieren. Als sichere Variante bleibt noch, jede Hauptachse auszuwerten und als Binärfolge zu speichern. Gerade bei ähnlichen Suchformen werden ja auch mehrere Hauptachsen auftreten. Dann muss die Distanz paarweise (jede mit jeder) berechnet und das Minimum gebildet werden.

Rastergröße ist das einfach ein bitweiser Vergleich. Bei einem sehr großem Unterschied in
der Zahl der Zellen in y-Richtung kann man sofort zu dem Schluss kommen, dass die Formen
ungleich sein müssen. Man braucht nur einen genauen Wert, ab dem man den Unterschied
als „sehr groß" einstuft. Dieser Schwellenwert hängt von der Zellgröße und der Anwendung
ab; ein typisches Beispiel ist 3. Bei einem kleinem Unterschied in der Zahl der Zellen in
y-Richtung schließlich kann man die kürzere Folge mit Nullen auffüllen und wieder bitweise
vergleichen.

Es gibt noch viele weitere Verfahren, Merkmale aus Bildern zu extrahieren und für die Suche
zu verwenden. Eine gute Übersicht findet sich in [CB 02]. Die besten Ergebnisse stellen
sich ein, wenn man mehrere Merkmale kombiniert, wie es schon in [NBE$^+$ 93] vorgeschlagen
wurde. Die Schwierigkeit besteht dann nur noch darin, die unterschiedlichen Distanzen in
einer einzigen zusammenzufassen.

3.4.3 Speicherung

Solange die Zahl der Bilder überschaubar bleibt, ist es am einfachsten, jedes Bild in einer
eigenen Datei abzulegen und das Format durch einen Suffix kenntlich zu machen[11]. Zur
Organisation des Bestands an Bildern kann man dann allerdings nur die Einrichtungen des
Dateisystems benutzen, also z. B. die Verzeichnisse (directories) zur hierarchischen Strukturierung. Für die Suche in großen Mengen von Bildern ist diese Art der Organisation aber
nicht geeignet; die für Textdateien noch anwendbaren Werkzeuge (z.B. grep) eignen sich für
Bilder nicht.

Deshalb hat man sich in den Forschungsgruppen, die auf dem Gebiet der Bildverarbeitung
und Bildanalyse arbeiteten, schon sehr früh mit den Möglichkeiten eines Datenbankeinsatzes
befasst. Der erste Ansatz stammt aus dem Jahre 1974 [KWT 74]; er schlägt den Einsatz
relationaler DBVS vor, obwohl es die damals noch kaum als lauffähige Prototypen gab.
Dieser Aufsatz führt auch den Begriff „Pictorial Database" ein.

In der Folge wurden ab 1977 weitere Systeme entworfen und implementiert, die die Bilder nicht mehr in ihre Bestandteile zerlegen, sondern um beschreibende Daten ergänzen
und dafür alle Möglichkeiten existierender DBVS nutzen wollten. An ihnen wurden spezielle Konzepte für Teilgebiete wie Anfragesprachen und Zugriffspfadstrukturen erprobt. Es
würde zu weit führen, die verschiedenen Systeme hier alle vorzustellen; sie spielen heute auch
keine Rolle mehr. Es gab so viele Aktivitäten auf diesem Gebiet, dass es sich lohnte, eigene
Konferenzen abzuhalten [Bla 79, CF 80] und Sonderausgaben von Zeitschriften herauszu-
geben, in denen auch Übersichtsartikel zu finden waren [CK 81, CCK 81, LF 84]. Etwas
uneinheitlich wurde von „Pictorial Information Systems" und „Image Database Systems",
auf deutsch von „Bilddatenbanken" gesprochen.

Nach 1982 klangen diese Aktivitäten etwas ab; ein später Übersichtsartikel fasst noch einmal die wesentlichen Ergebnisse zusammen [TY 84]. Ein Grund mag in den mittlerweile
einsetzenden Arbeiten zur Weiterentwicklung der Datenbanksysteme liegen, die als „Erweiterbare" oder „Non-Standard-DBVS" ausdrücklich auch die Speicherung von Bildern

---

[11]Es gibt keine einheitliche Konvention; „.gif" für GIF-Files, „.ras" für Sun-Rasterfiles und „.img" für
GEM-Files sind recht verbreitet.

mit angemessener Eingliederung in das Datenmodell unterstützen sollen.

Tendenziell stand bei allen Systemen das Bild im Mittelpunkt, was nicht überrascht, wenn man an die Herkunft der Entwickler aus der Bildverarbeitung denkt. Bilder werden nicht als Darstellungsmittel neben anderen oder als Attribute komplexer Objekte (etwa eines Autos oder einer Person) betrachtet. Dies ist ein wesentlicher Unterschied zu der für MMDBVS entwickelten Aufgabenstellung.

Es ist heute verbreitete Ansicht, dass die Funktionalität der Bilddatenbanksysteme durch die neuentwickelten „erweiterbaren", „objektorientierten" oder Multimedia-Datenbanksysteme mit abgedeckt werden sollte [HR 85, Küs 86, SR 86, Bes 88]. Die speziellen Operationen auf Bildern werden dann entweder als systemdefinierte Funktionen oder als anwendungsspezifische Erweiterungen angeboten, was für den Benutzer keinen Unterschied machen sollte. Dazu kommt noch die volle Funktionalität eines DBVS, die vor allem eine Verknüpfung der Bilder mit formatierten Daten, mit Texten und mit anderen Mediendaten zulässt. Mit diesen Leistungen werden sie wesentlich über die in diesem Unterabschnitt diskutierten Bilddatenbanken hinausgehen.

3.5 Tonaufnahme (Audio)

Kommunikation über akustische Signale ist bei Menschen wie bei Tieren von außerordentlicher Bedeutung. Man kann behaupten, dass die gesprochene Sprache beim Menschen das mit Abstand wichtigste Kommunikationsmedium ist. Der Hauptvorteil liegt in der Einfachheit der Benutzung: Es sind keine Hilfsmittel erforderlich (außer bei großen räumlichen Distanzen: Sprachtrichter, Megaphon, Telefon etc.), und der Zeitaufwand für die Informationsübertragung ist deutlich geringer als etwa beim Aufschreiben und Lesen. Nur in Ausnahmefällen kann man durch Gesten mehr vermitteln (Pantomime); sie werden sonst eher begleitend zur Sprache eingesetzt.

Beim Umgang mit Computern wird die Notwendigkeit, alles eintippen oder mit einem Zeigegerät (z. B. der Maus) Schritt für Schritt auswählen zu müssen, oft als ausgesprochen lästig empfunden. Dies wird immer wieder als wesentlicher Grund dafür genannt, dass Führungskräfte nicht selbst Rechner benutzen (obwohl einige davon mit ansprechenden graphischen Benutzungsoberflächen und berührungssensiblem Bildschirm gerade auch für sie gedacht waren), sondern ihre Untergebenen damit beauftragen – mündlich.

Es ist technisch kein Problem, akustische Signale in eine für den Rechner bearbeitbare Form zu bringen. Die zugrunde liegende Digitalisierung ist inzwischen auch in Telefonsystemen und in der Unterhaltungselektronik eine Selbstverständlichkeit. Dabei muss unterschieden werden, ob die Signale nur bei der Ein- und Ausgabe Verwendung finden oder für längere Zeit aufbewahrt werden sollen, damit sie zu einem späteren Zeitpunkt reproduziert werden können. Im ersten Fall findet bei der Eingabe eine *Spracherkennung* statt, die die Signale sofort in eine „Bedeutung" umwandelt und gar nicht selbst speichert. Das Gegenstück bei der Ausgabe ist eine *Sprachgenerierung*, die aus gegebenen Texten gesprochene Sprache erzeugt [KL 85]. Eine Übersicht über diese „transiente" Verwendung von Sprache an der Schnittstelle zwischen Mensch und Maschine gibt [SMR$^+$ 85]. Da in diesem Fall keine

Speicherung von akustischen Aufnahmen stattfindet, wird er hier nicht weiter betrachtet.

Dafür ist der zweite Fall von um so größeren Interesse. Hier gibt es verschiedene Formen der Speicherung, in denen der Rechner als eine Art „elektronisches Tonband" oder elektronische Schallplatte benutzt wird. Er kann aber noch viel mehr als diese beiden Vorbilder. So eröffnet er ganz neue Möglichkeiten für das Wiederauffinden und die Bearbeitung der Aufnahmen.

Zu den ersten Anwendungen zählte das *Speech Filing* [GB 84], das inzwischen von Telefonzentralen und Mobiltelefon-Betreiberfirmen routinemäßig als Dienstleistung angeboten wird. Man kann das mit einem in der Telefonzentrale installierten Anrufbeantworter für alle Teilnehmer vergleichen. Andere Anwendungen lassen kurze akustische Anmerkungen (Annotationen) zu gespeicherten Texten oder Bildern zu, die man sich später beim Lesen oder Betrachten wieder anhören kann. Damit ist auch eine bequeme Eingabe von Ergänzungen und Korrekturen möglich, die anschließend in Text oder formatierte Daten umgesetzt und damit maschineller Verarbeitung besser zugänglich gemacht werden können. Diese Potenzial wird noch nicht sehr intensiv genutzt, wohl auch deshalb, weil ein „Headset", also die Kombination von Kopfhörer und Mikrofon, noch nicht zur Standard-Ausstattung eines Arbeitsplatzrechners gehört wie etwa Maus und Tastatur.

Weiterhin können Tonaufnahmen als Bestandteil der darzustellenden Informationen verwendet werden, so etwa in Computer-Sprachkursen, in denen man sich fremdsprachige Texte vorsprechen lassen kann, oder als begleitende Hörproben in musikhistorischen Erläuterungen. Und schließlich hat es sich als sinnvoll erwiesen, Systemzustände, vor allem Fehlersituationen, akustisch zu melden, und zwar sowohl durch gesprochene Warnungen oder Hinweise als auch durch markante akustische Signale (Hupe, Klingel, ...). Die Wirkung solcher „Cues" zeigt sich deutlich bei Computer-Spielen.

3.5.1 Struktur

Die Frage nach den Datenstrukturen, die bei der Ablage von akustischen Aufnahmen im Rechner verwendet werden, führt zunächst auf die genauere Betrachtung der bei der Eingabe erfolgenden *Digitalisierung*. Die einfachste Methode nimmt eine Lautstärkemessung zu äquidistanten Zeitpunkten vor, also mit einer festen Rate (Abb. 3.7). Man bezeichnet dies als „Pulse Code Modulation" (PCM), weil die Frequenzen des akustischen Signals wie dem Abtastimpuls aufmoduliert erschienen.

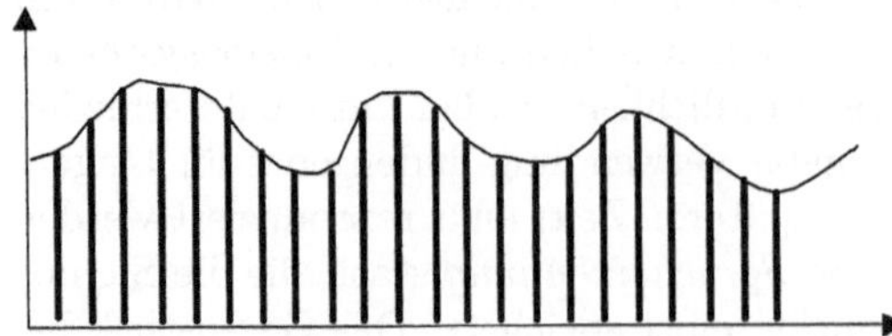

Abbildung 3.7
Digitalisierung eines akustischen Signals

Nach dem Abtast-Theorem (Nyquist-Theorem) muss die Aufzeichnung des Energieniveaus mindestens doppelt so häufig erfolgen wie die höchste zu erfassende Frequenz [JN 84]. Die

Qualität der Aufzeichnung steigt mit der Bandbreite der erfassten Frequenzen, wie die folgende grobe Einteilung zeigt:

bis 3000 Hz   Telefon
bis 4000 Hz   Mittelwellenradio
bis 8000 Hz   UKW-Radio
bis 22000 Hz   Hifi

Die Abtastrate („Sampling Rate") muss dann jeweils bei 6000, 8000, 16000 und 44000 Messwerten pro Sekunde liegen[12]. Mit höherer Qualität steigt also das Datenvolumen drastisch an. Die Anzahl der benötigten Bits pro Messwert wird durch die sog. *Auflösung* („Resolution") bestimmt. Das ist die Anzahl der (digitalen) Lautstärkestufen, die unterschieden werden. Schon mit 256 Stufen erreicht man eine akzeptable Qualität; man benötigt dann ein Byte pro Messwert[13].

Um eine Vorstellung von dem zu bewältigenden Datenvolumen zu geben: Bei einer Abtastrate von 8000 Hz und einer Auflösung von 256 Stufen fallen pro Sekunde 8000 Byte an, was nach einer Minute bereits 480.000 Byte ergibt. Für UKW-Qualität verdoppelt sich der Wert; man kann also pro Minute ein Megabyte veranschlagen. Auf einer Audio-CD sind pro Sekunde 44.100 Messwerte gespeichert, von denen jeder zweimal 16 Bit belegt (Stereo). Das ergibt dann 174,4 KB pro Sekunde, ca. 10 MB pro Minute und 635 MB pro Stunde.

Diese Größenordnungen machen deutlich, dass mit *Komprimierungstechniken* gearbeitet werden muss, und das ist bei fast allen Systemen zur digitalen Speicherung von Tonaufnahmen auch der Fall. Es steht ein breites Spektrum von Verfahren zur Verfügung, das in der Literatur ausführlich beschrieben wird [JN 84]. Einen kompakten Überblick gibt z. B. [LL 83]. Hier sollen nur die einfacheren Verfahren skizziert werden, um einen Einblick in die Vorgehensweise zu geben.

Man unterscheidet zunächst Wellenform- und Parameter-Codierung. Während die *Wellenform-Codierung* (Waveform Encoding) von der bereits erwähnten PCM-Aufzeichnung ausgeht und diese zu komprimieren versucht, wird bei der *Parameter-Codierung* (Parameter Encoding) ein Modell des menschlichen Sprechapparats benutzt, in dem die Laute durch eine bestimmte Schwingungsfrequenz der Stimmbänder, eine Formung von Mund- und Rachenraum, die Menge der ausgeblasenen Luft und andere „Einstellungen" erzeugt werden. Die spezifische Einstellung zur Erzeugung eines Phonems oder Worts kann durch einen Satz von Parametern beschrieben werden. Ermittelt werden diese Parameter durch die Spektralanalyse eines Signal-Ausschnitts (meist ein „Fenster" von einigen Millisekunden).

Bei der Wellenform-Codierung wählt man die Schrittweite des Quantisierens nicht konstant, sondern bei niedrigen Werten kleiner als bei hohen („logarithmisches PCM"). Dadurch erreicht man eine Rauschverminderung bei leisen Passagen. Beispiele dafür sind die Verfahren μ-Law und A-Law. Im Ergebnis reichen weniger Bits aus, um die gleiche Amplitude zu überdecken. In grober Abschätzung kann man sagen, dass μ-Law mit 8 Bit einer linearen Quantisierung mit 12 Bit entspricht, μ-Law mit 12 Bit der linearen mit 16 Bit.

Ein weiteres Verfahren der Wellenform-Codierung ist die *Differenzen-Aufzeichnung* (Dif-

---

[12]Für Audio-CD's beträgt sie 44.100 Meßwerte.
[13]Für die Audio-CD werden allerdings 16 Bit pro Messwert verwendet, so dass mehr als 32.000 Stufen unterschieden werden können.

ferential PCM, DPCM). Die Analyse vieler akustischer Signale hat gezeigt, dass die Unterschiede zwischen zwei unmittelbar aufeinanderfolgenden Messwerten relativ gering sind. Bei z. B. 256 verschiedenen Lautstärkestufen kommen Differenzen von mehr als 32 Stufen sehr selten vor. Wenn man also nur die Differenz zum vorhergehenden Wert speichert, kann man mit 6 Bit pro Messwert statt 8 auskommen. Tabelle 3.4 zeigt ein Beispiel für eine solche Codierung.

Tabelle 3.4 Komprimierung durch Differenzen-Aufzeichnung (DPCM)

unkomprimiert:	112	114	117	115	111	109
Differenzen:		+2	+3	-2	-4	-2

Dabei kann man beobachten, dass die Anzahl der Quantisierungsstufen, die für die Differenzen benötigt werden, geringer wird, wenn man das Abtastintervall kürzer macht, denn dann unterscheiden sich aufeinander folgende Werte weniger. Das legt die Idee nahe, es so klein zu machen, dass nur noch 1 Bit pro Messwert benötigt wird. Bei dieser *Delta-Modulation* bedeutet typischerweise die Null eine Reduzierung um eine Lautstärkestufe, die Eins entsprechend eine Erhöhung. Das hat den Vorteil, sehr einfach zu sein, und es erweist sich bei niedrigen Bitraten (32 kbit/s, Telefonqualität) besser als alle anderen Verfahren.

Natürlich kann man mit den beiden Werten 0 und 1 eine beliebige Erhöhung bzw. Erniedrigung um p Stufen verbinden. Tabelle 3.5 zeigt beispielhaft den entstehenden Fehler für $p = 3$.

Tabelle 3.5 Komprimierung durch Delta-Modulation

unkomprimiert:	112	114	117	115	111	109
Differenzen:		1	1	0	0	0
Ergebnis:	112	115	118	115	112	109

Im allgemeinen Fall kann man n Bits pro Messwert veranschlagen, die als Index zu einer Tabelle mit 2^n Einträgen interpretiert werden, wobei jeder Tabelleneintrag eine Differenz enthält.

Eine weitere Verbesserung kann durch Adaptive Differential Pulse Code Modulation (ADPCM) erreicht werden. Dabei wird ein Schätzwert aus mehreren vorhergehenden Messwerten errechnet und die Differenz zu diesem Messwert gespeichert. Außerdem werden die Differenzen der vorhergehenden Messwerte verwendet, um die Zahl der Bits pro Aufzeichnung zu variieren: Bei geringen Schwankungen wird die Zahl der Bits reduziert, bei starken Schwankungen erhöht. Die Darstellung der mathematischen Details würde hier zu weit führen; sie kann der Literatur entnommen werden [LL 83].

Die zweite Klasse von Aufzeichnungsverfahren wird, wie bereits erwähnt, unter dem Oberbegriff *Parameter-Codierung* zusammengefasst. Dabei wird das akustische Signal in Intervalle (Fenster) unterteilt, für die dann jeweils eine Spektralanalyse durchgeführt wird. Die Intensitäten in bestimmten Frequenzbereichen lassen Rückschlüsse auf die Einstellungen der menschlichen Sprechorgane zu, etwa die Grundfrequenz der Stimmbänder („Pitch") oder die Formung des Mund- und Rachenraums.

Ein ebenso verbreitetes wie komplexes Verfahren ist das Linear Predictive Coding (LPC).
Auch hier wird wieder auf die Literatur verwiesen. Sehr stark vereinfacht kann man sich
vorstellen, dass bei einem Fenster nur die Änderung eines Parameters im Vergleich zum
vorhergehenden Fenster gespeichert wird: „Frequenz x um y stärker". Komprimierungsverfahren beider Klassen werden heute durch spezielle Hardware (DSP's) realisiert.

Die größte Bedeutung hat heute wegen seiner Verbreitung in der Unterhaltungselektronik
ein Audio-Format namens *MP3*, eigentlich MPEG Layer III. Entwickelt wurde es für die
Tonspur von Videos; MPEG ist ein Video-Format, das im nächsten Abschnitt noch vorgestellt wird. Mit MP3 erreicht man allerdings so hohe Kompressionsraten, dass es auch über
MPEG hinaus Verbreitung gefunden hat. Dass die Qualität dabei trotzdem noch akzeptabel
bleibt, liegt daran, dass man die besonderen Eigenschaften des menschlichen Gehörs mas-
siv ausnutzt. Vereinfacht ausgedrückt, wird alles weggelassen, was sowieso niemand hören
würde. Das sind insbesondere Verdeckungen, z. B. bei zeitgleichen oder bei aufeinander
folgenden Signalen. Bei Stereo-Ton wird zudem noch die Redundanz des zweiten Kanals
ausgenutzt. So erreicht man Kompressionsraten von 1 : 10 bis 1 : 12 und damit Datenraten
von 128 bis 112 Kb/s. Weitere Details sind in [Pan 95] zu finden.

Eine weitere Form von Audiodaten soll noch kurz erwähnt werden: MIDI. Die Abkürzung
steht für „Music Instrument Digital Interface", und das sagt schon sehr viel über den Inhalt
aus. Dieser Standard wird seit 1983 von der Musikindustrie verwendet. Er definiert eine
Schnittstelle zwischen elektronischen Musikinstrumenten (und auch zu Rechnern). Aus-
getauscht wird eine instrumentenbezogene Darstellung von Tonaufnahmen, die eine Bezeichnung des zu verwendenden Instruments, Beginn und Ende einer Note, Grundfrequenz,
Lautstärke u. a. umfasst. Diese Daten werden nicht über ein Mikrofon aufgezeichnet, sondern bestenfalls über eine Tastatur (ein Keyboard) erfasst, vielleicht aber auch im Rechner
generiert. Was dann also bei Abspielen erklingt, ist eigentlich keine Aufnahme, sondern
etwas Künstliches, das von einem Synthesizer aus den Daten erzeugt wurde. Insofern hat
man es hier mit einer anderen Kategorie von Daten zu tun. Allerdings muss man auch in
Betracht ziehen, dass man für 10 Minuten Musik nur ca. 200 KB MIDI-Daten benötigt,
also wesentlich weniger als bei den Aufzeichnungsverfahren. Wenn es also auf originalgetreue Wiedergabe nicht ankommt, kann man bei der Darstellung von Musik auch an MIDI
denken.

Für die Behandlung einer im Rechner gespeicherten Tonaufnahme ist es entscheidend, dass
das bei der Aufzeichnung verwendete Komprimierungsverfahren bekannt ist. Sonst ist eine Dekodierung und Wiedergabe über Lautsprecher oder Kopfhörer nicht möglich. Das
schließt die Angabe von Auflösung und Abtastrate ein, die ja bei ein und demselben Komprimierungsverfahren durchaus unterschiedlich sein können. Dies sind wieder Beispiele für
Registrierungsdaten.

3.5.2 Operationen

Bei Aufzeichnung und Wiedergabe kommt mit diesem Medium zum ersten Mal ein Zeita-
spekt ins Spiel, der bei den bisher behandelten Medien (Text, Graphik, Bild) noch ohne
Bedeutung war. Bei einem Aufnahmevorgang müssen die Bearbeitung des Signals und vor
allem das Ausschreiben auf den Sekundärspeicher so schnell erfolgen, dass keine Daten ver-

lorengehen. Ebenso müssen bei einer Wiedergabe Sekundärspeicherzugriffe und Dekomprimierung schnell genug sein, um keine störenden Pausen auftreten zu lassen. Prinzipiell sind heutige Rechner dafür schon effizient genug, wenn die Anforderungen an die Aufzeichnungsqualität nicht zu hoch angesetzt werden (d. h. nicht mehr als UKW-Qualität) und wenn die Daten nicht zu viele Software-Bausteine mit Transformations- und Kopiervorgängen durchlaufen müssen.

Neben dem Aufzeichnen und dem Abspielen möchte man die gespeicherten Sequenzen oft auch noch bearbeiten können. Dazu gehören das Schneiden und das Verkleben von „Tonband-Schnipseln". Positionsangaben können über die Abspielzeit oder die laufende Nummer des Messwerts gemacht werden. Ein frühes interaktives Werkzeug zum Editieren von Tonaufnahmen ist von Xerox als Ergänzung zum Etherphone-System entwickelt worden [SSO 84, AS 86, TS 88]. Es hatte Vorbild-Charakter für die große Zahl der heute verfügbaren Editoren.

Eine interessante Idee war z. B., die Aufzeichnung auf dem Bildschirm als ein Band von schwarzen und weißen Abschnitten darzustellen. Die schwarzen Abschnitte repräsentierten Messwerte oberhalb eines bestimmten Schwellenwerts, also Geräusche, die weißen den Rest, also die Pausen. Die Länge der Abschnitte war proportional zu ihrer Dauer. Der vorhandene Texteditor wurde so erweitert, dass die allen Benutzern schon vertrauten Funktionen zum Markieren, Ausschneiden, Kopieren und Einkleben („Cut and Paste") direkt auf die Darstellung der Tonaufnahmen angewendet werden konnten. Die (Sprech-) Pausen machten das Erkennen der verschiedenen Satzteile sehr einfach.

Es gibt Modifikationsoperationen, die Schwierigkeiten bereiten und deshalb von den einfacheren Systemen nicht angeboten werden. Dazu zählt die Erhöhung der Lautstärke, die ja nicht linear erfolgen kann. Hilfreich für einige Anwendungen und auch realisierbar sind Operationen zur statistischen Auswertung der Aufnahmen. Sie können eine Verteilung der Messwerte ermitteln und bei der Festlegung des Schwellenwerts zwischen Pause und Geräusch helfen. Um jedoch eine Isolation einzelner Worte in kontinuierlich gesprochener Sprache zu erreichen, muss erheblich höherer Aufwand getrieben werden.

Die Suche in einer großen Menge von Aufnahmen kann, in Analogie zu Texten und Bildern, über Mustererkennung (Pattern Matching) erfolgen. Aus den gleichen Gründen wie dort greift auch bei Audio die Beschränkung auf die exakte Übereinstimmung von Suchmuster und Aufnahme zu kurz; man sucht eher nach „ähnlichen" Sprechmustern ohne Berücksichtigung der Sprechgeschwindigkeit und der Lautstärke. Noch anspruchsvoller wird es bei der Forderung nach Sprecherunabhängigkeit. Evtl. können hier Verfahren aus dem Bereich der Spracherkennung verwendet werden [SMR+ 85].

Wenn man nach Tonaufnahmen sucht, die so klingen wie das, was gerade zu hören ist, kommt man mit einem Vergleich Messwert für Messwert nicht sehr weit, da Unterschiede in Abtastrate und Auflösung nicht berücksichtigt werden. Daher sollte man wieder Merkmale (Features) extrahieren und im Vergleich benutzen. Hier kann man an die mittlere Amplitude oder an eine Frequenz-Verteilung denken.

Ein allgemeinerer Ansatz für Audio-Retrieval beginnt mit einer Klassifikation der Aufnahmen in die verbreiteten Typen Sprache, Musik und Geräusch, um dann eine differenzierte Behandlung jeder Klasse vorzunehmen. Für Sprache könnte Spracherkennung eingesetzt werden, so dass auf den resultierenden Text die bereits aus dem Unterabschnitt 3.2.2 bekannten Verfahren angewendet werden können. Anfragen werden dann ebenso klassifiziert, verarbeitet und indexiert. Das Auffinden beruht auf der Ähnlichkeit der Anfrage-Merkmale mit den Merkmalen der gespeicherten Tondokumente.

Die anfängliche Klassifikation ist aus einer Reihe von Gründen wichtig. Die verschiedenen Typen verlangen nun einmal unterschiedliche Verarbeitung und unterschiedliche Indexierungstechniken. Sie haben oft auch unterschiedliche Bedeutung für eine Anwendung. Sprache ist der wichtigste Typ, und es gibt heute recht erfolgreiche Spracherkennungstechniken und –systeme. In einigen Anwendungen kann schon die Typinformation selbst sehr nützlich sein. Und schließlich reduziert sich der Suchraum auf eine Klasse, was zur Effizienz beitragen sollte.

Sowohl für die Klassifikation als auch für das anschließende Auffinden müssen Audio-Eigenschaften und -Merkmale genutzt werden. Wie oben erläutert, treten digitale Tonaufnahmen in zwei Darstellungen auf, die als Zeit-Domäne (Amplitude über der Zeit) und Frequenz-Domäne (Stärke über Frequenz) bezeichnet werden können. Das entspricht der Unterscheidung von Wellenform-Codierung und Parameter-Codierung. In beiden Darstellungen ergeben sich unterschiedliche Merkmale, die im folgenden betrachtet werden. Es kann noch weitere Merkmale geben, die von diesen Darstellungen unabhängig sind, z. B. Timbre bei Sprache oder Gesang. Das Probleme mit ihnen ist, dass sie meist subjektiv sind und sich daher für die Suche nur bedingt eignen.

Als Merkmale in der Zeit-Domäne lassen sich anführen:

Amplitude: Das ist die Druckschwankung um den Normaldruck herum, wie besprochen. Stille entspricht dabei der Amplitude null.

Durchschnittliche Energie: Sie charakterisiert die Lautstärke des Audio-Signals und wird berechnet als

$$E = (\sum_{n=0}^{N-1} x(n)^2) / N$$

mit E als durchschnittlicher Energie, N als Gesamtzahl aller Messwerte und $x(n)$ als Messwert Nr. n.

Nulldurchlaufsrate (zero-crossing rate): Sie entspricht der Häufigkeit des Vorzeichenwechsels im Signal und charakterisiert dadurch in gewissen Maße auch die durchschnittliche Frequenz des Signals.

$$ZC = (\sum_{n=1}^{N} |\mathrm{sgn}\, x(n) - \mathrm{sgn}\, x(n-1)|\,) / 2N$$

mit sgn $x(n)$ als Vorzeichen von $x(n)$, d. h. sgn (x) = 1, wenn x positiv, und –1 sonst.

Anteil der Stille (silence ratio): Das ist der Anteil der Messwerte, die einer Periode (!) der Stille angehören, an der Gesamtzahl. Es gibt also zwei Schwellenwerte: Zunächst den Amplitudenwert, unterhalb dessen Stille angenommen wird. Dann aber auch die minimale Anzahl unmittelbar aufeinanderfolgender stiller Messwerte, die eine Stilleperiode bilden.

In der Frequenz-Domäne lassen sich die folgenden Merkmale herausbilden:

Fourier-Transformation des Signals: das entspricht einer Zerlegung in Frequenz-Anteile mit Faktoren (Koeffizienten). Man wählt oft eine Darstellung der Faktoren über der

Frequenz und spricht von der Energiemenge pro Frequenz in Dezibel (dB). Diese Darstellung wird Spektrum des Signals genannt.

Bandbreite: Das ist das Intervall der überhaupt vorkommenden Frequenzen, also die Differenz von größter und kleinster Frequenz im Spektrum. Damit die Bandbreite nicht durch sehr kleine Frequenzanteile unverhältnismäßig vergrößert wird, zählt man dabei nur Frequenzen mit einer Energiemenge größer als 3 dB mit. Bei Musik ist die Bandbreite deutlich größer als bei Sprache.

Energieverteilung: Sie ist direkt aus dem Spektrum ablesbar. Man konzentriert sich auf die Frequenzen mit hoher Energie, weil sie nützlich sind bei der Klassifikation. So hat Musik mehr Frequenzen mit hoher Energie als Sprache. Um das Profil einer Tonaufnahmen zu bestimmen, teilt man das Spektrum in Frequenzbänder ein und ermittelt eine Energie pro Band als Summe der Energien aller Frequenzen des Bandes. Weil Sprache selten über 7 kHz hinausgeht, kann dieser Wert als Grenze zwischen zwei Bändern verwendet werden. Alternativ kann man den Zentroid berechnen, das ist der Mittelpunkt der spektralen Energieverteilung. Er liegt bei Sprache niedriger als bei Musik.

Harmonie: Spektrale Komponenten, also Frequenzen mit nennenswerter Energie, sind oft Vielfache der niedrigsten und lautesten Frequenz (der sog. „fundamental frequency"). Musik ist in der Regel harmonischer als andere Geräusche, so dass dieser Effekt bei ihr häufiger auftritt. Will man prüfen, ob eine Tonaufnahme harmonisch ist, so testet man, ob die dominanten Komponenten Vielfache der fundamentalen Frequenz sind.

Die einfachen Darstellungen haben Grenzen: Die Zeit-Domäne zeigt die Frequenz-Anteile eines Signals nicht, und die Frequenz-Domäne zeigt nicht, wann die Frequenzen auftreten. Deshalb wurde das *Spektrogramm* als kombinierte Darstellung eingeführt. Es ist im Grunde genommen ein Rasterbild, nämlich eine Matrix von Bildpunkten, wobei die x-Achse der Zeit entspricht (wie bei der Wellenform) und die y-Achse den Frequenzanteilen (wie bei der Parameterform). Es fehlen noch die Energien der Frequenzen, die nun zu einem bestimmten Zeitpunkt angegeben werden, und zwar durch den Grauwert des Pixels. In dieser Darstellung sind Analysen möglich im Hinblick auf die Regularität des Auftretens von Frequenzen. Musik ist regulärer als andere Geräusche.

Auf der Basis dieser Merkmale und Darstellungen kann nun die *Klassifikation* vorgenommen werden. Es wird zunächst nur die Unterscheidung von Musik und Sprache diskutiert; eine weitere Differenzierung wäre denkbar, z. B. nach Arten von Musik oder in männliche und weibliche Sprache. Tab. 3.6 listet die Ausprägungen der Merkmale für die beiden Klassen auf (siehe [Lu 99], S. 113).

Tabelle 3.6 Unterscheidung von Sprache und Musik

Merkmal	Sprache	Musik
Bandbreite	0 – 7 kHz	0 – 20 kHz
Zentroid	niedrig	hoch
Anteil der Stille	hoch	niedrig
Nulldurchlaufsrate	variabel	weniger variabel
gleichmäßiger Rhythmus	nein	ja

Klassifikationssysteme gehen Schritt für Schritt vor und testen ein Merkmal nach dem anderen, z. B. erst den Zentroiden. Wird er als hoch eingestuft, kann auf Musik geschlossen werden. Andernfalls wird der Anteil der Stille geprüft. Erweist er sich als niedrig, wird wieder Musik identifiziert. Dann kommt die Variabilität der Nulldurchlaufsrate an die Reihe usw. Die Reihenfolge ist dabei durchaus von Bedeutung; sie sollte sowohl der algorithmischen Komplexität als auch dem Differenzierungsvermögen Rechnung tragen. Demnach werden die Merkmale, die einfach zu berechnen sind und hohe Differenzierung bieten, zuerst überprüft. Wenn es sehr schnell gehen muss, ist auch ein Merkmal allein schon nutzbar: Die Nulldurchlaufsrate allein kann schon bis zu 90 % der typischen Aufnahmen korrekt klassifizieren. Weitere Verfeinerungen der Klassifikation sind denkbar.

Innerhalb der Klasse Sprache schließt sich dann, wie bereits erwähnt, die Spracherkennung an. Bei Musik steckt die Indexierung dagegen noch in den Anfängen. dabei muss man generell die beiden Typen von Aufnahmen unterschieden, die oben vorgestellt wurden, nämlich strukturierte oder synthetische Musik (MIDI) und aufgezeichnete Musik. Bei strukturierter Musik ist die Situation insofern eine besondere, als gar keine Extraktion von Merkmalen erforderlich ist. Mit den Noten liegt schon eine recht abstrakte Beschreibung vor, die auch gut weiterverarbeitet werden kann. Es ist sogar exakte Übereinstimmung als Suchmethode denkbar, wenn man das angegebene Instrument dabei außer acht lässt. Ähnlichkeit ist dagegen schwierig zu definieren; man kann sich leicht streiten, ob zwei Musikstücke ähnlich klingen oder nicht, und das völlig unabhängig von der Art der Aufzeichnung. Eine Möglichkeit, die es schon recht lange gibt [Par 75], besteht darin, nur den Wechsel der fundamentalen Frequenz zu berücksichtigen. Jeder Note wird nur noch als Up, Down, oder Repeat gekennzeichnet, je nachdem, ob sie höher, niedriger oder gleich klingt wie die vorherige. Parsons hat auf diese Weise rund 10.000 Melodien katalogisiert. So steht etwa DDUUD UUDDU DDUUD für das Klavierkonzert Nr. 1 von Brahms, erster Satz, erstes Thema . . . . Inzwischen ist eine elektronische Version des Katalogs im WWW verfügbar[14]. Es funktioniert erstaunlich gut, und vor allem ist es einfach zu realisieren, denn das Auffinden erfolgt über einen Zeichenkettenvergleich.

Bei aufgezeichneter (sample-based) Musik muss man Anfrage dagegen singen, pfeifen oder summen, damit dann eine Menge von Merkmalen wie z. B. Lautstärke, Zentroid, Bandbreite und Harmonie daraus berechnet werden kann. Aus diesen Merkmalen, die für die gespeicherten Aufnahmen ebenfalls ermittelt wurden, bildet man dann wieder Vektoren und führt eine Distanzberechnung durch. Man kann auch versuchen, die fundamentale Frequenz für jede Note zu extrahieren oder schätzen („pitch tracking"), aber schon allein die Segmentierung in Noten ist alles andere als einfach – am besten ginge das mit einer Pause zwischen den Noten . . . . Dann hätte man allerdings wieder eine Darstellung als Folge von Noten und könnte ggf. auch mit Up, Down und Repeat arbeiten. Allerdings sollte man dann Ähnlichkeit zulassen, soll heißen: In der Folge dürfen bis zu k Noten falsch sein.

Während im letzten Abschnitt einige Bilddatenbanken vorgestellt werden konnten, sind vergleichbare Ansätze für Tonaufnahmen, also „Audio-Datenbanken", bisher kaum bekannt. Die Aufnahmen werden in Dateien abgelegt, vielleicht schon einmal in BLOB's, und der Benutzer muss selbst die Übersicht über die Sammlung behalten[15].

---

[14]Melodyhound: http://name-this-tune.com

[15]Immerhin sind in MP3-Dateien Metadaten speicherbar in den ID3-Tags, die über Einrichtungen wie CDDB automatisch bezogen und mit MP3-Software, die u. a. auch einen Player beinhaltet, verwaltet werden können.

3.6   Video

Videoaufzeichnungen kann man als Mediendaten einer höheren Stufe auffassen, weil sie eine Aggregation von Bildern und Tonaufnahmen darstellen. Dabei besteht zwischen den „Komponenten" eine strenge Ordnung und ein straffer zeitlicher Bezug (Synchronisation). Die Bilder können sowohl Graphiken als auch Rasterbilder sein, je nachdem, ob es sich um eine Animation (Zeichentrickfilm) oder eine fotografische Filmaufnahme handelt.

War das Datenvolumen schon bei Tonaufnahmen groß, so steigt es bei Video noch einmal auf ein Vielfaches. Geht man beispielsweise von 25 Bildern pro Sekunde aus, von denen jedes 250 KB belegt, so erzeugt das schon 6,25 MB pro Sekunde. Daneben nimmt sich die Tonaufzeichnung mit einer Abtastrate von 16 kHz und 11 Bit pro Messwert, die ungefähr 22 KB pro Sekunde belegt, geradezu bescheiden aus. Dieses Datenvolumen ist auf den derzeit verfügbaren Sekundärspeichern nur in beschränktem Umfang unterzubringen, so dass auch noch Videobänder als zugeschnittene (und preiswerte) Datenträger verwendet werden. Professionelle Bandmaschinen (Videorecorder, VCR) können vom Rechner aus angesteuert werden, wobei dieser das richtige Band anfordern, es positionieren und das Abspielen einer ganz bestimmten Szene veranlassen kann. Mit mehreren Recordern kann man sogar Filmstücke dynamisch zusammenstellen und eine (fast) nahtlose Vorführung erreichen [MD 89].

3.6.1   Struktur

Auch bei Video kann man Bildfolgen sehr stark komprimieren, weil sich ein Bild nur graduell vom vorherigen unterscheidet, wenn nicht gerade ein Schnitt erfolgt. Wie die Überlegungen zum Datenvolumen zeigen, ist Komprimierung ja bei Video auch eine absolute Notwendigkeit, wenn man es digitalisiert im Rechner ablegen möchte.

Um die Verfahren einzuführen, ist ein Rückgriff auf die Komprimierung von Rasterbildern nötig. Diese stellen ja die Elemente von Video dar, und es gibt sehr viele von ihnen, so dass auch ihre individuelle Komprimierung schon einen großen Effekt hat. Das Verfahren, das sich hier durchgesetzt hat, heißt JPEG. Die Abkürzung steht eigentlich für „Joint Photographic Expert Group", weil es sich bei der Entwicklung um eine gemeinsame Aktivität von ISO/IEC JTC1/SC2/WG10 und der Kommission Q.16 der CCITT SGVIII handelte. Heute wird aber auch das Format so genannt. Seit 1992 ist JPEG eine ISO-Norm (im Status „International Standard"). Seine Besonderheit liegt darin, dass sehr hohe Komprimierungsraten möglich sind, und man kann die jeweilige Rate sogar einstellen. Allerdings ist das Verfahren verlustbehaftet, und wie nicht anders zu erwarten, steigen die Verluste mit der Komprimierungsrate. Als „Motion-JPEG" wird es auch für Video verwendet, indem man einfach jedes Bild so komprimiert. In dieser Form ist es dann auch Ausgangspunkt für die noch weiter gehende Komprimierung, die auch noch die Differenzen zwischen aufeinander folgenden Bildern einbezieht (MPEG, s. unten).

JPEG ist, wie gesagt, parametrisierbar; der Anwender kann selbst entscheiden über die Qualität des Bildes, die Dauer der Kompression und die Größe des komprimierten Bildes. Dazu ist zunächst einer der folgenden vier Modi auszuwählen:

• Der Basis-Modus („baseline process") ist verlustbehaftet und speichert die Daten in einfachster Form sequenziell; er muss von jedem JPEG-Decoder unterstützt werden.

• Der erweiterte Modus ist ebenfalls verlustbehaftet, er verfügt aber über eine Menge von Alternativen zum Basis-Modus, was die Abspeicherung angeht.

• Der verlustfreie Modus bietet naheliegenderweise einen deutlich geringeren Kompressionsfaktor; er wird selten benutzt, da er nicht besser ist als andere Formate.

• Der hierarchische Modus schließlich verwaltet das Bild in verschiedenen Auflösungen, jede davon in einem der anderen drei Modi.

Das Verfahren soll hier nicht im Detail vorgestellt werden; dazu gibt es inzwischen ausreichend Literatur [Hen 00, Ste 99]. Es werden die Schritte Bildung von 8 × 8-Blöcken (Makroblöcken), diskrete Kosinus-Transformation (DCT), Quantisierung und Entropiecodierung durchgeführt. Erwähnt werden soll noch, dass im erweiterten Modus die sog. progressive Codierung möglich ist: Das Bild wird dabei nicht zeilenweise aufgebaut (sequenziell), sondern von unscharf zu scharf.

Wenn man nun auf Video übergeht, stehen zwei Verfahren zur Auswahl, die auf unterschiedliche Anwendungssituationen zugeschnitten sind. Das eine (H.261) ist für Bildtelefon und Videokonferenzen gedacht, das andere (MPEG) für Speicherung und Abspielen. Deshalb ist das erste symmetrisch ausgelegt, d. h. der Aufwand für das Codieren liegt in der gleichen Größenordnung wie der für das Decodieren, während im zweiten Fall das Video sehr aufwändig „produziert" wird, damit es sich dann um so leichter abspielen lässt, was dann auch vielfach geschieht.

H.261 (auch „p x 64" genannt, aus Gründen, die gleich deutlich werden) ist eine Norm für die Übertragung von Bewegtbildern über ISDN. Bei einem Schmalband-ISBN-Anschluss stehen zwei B-Kanäle (à 64 Kb/s) zur Verfügung, in einer ISDN-Hierarchie (für Nebenstellenanlagen) bis zu 30 – deshalb die p Vielfachen von 64. 1984 wurde die Study Group XV der CCITT eingerichtet, 1990 konnte die CCITT-Empfehlung H.261 „Video Codec for Audiovisual Services at p x 64 Kbit/s" verabschiedet werden. Die Bildgröße ist festgelegt auf 288 Zeilen mit jeweils 352 Pixeln (Verhältnis Höhe zu Breite also 3 : 4) für die Luminanz und die Hälfte, also 144×176 für die Chrominanz (CIF – Common Intermediate Format). Es gibt also nur ein Farb-Pixel für vier Helligkeits-Pixel. Damit macht man sich die Eigenschaft des menschlichen Auges zunutze, Farbe nicht so gut auflösen zu können wie Helligkeit. Daneben gibt es auch noch die halbe Auflösung, die QCIF (Quarter-CIF) genannt wird. Sie ist obligatorisch, jede H.261-Implementierung muss sie unterstützen. Um auch nur diese Auflösung mit 10 Bildern pro Sekunde auf die Bandbreite von 64 Kb/s drücken zu können, bedarf es einer Kompressionsrate von 47 : 1, was heute aber machbar ist.

Die Komprimierung erfolgt in zwei Schritten. Die *Intraframe*-Komprimierung bearbeitet nur die Daten eines einzelnen Bildes. Die Schritte sind dabei wieder Bildung von 8 × 8-Pixel-Blöcken, DCT und Entropiecodierung wie bei JPEG. Dann schließt sich eine *Interframe*-Komprimierung an, die auch noch die Daten aus anderen Bildern verwendet. Um Daten, die sich nicht vom Vorgängerbild unterscheiden, weglassen zu können, wird dort nach ähnlichen Makroblöcken (8 × 8-Pixel-Blöcken) gesucht. Im Erfolgsfall wird im nächsten Bild nur noch der Bewegungsvektor des Makroblocks und die (geringe) Differenz gespeichert. Der erstellte Datenstrom enthält außer den komprimierten Bildern noch Angaben zur Fehlerkorrektur, die Bildnummern (5 Bit) und ggf. Kommandos zum „Einfrieren" des zuletzt angezeigten

Bildes (wenn die Komprimierung nicht schnell genug erfolgen konnte).

Für die normale Abspeicherung von Videos, der eine aufwändigere Komprimierung vorangehen darf, ist *MPEG* heute das Format der Wahl. Die Abkürzung bedeutet „Moving Picture Expert Group"; wieder wurde sie von der Gruppe auf das Format übertragen. Die MPEG war zunächst eine Untergruppe von ISO/IEC JTC1/SC2/WG8, inzwischen ist daraus eine eigene WG11 in SC29 geworden. Das Format deckt Bewegtbild und Audio ab. Zunächst (in MPEG-1) wurde eine konstante Datenrate von maximal 1.856.000 Bit/s angestrebt, weil diese auch für die CD-ROM geeignet ist. Seit 1993 ist MPEG ISO-Norm. JPEG wurde übernommen, ein MPEG-Video ist also auch als Folge von Einzelbildern möglich. Der interessantere Fall wird aber durch eine asymmetrische Kompression erreicht, bei der der Aufwand zum Codieren viel höher sein darf als der zum Decodieren.

In einem MPEG-codierten Video werden vier Typen von Bildern unterschieden:

I-Bilder (intra-coded pictures): Sie werden unabhängig von anderen Bildern codiert und komprimiert, wie bei JPEG.
P-Bilder (predictive-coded pictures): Sie verwenden vorhergehende (I- oder P-) Bilder und speichern wie bei H.261 nur die Bewegungsvektoren und die Differenzen.
B-Bilder (bidirectionally predictive-coded pictures): Sie verwenden vorhergehende und nachfolgende (I- oder P-) Bilder zur Berechnung der Differenzen und erreichen dadurch die stärkste Verdichtung.
D-Bilder (DC-coded pictures): Das sind Einzelbilder, die nur grob dargestellt werden und für den schnellen Vorlauf gedacht sind.

Die Speicherungsreihenfolge kann wegen der B-Bilder von der Präsentationsreihenfolge abweichen! Schließlich muss man die nachfolgenden Bilder schon gelesen haben, wenn man ein B-Bild decodieren will. Die Entscheidung über I-, P- und B-Bilder muss bei der Codierung getroffen werden, sie ist anwendungsabhängig. Ideal erscheint dabei eine Orientierung an den Schnitten, aber das ist selbst für ein asymmetrisches Verfahren zu aufwändig. Deshalb greift man oft auf Heuristiken zurück, bei denen einfach gezählt wird. So kann man jedes neunte Bild als I-Bild kodieren und dazwischen jedes dritte als P-Bild, den Rest als B-Bilder. Das Ergebnis ist ein Folge wie diese: IBBPBBPBBIBBPBBPBBI .... Dadurch legt man für den wahlfreien Zugriff, der ja nur auf I-Bilder erfolgen kann, eine Auflösung von 9 Bildern (330 ms) fest und erreicht immer noch eine sehr gute Kompressionsrate.

Die Audio-Komprimierung von MPEG ist im letzten Abschnitt bereits vorgestellt worden.

Diese ursprüngliche Form von MPEG wird inzwischen als MPEG-1 bezeichnet. Die damit erreichbaren Qualitäten sind beschränkt, weil die Bandbreite im Hinblick auf die CD-ROM vorgegeben war. Löst man sich von dieser Randbedingung, sind auch andere Qualitäten möglich, und das wurde unter der Bezeichnung *MPEG-2* definiert. Hier darf die Bandbreite bis zu 100 Mb/s betragen, und es sind auch höhere Auflösungen und Bildraten möglich. MPEG-2 wird bei der Speicherung auf DVD's verwendet ([Tay 99], siehe nächstes Kapitel).

MPEG-3 war für HDTV gedacht, aber man stellte fest, dass MPEG-2 das mit abdecken konnte. *MPEG-4* spielt dagegen eine zunehmend größere Rolle [BCL 99]. Hier werden mit neuen Techniken extrem niedrige Bitraten erreicht, und so entstehen Dateien, die man tatsächlich auf jedem Rechner ablegen kann (grob 1 GB für 90 Minuten Video). Mit den Codecs aus der DivX-Familie, die weitgehend MPEG-4-kompatibel sind, steht auch Software zur Verfügung, mit der man MPEG-4-Videos erzeugen und abspielen kann. Internationale Norm ist MPEG-4 bereits seit Januar 1999 (ISO/IEC 14496).

MPEG-4 ist mehr ein Rahmen als ein festes Format. Es integriert viele multimediale Datentypen, die über Skripte verknüpft werden können. Das umfasst neben aufgezeichneten (Audio- und Video-) Daten auch synthetische Konstrukte, also z. B. MIDI und Animationen. Man kann sich vereinfacht vorstellen, dass in einem Strom der Hintergrund dargestellt ist und in zwei weiteren die Personen, die vor diesem Hintergrund agieren. Die Identifikation dieser einzelnen Objekte erlaubt ganz neue Interaktionsmuster, bis hin zum Verschieben und Löschen. Weitere Details können der Literatur entnommen werden [BCL 99, BCL 00, Ste 99].

Wie experimentelle Systeme zeigen, ist für den Umgang mit Videoaufnahmen vor allem die Unterteilung in einzelne Schnitte und Szenen, die über die laufende Einzelbildnummer (Rahmennummer) ihres ersten Bildes und ihre Länge beschrieben werden können, von Bedeutung. Das fällt nun schon unter die Beschreibungsdaten. Oft identifiziert man in den Szenen ein Schlüsselbild (keyframe), das den Inhalt der ganzen Szene charakterisiert. Dann kann man wieder die Verfahren der Bildsuche verwenden, um auf eine Szene in einem Video zu kommen. Zur Suche wie zur weiteren Verwendung in Filmsequenzen sind auch zusätzliche Angaben nützlich, die den Typ der Aufnahme beschreiben: Totale, Halbtotale, Schwenk, Zoom usw. Weitergehende Klassifikationen unterscheiden Dialoge, Kampfszenen, Landschaften und dergleichen. Dies automatisch zu erkennen ist schwierig und noch nicht zufriedenstellend gelöst. Eine Idee besteht darin, die bei der Produktion verwendeten Techniken und Regeln, die seit langem bekannt und dokumentiert sind [Ari 76], in den Szenen wiederzuerkennen und daraus die Klasse zu bestimmen.

MPEG-7 schließlich widmet sich den Beschreibungsdaten und legt Strukturen fest, in denen diese abgelegt werden können. Damit ändert sich nichts mehr an den Rohdaten; es kommt nur noch etwas hinzu.

3.6.2 Operationen

Der Einsatz von Rechnern und die Möglichkeit der Abspeicherung auf Direktzugriffsspeichern wie CD-ROM und DVD lassen völlig neue Anwendungen für Video zu. Ist der Benutzer bei den gängigen Videofilmen nur passiver Betrachter eines vorgefertigten Ablaufs, so kann er nun mit Hilfe des Rechners aktiv in den Ablauf eingreifen und die Szenenfolge beeinflussen („Interactive Video"). Statt den Film zu editieren und zu einer linearen Folge von Szenen zusammenzusetzen (zu „schneiden"), stellt man dem Benutzer die Gesamtmenge aller Shots (Szenenaufnahmen) als Datenbasis zur Verfügung, einschließlich derer, die üblicherweise beim Filmschnitt weggelassen würden. Darüber hinaus muss Zusatzinformation angeboten werden, die der Benutzer zur Auswahl der als nächste zu betrachteten Szene heranziehen kann.

Natürlich ist dieser Ansatz eher für Dokumentarfilme geeignet als für Unterhaltungsfilme, bei denen die Passivität und die durch die Auswahl des Editierers erzeugten Überraschungseffekte ja durchaus erwünscht sind. Bei Dokumentarfilmen hat man es dagegen mit sehr viel weniger Shots zu tun, die in vielen Fällen einmalig sind, also nicht beliebig oft gestellt werden können. Eine Datenbasis von Aufnahmen zu einem Vulkanausbruch könnte beispielsweise dem Benutzer anbieten: Aufnahmen aus einem Hubschrauber während der ersten Stunden des Ausbruchs, Interviews mit Geologen, Bilder aus der Zeit vor dem Ausbruch, Filme eines Geologenteams, das zu Fuß zum Lavastrom gewandert ist usw. Aus diesen Filmszenen kann der Benutzer nach seiner eigenen Dramaturgie den ihn interessierenden Ablauf der Ereignisse zusammenstellen. Ähnliche experimentelle Umgebungen sind schon in [MD 89, Rip 89] beschrieben.

Machbar wären diese Anwendungen prinzipiell auch bei einer Speicherung der Shots auf Videobändern, wobei es dann zu langen Wartezeiten käme. Bei digitaler Speicherung der Videoaufnahmen (besonders bei MPEG-4, siehe oben) kann man sogar noch weiter gehen und aus den gespeicherten Bildern neue Ansichten und Bildfolgen errechnen, die eine simulierte Umgebung (mit realem Hintergrund) herstellen. Für den Benutzer ergibt sich dadurch die Möglichkeit, quasi selbst die Kamera zu bewegen und Ansichten zu erhalten, die gar nicht real gefilmt wurden. Dies wird z.B. zu Ausbildungszwecken benutzt, etwa um Piloten oder Bootsführer zu unterrichten, aber auch zur Unterhaltung. So kann man Pseudo-Reisen („surrogate travel") durchführen, bei denen man durch Städte und Bauwerke „wandert" und den Blick nach links, rechts, oben oder unten richtet, sich also nach Belieben umschaut. Am Beispiel der Maya-Tempel von Palenque ist dies bereits früh demonstriert worden [Rip 89], und es hat inzwischen viele weitere Experimente gegeben.

Beim Abspielen und beim Aufnehmen von Videos, dem zentralen Vorgang innerhalb dieser Anwendungen, sind hinreichend hohe Datenraten zu gewährleisten, die beim Durchschleusen durch einen Rechner nicht immer garantiert werden können. Eine Lösung besteht darin, dass der Rechner nur die Verbindung herstellt zwischen Datenträger und Monitor und sich aus der Übertragung selbst dann völlig heraushält. Das geht natürlich nur, wenn das Video in unveränderter Form ausgegeben werden kann, und dem steht der Wunsch nach Datenunabhängigkeit entgegen. Hier müssen Techniken eingesetzt werden, die entweder im Sinne von Echtzeit-Systemen eine Ablaufplanung und Reservierung durchführen und dann Garantien übernehmen können oder aber sich dynamisch an schwankende Ressourcen-Verfügbarkeit anpassen und die Dienstgüte kontrolliert reduzieren. Darauf wird im Kapitel 5 näher eingegangen.

In jedem Fall ist der Aufnahme- oder Abspielvorgang ein Prozess, der im System verwaltet werden muss. Das liegt zum einen daran, dass er recht lange dauert; bei Video kann das im Stundenbereich liegen. Und zum anderen muss eine Beeinflussung durch den Betrachter möglich sein, also die Ausführung von Operationen wie Stopp, Pause, Weiter, ... Das gilt auch bei Aufnahmen, wenn man beispielsweise Werbeblocks überspringen will. Beim Abspielen kann man noch an Zeitlupe, Zeitraffer bzw. schnelles Vorspulen, Rückspulen und das Springen auf Markierungen oder vordefinierte Kapitel denken. All diese Operationen richten sich an den Abspielvorgang und nicht an das gespeicherte Objekt. Schließlich sind auch noch zahlreiche Möglichkeiten elektronischer Manipulation denkbar, also z.B. Überlagerung, Bluebox und Chroma-Key. Es ist klar, dass sich damit der Ressourcen-Bedarf noch einmal erhöht.

Die typischen Bearbeitungsfunktionen einer Videoaufzeichnung sind wie bei der Tonaufnahme Schneiden, Kopieren und anschließendes Verkleben. Die genannten Möglichkeiten der elektronischen Manipulation lassen sich auch im Ruhezustand und als Modifikation einsetzen. Dabei macht die verlustbehaftete Komprimierung manchmal Schwierigkeiten, weil Dekomprimierung und anschließende Neu-Komprimierung den Verlust erhöhen. Evtl. muss man die Wirkung der Modifikationen unter Berücksichtigung der Komprimierung etwas anpassen. Das Video wird dann eben nicht genau bei dem genannten Bild geschnitten, sondern bei dem I-Bild, das diesem am nächsten liegt. Eine weitere Bearbeitungsfunktion ersetzt die Tonspur durch eine neue, in der z. B. störende Nebengeräusche beseitigt sind, die aber natürlich wieder genau so „lippensynchron" sein soll wie die ursprüngliche.

Eine Auswertungsoperation ist die Extraktion von Standbildern, also von einzelnen Rahmen (Frames), die man dann wie ein Rasterbild behandeln kann. Daneben benötigt man Szenen- und Schnitterkennung, wobei gerade letzteres durch Überblendungen erschwert wird. Hier gibt es aber eine Reihe von Verfahren [ALO 97]. Darauf aufbauend müssen Schlüsselbilder gefunden und die Szenen klassifiziert werden, wie es oben bei der Vorstellung der Beschreibungsdaten schon gefordert wurde.

Die Suche stützt sich momentan allein auf die genannten Beschreibungsdaten, nutzt also die Klassen von Szenen oder die Schlüsselbilder. Hier gibt es aber momentan etliche Aktivitäten.

3.6.3 Speicherung

Videos werden derzeit in Dateien gespeichert. Die Ablage auf Videobändern geht deutlich zurück; diese Geräte sind zwar billig, der Aufwand, sie mit dem Rechner zu koppeln, ist aber sehr groß, und die entstehenden Anwendungen sind nicht sehr wartungsfreundlich. Obwohl Videos mit MPEG-4 in den Bereich normaler Dateien gerückt sind und andererseits Magnetplatten immer größere Kapazität bieten, sind Videos nach wie vor zu umfangreich für die Speicherung in Datenbanken. Solange man auf seinem Rechner nicht mehr als zehn Videos abspeichert, lohnt sich die Datenbank ohnehin nicht. Die Anwender jedoch, die große Mengen von Filmen verwalten, also z. B. Fernsehgesellschaften, haben so hohe Anforderungen an die Qualität, dass für sie MPEG-4 nicht in Frage kommt, und damit liegt das Datenvolumen wieder außerhalb des handhabbaren Bereichs. Das kann sich in der Zukunft ändern.

3.7 Umsetzung von einem Medium in ein anderes (Media Translation)

In den bisherigen Abschnitten dieses Kapitels wurde versucht, jedem Medium für sich gerecht zu werden und es zunächst isoliert zu betrachten. Nun ist das Ziel bei Entwicklung eines Multimedia-Systems ja aber nicht allein die zusammenhanglose Verwaltung mehrerer Medien. Neben der Verknüpfung von Medienobjekten zu Objekten höherer Ordnung (etwa zu Dokumenten), die im nächsten Abschnitt behandelt wird, erwartet man vor allem auch Unterstützung beim Übergang von einem Medium zum anderen. Es gibt (mindestens) die folgenden Gründe, eine in einem bestimmten Medium abgespeicherte Information (oder einen relevanten Teil davon) in einem anderen Medium darzustellen:

- Die Ausgabe kann nur auf den verfügbaren Geräten und in den dazu gehörenden Medien erfolgen, also zum Beispiel bei einem Telefonanruf nur auf akustischem Wege.

• Vorlieben und Fähigkeiten der Benutzer sollen berücksichtigt werden. Einige nehmen Informationen visuell besser auf, andere dagegen akustisch. In der Regel ist es effektiver, wenn ein langatmiger Text durch ein Diagramm ersetzt werden kann, oder ein Rasterbild durch eine Graphik (Skizze), auf der nur noch die wichtigen Linien zu sehen sind. Behinderte (Blinde, Gehörlose) haben keine Wahl und brauchen die Information in einem ganz bestimmten Medium.

• Die gleiche Information kann in einem anderen Medium systemtechnisch besser handhabbar sein. So erlaubt die Transkription einer akustischen Sprachaufzeichnung in Textform eine kompaktere Speicherung, eine einfachere Übertragung und eine effizientere Suche.

Nicht alle Umsetzungen sind gleich einfach durchzuführen. So ist die Umwandlung von Text in gesprochene Sprache heute technisch kein Problem mehr; Sprachgeneratoren sind schon für PC's verfügbar. Der umgekehrte Weg erfordert dagegen einen viel höheren Aufwand und ist derzeit praktisch nur sprecherabhängig und mit eingeschränktem Wortschatz realisierbar. Die preiswerten Geräte und Programme für eine PC-Umgebung erkennen einen Wortschatz von mehreren Tausend einzelnen Wörtern eines ganz bestimmten Sprechers. Sobald man zu Sprecherunabhängigkeit und fließend gesprochener Sprache (ohne Pause zwischen den Wörtern) übergehen möchte, steigt der Aufwand beträchtlich. Eine ähnliche Asymmetrie gilt für die Umsetzung zwischen Rasterbildern und Graphik.

Weiterhin gibt es unterschiedliche Arten der Umsetzung. Die Druckaufbereitung eines Textes führt, je nach Art des Ausgabegeräts, zu einer Graphik oder einem Rasterbild. Das ist etwas ganz anderes, als wenn man den Inhalt des Textes durch eine Graphik, z. B. ein Diagramm, darzustellen versucht, was im Gegensatz zur ersten Art von Umwandlung schwierig bis unmöglich sein kann. In beiden Fällen liegt ein Wechsel der Repräsentation von Information vor, wobei er aber einmal auf einer niedrigen, konkreten Ebene erfolgt (der Text bleibt letztlich doch ein Text) und einmal auf einer hohen, abstrakten. Man könnte sagen, dass einmal das Trägermedium bei gleichbleibendem abstrakten Medium gewechselt wird und einmal das abstrakte Medium selbst.

Für alle Umsetzungen gilt, dass sie mit einem *Informationsverlust* verbunden sind. Der ist i. Allg. um so größer, je gravierender der Wechsel in der Repräsentation ist. Wenn ein Text nur noch in druckaufbereiteter Form als Rasterbild vorliegt, so ist die Information, dass es sich um einen Text handelt, verlorengegangen. Übrig bleibt ein Bild, das Bildpunkt für Bildpunkt z. B. auf einem Drucker oder einem Bildschirm ausgegeben werden kann. Für einen menschlichen Benutzer ist der Informationsgehalt vollständig ablesbar, während er für eine maschinelle Weiterverarbeitung unmittelbar nicht mehr nutzbar ist. Erst bei Einsatz von Systemen zur optischen Zeichenerkennung (Optical Character Recognition, OCR) kann der Text mit recht hoher Genauigkeit rekonstruiert werden, allerdings nicht perfekt. Wird dagegen der Inhalt eines Textes durch ein Diagramm dargestellt, so kann daraus nicht automatisch wieder ein Text erstellt werden, der das ausdrückt, was das Diagramm darstellt. Selbst wenn es automatisch möglich wäre, käme nahezu sicher ein anderer Text dabei heraus als der ursprüngliche.

Ganz ähnlich kann man für die Umsetzungen zwischen Rasterbild und Graphik argumentieren. Wenn man mit einer Graphik beginnt und sie in ein Rasterbild umsetzt (mit den Techniken, die u. a. bei Rasterbildschirmen eingesetzt werden), so könnten Linienerkennungsalgorithmen mit hoher Genauigkeit die ursprünglichen Vektoren der Graphik rekonstruieren, wenn auch sicherlich nicht fehlerfrei. Wird umgekehrt auf einem beliebigen Rasterbild, also etwa einem Foto, Linienerkennung betrieben, so fehlen auf der dabei entstehenden Graphik sehr viele Informationen, die überhaupt nicht mehr rekonstruierbar sind.

Ein Informationsverlust ist also immer zu verzeichnen, seine Größenordnung kann jedoch je nach Art der Umsetzung erheblich schwanken. Eine Quantifizierung ist nicht möglich, weil der Informationsgehalt von Datenobjekten wie Bildern oder Tonaufnahmen kaum fassbar ist.

Eine Umsetzung von einem Medium in ein anderes ist auch nicht beliebig möglich oder sinnvoll. Wie sollte man etwa ein Gedicht durch eine Tabelle oder ein Diagramm darstellen? So etwas ist selbst für Menschen schwierig und im Ergebnis alles andere als eindeutig.

Es gibt also eine Vielzahl von Umsetzungen mit ganz unterschiedlicher Qualität. Sie zu systematisieren verlangte eine sehr viel genauere Differenzierung der Medien, etwa die Gliederung von Texten in die sprachlichen und die graphischen Aspekte. Das führt in diesem Buch zu weit, wo es ja nur um die Behandlung der sehr konkreten Daten geht. Soweit verfügbar, können die Umsetzungen aber problemlos als Operationen auf den Medienobjekten integriert werden.

3.8 Multimedia-Dokumente

Die Untersuchung der in einem MMDBVS zu speichernden Daten wäre nicht vollständig ohne die aggregierten Strukturen, die das „Multi" in Multimedia überhaupt erst rechtfertigen. Dafür wird der Dokument-Begriff verwendet, weil ein Dokument nur im Ausnahmefall mit einem einzigen Medium auskommt. Was wäre ein Buch ohne Abbildungen?

Wiederum sind die Strukturen zu sichten, die später auf das Schema der Datenbank abgebildet werden müssen, und die Operationen, die von Editoren oder anderen Werkzeugen auf diesen Strukturen angeboten werden und die zumindest teilweise von der Anfragesprache abgedeckt werden müssen. Wegen der großen Unterschiede wird das nicht nacheinander getan, sondern jeweils zusammen bei einem System. Dabei wird von einigen speziellen Dokumenten ausgegangen, die sich in Anwendungen entwickelt haben, um dann zu verallgemeinerten Strukturen zu gelangen (SGML, XML und Hypermedia). Auch die Speicherungsformen werden bei den einzelnen Systemen schon mit angesprochen.

3.8.1 Spezielle Dokumentstrukturen

Präsentations- und Gestaltungs-Werkzeuge (Presentation and Authoring Tools, Autorensysteme) sind heute weit verbreitet und dienen der Erstellung von multimedialen Präsentationen [CC 96]. Sie ermöglichen dabei die Komposition von multimedialen Elementen. Man kann die folgenden Typen unterscheiden:

Präsentations-Software dient der Erstellung von Vortragsfolien mit multimedialen Elementen (u. a. Audio). Sie bestehen meist aus zwei Komponenten, dem Editor und einer Laufzeitumgebung für die eigentliche Vorführung.

Ikonen-basierte Gestaltungssysteme helfen bei der Erzeugung von Drehbüchern und Skripten, indem sie den Kontrollfluss in Präsentationen und allgemein interaktiven Systemen mit multimedialen Elementen graphisch darstellen und verwalten. Sie sind komplexer als die Präsentations-Software, weil sie mehr Interaktion zulassen und dafür Verzweigungen darstellen können.

HyperCard- und Hypermedia-Werkzeuge werden unten in einem eigenen Abschnitt vorgestellt.

Zeitachsen-basierte Systeme ermöglichen es, multimediale Elementen entlang der Zeit zu arrangieren, so dass sie nacheinander oder gleichzeitig präsentiert werden.

Das Ergebnis ist meist eine Datei, die die gesamte Präsentation enthält. Eine Übernahme in eine Datenbank ist nur als BLOB möglich. Die gemeinsame Verwendung von Medienobjekten in mehreren Präsentationen wird dabei durchaus unterstützt. Dazu müssen diese in einer eigener Datei abgelegt werden, und die Präsentation verweist über den Dateinamen auf sie. Für die Wahrung der Konsistenz ist der Anwender zuständig; er sollte diese Daten weder löschen noch umbenennen. Eine Einhaltung von Zeitschranken während der Präsentation wird nicht garantiert. Das System muss einfach leistungsfähig genug sein, um alle Objekte passend abspielen zu können („best effort"). Datenbanken würden die Präsentationen als komplexe Objekte modellieren (der Einsatz eines OODBVS wäre also zu prüfen) und Metadaten sowie Unterstützung der Suche hinzufügen.

Formulare　sollen die effiziente Bearbeitung von Vorgängen ermöglichen. Auf Papier sind sie allgegenwärtig; die elektronische Form erfreut sich zunehmender Beliebtheit. Für diese Anordnungen von benannten Feldern, die nun auch multimediale Inhalte aufweisen dürfen, gibt es eine Reihe von Einsatzmöglichkeiten:

Dokumentablichtungssysteme (document-imaging systems) erzeugen „Fotos" von Dokumenten, die nur in Papierform vorliegen (z. B. eingehende Geschäftspost). Für eine sinnvolle Weiterverwendung müssen sie um Formulare ergänzt werden, die entweder die Person, die die Dokumente einscannt, ausfüllt oder die automatisch aus dem Abbild extrahiert werden.

Datenbanksysteme benutzen Formulare in ihrer Oberflächengestaltung für das Anzeigen, Ändern und Suchen von Datensätzen („query by forms"), längst auch mit multimedialen Elementen, die aus BLOB's oder separaten Dateien eingebunden werden.

Formularbasierte Programmpakete bieten den Zugang zu speziellen Dateien, in denen man über die Formulare seine Daten ablegen kann, oder die Erzeugung eines Formulars für ein gegebenes Dokument. Bei ihnen gibt es deutlich mehr Möglichkeiten zur Gestaltung als bei den Datenbank-Oberflächen, z. B. durch Graphiken und Rasterbilder.

Groupware-Programmpakete enthalten meist auch umfangreiche Funktionalität zur Formular-Bearbeitung, z. B. in Form von E-Mails. Diese werden in einem Workflow von verschiedenen Teilnehmern gelesen und ergänzt.

Der Entwurf und die Erstellung von Formularen besteht darin, Elemente wie Felder, Tasten (Buttons), Graphik oder Tabellen auszuwählen und zu platzieren, um dann eine Verknüpfung mit gespeicherten Datenobjekten oder Berechnungen vorzunehmen. Es bestand immer schon ein enger Bezug zum Schema einer Datenbank, denn die zugrunde liegende Idee ist die gleiche: Es sollen Vollständigkeit, Übersichtlichkeit und Einheitlichkeit erreicht werden, und es ergeben sich zielgerichtete Suchmöglichkeiten mit Bezug auf einzelne Felder und deren Inhalte.

Zusammengesetzte Dokumente (Compound Documents)   sind eigentlich zusammengesetzte Dateien. In den heutigen Betriebssystemen sind Dateien oft typisiert, d. h. sie sind (über den Suffix des Dateinamens) mit einer Anwendung assoziiert, die sie lesen und ändern kann. Zusammengesetzte Dokumente verbinden nun Dateien, die verschiedene Anwendungen benötigen (und die dann auch etwas ungenau und missverständlich „Objekte" genannt werden). Damit kann man dann z. B. eine Tabelle aus einem Tabellenkalkulationsprogramm in einen Text aufnehmen, ohne den Umweg über das Drucken in eine Graphik (PostScript, PDF) oder ein Rasterbild (GIF, JPEG) nehmen zu müssen. Die Frage ist dann, wie man vorgehen muss, wenn man diese Tabelle ändern will. Muss man den Texteditor verlassen, die Tabellenkalkulation aufrufen, die Tabelle dort ändern und sie anschließend wieder in den Text einkopieren? So war es lange Zeit, und der Vorteil gegenüber der Druckvariante ist eigentlich marginal. Statt dessen möchte man die Tabelle direkt im Text bearbeiten können, und das ist heute auch möglich. Dazu bedarf es einer Interoperabilität der Anwendungen. Sie rufen sich ggf. wechselseitig auf und tauschen Daten aus. Anwendungen stehen dadurch nicht mehr nur nebeneinander, sondern können auch als Unterprogramme eingesetzt werden. Weil sie damit wiederverwendbar werden, spricht man hier etwas übereilt schon gleich von „Komponenten-Software". Neben den genannten und den weithin bekannten Beispielen (Datei-Komprimierung und -Konvertierung, Rechtschreibprüfung, Tabellenkalkulation, Textverarbeitung, Zeichenprogramm) ist dieses Prinzip eben auch sinnvoll auf Medienobjekte in Dateien anzuwenden und liefert eine wichtige Form vom Multimedia, die schon sehr intensiv genutzt wird.

Bei der Umsetzung sind eine ganze Reihe von technischen Fragen zu klären, auf die hier nicht im Detail eingegangen werden soll. Man muss längst damit fertigwerden, dass die Komponenten eines Dokuments verteilt gespeichert sind. Sie können dadurch auch zur Kooperation verwendet werden: Was von einem Netzknoten aus geändert wurde, wird am anderen sichtbar. Allerdings erfordert das dann auch eine Synchronisation der Zugriffe. Außerdem muss man erreichen, dass auch Anwendungen verschiedener Hersteller auf diese Weise zusammenwirken können, so dass man eine Spezifikation der Schnittstellen oder am besten eine Norm dafür schaffen sollte. Gegenstand der Normung wäre zum einen die Binärdarstellung der Objekte und der Anwendungen, zumindest in den Teilen, die für andere Anwendungen nutzbar sein sollen. Da die Anwendungen in verschiedenen Programmiersprachen erstellt werden, müssen für ihren Maschinencode einheitliche Aufrufschnittstellen festgelegt werden. Microsoft hat dafür das Component Object Model (COM) entwickelt, die Konkurrenz OpenDoc verwendet das System Object Model (SOM) der IBM, das auf der Basis von CORBA definiert wurde. Dann ist zum anderen die Benutzerschnittstelle zu normen, damit die Funktionen zum Erzeugen, Ausgeben und Bearbeiten zusammengesetzter Dokumente einheitlich aufgerufen werden können. Das betrifft Menüeinträge und dergleichen. Und schließlich ist auch die Speicherung der Dokumente noch Gegenstand der Norm. Sie erfolgt als Hierarchie von Bausteinen, d. h. in einer Datei stecken andere Dateien, oder als Referenz. Dabei sind auch noch Versionierung und Transaktionsunterstützung zu berücksichtigen.

3.8.2 Verallgemeinerte Dokumentstrukturen

Die im letzten Unterabschnitt vorgestellten Dokumentstrukturen sind aus Anwendungen
heraus gewachsen, und in vielen Fällen sieht man ihnen ihre Herkunft noch an. Es vermi-
schen sich auch sehr stark die abstrakten Strukturen mit den technischen Lösungen. Für
ein MMDBVS sind aber gerade diese Strukturen von Interesse, weil sie auf ein Schema
übertragen werden müssen, damit man die Dateistrukturen bei Bedarf importieren und
exportieren kann. Zum Glück gibt es auch schon verallgemeinerte Dokumentstrukturen,
die diese Aufgabe erleichtern. Sie zeichnen sich dadurch aus, dass sie systemübergreifend
definiert sind. Einige führen auch explizit eine Meta-Ebene ein, so dass man bei ihnen ein
Datenmodell erkennen und analysieren kann. Betrachtet werden hier die SGML-Familie
und ODA. Hypermedia, das man auch unter diese verallgemeinerten Strukturen einreihen
könnte, erhält auf Grund seiner Bedeutung einen eigenen Unterabschnitt.

SGML: Die „Standard Generalized Markup Language" [Szi 95] ist eine Sprache zur Definition einer Syntax (und damit eine Meta-Sprache), die die Struktur von Dokumenten (u. a.)
beschreibt. Sie ist so allgemein, dass sie auch für eine Datenbeschreibung beim Datenaustausch genutzt werden kann. Nachdem SGML lange Zeit nur Spezialisten bekannt war, hat
sie mit einer ihrer Anwendungen, nämlich HTML, große Bekanntheit erlangt, und mit XML
ist sie in vereinfachter Form heute im WWW und darüber hinaus nahezu allgegenwärtig.
Da die XML ihre „Mutter" SGML völlig verdrängt hat, soll ihr hier noch einmal kurz die
Reverenz erwiesen werden.

Die GML entstand ab Ende der 60er Jahre bei der IBM unter der Leitung von Charles
Goldfarb. Daraus wurde im Auftrag des American National Standards Institute (ANSI —
heute NIST, National Institute for Standards) unter führender Teilnahme Goldfarbs SGML
entwickelt. 1986 wurde sie als ISO 8879 veröffentlicht.

Im Unterschied zu den Dokumentstrukturen, die im letzten Unterabschnitt vorgestellt wurden, einschließlich der zusammengesetzten Dokumente, definiert die SGML überhaupt kein
Layout, sondern nur die Zusammensetzungsstruktur aus den inhaltlichen Komponenten.
Das waren zunächst nur Textbausteine; eine Ausdehnung auf anderen Medien ist aber unproblematisch und in der Tat auch längst vollzogen, dazu unten mehr. Die Beschränkung
(oder treffender: diese Abstraktion) ist sinnvoll, wenn entweder das Layout unbedeutend
ist oder das Dokument für mehrere, verschiedene Layouts benötigt wird. Gerade letzteres
ist heute die Regel (Web-Auftritt, Papierausdruck, Help-Dateien usw.). Typische Beispiele
sind: Archivierung, Austausch zwischen Verlagen und technische Dokumentationen.

Die Beschreibung der logischen Struktur mittels *Auszeichnungen* (markups) ist also in das
Dokument eingebettet. Das muss nicht so sein; die ODA (siehe unten) hat sich gerade
anders für die getrennte Speicherung der Struktur entschieden. Die zu verwendenden Auszeichnungen und damit die Strukturelemente sind dabei nicht vorgegeben, sondern können
selbst definiert werden (deshalb der Zusatz „verallgemeinert", generalized im Namen). Das
geschieht in Form von Dokumenttypen, das sind Sätze von Auszeichnungen mit Regeln der
folgenden Art:

- Aus welchen Elementen bestehen Dokumente dieses Typs?
- Welche davon müssen vorhanden sein und welche können entfallen?
- Wie sind die Elemente verschachtelt und in welcher Reihenfolge treten sie auf?

Auf der Basis dieser Dokumenttyp-Definitionen („document-type definition", DTD) können dann viele Werkzeuge arbeiten, so etwa ein Parser zur Prüfung der syntaktischen Korrektheit eines Dokuments und Konverter, die das Dokument in andere SGML-Dokumenttypen überführen oder auch eine Druckaufbereitung mit TeX o. ä. durchführen.

Wie eine DTD aussieht, lässt sich am einfachsten an einem Beispiel zeigen. Gedicht als sehr kompakter Dokumenttyp besitzt die folgenden *Elemente:*

```
<!ELEMENT zeile - - (#PCDATA)>
<!ELEMENT strophe - - (zeile+)>
<!ELEMENT gedicht - - (strophe+)>
```

Jedes Element erhält zunächst einen Namen, der in den Auszeichnungen verwendet wird. Diese markieren den Beginn des Elements in einem Dokument und das Ende, im Falle des Gedichts mit <gedicht> und </gedicht>. Elemente können nur hierarchisch geschachtelt werden, d. h. untergeordnete Elemente müssen vollständig enthalten sein. Die beiden Striche hinter dem Namen des Elements beziehen sich jeweils auf die Anfangs- und Endemarkierung und drücken aus, dass beide vorhanden sein müssen. An Stelle des Strichs könnte auch ein „O" stehen für „Omit", wenn die entsprechende Markierung weggelassen werden darf[16].

Als letztes wird noch spezifiziert, woraus das Element nun bestehen soll, was also zulässige Inhalte sind. #PCDATA ist dabei ein Schlüsselwort von SGML und steht für „parsed character data". Das bedeutet, dass dieses Element aus Zeichen besteht, die keine weiteren Auszeichnungen mehr erhalten. Man kann aber eben auch Unterelemente benennen und dabei festlegen, ob sie sich wiederholen dürfen. Die Angabe „+" bedeutet mehrfach, aber mindestens einmal. Oben ist also aufgeschrieben, dass ein Gedicht aus mehreren Strophen besteht, mindestens einer, und dass diese mehrere Zeilen haben, auch wieder mindestens eine. Das ist wohl die übliche Struktur eines Gedichts.

Wenn man von der Darstellung (dem Layout) des Dokuments vollkommen abstrahieren will, muss man sich noch ein paar Gedanken zur Codierung der Zeichen machen. Dass das ein Problem ist, wurde schon im Abschnitt 3.2 bei der Behandlung von Text deutlich. Je nachdem, wohin das Dokument dann weitergegeben werden soll, muss man aus dem Buchstaben „ä" ein „{\"a}" machen oder auch ein „ä". Dies kann man wie eine Konstantendefinition in Programmiersprachen an einer einzigen Stelle festlegen, und im ganzen Dokument wird dann überall die entsprechende Ersetzung vorgenommen. Dazu werden *Einheiten* („Entities") definiert:

```
<!ENTITY auml SDATA "[auml]">
<!ENTITY ouml SDATA "[ouml]">
...
<!ENTITY szlig SDATA "[szlig]">
```

In den Elementen des Dokuments wird dann mit &elementname; auf diese Einheiten Bezug genommen (wie man es ja von HTML her kennt; die Beispiele wurden auch so gewählt).

---

[16]Das gehört zu den Dingen, die in XML nicht übernommen wurden.

Die Werkzeuge interpretieren die Definition der Einheiten und führen die entsprechenden Ersetzungen durch.

Ein weiterer Bestandteil einer DTD sind die *Attribute,* die den Elementen noch zugewiesen werden können und die alle möglichen Informationen über die Elemente transportieren können. Das können Angaben zum Autor sein, ein Änderungsdatum, Kommentare oder auch Bezüge zu anderen Elementen, wie das folgende Beispiel zeigt:

```
<!ELEMENT reim - - (zeile+)>
<!ELEMENT kehr - O EMPTY>
<!ATTLIST reim nummer ID #REQUIRED>
<!ATTLIST kehr nummer IDREF #REQUIRED>

<reim nummer=reim23>
<zeile>Fidirallala, fidirallala, fidirallarallala</zeile>
</reim>
...
<kehr nummer=reim23>
```

Das mag als kurze Einführung in die SGML genügen. Es bleibt festzuhalten, dass beliebige (hierarchische) Strukturen beschreibbar sind und dass die DTD entscheidend ist für ein gemeinsames Verständnis von Dokumentstrukturen.

SGML hat eine Erweiterung für Multimedia erhalten, die HyTime genannt wurde [NKN 91]. Sie ist sehr abstrakt gehalten, schwer verständlich und hat vielleicht deshalb nur wenig Verbreitung gefunden.

Inzwischen ging der Weg von SGML über HTML zu XML, und dessen Multimedia-Erweiterung *SMIL* („Synchronized Multimedia Integration Language") liegt seit August 2001 in der Version 2.0 vor und wird intensiv genutzt, so im RealPlayer G2, in Quicktime 4.1 und im Internet Explorer 5.5 [Bul 01].

Open Document Architecture (ODA): Mit der Open Document Architecture (ODA) wurde eine internationale Norm geschaffen, die den Dokumentenaustausch zwischen beliebigen Rechner ermöglicht [Hor 85, Krö 88]. Die Architektur beschreibt dabei allgemein, wie die Dokumente aufgebaut sind, so dass dann eine Familie von Austauschformaten abgeleitet werden kann. Diese werden als Open Document Interchange Formats (ODIF) bezeichnet. Die Vorschläge wurden im September 1985 als ECMA-Standard und im April 1986 als ISO Draft International Standard 8613 veröffentlicht.

Das Ziel bei der Entwicklung des Dokumentarchitekturmodells war es, jede gewünschte Dokumentbearbeitungsfunktion in der Modellwelt beschreibbar zu machen. Dadurch sollte die Bearbeitbarkeit der Dokumente beim Empfänger gewährleistet sein. Zwischen Austauschformaten, die nach der Architektur definiert wurden, soll eine Umsetzung ohne Informationsverlust möglich sein.

Nach der ODA besteht ein Dokument aus drei Teilen, der Logischen Struktur, der Layout-Struktur und dem Inhalt. Die Logische Struktur definiert Kapitel, Abschnitte, einzelne Sätze oder auch Abbildungen, während die Layout-Struktur Seiten und Satzblöcke für die Darstellung auf Papier oder auf einem Bildschirm festlegt. Ein Layout-Prozess definiert

Vorschriften für die Abbildung der Logischen Struktur in die Layout-Struktur (Abb. 3.8).
Beide Strukturen verweisen auf den Inhalt, der in einzelne Bausteine (content portions)
aufgeteilt sein muss. Diese Bausteine können Textstücke, Bilder, Graphiken usw. sein.

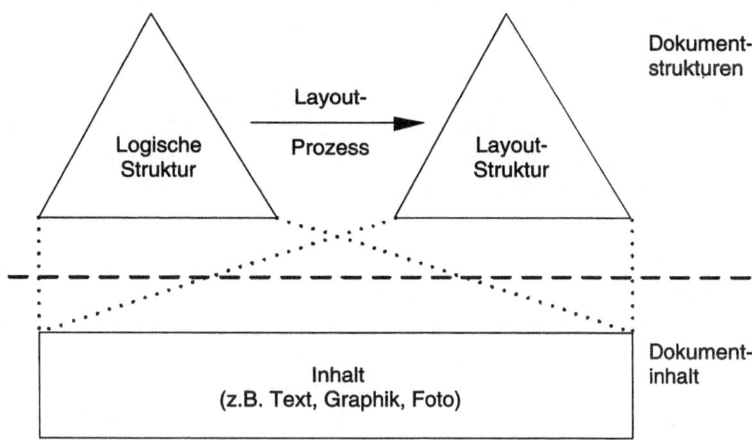

Abbildung 3.8 Schema der Zusammensetzung eines Dokuments bei ODA

In Textdateien werden üblicherweise die Formatierung und die Aufteilung in Kapitel und
Absätze durch eingebettete Steuerzeichen festgelegt. In SGML wird zwar die Formatierung
herausgenommen, aber die Strukturinformation bleibt eingebettet. Dagegen setzt die ODA
mit der oben beschriebenen Dreiteilung auch noch die Trennung von (logischer) Struktur
und Inhalt. Die beiden Strukturdefinitionen bilden dabei eine Hierarchie von Objekten.
Jedes Logische Objekt ist Instanz einer Objektklasse, ebenso jedes Layout-Objekt. Die
Objektklasse des gesamten Dokuments wird auch als Dokumentklasse bezeichnet.

Eine Dokumentklasse wird definiert durch die Angabe derjenigen Objektklassen, aus denen
sich alle Dokumente dieser Klasse zusammensetzen müssen. Deshalb wird auch von „Regeln" (für den Dokumentaufbau) gesprochen. Neben den konstituierenden Objektklassen
kann eine Dokumentklasse auch noch feste Inhaltsstücke vorgeben, so z. B. in einem Brief
das Firmenlogo als graphisches Element sowie Absenderadresse und Bankverbindungen als
Textelemente. Diese Inhaltsstücke in der Dokumentklassendefinition werden als „generic
content" bezeichnet.

Noch allgemeiner als die Objektklassen sind die Objekttypen, die deshalb auch in der Norm
selbst festgelegt werden konnten. Auf diese Objekttypen sind ganz bestimmte, ebenfalls
genormte Attribute anwendbar (z. B. Höhe und Breite bei Layout-Objekttypen). Für die
Logische Struktur stehen folgende Objekttypen bereit:

- Document Logical Root: die Wurzel des Baums, der die Logische Struktur beschreibt
- Basic Logical Object: die Blätter des Baums, denen Inhaltsportionen zugeordnet sind
- Composite Logical Object: die Zwischenknoten des Baums

In der Layout-Struktur können folgende Objekttypen verwendet werden:

- Document Layout Root: die Wurzel des Baums, der die Layout-Struktur beschreibt

- Page Set: eine Gruppe von Seiten
- Page: eine einzelne Seite oder allgemeiner ein zweidimensionaler Bereich
- Frame: ein rechteckiger Ausschnitt einer Seite
- Block: Teil eines Frames, dem die formatierte Darstellung genau einer Inhaltsportion zugeordnet ist (dadurch wird in einem Block nur ein Medium benutzt)

Die bereits erwähnten Objektklassen in der Dokumentklassendefinition werden nun auf der Basis dieser Objekttypen definiert. Typische Objektklassen einer Logischen Struktur sind etwa „Absatz", „Fußnote" oder „Bildunterschrift" mit dem Objekttyp „Basic Logical Object". In einer Layout-Struktur findet man dagegen oft Objektklassen wie „Seitenkopf" (Header Frame), „Spalte" (Column Frame) oder „Fußzeile" (Footer Frame), alle vom Typ „Frame".

Logische Struktur und Layout-Struktur zerlegen gemeinsam den Inhalt des Dokuments in die Inhaltsstücke (content portions). Wenn ein Absatz (Logisches Objekt) über eine Seitengrenze hinweggeht (zwei Layout-Objekte), dann müssen zwei Inhaltsportionen definiert werden, und der Absatz verweist auf beide. Die ersten Abschnitte dieses Kapitels haben gezeigt, dass es für Texte, Graphiken und Rasterbilder ganz unterschiedliche Arten der Codierung geben kann. Deshalb sieht die ODA für jede Art von Inhalt eine sog. Inhaltsarchitektur (Content Architecture) vor, die eine maschinenunabhängige Codierung für die verschiedenen Medien beschreibt.

Die ausgetauschte Nachricht mit dem Dokument enthält neben der Logischen Struktur, der Layout-Struktur und den Inhaltsportionen auch die Klassenbeschreibung (hier „Generic Logical Structure" und „Generic Layout Structure" genannt). In der Datenbank-Terminologie könnte man sagen, dass die Schemainformation explizit mitgeführt wird, so dass die Nachricht „selbstbeschreibend" wird. Das kann man auf der Empfängerseite sehr weitgehend nutzen. So wurden in verschiedenen Projekten adaptive Werkzeuge, vor allem Editoren entwickelt, die ihre Funktionen mit Hilfe der Klassenbeschreibung an das gerade vorliegende Dokument anpassen. Beim Editieren eines empfangenen Formulars verhalten sie sich wie ein Erfassungssystem für diese Art von Formularen, mit dem nur die vorgesehenen Felder mit Werten aus bestimmten Wertebereichen ausgefüllt werden dürfen. Liegt dagegen ein Jahresbericht vor, verhalten sie sich wie ein spezieller Editor für Jahresberichte. Weitere Angaben zu diesen auf der ODA aufbauenden Entwicklungen sowie eine ausführlichere Beschreibung der ODA selbst sind in [Krö 88] zu finden.

Die ODA ist gegenüber SGML und heute vor allem XML immer mehr in den Hintergrund getreten. Das mag einerseits am WWW liegen, andererseits vielleicht auch daran, dass sie spezielle Werkzeuge verlangt, während man XML zur Not auch mit einem Texteditor erstellen kann.

Bei allen Strukturbeschreibungen handelt es sich um formatierte Daten, die sich allerdings nicht durch einen einzelnen Satz (ein einzelnes Tupel im Relationenmodell) darstellen lassen, sondern nur durch eine ganze Reihe von Sätzen unterschiedlichen Typs. Ähnlich komplexe Strukturen liegen auch in anderen Anwendungsbereichen vor, und es hat sich gezeigt, dass die klassischen relationalen DBVS zur Verwaltung von sog. „Komplexen Objekten" nur schlecht geeignet sind [HR 83, DKML 84]. Deshalb gibt es schon eine ganze Reihe von Vorschlägen und Prototypentwicklungen, auch erste Produkte, die die Weiterentwicklung von DBVS betreffen und unter Schlagworten wie „Non-Standard-Datenbanksysteme", „erweiterbare DBS" und „objektorientierte DBS" zu finden sind [Küs 86, CD 85, Dit 86]. Auf diese Konzepte wird in Abschnitt 8 noch einmal eingegangen, wobei der Schwerpunkt aber auf den Medienobjekten, also nach der ODA den Inhaltsstücken und -architekturen, liegen wird, weil sie das für MMDBVS spezifisch Neue darstellen.

3.8.3 Hypermedia

Hypermedia ist die Erweiterung von Hypertext, der bereits in Unterabschnitt 3.2.4 vorgestellt wurde, um Darstellungen in anderen Medien. Die miteinander über Links verbundenen Knoten eines Dokuments können dann auch Graphiken oder Rasterbilder enthalten. Die Unterstützung von akustischen Aufzeichnungen und Video gestaltet sich etwas schwieriger und ist deshalb in vielen Projekten zurückgestellt worden. Das liegt an der Dynamik dieser zeitabhängigen Medien, und es ist eine unbefriedigende und inflexible Lösung, die Ton- oder Videoaufnahme einfach abzuspielen, sobald der Benutzer den entsprechenden Knoten über einen Verweis erreicht.

Statt dessen empfiehlt sich eine indirekte Darstellung durch einen Pseudo-Knoten, auf dem ein Symbol (eine Ikone) Aufschluss über das Medium gibt. Das könnten z. B. schematisierte Lautsprecher oder Fernsehbildschirme sein. Das Symbol sollte durch eine Kurzbeschreibung ergänzt werden, etwa „Interview mit … zum Thema … " oder „Film über die Entwicklung der … ". Sehr wichtig ist auch eine Angabe über die Dauer: Der Benutzer will auf jeden Fall wissen, ob er zwei Minuten oder eine halbe Stunde investieren muss, um etwas über das ihn interessierende Thema zu erfahren. Noch besser ist es, wenn ein Tastenfeld simuliert werden kann, wie es bei Tonbandgeräten und Videorecordern gebräuchlich ist.. Damit kann man schnellen Vor- und Rücklauf, ein Anhalten und späteres Fortsetzen sowie den Abbruch der Ausgabe veranlassen. Das Hauptaugenmerk liegt bei den derzeit verfügbaren Systemen aber eindeutig auf den passiven visuellen Medien, was seinen Grund sicher auch darin hat, dass die dafür benötigte Hardware wesentlich öfter vorhanden ist als ein akustisches Endgerät oder ein Videoanschluss. Die wichtigsten Hypermedia-Systeme sind derzeit [Con 87]:

Intermedia: Eine Entwicklung der Brown University in Providence, Rhode Island, die auf die Unterstützung von Forschung und Lehre in einer Universitätsumgebung abzielt.

NoteCards: Von Xerox PARC entwickelt als elektronischer „Zettelkasten" für die Sammlung von Notizen und Ideen, die in das Erstellen von Berichten einmünden soll.

Neptune/HAM: Von Tektronix; sieht eine Aufteilung in Frontend und Backend vor, wobei der Backend als Server für eine Reihe von Workstations dient und u. a. auch ein Transaktionskonzept realisiert.

Hyperties: An der University of Maryland entwickelt für möglichst preisgünstige Rechner (IBM-PC, auch ohne Maus), die auch in Museen und Schulen in großer Zahl aufgestellt werden können; also ebenfalls gedacht für Ausbildung und Lehre im weiteren Sinne.

KMS: Kommerzielles Produkt der Firma Knowledge Systems; hervorgegangen aus dem an der Carnegie-Mellon University entwickelten ZOG.

HyperCard: Von Apple mit jedem Macintosh ausgeliefert; unterstützt Graphiken und Rasterbilder direkt auf den Knoten, Tonaufnahmen dagegen als sog. Ressourcen, die in separaten Dateien abgelegt werden und mit einem Kommando PLAY abgespielt werden können.

So einfach die Hypertext-Idee von Knoten und Links auch ist, so unterschiedlich gestaltet sich jedoch die Ausführung in den einzelnen Systemen. Die Unterschiede betreffen die Struktur der Knoten, die Knotentypen, die Gestaltung von Links und vieles andere mehr. Sie werden im folgenden kurz an den drei Beispielen Intermedia, NoteCards und KMS illustriert, bevor dann eine Klassifikation und Ansätze zur Weiterentwicklung vorgestellt werden.

Intermedia wurde, wie gesagt, an der Brown University, genauer: am Institute for Research in Information and Scholarship (IRIS) entwickelt. In dem System steckt Erfahrung aus zwei Jahrzehnten Arbeit an und mit Hypertext-Systemen, die insgesamt drei Vorgängersysteme von Intermedia hervorbrachte [YMvD 85].

Das Hypertext Editing System wurde 1968 auf großen IBM-Rechnern unter VM/CMS realisiert. Es konnte nur Text verwalten. Im darauffolgenden Jahr wurde als Nachfolger das File Retrieval and Editing System (FRESS) fertiggestellt, das ebenfalls auf IBM-Rechnern lief und nur für Text ausgelegt war. Neu waren die Unterstützung des Mehrbenutzerbetriebs, die Möglichkeiten zum Anbringen von Markierungen im Text als Ausgangspunkte und Endpunkte von Links und die Beschriftung von Links. Dieses System ist an der Universität jahrelang in verschiedenen Kursen genutzt worden, gerade auch in fachfremden Bereichen wie z. B. der Literaturwissenschaft. Die Verfügbarkeit moderner Hardware gab 1982 Anlass zur Entwicklung des Electronic Document Systems, das Farbgraphik benutzte, jedoch nur für den Einbenutzerbetrieb ausgelegt war.

Erfahrungen aus allen drei Vorgängern und vor allem aus dem massiven Einsatz in der Universitätsumgebung flossen in den Entwurf von Intermedia ein. Gewisse Rahmenbedingungen wurden durch eine Kooperation mit Apple gesetzt, die in der Gestaltung der Fensteroberfläche deutlich zu erkennen sind. Intermedia ist nicht so sehr ein geschlossenes System als vielmehr ein Rahmen für eine (erweiterbare) Reihe von Werkzeugen, die Anwendungen genannt werden. So wie auf einem Macintosh der Dateityp das zum Bearbeiten aufzurufende Programm eindeutig bestimmt, gibt es in Intermedia zu jedem Werkzeug einen bestimmten Dokument-Typ. Derzeit stehen folgende Werkzeuge zur Verfügung:

- InterText für Textdokumente (ähnlich wie MacWrite),
- InterDraw für strukturierte Graphiken (MacDraw),
- InterPix zum Ausgeben von Rasterbildern, die über einen Scanner eingelesen wurden,
- InterSpect für 3D-Drahtmodelle, die man u. a. drehen und zoomen und von denen man 2D-Schnitte erzeugen kann,
- InterVal für die Darstellung von zeitlichen Abfolgen, die als (Zeitpunkt, Ereignis)-Paare eingegeben und auf verschiedene Arten formatiert werden können.

Die vereinheitlichte Schnittstelle dieser Werkzeuge erleichtert den Umgang mit ihnen. Die Ablaufumgebung ist wie beim Macintosh fensterorientiert; das Öffnen eines Dokuments ruft das zugehörige Werkzeug in einem eigenen Fenster auf. Die Dokumente können nun als Knoten in einer Hypertext-Struktur verwendet werden. Dadurch wird das Bearbeiten der Dokumente mit den Werkzeugen in keiner Weise beeinträchtigt. Die Struktur wird den Dokumenten sozusagen überlagert. Man kann in einem geöffneten Dokument einen Abschnitt markieren (so wie zum Löschen oder Kopieren) und in einem der Systemmenüs in der Kopfleiste den Befehl „Start Link" aufrufen. Danach wird in einem anderen Dokument ebenfalls ein Abschnitt markiert und „Complete Link" ausgeführt.

Zwei Merkmale von Intermedia, die es von anderen Hypermedia-Systemen unterscheiden, können an dieser Stelle schon festgehalten werden. Erstens sind die Knoten ganze Dokumente und damit möglicherweise recht groß. Eine Folge davon ist, dass zweitens nicht ganze Knoten als Anfangs- und Endpunkte von Links dienen, sondern markierte Abschnitte in den Knoten. Sie werden als Blöcke bezeichnet und im Dokument durch Sonderzeichen (link icons) kenntlich gemacht. Die Links können, und auch das ist nicht bei allen anderen Systemen so, wahlweise als bidirektional (symmetrisch) oder als gerichtet definiert werden[17].

Blöcke und Links werden durch zusätzliche Angaben beschrieben. Das System trägt stets den Erzeugungszeitpunkt und den Benutzernamen ein. Darüber hinaus kann ein sog. Explainer angegeben werden, der aus einer einzelnen Textzeile mit beliebigem Inhalt besteht. Er dient zur Unterscheidung von Links, die vom gleichen Textblock ausgehen. Schließlich können noch Schlagwörter zugeteilt werden, die die Suche unterstützen. Diese Informationen ermöglichen Anfragen folgender Art: Gib mir alle Links mit dem Schlagwort „Drama", die Prof. X nach dem 7. Februar eingerichtet hat.

Eine grundlegende Entscheidung beim Entwurf von Intermedia war, die Definition von Blöcken und Links nicht in den Dokumenten selbst abzuspeichern, sondern in separaten Dateien, die als *Webs* (Geflechte) bezeichnet werden. Ein solches Web wird durch Anklicken geöffnet wie ein Dokument. Es kann immer nur ein Web zur Zeit geöffnet sein. In allen geöffneten Dokumenten werden die Markierungen und Links angezeigt, die zum offenen Web gehören. Diesem werden auch die neu eingerichteten Blöcke und Links zugeordnet. Es ist jederzeit möglich, das Web zu schließen und ein anderes zu öffnen. Dadurch können ganz unterschiedliche Strukturen über dieselbe Menge von Dokumenten (Knoten) gelegt werden. Es können aber auch verschiedene Benutzer gleichzeitig dasselbe Web bearbeiten.

Zum geöffneten Web werden Fenster mit Navigationshilfen eingerichtet. Auf der sog. lokalen Karte wird das aktive Dokument gezeigt, zusammen mit allen über Links direkt erreichbaren (Nachbar-) Dokumenten. Die globale Karte zeigt dagegen alle am Web beteiligten Dokumente und die sie verbindenden Links. Diese Struktur ist allerdings so unübersichtlich, dass sie in einigen Artikeln benutzt wurde, um die Notwendigkeit von weiteren Hilfsmitteln, insbesondere von Browsern, zu unterstreichen [Fos 88].

Die laufende Weiterentwicklung von Intermedia führt vor allem zu neuen Werkzeugen, die nun auch Dateitypen wie Tonaufzeichnung und Video bearbeiten können sollen. Um diesen Prozess zu erleichtern, wurde schon in den vorhandenen Werkzeugen eine konsequente Baustein-Technik angewendet. So gibt es mächtige Funktionen für:

* die Gestaltung der Benutzerschnittstelle (Fensteraufbau und -verwaltung),
* die Interaktion mit Maus und Menüs,
* das Erzeugen von Blöcken und Links.

Diese Funktionen stehen in einer objektorientierten Programmierumgebung zur Verfügung. Zu weiteren Details siehe [YHMD 88]. Geplante Erweiterungen des Intermedia-Rahmens für

---

[17]In diesem Punkt ist ein deutlicher Unterschied zum WWW bzw. zu HTML festzustellen. Dort kann man zwar durch die Zuweisung von Namen auch erreichen, dass ein Link auf eine bestimmte Stelle im Ziel gerichtet werden. Es gibt aber keine bidirektionalen Links, sondern nur unidirektionale.

die Werkzeuge zielen auf bessere Filter- und Suchmöglichkeiten, auf bessere Visualisierung und auf die Definition von Pfaden in Webs, d. h. von Folgen von Links über eine Reihe von Knoten.

NoteCards wurde am Palo Alto Research Center (PARC) der Firma Xerox entwickelt. Während bei Intermedia Forschung und Lehre im Vordergrund standen, geht es bei NoteCards primär um die Unterstützung eines Autors beim Sammeln von Material für einen Aufsatz oder Bericht. Vereinfacht ausgedrückt, wird ein elektronischer Zettelkasten realisiert; daher auch der Name des Systems. Die folgende Darstellung stützt sich primär auf [Hal 88]. Danach bietet das System vier grundlegende Konstrukte an:

Notecard:
Eine Notecard enthält eine beliebige Menge einer editierbaren „Substanz". Das Wort „Substanz" wurde mangels Alternativen als Oberbegriff für Text, strukturierte Graphik und Rasterbild (Bitmap) eingeführt. Pro Karte kann jeweils nur eine Art von Substanz verwendet werden. Wie bei Intermedia sind die Knoten also medienspezifisch. Jede Notecard hat einen Titel und einen Typ. Der Typ hängt zunächst von der Substanz ab: Es gibt Textkarten, Graphikkarten usw. Es können aber auch weitere Kartentypen definiert werden, die die gegebenen verfeinern: „Exzerpt" kann eine besondere Art von Textkarte sein.

Link:
Auch Links haben einen Typ, der aber eine beliebige Bezeichnung sein kann. Typisch sind im angestrebten Einsatzgebiet etwa **Source**, **Support** (für ein unterstützendes Argument), **See** und **Unspecified**. Links sind grundsätzlich gerichtet. Die Verankerung eines Links erfolgt an einer bestimmten Stelle einer Karte und erscheint dort als ein Rechteck mit dem Titel der referenzierten Karte. Als Präfix kann auch noch der Typ des Links in spitzen Klammern genannt sein. Falls er fehlt, wird immer **See** unterstellt. Das Ziel einer Referenz ist stets eine ganze Karte.

Browser:
Ein Browser ist selbst auch wieder eine Karte, allerdings mit speziellen Eigenschaften. Auf dieser Karte befindet sich eine graphische Darstellung des Netzes von Karten. Rechtecke mit einem Titel stellen die Karten dar, die Verbindungskanten zwischen ihnen die Links. Unterschiedliche Strichelung kennzeichnet die verschiedenen Link-Typen. Wie man sieht, entspricht die Darstellung einer Karte gerade der Verankerung eines Links, und in der Tat kann sie auch so benutzt werden. Man kann dadurch von einer Browser-Karte direkt zu den auf ihr dargestellten Karten verzweigen. Eine Browser-Karte kann editiert werden; man kann Karten hinzufügen oder löschen bzw. Links hinzufügen oder löschen. Bei einer Änderung in einer der dargestellten Karten aktualisiert das System die Browser-Karte automatisch.

Filebox:
Auch eine Filebox ist ein spezieller Kartentyp. Sie „enthält" Karten und andere Fileboxen, und dies wird wiederum mit Hilfe von Link-Verankerungen dargestellt. Mit ihrer Hilfe kann der Kartenbestand hierarchisch strukturiert werden. Jede Karte muss in mindestens einer Filebox stehen, kann aber auch in mehreren auftauchen. In [Hal 88] wird die Inkonsequenz bei der Realisierung dieses Konzepts zugegeben: Einerseits soll man sich die Fileboxes wirklich als physische Behälter vorstellen, und dann kann eine Karte auch nur in genau

einer Filebox stehen (wie das Vorbild aus Papier). Andererseits werden Fileboxes aber als Menge von Verweisen auf Karten realisiert, und diese Realisierung wird für den Benutzer auch sichtbar.

Die Suchmöglichkeiten sind derzeit noch sehr beschränkt. Es können nur Zeichenketten im Titel oder im Text einer Karte gesucht werden.

Zu NoteCards gibt es eine Programmschnittstelle in LISP (das ganze System wurde in LISP realisiert). Es stehen über 100 Bibliotheksfunktionen zur Verfügung, um z. B. neue Kartentypen zu definieren oder Programme für die Bearbeitung oder Überwachung von ganzen Kartennetzen zu entwickeln. Damit kann man sowohl eigene LISP-Programme in die NoteCards-Umgebung einbetten (z. B. einen Editor für Animation) als auch NoteCards von einem LISP-Programm aus aufrufen (z. B. als Datenbasis für ein Expertensystem).

Es gab allein bei Xerox über 70 Benutzer von NoteCards, etliche weitere auch noch außerhalb in Universitäten, Schulen und Behörden. Obwohl ganz unterschiedliche Anwendungen mit dem System realisiert wurden, dominiert die Verwendung als persönliche „Datenbank" oder Kartei, die eine effiziente Form von Zettelwirtschaft ermöglicht.

KMS ist hervorgegangen aus ZOG, das etwa 1972 an der Carnegie-Mellon-Universität in Pittsburgh als Hypertext-System entwickelt worden war. Zwischen 1975 und 1980 war es auf Anlagen des Typs PDP-11 und VAX verfügbar und wurde innerhalb der Universität benutzt. Von 1980 bis 1984 war es auf dem Flugzeugträger USS Carl Vinson installiert, der als Experimentierfeld für moderne Marinetechnik diente. Dort wurde die gesamte Dokumentation, die vor allem aus Bedienungsanleitungen und Wartungshandbüchern bestand, mit ZOG verwaltet. Bereits 1981 gründeten R. M. Akscyn und D. L. McCracken, die Verantwortlichen für das ZOG-Projekt, die Firma Knowledge Systems, die 1983 das auf den Erfahrungen mit ZOG basierende KMS („Knowledge Management System") als Produkt herausbrachte. Die folgende Darstellung bezieht sich auf den in [AM 88] dokumentierten Stand des Systems. Die Hypertext-Knoten werden in KMS *Frames* genannt. Im Unterschied zu den bisher vorgestellten Systemen haben diese Knoten in KMS eine feste Größe und keinen Typ. Ein Frame passt genau auf einen 19-Zoll-Bildschirm. Er enthält sog. *Items*, die vom Typ Text, Bild oder Graphik sein können. An solche Items können Links angebunden werden, die auf andere Frames verweisen oder auch auf ein ausführbares Programm.

Obwohl man die Items auf jedem Frame beliebig platzieren könnte, haben sich im Laufe der langjährigen Anwendungserfahrung mit ZOG und KMS einige Konventionen herausgebildet. Danach werden die Frames in einer Hierarchie angeordnet. Die oberste Zeile in jedem Frame enthält ein Item mit dem Titel des Frames und einem eindeutigen Namen. Darunter findet sich der Rumpf des Frames, der aus beliebigen Items bestehen kann. Es folgen die sog. Tree Items, die die Titel der Frames auf der nächsttieferen Hierarchiestufe nennen und Ausgangspunkt für Links auf diese Frames sind. Typischerweise steht die Wurzel des Baums für den ganzen Aufsatz oder ein Kapitel. Der Rumpf enthält dann die Einleitung oder eine Übersicht, während die Tree Items auf die Unterkapitel verweisen.

Auf die Tree Items folgen die Anmerkungen. Das sind Text Items, die mit dem Symbol @ gekennzeichnet sind und auf beliebige andere Frames oder ausführbare Programme verweisen. In der letzten Zeile eines Frame stehen die Kommando-Items, hinter denen sich die

Standard-Funktionen von KMS oder auch eigene Programme verbergen.

Die Benutzerschnittstelle ist geprägt von der Entscheidung, dass ein Frame genau einen Bildschirm ausfüllt. Normalerweise werden allerdings zwei Frames gleichzeitig dargestellt, wobei von jedem nur die linke Hälfte zu sehen ist. Diese Hälfte eines Frames hat annähernd die Größe eines Blattes Papier und sollte bevorzugt belegt werden. Auf Wunsch kann aber auch jederzeit der ganze Frame angezeigt werden. Ein Mausklick auf ein Item mit einem Link ersetzt den dargestellten Frame durch den referenzierten. Aus verschiedenen Gründen [AM 88] wurde auf eine Fensterverwaltung verzichtet; man kann mit sehr einfachen (und angeblich effizient realisierten) Kommandos zum vorherigen Frame zurückkehren.

Das Item unter der Mausposition kann jederzeit geändert werden, wobei die zum Typ des Items passenden Editierfunktionen zur Verfügung stehen (kontextsensitiver Cursor). Einen neuen Frame erhält man durch Mausklick auf ein Item, von dem noch kein Link ausgeht. Dadurch ist sichergestellt, dass jeder Frame durch mindestens einen Link an einem anderen Frame hängt.

Die bereits erwähnten Programme, auf die ein Link anstelle eines Frames verweisen kann, können sowohl einfache KMS-Kommandos als auch beliebig komplexe Benutzerprogramme sein. Typische Programme dieser Art drucken eine Frame-Hierarchie (oder Teil-Hierarchie) als Papierdokument aus oder sichern sie auf Archivspeichern.

Der kontextsensitive Cursor setzt eine Maus mit drei Tasten voraus. Das Symbol des Cursors auf dem Bildschirm ist dabei nicht einfach nur ein Pfeil, sondern ein Rechteck mit den mnemonischen Bezeichnungen der Funktionen, die durch die drei Maustasten in der augenblicklichen Position aufgerufen werden können. Das erleichtert die Bedienung ganz erheblich.

Vergleich und Ansätze zur Weiterentwicklung: Die drei vorgestellten Systeme sollten das Spektrum möglicher Hypermedia-Implementierungen umreißen. Es gibt auch schon einige Versuche, die angedeutete Vielfalt zu systematisieren und Vergleichskriterien für Hypermedia-Systeme aufzustellen. So sind in [Hal 88] drei Kriterien genannt: der angestrebte Benutzerkreis, die primäre Arbeitsweise mit dem System und der Grad der Allgemeinheit. Der Benutzerkreis kann dabei klein, groß oder sehr groß sein. Einige Systeme sind in der Tat nur für einen Benutzer oder kleine Gruppen ausgelegt. Als großer Benutzerkreis gelten schon Software-Teams oder Abteilungen, während manche Systeme (speziell die frühen Hypertext-Systeme) gar auf ein weltumspannendes Literatursystem abzielten. Das gilt natürlich auch für das WWW. Die primäre Arbeitsweise mit einem Hypermedia-System kann entweder lesend oder schreibend sein. Das spielt eine wichtige Rolle für die Auswahl der Werkzeuge. Und der Allgemeinheitsgrad wird schließlich dadurch bestimmt, inwieweit ein spezielles Anwendungsgebiet in die Konzepte des Systems einfließt. Die drei vorgestellten Systeme entstammen in der Tat drei verschiedenen Anwendungsgebieten, die grob als Lehre, Materialsammlung für Autoren und Dokumentation charakterisiert werden können. Es ist jedoch überall eine Tendenz zur Verallgemeinerung zu erkennen; sowohl NoteCards als auch Intermedia werden inzwischen als allgemeine Werkzeuge eingestuft.

Akscyn betont in [AM 88] stärker die realisierten Konzepte der Systeme und teilt sie nach Merkmalen

- des Datenmodells,
- der Benutzerschnittstelle,
- der Zusammenarbeit mehrerer Benutzer

und nach sonstigen Merkmalen ein. Beim Datenmodell wird z. B. unterschieden, ob die Knoten einen bestimmten Typ haben (NoteCards) oder eine Substruktur aufweisen (KMS). Links können Bestandteil eines Knotens sein oder separat gespeichert werden. Unabhängig davon können Links in den Knoteninhalt eingebettet und dort markiert oder vom Knoteninhalt abgesetzt werden. Weitere Merkmale betreffen die Richtung der Links, die ihnen zugeordnete Beschreibungsinformation, die explizite Unterstützung von Knotenhierarchien und die Möglichkeit der Versionenbildung.

An der Benutzerschnittstelle unterscheiden sich die Systeme primär dadurch, ob sie eine Fensterverwaltung anbieten („Desktop-Metapher") oder wie KMS immer nur einen bzw. zwei Knoten zu einem Zeitpunkt darstellen. Die Darstellung der Ausgangspunkte von Links kann durch Hervorhebung oder durch ein spezielles Symbol erfolgen. Wichtig sind auch die Möglichkeiten zur graphischen Darstellung des Netzes und zum Durchblättern (Browsing) sowie generell Orientierungshilfen und Suchmechanismen.

Zur Unterstützung der Zusammenarbeit mehrerer Benutzer kann es verschiedene Formen der Synchronisation geben, die von einem einzelnen Knoten als Bearbeitungseinheit und damit als Sperrgranulat ausgehen. Zugriffsberechtigungen sollten definiert und vom System überwacht werden. Interessant ist weiter, wie die Kommunikation zwischen den Benutzern organisiert werden kann. Dazu gehören u. a. das Eintragen und die Weitergabe von Anmerkungen.

Als sonstige Merkmale, in denen sich Hypermedia-Systeme unterscheiden, nennt [AM 88] die Möglichkeit, eigene Funktionen selbst zu programmieren und in das System einzubetten, das schnelle Einbringen von Information aus anderen Systemen und die Erzeugung der Papierform zu einem Dokument. Es ist nicht überraschend, dass diese Kriterien gerade KMS in einem guten Licht erscheinen lassen und deshalb von anderen Herstellern sicher erweitert oder anders gewichtet würden. Sie sollten auch eher als Anregung denn als endgültiger und vollständiger Katalog aufgefasst werden.

Für die Weiterentwicklung von Hypermedia-Systemen setzt F. Halasz in [Hal 88] folgende Schwerpunkte: Die Suche muss so verbessert werden, dass auch in Knoten unterschiedlichen Typs inhaltsorientiert gesucht werden kann und zusätzlich eine Struktursuche angeboten wird, die mit Knoten- und Link-Typen einen Teilgraphen spezifiziert. Weiterhin sollte die Bildung von Aggregaten unterstützt werden, die auf höherer Ebene konsequent wie ein Knoten behandelt werden können und die Links von ihren Komponenten „erben". In Ergänzung der bisherigen expliziten Definition von Links wäre eine „intensionale" Definition anzustreben, die einen Link auf denjenigen Knoten verweisen lässt, der eine bestimmte Bedingung erfüllt. Schließlich sollte es auch noch ermöglicht werden, Berechnungen im Netz durchzuführen, also beispielsweise Inferenzen oder die Ausführung von Methoden und Dämonen (im Hintergrund ablaufenden Prozessen).

Das Dexter-Referenzmodell: Aus den eben dargestellten Überlegungen mehrerer Systementwickler ging in den folgenden Jahren das Dexter-Referenzmodell für Hypermedia hervor

[HS 94]. Der Name stammt vom Dexter Inn in Sunapee, New Hampshire, USA, in dem im Oktober 1988 der erste Workshop zu diesem Thema stattfand. Organisiert von John Leggett und Jan Walker, brachte er eine Gruppe von Hypermedia-Systementwerfern zusammen, von denen jeder umfangreiche Erfahrung mit der Entwicklung zumindest eines bekannten Hypermedia-Systems haben musste. Das Ziel war, einen Konsens zu finden über Terminologie und Semantik der elementaren Hypermedia-Konzepte. Weitere Treffen der „Dexter-Gruppe" widmeten sich der Entwicklung eines Daten- und Prozessmodells als Referenz für neue Hypertextsysteme. In einem Beitrag zum NIST-Workshop über „Hypertext Standardization" im Januar 1990 leisteten zwei Mitglieder, Frank Halasz und Mayer Schwartz, die weitere Ausarbeitung und eine Formalisierung. Als wichtigster Zweck des Dexter-Referenzmodells hatte sich inzwischen der Vergleich von Systemen herauskristallisiert. Der Austausch von Hyperdokumenten und die Interoperabilität wurden aber weiterhin mit berücksichtigt. Die Darstellungsmittel sind in der Tat so reichhaltig, dass sich alle bekannten Hypermedia-Systeme damit beschreiben lassen.

Das Referenzmodell ist in drei Schichten gegliedert:

- Speicherungsschicht (storage layer): Hier wird das Netz von Knoten und Links definiert.
- Laufzeitschicht (run-time layer): Sie enthält die Konzepte für die Interaktion der Benutzer mit dem System.
- Komponenteninhaltsschicht (within-component layer): Darin finden sich Inhalt und Struktur der Knoten.

Ohne Frage steht die Speicherungsschicht dabei im Mittelpunkt. Sie schließt auch Mechanismen zur Spezifikation von Ankern und von Präsentationen ein, die die Schnittstellen zu den beiden anderen Schichten bilden. Die Datenbasis besteht aus (atomaren) *Komponenten*, die über Links verbunden sind. Komponenten entsprechen Knoten − es wurde bewusst andere Bezeichnung gewählt, um keines der vorliegenden Systeme zu bevorzugen. Es handelt sich um generische Datenbehälter, deren innere Struktur nicht weiter berücksichtigt wird. Deshalb wird auch die Komponenteninhaltsschicht im Dexter-Modell nicht weiter spezifiziert; der Inhalt einer Komponente kann im Prinzip alles sein. Empfohlen wird, hier andere Referenzmodelle einzusetzen und sie so mit dem Dexter-Modell zu kombinieren; dafür kommen z.B. ODA und IGES in Frage. Allerdings wird eine Schnittstelle zwischen dem Hypertext-Netz und dem Komponenteninhalt benötigt, die eine Adressierung von Stellen und Elementen innerhalb der Komponenten zulässt. Dies dient der Verankerung (anchoring) von Links. Wie oben erläutert, gibt es mit Intermedia zumindest ein System, das Links auch zwischen Teilen von Knoten erlaubt, und zwar nicht nur beim Ausgangspunkt, sondern auch beim Ziel. Man geht mit dem Link also nicht zu einer ganzen Komponente, sondern nur zu einem Abschnitt.

Die Laufzeitschicht wurde mit in das Referenzmodell aufgenommen, weil Hypermedia-Systeme nicht nur passive Strukturen sind, sondern auch Werkzeuge für den Zugriff, das Ansehen und das Verändern umfassen. Diese werden ebenfalls nicht weiter spezifiziert, sondern nur ganz elementar beschrieben. Allerdings ist auch hier wieder die Schnittstelle beachten. Dazu sind Präsentationsspezifikationen, also Information darüber, wie Komponenten und Netze darzustellen sind, mit in die Speicherungsschicht aufzunehmen. Die Darstellung wird dann nicht allein vom Werkzeug bestimmt, sondern auch von der Komponente und/oder dem Link, der zu ihr geführt hat. Ein Beispiel ist ein Verweis auf eine

Animation in einer Lernumgebung, für den normalen Benutzer den Aufruf eines Viewers bewirkt, für den Autor/Lehrer aber Start eines Editors.

Im folgenden werden Speicherungs- und Laufzeitschicht noch etwas weiter ausgeführt, wobei die genannten Strukturen als relativ einfach anzusehen sind; komplexere sind denkbar.

Bei einem einfachen *Speicherungsschicht-Modell* besteht der Hypertext aus einer endlichen Menge von Komponenten und zwei Funktionen für das Wiederauffinden von Komponenten: dem Auflöser (resolver) und dem Zugreifer (accessor). Die Komponenten fallen in drei Klassen:

- Atomare Komponenten sind das, was in den meisten Systemen als Knoten bezeichnet wird.
- Links sind Beziehungen zwischen anderen Komponenten. Sie bestehen aus einer Folge von zwei oder mehr „Endpunkt-Spezifikationen", die auf Teile von Komponenten verweisen.
- Zusammengesetzte Komponenten enthalten andere Komponenten, wobei die Struktur einen gerichteten azyklischen Graph bildet, d. h. es kann gemeinsame Komponenten geben, aber eine Komponente darf sich nicht selbst wieder als Komponente enthalten.

Jede Komponente hat eine global eindeutige Identifikation, den „unique identifier" (UID). Sie muss über den einzelnen Hypertext hinaus eindeutig sein, und die *Zugreifer-Funktion* muss zu jeder UID die zugehörige Komponente liefern können.

UID's bilden die Basis der Adressierung, aber sie sind allein noch nicht ausreichend: Verweise auf andere Komponenten sollte man auch über deren Eigenschaften definieren können, also z. B. auf einen Text darüber, dass er ein bestimmtes Wort enthält. Es ist klar, dass ein solcher Verweis evtl. gar keine oder mehrere Komponenten liefert.

Daraus ergibt sich nun das, was als Komponentenspezifikation in den Links verwendet wird. Genaueres sagt das Dexter-Modell dazu nicht; es verlangt nur, das es eine dazu passende *Auflöser-Funktion* gibt, die jede Komponentenspezifikation auf UID's abbilden kann. Als Sonderfall einer Spezifikation ist natürlich auch die UID selbst zugelassen; die Auflöser-Funktion ist dann die Identität.

Wie schon erwähnt, kennt das Modell auch Links zwischen Teilen von Komponenten. Die Komponentenspezifikation allein genügt deshalb noch nicht. Zusätzlich muss in den Komponenten jeweils ein *Anker* (anchor) vorhanden sein, der aus einer ID und einem Wert besteht. Die ID ist innerhalb der Komponente eindeutig. Der Wert spezifiziert auf eine beliebige Weise eine Stelle, eine Region, einen Eintrag usw. in einer Komponente. Er wird nur von der Anwendung interpretiert und kann sich ändern.

Um nun die Endpunkt-Spezifikationen eines Links (die „Spezifizierer") zu erhalten, muss man nur noch die Anker-ID mit der Komponentenspezifikation verbinden. Ein Spezifizierer enthält zusätzlich noch eine Richtungsangabe (FROM, TO, BIDIRECT oder NONE) und Präsentationsspezifikation (s. unten). Die Richtungsangaben legen fest, wie der Link benutzt werden kann. Auf einen TO-Anker kann man nicht klicken, und bei einem FROM-Anker kann man nicht ankommen. Die etwas merkwürdige Richtung NONE wird verwendet, wenn Anker eigentlich kein Teil der Komponente ist, sondern ein Programm oder Skript, wie z. B. bei den Tasten in HyperCard.

Ein Link ist damit nun abschließend definiert als Folge von zwei oder mehr solchen Spezifiziererm, wie schon oben bei der Nennung der drei Komponententypen erwähnt. Dieses Konzept ist sehr allgemein, weil es auch Mehrweg-Links erlaubt. Der Graph der Links wird dadurch zum Hypergraphen. Beispielsweise kann man von einem FROM-Anker aus zu mehreren TO- oder BIDIRECT-Ankern zugleich gelangen. Entweder gehen dabei die Fenster mit dem jeweiligen Ziel-Komponenten sofort auf, oder es wird eine Liste mit den Titeln angeboten und der Benutzer wählt aus (so in Intermedia). Die einzige Bedingung für die Menge der Spezifizierer in einem Link ist, dass mindestens einer von ihnen die Richtungsangabe TO oder BIDIRECT besitzt. Sonst wäre der Link in der Tat auch sinnlos.

Atomare und zusammengesetzte Komponenten werden also dargestellt durch ihren Inhalt und weitere Komponenteninformation, die zunächst aus einer Folge von Ankern besteht. Hinzu kommen noch, wie schon bei den Links, eine Präsentationsspezifikation und eine Menge von Attribut-Wert-Paaren. Die Attribute sind dabei beliebig; typische Beispiele sind etwa Schlagwort oder Typ. Attribute dürfen sich wiederholen, was bei Schlagwort ja auch notwendig ist. Abb. 3.9 zeigt noch einmal alle Typen von Komponenten im Zusammenspiel und mit ihren wichtigsten Teilen.

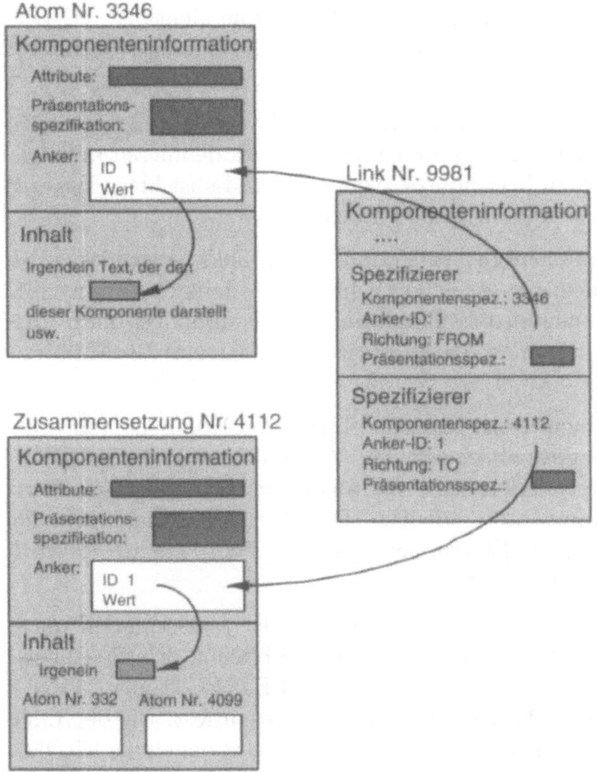

Abbildung 3.9 Speicherungsschicht des Dexter-Referenzmodells

Auf diesen Strukturen fordert das Dexter-Referenzmodell nun auch noch einige *Operationen,* die unterschiedlich realisiert sein werden, für die Arbeit mit den Komponenten aber einfach gebraucht werden. Es sind dies:

- Hinzufügen und Löschen einer Komponente;
- Ändern des Werts von Ankern oder Attributen;
- Abruf einer Komponente über UID oder Spezifizierer;
- LinksTo: bildet die UID einer Komponente auf die UID's aller Links ab, die diese Komponente spezifizieren;
- LinksToAnchor: bildet einen Anker auf die UID's aller Links ab, die diesen Anker spezifizieren.

LinksTo wird benötigt, wenn man eine Komponente darstellen muss und dazu auch alle Links benötigt, die von dieser Komponente ausgehen (mit ihren Richtungsangaben und Präsentationsspezifikationen). Und LinksToAnchor ist für den Fall gedacht, dass auf einen der dargestellten Anker geklickt wird. Diese beiden Operationen sind deshalb etwas in den Vordergrund gerückt, weil sie die entscheidenden Interaktionen mit dem Benutzer realisieren, die im Wechsel stattfinden.

Aus dem Gesagten ergeben sich Integritätsbedingungen (Invarianten), auf die hier noch einmal explizit hingewiesen werden soll:

- Die Zugreifer-Funktion (die eine UID auf eine Komponente abbildet) muss umkehrbar sein, d. h. alle Komponenten haben eine UID.
- Die Auflöser-Funktion muss potenziell alle gültigen UID's liefern können.
- Es darf keine Zyklen in der Zusammensetzungsstruktur geben, d. h. keine Komponente enthält sich selbst.
- Eine Komponentenspezifikation muss auf eine existierende Komponente führen (d. h. referenzielle Integrität oder Link-Konsistenz).

Neben dem Speicherungsschicht-Model wird auch noch ein *Laufzeitschicht-Modell* benötigt, für das ebenfalls ein einfaches Beispiel gezeigt werden soll. Die Präsentation einer Komponente für einen Benutzer wird als „Instanziierung" bezeichnet, weil in einem Laufzeit-Cache dieses Benutzers eine Kopie der Komponente angelegt wird. Sie kann angeschaut und ggf. verändert werden; dann muss sie zurückgeschrieben werden in die Speicherungsschicht. Im allgemeinen hat man es mit mehreren Instanziierungen einer Komponente zu tun. Jede Instanziierung erhält eine eindeutige Identifikation (IID). Mit einer Komponente werden auch ihre Anker instanziiert; daraus ergibt sich dann die Link-Markierung in der Präsentation.

Ein zentrales Konzept der Laufzeitschicht ist die *Sitzung* (session). Als Verwaltungseinheit enthält sie die aktuelle Zuordnung von Komponenten und ihren Instanziierungen. Ihr „Lebenszyklus" kann wie folgt beschrieben werden: Der Benutzer eröffnet die Sitzung auf einem Hypertext. Die Operation „Präsentieren von Komponenten" (s. unten) erzeugt Instanziierungen, die auch geändert werden können. Die Operation „Realisierung der Änderungen" (Sichern) bringt Änderungen kumuliert in die zugehörige Komponente ein. Schließlich wird die Instanziierung zerstört („unpresenting", Schließen). Das ist zu unterscheiden vom Löschen einer Komponente: Es wird als Änderung eingestuft und entfernt bei der Realisierung konsequenterweise auch alle anderen Instanziierungen. Nach dem Schließen aller Instanziierungen kann der Benutzer die Sitzung beenden.

Zu einer Sitzung gehören:

- der Hypertext, der benutzt wird;
- die Zuordnung der IID's der aktuellen Instanziierungen zu ihren Komponenten;
- eine *Geschichte*: die Folge aller Operationen, die seit Eröffnen der Sitzung ausgeführt wurden. Sie kann für Operationen verwendet werden, deren Wirkung von Vorgeschichte abhängen soll (einfachstes Beispiel: zurück).
- eine *Laufzeit-Auflöser-Funktion*. Das ist die Laufzeit-Version der Auflöser-Funktion aus der Speicherungsschicht, und sie hat die gleiche Aufgabe, nämlich die Abbildung der Spezifizierer auf UID's. Sie kann aber mächtiger sein und zulassen, dass Spezifizierer auf Geschichte Bezug nehmen: „die zuletzt gelesene Komponente mit Namen X". Allerdings muss sie bei Spezifizierern, die davon keinen Gebrauch machen, konsistent sein mit der Auflöser-Funktion der Speicherungsschicht: Jeder Spezifizierer, den die Speicherungsschicht auch auflösen könnte, muss auf dieselben UID's abgebildet werden wie dort.
- eine *Instanziierer-Funktion*. Sie erhält die UID einer Komponente und eine Präsentationsspezifikation als Eingabe und erzeugt daraus eine Instanziierung in einer Sitzung. Dabei muss sie die in der Komponente selbst gespeicherte Präsentationsspezifikation und die ihr zusätzlich übergebene kombinieren (überlagern, vereinigen, ...). Sie wird aufgerufen von der Operation presentComponent nach der Auflösung eines Spezifizierers. Diese wird ihrerseits aufgerufen von followLink, und zwar für alle Komponenten, die sich aus der ausgewählten Link-Markierung ermitteln lassen (Richtung TO oder BIDIRECT).
- eine *Realisierer-Funktion*: Sie bildet bildet Instanziierung (mit allen Änderungen) auf eine (ggf. auch neue) Komponente ab, die dann mit der Operation modifyComponent an die Speicherungsschicht übergeben wird.

Zusammenfassend lässt sich feststellen, dass das Dexter-Referenzmodell mächtiger ist als alle Hypermedia-Systeme, die zu seinem Entstehungszeitpunkt existierten. Das liegt vor allem an den Möglichkeiten, Mehrwege-Links und zusammengesetzte Komponenten zu nutzen. Eine formale Spezifikation (in Z) liegt vor, was sehr nützlich ist bei der Definition von Austauschformaten für Hypertexte. Es folgt ein einfaches Beispiel, das eingeführt wurde für den Austausch zwischen HyperCard und NoteCards; es zeigt die direkte Umsetzung der Dexter-Konzepte in SGML- bzw. XML-Elemente.

```
<hypertext>
    <component>
        <type> text </type>
        <uid> 21 </uid>
        <data> Dies ist irgendein Text ... </data>
        <anchor>
            <id> 1 </id>
            <location> d13 </location>
        </anchor>
    </component>
    <component>
        <type> text </type>
        <uid> 777 </uid>
        <data> Dies ist irgendein anderer Text ... </data>
        <anchor>
            <id> 1 </id>
```

```
            <location> 13-19 </location>
        </anchor>
    </component>
    <component>
        <type> link </type>
        <uid> 881 </uid>
        <specifier>
            <component_uid> 21 </component_uid>
            <anchor_id> 1 </anchor_id>
            <direction> FROM </direction>
        </specifier>
        <specifier>
            <component_uid> 777 </component_uid>
            <anchor_id> 1 </anchor_id>
            <direction> TO </direction>
        </specifier>
    </component>
</hypertext>
```

Das Dexter-Modell stellt zweifellos eine geeignete Basis für die Entwicklung von Normen dar.

Abschließend kann festgestellt werden, dass Hypermedia-Systeme zwar den universalen Anspruch erheben, beliebige Datenbestände modellieren zu können, aber doch stark an Dokumente gebunden bleiben. Die Knoten stellen nicht Entities dar, sondern Texte, Bilder oder Graphiken. Das schlägt sich auch in den Zugriffsoperationen nieder, die generell als navigierend eingestuft werden müssen. Die mengenorientierte Sicht, die bei der Entwicklung relationaler Datenmodelle einen entscheidenden zusätzlichen Abstraktionsschritt gegenüber den Netzwerk-Datenmodellen und dadurch mehr Datenunabhängigkeit bedeutete, gibt es bei Hypermedia (noch) nicht. Entsprechend schwach ist auch das theoretische Fundament. So angemessen die navigierende Vorgehensweise bei einem menschlichen Leser oder Rechercheur auch sein mag, so ungeeignet ist sie bei anderen Anwendungen, die mächtige Operationen auf großen Datenmengen verlangen.

Das ändert sich langsam mit der Verbreitung und immer differenzierteren Nutzung des WWW. Längst wird es auch als Infrastruktur zur allgemeinen Weitergabe von Daten genutzt. Gerade mit XML versucht man, von der ausschließlich am menschlichen Betrachter ausgerichteten Dokumentensicht wegzukommen.

Um zu einer Integration der Funktionen zu gelangen, könnte man Hypermedia als eine Sicht auf einen Teil des Datenbestands realisieren, neben der es auch noch relationale Sichten (mit mächtigen Operationen) auf einen anderen oder sogar denselben Teil gibt. Es sollte untersucht werden, wie die Abbildung von Hypermedia-Strukturen auf die Datenobjekte eines Speicherungssystems (Sätze, Felder, Seiten, Blöcke) gestaltet werden kann, damit Hypermedia nicht die einzig mögliche Sicht darstellt. Das kann XML leisten, wenn auch nicht allein.

3.9 Übungsaufgaben

Aufgabe 3.1. Ein Medienobjekt besteht aus Roh- und Registrierungsdaten, evtl. auch noch aus Beschreibungsdaten. Klassifizieren Sie die folgenden Bestandteile eines Textobjekts gemäß dieser Dreiteilung.

- Beginn des ersten Kapitels (Zeichenposition)
- der erste Satz
- der verwendete Zeichenvorrat (Alphabet)
- die Überschrift des ersten Kapitels
- die verwendete Codierung der Zeichen
- Erstellungsdatum
- Länge des Textes in Zeichen
- Schlagworte (keywords)

Aufgabe 3.2. Bei den meisten Texten ist die Zeilenstruktur ohne Bedeutung; sie ergibt sich durch den Umbruch in einem vorgegebenen Seitenrahmen. Allerdings gibt es Texte, in denen sie bedeutungstragend ist. Welche sind das? Für sie sollte man einen Subtyp von Text einführen. Beschreiben Sie, in welchen Operationen dieser Subtyp vom normalen Text abweicht und welche Operationen auf ihm zusätzlich sinnvoll wären.

Aufgabe 3.3. Angenommen, Datenobjekte des Typs Graphik bestehen nur aus geraden Strichen (geometrisch: Strecken). Welche Vergleichsoperationen sind dann auf ihnen denkbar? Es interessieren dabei nur diejenigen, deren Vergleichsargument ebenfalls vom Typ Graphik ist. Dieses Vergleichsobjekt wird in der Regel viel einfacher sein als die gespeicherten Objekte, auch wenn es prinzipiell nicht einfacher sein muss.

Aufgabe 3.4. Warum sollten als Subtypen von Rasterbildern neben anderen auch Schwarzweißbild (Bitmap), Graustufenbild und Farbbild vorgesehen werden? Jedes Schwarzweißbild kann natürlich auch als Graustufenbild aufgefasst werden, in dem eben nur zwei Graustufen vorkommen, entsprechend auch ein Graustufenbild als Farbbild mit ausschließlich grauen Farben. Welches Problem muss dabei jedoch beachtet werden?

Aufgabe 3.5. Graphik und Rasterbild repräsentieren gleichermaßen zweidimensionale visuelle Information. Viele Dinge könnte man sowohl durch eine Graphik als auch durch ein Rasterbild darstellen. Was günstiger ist, hängt wohl vom Inhalt ab, etwa von der Zahl der Linien. Könnte man beide als Spezialfall eines Datentyps „Bild“ auffassen? Das kommt in der Literatur immer wieder vor. Diskutieren Sie Vor- und Nachteile dieser Verallgemeinerung.

Aufgabe 3.6. Audio-Daten sind zeitabhängig, aber nicht bei allen Operationen, die auf sie anwendbar sind, spielt das eine Rolle. Kennzeichnen Sie die folgenden Operationen als zeitabhängig oder zeitunabhängig.

- Laden der Messwerte in eine Hauptspeicherstruktur
- Erzeugen vom Eingabegerät (Mikrophon)

- Erzeugen durch Import aus einer Audio-Datei
- Abspielen auf einem Ausgabegerät (Lautsprecher)
- Kopieren (Export) in eine Audio-Datei
- Kopieren auf Tonband

Aufgabe 3.7. Das normale (deutsche) Fernsehbild besteht aus 625 Zeilen. Die Spalten sind nicht quantisiert, aber wenn man das Seitenverhältnis von $3:4$ (Höhe zu Breite) anwendet und quadratische Pixel unterstellt, kommt man auf rund 833 Spalten. Übertragen werden 25 Bilder pro Sekunde. Angenommen, es werden 24 Bit pro Pixel veranschlagt (mehr als 16 Millionen Farben): Wie groß sind 30 Minuten unkomprimierten Films? Welche Übertragungsrate in Megabyte pro Sekunde wird benötigt?

Aufgabe 3.8. In einigen Arbeiten werden als Registrierungsdaten von Video das Aufzeichnungsformat und ggf. der zu benutzende Recorder genannt. Das deckt nur die externe Speicherung auf einem Videorecorder ab, nicht jedoch die immer mehr um sich greifende digitale Speicherung auf Datenträgern wie Magnetplatte oder DVD. Geben Sie weitere Registrierungsdaten von Video an (möglichst solche, die zugleich die Aufgabe der Registrierungsdaten verdeutlichen).

Aufgabe 3.9. Vergleichen Sie die eingebettete Darstellung von Struktur (SGML) mit der getrennt gespeicherten (ODA). Was sind jeweils die Vor- und Nachteile?

4 Speichergeräte

Es war bereits in der Einleitung davon die Rede, dass Multimedia auf Rechnern erst mit der Entwicklung geeigneter Hardware möglich geworden ist. „Geeignet" heißt dabei sowohl klein als auch kostengünstig. Typische Beispiele sind Scanner, Videokarten und Audiokarten für die Ein- und Ausgabe sowie magnetische und optische Platten für die Speicherung. Dabei sind die Ein-/Ausgabegeräte in der Regel medienspezifisch, und sie bestimmen mit ihrer Technik sehr stark die Struktur der abzulegenden Daten. Ihre Bedeutung für die Einteilung der Medien wurde bereits zu Beginn des Kapitels 3 hervorgehoben (Abb. 3.1), und die von ihnen geprägten Strukturen wurden dann im weiteren Verlauf jenes Kapitels ausführlich dargestellt. Die Speichergeräte dagegen sind noch zu untersuchen, gerade auch im Hinblick auf ihren Einsatz in einem MMDBVS. Einige wenige sind speziell für Multimedia entwickelt worden (etwa die Audio-CD und die DVD), aber die meisten sind einfach Datenspeicher. Für Multimedia müssen sie eine große Kapazität bieten und auch eine hinreichend große Zugriffsgeschwindigkeit, zumindest bei zeitabhängigen Medien.

Wegen ihrer besonderen Bedeutung für Multimedia-Datenbanken sollen die wichtigsten Speichergeräte hier kurz vorgestellt werden. Dabei wird keine vollständige Darstellung aller technischen Details angestrebt, sondern eine abstrakte Sicht auf die Benutzung im gegebenen Kontext.

Die Diskussion der Mediendaten in Kapitel 3 hat deutlich gemacht, dass für ihre Speicherung sehr hohe Kapazitäten benötigt werden. Die derzeit üblichen Speichergeräte, also vor allem Magnetplatten, reichen dazu allein nicht aus. Daneben sind optische Speicher mit höherer Kapazität verfügbar, die gerade in Multimedia-Systemen eingesetzt werden. Sie unterscheiden sich auch in anderen Eigenschaften von den Magnetplatten. Die Betrachtung beschränkt auf die optischen Plattenspeicher, weil sie am weitesten verbreitet sind. Es gibt noch etliche weitere Vorschläge wie z. B. Digitales Papier [Pou 89] und Holographie-Speicher [Cau 89], die sich aber erst im experimentellen Stadium befinden.

4.1 Magnetische Direktzugriffsspeicher

Magnetplatten sind vor allem deshalb als Sekundärspeicher so stark verbreitet, weil sie nicht-flüchtige Speicherung bei relativ kurzen Zugriffszeiten, hinreichender Kapazität und geringen äußeren Abmessungen bieten. Die Zugriffszeiten liegen für das Lesen eines beliebigen Blocks in der Größenordnung von 10 ms, die Kapazität beträgt heute bis zu 250 GB[1].

---

[1] Zahlen wie diese veralten unglaublich schnell. Mit hoher Wahrscheinlichkeit sind bereits zum Zeitpunkt der Drucklegung größere Magnetplatten im Angebot.

Natürlich können mehrere Plattenlaufwerke an einen Rechner angeschlossen werden, so dass
die Gesamtkapazität schnell Terabytes erreicht. Dabei hat sich die RAID-Technik durchgesetzt, die eine Erhöhung des Durchsatzes durch gleichzeitiges Lesen oder Schreiben mehrerer
Platten mit Maßnahmen (Verwalten von Redundanzen) zur Erhöhung der Ausfallsicherheit
verbindet.

Allerdings sind die einzelnen Plattenstapel bei diesen Kapazitäten nicht mehr wechselbar.
Archivdaten müssen explizit kopiert werden, typischerweise auf Magnetbänder. Optische
Platten sind dagegen praktisch immer wechselbar. Dass sie die Magnetplatten ersetzen
könnten, hat sich als Irrtum herausgestellt; Kapazität und Geschwindigkeit der Magnetplatten steigen noch immer, während die Größe sich verringert, und so sind sie das nicht-
flüchtige Speichergerät erster Wahl als Arbeitsbereiche für aktuelle, zu bearbeitende Daten
geblieben. Optische Platten ergänzen sie sehr sinnvoll, wie die folgenden Abschnitte zeigen werden. Sie haben in einigen Anwendungen (z. B. Auslieferung von Software) eher die
Magnetbänder ersetzt.

4.2 CD-ROM

Die „Compact Disk - Read-Only Memory" gibt es seit etwa 1984. Sie ging aus der Audio-
CD hervor, die seit 1982 auf dem Markt ist. Wegen dieser Herkunft kann die CD-ROM von
der Massenproduktion auf dem Hifi-Markt profitieren, die zur Entwicklung sehr preisgüns-
tiger Abspielgeräte (auch für PC's) und zu effizienten Produktionsverfahren für die Platten
geführt hat. Um die Möglichkeiten der Massenproduktion auch für CD-ROM's nutzen
zu können, mussten aufwändige Fehlerkorrekturmaßnahmen eingeführt werden. Bei der
Audio-CD ist es kein Problem, wenn einmal ein Byte nicht lesbar ist; der Hörgenuss ist
praktisch nicht beeinträchtigt. Bei einer CD-ROM, auf der Programme (ausführbar oder
im Quellcode) abgelegt sind, kann ein fehlendes Byte dagegen gravierende Auswirkungen
haben. Deshalb wurde das Datenformat um Prüfcodes ergänzt, wobei auf einen Block von
2048 Byte immerhin 288 Byte zur Fehlerkorrektur entfallen. Trotzdem hat eine einzelne
CD-ROM immer noch eine Kapazität von 650 bis 700 MB.

Die Adressierung erfolgt wie bei der Audio-CD über die Abspielzeit: Man gibt eine Minute
zwischen 0 und 59, eine Sekunde zwischen 0 und 59 und dann einen der 75 Blöcke dieser
Sekunde (0–74) an. Bei dieser Nutzung beträgt die Kapazität $60 \times 60 \times 75$ Blöcke von
2048 Byte, also 540 MB. Allerdings ist die Kapazität einer CD mit 60 Minuten noch nicht
erschöpft, so dass man hier, abweichend von Standard, auch höhere Werte erreichen kann.

Die auf Audio zugeschnittene Lesegeschwindigkeit von 175 KB/s konnte inzwischen für den
Datentransfer vervielfacht werden. Man spricht dann von 24-fachen Laufwerken usw.

Die Hauptnutzung einer Audio-CD ist das Abspielen, also das sequenzielle Lesen vieler aufeinander folgender Blöcke. Dagegen darf das Positionieren auf einen bestimmten Abschnitt
ruhig etwas länger dauern. Folglich wird eine CD in einer einzigen Spur spiralförmig beschrieben, wie man es schon von den Rillen einer Langspielplatte kennt. Im Unterschied
zur LP bleibt bei der CD aber die Lesegeschwindigkeit konstant, also die Strecke auf der
Platte, die der Lesekopf pro Zeiteinheit überstreicht. Man bezeichnet dies als „Constant

Linear Velocity" (CLV). Diese Technik ist auch schon bei magnetischen Speichern benutzt worden, um die Kapazität der äußeren Spuren zu vergrößern. Der Nachteil ist, dass die Rotationsgeschwindigkeit nicht mehr konstant bleiben kann: Zum Lesen der Spur am äußeren Rand muss sie langsamer sein als innen. Bei einer CD schwankt sie zwischen 200 und 500 Umdrehungen pro Minute.

Dies gilt aus den genannten Gründen auch für die CD-ROM, obwohl bei ihr der wahlfreie Zugriff sehr viel wichtiger ist als bei der Audio-CD. Er läuft unter den gegebenen Voraussetzungen wie folgt ab (zu den technischen Details siehe beispielsweise [Zoe 86, Chr 88]): Der Lesekopf wird ungefähr auf die angegebene Adresse positioniert, der Laser fokussiert die vorbeilaufende Spur und tastet einen Block ab. Jeder Block enthält seine eigene Adresse, und die wird mit der gewünschten verglichen. Je nach der Abweichung liest der Laser weiter in der Spur oder positioniert auf eine der Nachbarspuren, wo sich der Vorgang wiederholt, bis der gewünschte Block gelesen wurde. Aufgrund dieses iterativen Vorgehens dauert das Lesen eines Blocks im Mittel 100 ms; es kann aber auch bis zu eine Sekunde kosten. Damit liegen die Direktzugriffszeiten einer CD-ROM deutlich über denen einer Magnetplatte.

Relativ aufwändig ist der erwähnte Fokussierungs-Mechanismus des Lasers. Weil man aus Kostengründen mit einer verhältnismäßig schlechten Herstellungsqualität der Scheiben rechnen muss, verkraftet er am Rand der Scheibe eine Auf-und-Ab-Bewegung von bis zu 1 mm. In den USA spricht man deshalb drastisch von einer „potato-chip disk".

CD-ROM's werden heute kommerziell nach Vorgaben auf Magnetband wie eine Art Druckerzeugnis produziert. Es empfiehlt sich eine sorgfältige Planung der Datenverteilung über die Blöcke der Platte, die die erwähnten Zugriffseigenschaften berücksichtigt. Man kann beim Aufbau von Zugriffspfaden und Verzeichnissen die Tatsache ausnutzen, dass keine Änderungen vorkommen können; diese Datenstrukturen dürfen also „dicht" gepackt werden.

Die Datenträger selbst sind sehr unempfindlich und auch leicht wechselbar. Wie bei Magnetplatten können mehrere Laufwerke an einen Rechner angeschlossen werden, und es gibt automatische Plattenwechsler („Jukeboxes"), die ein riesiges Archiv automatisch zugreifbar machen können. Natürlich steigt die Zugriffszeit, wenn die Platte gewechselt werden muss, auf mehrere Sekunden an, aber das ist in einer solchen Umgebung immer noch besser als alle anderen Lösungen.

Aus den geschilderten Eigenschaften einer CD-ROM geht deutlich hervor, dass ihr Haupteinsatzgebiet die Verbreitung und Verteilung von großen Datenmengen ist. Sie werden schon heute genutzt für die Speicherung von:

- Nachschlagewerken (Lexika) aller Art [McM 87];
- Digitalen Bibliotheken (gesammelte Werke mehrerer Autoren);
- Katalogen (Produkte, Bauteile, Medikamente, ...);
- aktuellen Wirtschaftsdaten und Statistiken;
- Wartungshandbüchern (Kfz-Werkstatt, Flugzeuge, Schiffe);
- Gesetzestexten und Kommentaren;
- Lernprogrammen und Kursen;
- Standard- und Public-Domain-Software.

Eine wichtige Voraussetzung für die Nutzung der CD-ROM in dieser Weise ist die Garantie, dass eine Platte auch wirklich auf sehr vielen Geräten lesbar ist. Dies wird durch eine

Standardisierung der Formate erreicht. Für die physische Ebene, also das Format der Blöcke und die Bedeutung der Prüfcodes, gibt es schon seit langem einen Standard von Philips und Sony. Auf den höheren Ebenen der Dateiformate und -verzeichnisse ist der sog. High-Sierra-Standard definiert worden [Men 90]. Er ist inzwischen internationale Norm als ISO 9660. Die Dateinamen dürfen dabei allerdings nur acht Zeichen lang sein. Eine Erweiterung von Microsoft namens Joliet erlaubt bis zu 64 Zeichen lange Namen, in denen auch Unicode-Zeichen verwendet werden dürfen.

Lange Zeit war die Speicherung von Video auf einer CD-ROM ein großes Problem. Weder die Kapazität noch die Übertragungsgeschwindigkeit ließen eine akzeptable Bildqualität zu. MPEG-1 ist unter diesen Randbedingungen definiert worden. Inzwischen ist dieses Problem aber gelöst. Zum einen hat sich die Lesegeschwindigkeit vervielfacht (man liest ja von 48-fachen Geräten), und die Kapazität reicht dank neuer Komprimierungsverfahren wie MPEG-4 (vgl. Unterabschnitt 3.6.1) auch aus.

Auch das Problem, die Daten nur lesen zu können, hat sich weitgehend in Luft aufgelöst. Das führt dann aber schon auf die nächste Klasse von optischen Speichern, die nun eingeführt werden soll.

4.3   WORM

WORM steht für „Write Once, Read Many times". Im Unterschied zur CD-ROM, die in speziellen (und teuren) Produktionseinrichtungen gefertigt werden muss, kann man eine WORM-Platte in eigenen Laufwerken selbst beschreiben, allerdings nur einmal. Ein stärkerer Laser brennt die Bits in die Oberfläche ein; danach ist die Platte mit Hilfe eines schwächeren Lasers nur noch lesbar wie die CD-ROM. Insofern haben WORM-Platten eine ähnliche Qualität wie Schreibpapier – bei erheblich höherer Schreibdichte.

Da es eine ganze Reihe von sinnvollen Anwendungen gibt, in denen man die einmal beschriebenen Platten vor allem selbst wieder liest und nur selten an andere weitergibt (s. unten), ist die Standardisierung der Formate nicht so dringlich wie bei der CD-ROM. Dementsprechend gibt es am Markt verschiedene Größen für die Platten (von 3,5 bis 12 Zoll) und selbst bei gleicher Größe noch unterschiedliche Kapazitäten und Formatierungen. Neben der spiralförmigen Spurenbildung wie bei der CD-ROM gibt es auch die bei Magnetplatten vorherrschenden konzentrischen Ringe; neben CLV (konstanter Schreibdichte und wechselnder Rotationsgeschwindigkeit, s. oben) auch CAV, d. h. „Constant Angular Velocity" oder konstante Rotationsgeschwindigkeit, bei der die Schreibdichte auf den inneren Spuren maximiert ist und zum Rand der Platte hin kontinuierlich abnimmt. Allein für die 5-1/4-Zoll-WORM gibt es 24 Hersteller mit 2 Kassetten-, 6 Platten- und 8 Aufzeichnungsformaten. Inzwischen hat sich das Format der CD-ROM durchgesetzt; die entsprechenden Laufwerke mit Schreibeinrichtung („Brenner") sind weit verbreitet. Und die Möglichkeit der Weitergabe hat man dann zusätzlich auch noch.

Die einzelnen Scheiben sind vorformatiert mit leeren Blöcken (Sektoren). Das Schreiben eines neuen Blocks kann aufgrund kleiner Unregelmäßigkeiten in der Oberfläche oder im Schreib-Laser scheitern, so dass immer ein Prüflesen durchgeführt werden muss. Ggf.

muss der geschriebene Block als defekt gekennzeichnet und ein anderer beschrieben werden [Chr 88].

Beim wahlfreien Zugriff auf einen bestimmten Block arbeitet der Lese-Laser im Prinzip genau so iterativ wie bei der CD-ROM beschrieben. Entsprechend hoch sind auch die Zugriffszeiten. Eine Verbesserung ergibt sich durch bewegliche Spiegel, die den Lese-Laser ohne mechanische Positionierung des Lesekopfs auf benachbarte Spuren umlenken können. Diese Vorrichtung ist bei CD-ROM's nicht üblich, weil das die Laufwerke verteuern würde. Die Ablenkung mittels der Spiegel kann ca. 100 benachbarte Spuren überstreichen.

Für WORM-Platten sind schon etliche Wechselautomaten („Jukeboxes") verfügbar, die z. B. aus einem Laufwerk und einem Magazin für 128 Scheiben bestehen können. Das Wechseln einer Scheibe dauert zwischen 5 und 20 Sekunden. Es gibt auch größere Wechselautomaten, die mehrere Laufwerke betreiben können.

Typische Einsatzgebiete für WORM-Platten sind Sicherung und Archivierung, und zwar vorwiegend für den eigenen Gebrauch, seltener für eine Weitergabe. Mit dem Schreiben auf eine WORM können Dokumente, Programme und andere Datenbestände „eingefroren" werden. Da sie dann nicht mehr änderbar sind, könnten rechtliche Vorgaben zur Aufbewahrung und Fälschungssicherheit durch WORM besser erfüllt werden als durch magnetische Datenträger. Aber auch zur Aufzeichnung von Geschichte im Sinne eines Protokolls oder eines Logbuchs eignet sich die WORM-Platte. Vorteilhaft ist dabei, dass WORM's eine Lebensdauer von mehr als zehn Jahren haben, während Magnetbänder nach zwei bis drei Jahren aufgefrischt werden müssen. Insgesamt dürfte die WORM vor allem für das Magnetband zum starken Konkurrenten werden, wenn es um die Realisierung sehr großer Hintergrundarchive geht, in denen die Zugriffszeit eine untergeordnete Rolle spielt.

4.4   Überschreibbare optische Platte

Seit September 1988 gibt es auch optische Platten (genauer: magneto-optische), die in ihren Eigenschaften der Magnetplatte vergleichbar sind. Im Unterschied zur WORM kann man sie nicht nur selbst beschreiben, sondern auch wieder löschen und neu beschreiben [BR 89]. Die Schreibdichte ist dabei nicht so hoch wie bei der WORM, aber immer noch deutlich höher als beim Magnetband. Gleiches gilt für die Lebensdauer.

Zu beachten ist, dass es bei einigen Systemen eine Obergrenze für die Anzahl der Schreibvorgänge gibt. Diese liegt zwar bei ca. 1 Million, lässt aber doch die überschreibbaren optischen Platten als direkte Konkurrenz zu den Magnetplatten ausfallen, vor allem dann, wenn diese als Temporär- und Arbeitsspeicher benutzt werden, z. B. als Seitenwechselspeicher. Eher dürften sie den Floppies und anderen billigen Magnetspeichern (speziell Magnetbändern) dort den Rang ablaufen, wo diese nicht nur einmal beschrieben werden sollen. Das ist zum Beispiel bei zyklischer Wiederverwendung in Sicherungsverfahren der Fall.

Dennoch haben sich diese Speicher nur wenig durchgesetzt; neben Magnetplatten, Magnetbändern und CD-WORM's war der Bedarf nicht so groß. Die Dominanz der CD hat einen kleinen Markt belassen, nämlich für schreibbare Platten, die das CD-Format einhalten (CD-RW).

4.5   DVD

Die nächste Generation optischer Platten formte sich mit der „Digital Versatile Disc" (DVD) [Tay 99, Par 99]. Wie schon bei der CD-ROM ging der Weg über die Bereitstellung eines Mediums, hier nun Video, hin zur allgemeinen Datenspeicherung. Und es wurden die Scheiben zunächst auch nur produziert und abgespielt, bevor sich „Brenner" und WORM's bzw. RW's verbreiteten.

Eine Gruppe von Herstellern hat eine weltweit einheitliche Norm für das Format definiert. Dabei bestand, wie gesagt, zunächst nur das Ziel, ein Medium für die Wiedergabe von Spielfilmen zu schaffen. Es wird aber in der Nachfolge der CD-ROM längst auch als Computer-ROM genutzt.

Eine DVD sieht mit einem Durchmesser von 120 mm (4,75 Zoll) und einer Dicke von 1,2 mm genau so aus wie eine CD-ROM. Das hat den wichtigen Vorteil der Aufwärtskompatibilität: DVD-Abspielgeräte können vorhandene CD's abspielen. Die Datenkapazität beträgt hier nun allerdings 4,7 GB pro Schicht, sie ist also siebenmal so hoch wie bei der CD-ROM. Eine DVD ist dann eine Einheit von zwei miteinander verklebten Trägerschichten, die jeweils 0,6 mm dick sind. Der Nachteil dabei ist, dass man sie nach der halben Spielzeit auswerfen und umdrehen muss. Bei der sog. einseitigen Doppelbeschichtung entfällt das; beide Schichten werden von einer Seite aus gelesen, was man sich mit einer Verringerung der Kapazität auf 8,5 GB erkauft („einseitige Zweischichten-Disk"). Inzwischen gibt es sogar schon die zweiseitige Doppelbeschichtung, mit der man sogar 17 GB erreicht.

Das genügt allemal für eine hohe Bildqualität bei Video. Die Aufzeichnung verwendet ein Komponentensignal (RGB) und nicht NTSC. Die Digital-Videonorm CCIR-601 schreibt eine Bilddatenrate von 167 Mbit/s vor, was zunächst einmal bedeutet, dass 4,7 GB für gerade mal 4 Minuten Video reichen .... Erst die Komprimierung nach MPEG-2 führt auf eine Nennbitrate von 3,5 Mbit/s, wenn auch mit Schwankungen. Das erlaubt es, schon auf einer einseitig bespielten Einschichten-DVD bis zu 2 Stunden und 13 Minuten Video abzuspeichern, und lässt sogar noch Platz für Ton in drei Sprachen und Untertitel in weiteren vier Sprachen. Es ergibt sich eine mittlere Datenrate von 4,962 Mbit/s. Mit „Ton" ist dabei nicht etwa normaler Zwei-Kanal-Stereo-Ton gemeint, sondern digitaler Surround-Ton (nach dem Dolby-AC-3-Mehrkanalton-System, also mit je einem Kanal für links, Mitte, rechts, hinten links, hinten rechts und einen gemeinsamer Subwoofer), der jeweils eine Datenrate von 384 Kbit/s benötigt. Alternativ kann aber auch 16-Bit-Linear-CD-Stereoqualität verwendet werden, mit Dolby-Pro-Logic-Codierung für Pseudo-Raumklang.

4.6   Videorecorder und analoge Bildplatte

Eine Zeit lang waren diese beiden Speicher für Multimedia-Anwendungen sehr wichtig, weil sie allein ausreichende Kapazität für Videoaufnahmen bieten konnten. Zugleich stellte es eine große Herausforderung dar, sie nahtlos neben anderen Speichern in einem Rechensystem einzusetzen. Das hat sich nun geändert; auch Videoaufnahmen sind durch immer bessere Komprimierung und das gleichzeitige Ansteigen der Speicherkapazitäten inzwischen auf

„normalen" Datenträgern wie den oben beschriebenen speicherbar. Deshalb soll den „alten" Multimedia-Speicher nur noch kurz die Reverenz erwiesen werden.

Interessant sind bei den Videorecordern (engl. Video Cassette Recorder, VCR) vor allem die professionellen oder semiprofessionellen Geräte, die ein digitales Aufzeichnungsformat verwenden, weil sich dadurch zahlreiche Bearbeitungsmöglichkeiten eröffnen [MD 89]. Die Ansteuerung dieser Geräte von einem Rechner aus ist technisch kein Problem. So kann man etwa vor- und zurückspulen, abspielen oder auch ein Standbild erzeugen, das man mit Hilfe einer Videokarte als Rasterbild in den Rechner übernimmt und dann speichert oder anzeigt. Falls am Eingang ein Signal einer Kamera anliegt, kann man auch die Aufzeichnung veranlassen. Alternativ kann man vom Rechner aus Einzelbild für Einzelbild abliefern, um z. B. einen Zeichentrickfilm (eine Animation) zu erzeugen oder die bearbeitete Ausgabe eines anderen Recorders wieder aufzuzeichnen.

Die Adressierung kann auf drei Arten erfolgen:

• Man kann einen Zähler verwenden, wie man in von handelsüblichen Videorecordern her kennt. Das ist die billigste, aber auch die ungenaueste Methode.

• Zwischen den Bildern oder in einem Kanal der Tonspur kann ein Time-Code mit auf das Band geschrieben werden, der die Zeit seit Beginn der Aufnahme enthält. Das ist genauer, wenn auch nur sekundengenau, kostet aber eben auch Speicherplatz und erfordert zusätzliche Hardware im Recorder.

• Die teuerste Variante ist ein ebenfalls mit abgespeicherter Frame-Code, der dann aber die bildgenaue Positionierung ermöglicht.

Der Schwachpunkt der Videorecorder sind die langen Zugriffszeiten bei der Positionierung auf einen beliebigen Bildrahmen. Sie lassen es nicht zu, dass man eine Szenenfolge dynamisch zusammenstellt (ohne Kopieren auf ein anderes Band) und dann wie einen Film abspielt. Das geht bestenfalls dann, wenn man eine größere Zahl von Abspielgeräten zur Verfügung hat und die aufeinanderfolgenden Szenen jeweils von verschiedenen Geräten abgerufen werden [MD 89]. Für diese Art von Anwendung wird man nun aber eher auf magnetische und optische Speicher setzen und die Szenen ggf. komprimieren.

Videorecorder werden hauptsächlich für die Speicherung eigener (privater) Daten verwendet, seltener für die Weitergabe an andere (dafür werden Kassetten mit anderen Mitteln produziert). Dementsprechend gibt es sehr viele unterschiedliche Aufzeichnungsformate [Kru 89], wie das auch schon bei den WORM's der Fall war. Vor einer Weitergabe sind oft noch Schneidevorgänge durchzuführen, die ohnehin ein Umkopieren auf ein anderes Band erzwingen. Dabei ist es dann sehr einfach, gleich in einem der gängigen Formate und ggf. analog (VHS) aufzuzeichnen.

Die analoge Bildplatte (engl. Laser Disc) ist tatsächlich die älteste optische Platte; sie kam 1973 auf den Markt. Trotzdem war sie kein kommerzieller Erfolg, weil sehr schnell digitale Verfahren folgten. Sie bietet Speicherplatz für ca. 54.000 Rasterbilder oder 36 Minuten Video. Vom Typ her ist sie eine WORM-Platte. Die Abspielgeräte waren und blieben relativ teuer, und das galt auch für die einzelnen Datenträger. So konnte sie nur für eine kurze Zeit ihren Hauptvorteil ausspielen, den Zugriff auf einzelne Bilder im Millisekundenbereich. Man hatte mit ihr sozusagen einen Videorecorder mit Direktzugriff, der aber immer noch nicht schnell genug war für das unterbrechungsfreie Abspielen verstreut gespeicherter Szenen. Es ging im Prinzip, aber der Betrachter bemerkte ein Stocken zwischen den Szenen, das doch etwas störte.

So weit die Übersicht über die Speichergeräte und Datenträger. Es wird im folgenden nun darum gehen, sie in ein Datenbanksystem einzubinden. Dabei sollen Daten je nach ihren Eigenschaften auf dem einen oder anderen Typ von Speicher abgelegt werden. Allerdings soll das nicht – wie in einigen ersten Anwendungen – nach Anweisungen der Anwender erfolgen, sondern nach Regeln im DBVS. Diese Regeln stützen sich auf abstrakte Eigenschaften der Daten, die in jedem Fall der Anwender festlegt (z. B. dass keine Änderung mehr erfolgen darf). Es wird also darum gehen, die Anwendungen einerseits von den Details dieser Geräte zu entkoppeln und ihnen andererseits Schnittstellen anzubieten, über die sie die Eigenschaften mitteilen können. Dazu wird zunächst die Abstraktion betrachtet, die auch schon das Betriebssystem mit seinem Dateisystem bietet.

4.7 Übungsaufgaben

Aufgabe 4.1. Wenn in einer Verwaltung die gesamte Geschäftspost elektronisch gespeichert werden soll, sowohl die eigene, die mit einem Textverarbeitungssystem erstellt wird, als auch die in Papierform empfangene, die mit einem Scanner in elektronische Form gebracht wird, welche Speichertechnik bietet sich dann an? Begründen Sie Ihre Antwort.

Aufgabe 4.2. Nennen Sie einige Eigenschaften von Datenobjekten, die die Speicherung auf einer wiederbeschreibbaren optischen Platte nahelegen würden.

Aufgabe 4.3. Eine CD-ROM wird mit variabler Umdrehungszahl, aber mit konstanter Bahngeschwindigkeit gelesen (CLV – „Constant Linear Velocity"). Die Umdrehungszahl n schwankt dabei zwischen 200 und 500 min^{-1}. Wenn man annimmt, dass der Radius r der inneren Spur 2 cm beträgt, kann man die Bahngeschwindigkeit errechnen. Wie groß ist sie (in m/s)? Und wie groß ist dann der Radius der äußersten Spur (in cm)? *Hinweis:* Der Umfang C eines Kreises ist $2\pi r$. Man benötigt für die Lösung keinen Taschenrechner, es reicht eine grobe Abschätzung. $\pi \approx 3,14$. Bitte geben Sie den Lösungsweg an.

Aufgabe 4.4. Angenommen, ein Video-Datenstrom bestehe aus Bildern der Auflösung $512 \times 512 \times 8$ Bit und müsste mit mindestens 15 Bildern pro Sekunde abgespielt werden (also in schlechterer Qualität als beim Fernsehen). Welche Kompressionsrate müsste man erreichen, um dieses Video von einer CD-ROM abspielen zu können? Auf einer CD-ROM entsprechen (wie bei der Audio-CD) 75 Blöcke von 2 KB jeweils einer Sekunde.

Aufgabe 4.5. Videorecorder können verschiedene Formen eines sog. Timecodes mit auf das Videoband schreiben und so eine sehr viel genauere Positionierung unterstützen als mit einem Zählwerk. Einige dieser Recorder können vom Rechner angesteuert werden, allerdings mit sehr elementaren Operationen. Es liegt deshalb nahe, eine Unterprogrammbibliothek zu erstellen, die die Ansteuerung des Recorders übernimmt und mächtigere Befehle anbietet, die auf die schlecht lesbaren Codes der Schnittstelle abgebildet werden. Nennen Sie einige Operationen, die Sie in einer solchen Bibliothek sehen möchten. Schreiben Sie dazu

jeweils die Signatur (den Prozedurkopf mit Parametern und Rückgabewert) in einer Ihnen
vertrauten Programmiersprache hin und geben Sie in einer Kommentarzeile die Wirkung
an. Sie können dabei von den folgenden (vereinfachenden) Annahmen ausgehen:

• Der Time-Code wird stets für das gesamte Band geschrieben und beginnt immer am
Anfang des Bandes mit dem gleichen Wert (Null). Da das Aufnehmen meist in einer Kamera
erfolgt und das Einlegen der Bandkassette in den Recorder ohnehin nicht vom Rechner aus
geschehen kann, wird unterstellt, dass nach einer Serie von Aufnahmen auch der Time-Code
extern geschrieben wird. Dafür ist also keine Operation vorzusehen.

• Der Time-Code ist monoton. Die aktuelle Bandposition (als Time-Code) kann stets
ermittelt werden, und damit ist auch immer klar, in welche Richtung gespult werden muss.

• Es gibt sicher komplizierte Abhängigkeiten zwischen den Operationen und deshalb auch
zahlreiche Rückgabewerte, die Fehler signalisieren (z. B. gerade keine Kassette eingelegt).
Sie können hier jedoch vernachlässigt werden. Es sollte nur dort, wo es angebracht erscheint,
eine Festpunktzahl als Rückgabewert vorgesehen werden.

• Das Abspielen von Aufnahmen kann bei vielen Recordern mit beliebiger Geschwindigkeit erfolgen, was Effekte wie Zeitlupe, Zeitraffer und Standbild (= Geschwindigkeit null)
einschließt. Die Geschwindigkeit soll als Festpunktzahl angegeben werden; die verwendete
Einheit spielt dabei keine Rolle.

• Ein Recorder kann auch rückwärts abspielen.

Aufgabe 4.6. Rechnen Sie die Kapazitäten einer DVD nach. Es wird nur die einseitige
Einschichten-DVD betrachtet, die für 4,7 GB Platz bietet. Wie viele Sekunden Video lassen
sich dort speichern bei der von CCIR vorgegebenen Datenrate von 167 Mbit/s? Ein Hinweis:
Rechnen Sie vorab in Megabytes (MB) bzw. MB/s um; 1 GB = 1.024 MB. Wie viele Minuten
Video sind möglich bei einer MPEG-2-Datenrate von 3,5 Mbit/s? Es wird auch noch Ton
gebraucht, möglichst in mehreren Sprachen gleichzeitig. Für digitalen Surround-Ton wird
eine Datenrate von 384 Kbit/s benötigt. Untertitel fallen dabei kaum ins Gewicht; das sind
nur wenige Kilobytes für das gesamte Video. Was wäre eine vernünftige Aufteilung der
DVD für einen typischen Spielfilm von 2 Stunden Dauer?

5   Basismechanismen

Mit den Speichergeräten wurde im letzten Kapitel die Diskussion der Basismechanismen schon begonnen, die MMDBVS verwenden müssen, um die von ihnen geforderten Dienste zu erbringen. Die Hoffnung ist naturgemäß, dass sie nicht auf der Hardware aufsetzen müssen, sondern statt dessen die Abstraktionen verwenden können, die das Betriebssystem (BS) schon bietet. Die Diskussion um die Aufgabenverteilung zwischen BS und DBVS ist sehr alt [CHMWS 88, Wei 86] und bis heute nicht abgeschlossen. Deshalb ist die DBVS-Entwicklung immer wieder gefordert, sich die aktuellen Angebote der Betriebssysteme anzusehen und auf ihre Eignung hin zu prüfen. Das betrifft vor allem das Dateisystem, im Zusammenhang mit Multimedia aber auch die Echtzeitverarbeitung.

5.1   Multimedia-Speicher-Server

Es gibt inzwischen viel Erfahrung in der Weiterentwicklung von Datei-Servern im Hinblick auf Multimedia-Daten. Einen guten Überblick bietet das Tutorial von Gemmel et al. [GVK$^+$ 95], das hier zugrundegelegt wird. Diese Medien-Server, wie sie kurz auch genannt werden, müssen für die Clients über Hochgeschwindigkeitsnetze zugänglich sein, um sinnvoll genutzt werden zu können; zu diesen Netzen etwas mehr unten im Abschnitt 5.3. Abb. 5.1 zeigt grob die Architektur, die sich daraus ergibt, und macht insbesondere die Notwendigkeit der Pufferung deutlich, im Server wie im Client. Darauf wird im folgenden ausführlich einzugehen sein.

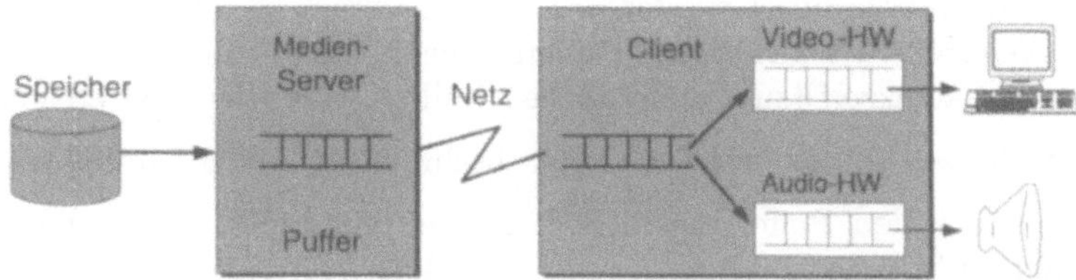

Abbildung 5.1 Architektur eines Medien-Servers

Die primäre Funktion dieser Server ist die Wiedergabe (das Playback) von Medienobjekten in Echtzeit. Genau diese Möglichkeit unterscheidet sie von gewöhnlichen Datei-Servern. Dazu kommt dann noch ein interaktiver Zugriff mit Operationen wie Stopp, Pause, Weiter und evtl. sogar einem Vor- und Zurückspulen. Die Herausforderung liegt darin, dass es sich um inhärent kontinuierliche Medien handelt, deren Zeitzuordnung beachtet werden muss, wenn die Darstellung nicht verfälscht werden soll. Allgemein liegt eine Folge von „Medien-Quanten" vor. Das ist ein Oberbegriff für Audio-Messwerte und Video-Bilder, also die Einheiten in einem Medienobjekt, die zeitbehaftet sind.

Ein Medien-Server muss die Speicherung und Wiedergabe solcher Quanten in Echtzeit leisten können, ggf. sogar synchronisiert. Erschwerend kommen die hohe Datenrate und der große Speicherplatzbedarf noch hinzu. Kritische Komponenten der oben gezeigten Architektur sind daher der Server und das Netz, und im Hinblick auf das Ziel, ein MMDBVS zu entwerfen, liegt der Schwerpunkt hier auf dem Server.

Betrachtet werden im folgenden zunächst die Aufnahme- und Abspielvorgänge. Dann wird die Speicherorganisation untersucht, also die verschiedenen Verfahren, Medienobjekte oder Teile davon auf der Menge der verfügbaren Speichergeräte zu platzieren. Mit einem Multimedia-Dateisystem wird abschließend eine erste Abstraktion eingerichtet.

5.1.1   Aufnahme- und Abspielvorgänge

Wenn man Aufnahme und Wiedergabe genauer betrachtet, stellt man fest, dass ein Pufferüberlauf bei der Aufnahme einen Verlust bedeutet, bei der Wiedergabe eine Störung oder ebenfalls einen Verlust. Tatsächlich sind beide Operationen äquivalent in Bezug auf ihre Anforderungen an das System. Deshalb wird hier ohne Beschränkung der Allgemeinheit nur die Wiedergabe untersucht.

Die Wiedergabe eines einzelnen Stroms („single-stream playback") stellt sich dann dar als Folge von periodischen Tasks mit Terminen (deadlines). Ein Task besteht z. B. darin, einen Block von der Platte zu lesen. Der Termin kann die geplante Wiedergabe-Zeit sein[1]. Das Ziel „just in time" ist dabei nicht realistisch, weil sich die Bearbeitungszeiten eines einzelnen Tasks nicht vorhersagen lassen. Also muss man früher anfangen und das Ergebnis dann ggf. zwischen dem Abschluss des Tasks und dem Termin im Puffer aufbewahren. Daraus ergeben sich sofort drei Aufgaben:

• Das „Verhungern" (starvation) des Wiedergabe-Prozesses, also ein leerer Puffer zum Termin, muss verhindert werden.
• Die Größe des benötigten Pufferspeichers ist zu minimieren.
• Die Latenzzeit (zum anfänglichen Füllen des Puffers) ist ebenfalls zu minimieren.

Auf dieses Problem wird im Unterabschnitt 5.2.2 noch einmal eingegangen.

Die durch den Puffer zu überbrückende Zeit ergibt sich in voller Länge erst, wenn man mehrere Ströme betrachtet. Die typischen Plattentransferraten von 3 bis 4 MB/s liegen ja deutlich über der Datenrate eines einzelnen Stroms (z. B. 0,42 MB/s für MPEG-2 und 0,2 MB/s für unkomprimiertes CD-Audio), so dass selbst ein kleiner Puffer die Wiedergabe mehrerer Ströme zulässt. Man könnte an Hardware-Unterstützung denken in dem Sinne, dass mehrere Leseköpfe vorhanden sind (wie in den fünfziger Jahren bei Magnettrommeln)

---

[1] Das ist so stark vereinfacht, weil ja zwischen den Lesen des Blocks und der Wiedergabe beim Client noch eine ganze Menge passieren kann – zumindest die Übertragung im Netz, aber ggf. auch eine Decodierung. Tatsächlich gibt es also mehrere Tasks und mehrere Termine in einer Periode.

und dann jeder Lesekopf einen Strom erzeugt. Das wäre der einfachste Ansatz, er beschränkte aber die Zahl der gleichzeitigen Ströme auf die Zahl der Köpfe. Und es wäre auch immer noch nicht optimal aus der Sicht der Ressourcen-Auslastung: Auch schon die Transferrate *eines* Kopfes reicht für mehrere Ströme. Folglich konzentrieren sich die Ansätze darauf, mehrere Ströme über einen Kopf abzuwickeln. Dann ist aber eine sorgfältige Planung der Zugriffe (ein „scheduling") erforderlich, und es ist die Zahl der Ströme begrenzen, für die eine angemessene Zuteilung noch möglich ist.

Nun ist Platten-Zuteilung („disk scheduling") eine seit langem untersuchte Aufgabe; die Algorithmen stecken ganz selbstverständlich in allen modernen Betriebssystemen, und man braucht sich eigentlich gar nicht mehr darum zu kümmern. Allerdings sind diese Algorithmen auf den „normalen" Rechenbetrieb zugeschnitten, also bei Servern auf Transaktions- und Datenbank-Verarbeitung, nicht auf Multimedia. Deshalb sind sie in Medien-Servern wieder ans Licht geholt und dann tatsächlich auch modifiziert worden.

Ausgangspunkt ist die Warteschlange von Ein-/Ausgabeaufträgen vor einem bestimmten Speichergerät. Es wird also unterstellt, dass nicht jeder Auftrag sofort, ohne Verzögerung abgearbeitet werden kann, sondern dass es hinreichend viele solcher Aufträge gibt, aus denen sich die Warteschlange aufbaut. Ihre Abarbeitung erfolgt traditionell nach Verfahren wie „first come, first served" (FCFS), „shortest seek time first" oder Scan. FCFS (auch als „first in, first out", FIFO bekannt) ist selbsterklärend, „shortest seek time first" sortiert die Aufträge in der Warteschlange aufsteigend nach dem Abstand (in Zylindern) zur aktuellen Position des Lesekopfs, und Scan bewegt den Lesekopf zunächst nur in eine Richtung, wobei alle Aufträge erledigt werden, die auf dem Weg liegen. Die beiden zuletzt genannten Verfahren versuchen, die Armbewegung („seek time") und die Umdrehungswartezeit („rotational latency") zu reduzieren. Die Ziele waren dabei immer, den Durchsatz zu maximieren und trotzdem eine faire Zuteilung vorzunehmen. Es gab keine Berücksichtigung von Echtzeit. Das kam erst mit Verfahren wie „earliest deadline first" (EDF) hinzu, um das bekannteste zu nennen. Dabei wird zuerst der Blockzugriff ausgeführt, dessen Termin am nächsten liegt. Dafür muss man als Nachteile lange Positionierungs- und Umdrehungswartezeiten sowie eine geringe Ressourcen-Auslastung in Kauf nehmen.

Hier setzen nun die Weiterentwicklungen an. Eine erste Variante ist Scan-EDF. Dabei wird zunächst EDF eingesetzt und dann bei Aufträgen mit nahezu gleichen Terminen Scan. Es ist klar, dass sich ein Unterschied zu EDF nur dann ergeben kann, wenn solche nahezu gleichen Termine auch vorkommen. Zum einen muss man sicher großzügig sein bei der Definition der Gleichheit. Zum anderen gibt es Anwendungsszenarien, in denen sich die Gleichheit systematisch ergibt: Beim sog. Near-Video-on-Demand werden die Ströme erst gesammelt und dann gemeinsam ausgeführt. Anwender müssen also ggf. etwas auf den Beginn der Vorführung warten, werden dafür aber mit günstigeren Tarifen entschädigt, die dem geringeren Ressourcenverbrauch Rechnung tragen.

Alle anderen Algorithmen fassen Aufträge (Ströme) unabhängig von ihrem Beginn zusammen und arbeiten sie in *Runden* (rounds) ab. Das bedeutet, dass in jeder Runde für jeden Strom eine Folge von Blöcken beliebiger Länge (auch null) gelesen und verarbeitet wird. Das kommt der periodischen Natur der kontinuierlichen Ströme entgegen. In jeder Runde ist aber immer noch die Reihenfolge der Zuteilung zu entscheiden. Dabei ist „Round Robin", also die Zuteilung reihum in einer festen Reihenfolge, am einfachsten, sie ignoriert aber wie

EDF die relative Lage der Blöcke und erfordert daher eigentlich eine Platzierung, die erst im nachfolgenden Unterabschnitt 5.1.2 betrachtet werden soll. Innerhalb einer Runde kann man auch wieder Scan benutzen. Das ist auch einfach und reduziert die Armbewegung. Es entsteht aber ein neues Problem: Der Abstand zwischen aufeinanderfolgenden Bedienungen eines Stroms kann sich deutlich vergrößern, nämlich dann, wenn er in einer Runde ganz am Anfang und in der nächsten erst am Ende drankommt. Das bedeutet auch zu Beginn mehr Wartezeit (Latenz): Es kann ja passieren, dass man erst am Ende der zweiten Runde mit Wiedergabe aus dem Puffer beginnen kann. Der Puffer muss zudem fast zwei Runden groß sein. Zugleich sind natürlich die Runden kürzer, weil sie weniger Armbewegungen enthalten .... Der Effekt von Scan in einer Runde ist also nicht eindeutig besser oder schlechter.

Abhilfe soll das „Grouped Sweeping Scheme" (GSS) schaffen. Es nimmt eine Partitionierung der Runden in Gruppen vor, die in einer festen Reihenfolge abgearbeitet werden, während innerhalb der Gruppen Scan angewendet wird. Abb. 5.2 stellt GSS graphisch dar und veranschaulicht die Unterschiede zu Round Robin und Scan, vor allem die maximale Zeit zwischen den Leseoperationen eines Stroms.

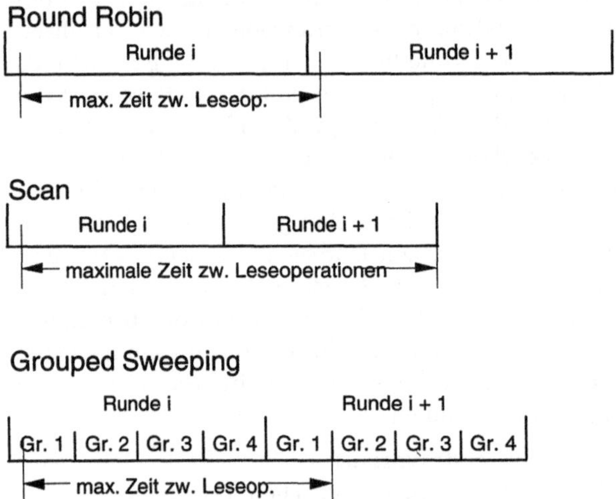

Abbildung 5.2 Vergleich von Round Robin, Scan und Grouped Sweeping beim Platten-Scheduling (nach [GVK$^+$ 95])

Damit entsteht aber nun die Aufgabe, die optimale Gruppengröße zu finden. Sie hängt davon ab, welche Ströme konkret zu verarbeiten sind. Das Ziel muss dabei sein, einen Ausgleich zu erreichen zwischen Umfang einer Runde einerseits und dem Abstand der Bedienungen jedes einzelnen Stroms.

Nun ist noch zu klären, was in einer Runde für den einzelnen Strom jeweils gelesen werden sollte. Oben wurde bereits gesagt, dass das eine Folge von Blöcken sein kann, auch eine leere. Das schließt den Fall ein, dass immer genau ein Block gelesen wird, was allerdings angesichts der verschiedenen Komprimierungstechniken für Audio und Video wenig realistisch ist. Statt dessen könnte man als Ziel definieren, immer gerade das Datenvolumen wieder nachliefern zu lassen, das verbraucht wurde. Der Umfang der gepufferten Daten verringert sich dann nie, was auch als *Puffererhaltung* bezeichnet wird. Algorithmen mit dieser Eigenschaft heißen „work-ahead-augmenting" oder „buffer-conserving" (puffererhaltend).

Es sind auch Algorithmen denkbar, die diese Eigenschaft nicht aufweisen. Das heißt, dass sie zeitweise zurückfallen können und dann wieder aufholen müssen. Das macht die Steuerung erheblich komplexer. Puffererhaltung ist also nicht notwendig, aber hinreichend, um ein Verhungern auszuschließen.

Für die Pufferdimensionierung ist zu berücksichtigen, dass vorab genug Daten gelesen werden müssen (Prefetch), um den Verbrauch in der längstmöglichen Runde abdecken zu können. Der maximale Dauer einer Runde hängt aber wieder von der Zahl der in jedem Strom zu lesenden Blöcke ab. Man braucht hier also einen Vorgabewert. Der sollte nicht so gewählt werden, dass insgesamt zu viele Blöcke gelesen werden, also nicht für alle Ströme die gleiche (maximale) Zahl. Eher bietet es sich an, jeweils einen Wert zu wählen, der proportional zur Verbrauchsrate eines Stroms ist.

Die Pufferverwaltung wird ausgelegt für den maximalen Verbrauch. Auf der anderen Seite muss der Puffer aber auch ausreichend Platz für die nächste Schreiboperation bieten, wenn der Verbrauch geringer ausgefallen ist. Am geeignetsten erscheint ein einfaches „First in, first out" FIFO. Bei Round Robin kann die Puffergröße dann gerade dem maximalen Verbrauch gleichgesetzt werden, und FIFO füllt immer wieder auf („topping-up"). Bei Scan muss aus den oben genannten Gründen die doppelte Größe gewählt werden. Evtl. sind noch ein paar zusätzliche Tricks erforderlich, wenn die verbrauchten Einheiten nicht an einer Blockgrenze enden; Details finden sich in der Literatur, z. B. in [GH 94].

Damit ist geklärt, wie eine gegebene Menge von Strömen von einer Platte gelesen werden kann. Offen ist aber noch, wie viele solcher Ströme die Platte überhaupt verträgt. Das führt auf die sog. *Admission Control* oder Zulassungssteuerung. Da die Ströme nicht alle auf einmal beginnen, sondern nach und nach aktiviert werden, ist die zentrale Frage: Kann neuer Strom noch zugelassen werden, ohne die schon laufenden zu beeinträchtigen? Die bisherige Annahme war, dass alle Termine gehalten werden müssen; so wurden Runden und Puffer dimensioniert. Tatsächlich können aber einige Anwendungen, unter ihnen eben gerade auch die Ausgabe von Audio und Video, einige wenige verpasste Termine durchaus tolerieren. Das wären dann wenige fehlende Bilder bei Video oder ein leises Knacken bei Audio, die oft gar nicht bemerkt oder nicht als störend empfunden werden – vor allem dann nicht, wenn ihre Inkaufnahme mit geringeren Kosten verbunden ist! Außerdem muss ein Server zur Einhaltung aller Termine Worst-case-Annahmen über die Armpositionierungs- und Umdrehungswartezeiten machen, während die dann tatsächlichen benötigten Zeiten in den meisten Fällen kürzer sind. Beides bietet Raum für zusätzliche Ströme.

Für die Zulassungsentscheidungen werden die Ströme in drei Dienstgüte-Kategorien eingeteilt:

- *deterministisch:* Alle Termine müssen gehalten werden. Die Zulassungssteuerung muss, wie oben unterstellt, Worst-case-Annahmen machen.
- *statistisch:* Die Termine werden mit einer vorgegebenen Wahrscheinlichkeit gehalten. Die Zulassungssteuerung muss das statistische Verhalten des Systems kennen und berücksichtigen.

- *Hintergrund:* Es gibt keine Garantien für die Einhaltung der Termine. Die Zuteilung von Ressourcen (hier: der Platte) erfolgt nur, wenn noch Zeit bleibt nach der Bedienung der deterministischen und statistischen Ströme.

Diese Einteilung erfolgt durch den Anwender, wobei ihm die richtige Zuordnung auf jeden Fall durch ein geeignetes Tarifierungsmodell schmackhaft gemacht werden muss: Deterministische Ströme müssen deutlich mehr kosten als statistische, und diese wieder deutlich mehr als Hintergrund-Ströme.

Der schwierigste Fall ist sicher der, dass ein neuer deterministischer Strom angemeldet wird. Der Umfang der Runden verlängert sich, und das bedeutet, dass man den Puffer der schon laufenden Ströme ggf. vergrößern muss (dynamisch). Alternativ könnte man alle Puffer von vornherein auf die maximale Rundenlänge ausrichten, um dann bei Zulassung nur noch auf das Erreichen des Maximums prüfen zu müssen. Das hat natürlich den Nachteil der Speicherplatzverschwendung, wenn weniger als das Maximum angefordert wird. Bei einem neuen statistischen Strom wird analog verfahren, aber mit Mittelwerten. Hintergrund-Ströme können ohne Prüfung zugelassen werden. In einer Runde werden dann immer erst die deterministischen, dann die statistischen und schließlich, wenn noch Zeit ist, die Hintergrund-Ströme bedient. Für die beiden letzten Kategorien sollte versucht werden, verpasste Termine gleichmäßig zu verteilen.

Ein paar Details zur Behandlung von Dienstgarantien und Terminen sollen noch kurz angesprochen werden: Die Verwendung einer variablen Kompressionsrate, die ja bei Audio und Video sehr verbreitet ist, bedeutet, dass ein Block eine variable Menge von Medien-Quanten ergibt. Die Anzahl der zu lesenden Blöcke variiert also mit der Kompressionsrate. Auch hier gilt, dass der Worst case für deterministische Ströme verwendet wird und der Mittelwert für statistische. Eine weitere Möglichkeit besteht darin, die Raten im voraus zu ermitteln und abzuspeichern, was eine höhere Genauigkeit bietet. Zum Umgang mit verpassten Terminen (bei statistischen und Hintergrund-Strömen) ist noch zu sagen, dass man sie nachholen kann, was allerdings die Dauer der Wiedergabe verlängert, oder auch überspringen. Eine grundlegend andere Technik besteht darin, die Auflösung des Mediums zu variieren, wenn das möglich ist. So kann man bei Audio z. B. nur die höherwertigen Bits übertragen. Man bezeichnet das als skalierbare Kompression; eine Teilmenge der Daten ist direkt verwendbar. Das entspricht einem schnellem Vorlauf und kann sehr sinnvoll zum Nachholen von Terminen eingesetzt werden.

5.1.2   Speicherorganisation

Bisher wurde nur eine einzelne Platte betrachtet, und es wurde auch kein Bezug darauf genommen, wo genau auf der Platte die Daten liegen. Deshalb sollen nun die optimale Platzierung von Blöcken auf den Platten und auch die Verwendung mehrerer Platten betrachtet werden. Ergänzt wird es dann noch um die Hinzunahme von Tertiärspeicher zur Erhöhung der Kapazität und den damit verbundenen Aufbau von Speicherhierarchien.

Bei der Platzierung oder Allokation von Blöcken auf einer Platte kann man als einfachste Variante zunächst die *zusammenhängende* Speicherung wählen. Das ist leicht zu implementieren, aber auch sehr anfällig für Fragmentierung. Zudem entsteht ein enormer Aufwand durch das Kopieren ganzer Objekte, wenn der Zusammenhang auch über Einfügungen und Löschungen hinweg erhalten wird. Somit kommt diese Art der Platzierung nur für Read-only-Server in Betracht, etwa für Video on Demand. Bei der *verstreuten* Speicherung liegt dagegen das Hauptproblem bei den sog. intrafile seeks, also den Armpositionierungen innerhalb der Leseoperationen eines Stroms in einer Runde. Sie sind ein Stück weit vermeidbar durch die Verwendung geeignet großer Blöcke; 32 KB sind heute durchaus schon üblich.

Wenn man Änderungen verkraften muss, werden die aber auch bei großen Blöcken zu neuen oder gelöschten Blöcken führen, die nicht mehr physisch benachbart liegen. Hier kann man versuchen, die Armpositionierungen auf ein erträgliches Maß zu reduzieren, wenn mehr als ein Block gelesen werden muss. Dem dient die sog. *beschränkte Platzierung* (engl. constrained placement), bei der eine Obergrenze für die Distanz zwischen aufeinanderfolgenden Blöcken eines Objekts vorgegeben wird. Sie kann nicht nur für Paare angegeben werden, sondern auch als Mittelwert für eine endliche Folge von Blöcken. Das ist besonders interessant bei kleineren Blockgrößen (z. B. in einem Dateisystem, das für Text ausgelegt wurde). Die Algorithmen, die es gewährleisten können, sind allerdings recht aufwändig. Den gewünschten Effekt erzielt man damit auch nur, wenn wirklich alle Blöcke einer Runde sequenziell gelesen werden; Scan kann da empfindlich stören.

Liegen Dateien bzw. Multimedia-Objekte vollständig auf einer einzelnen Platte, beschränkt der maximale Durchsatz dieses Geräts die Anzahl der Ströme. Deshalb ist man auch schon in anderen Anwendungen auf die Idee gekommen, Dateien über mehrere Platten zu verteilen und damit den Durchsatz zu erhöhen. Mit der RAID-Technik („redundant arrays of inexpensive disks") sind solche Mehrfach-Stapel inzwischen verbreitet im Einsatz. Damit sich dabei ein Effekt für den Durchsatz ergibt, werden logische Blöcke gebildet, die sich in „Streifen" über alle Platten erstrecken („data striping"). Der logische Block Nr. 1 besteht dabei aus den physischen Blöcken Nr. 1 aller Stapel, die gleichzeitig gelesen oder geschrieben werden, usw. Die Laufwerke müssen dazu streng synchron laufen. Der Zugriff auf einen logischen Block dauert damit genau so lange wie der Zugriff auf einen physischen – aber er ist n-mal so groß. Folglich hat sich der Durchsatz erhöht um Anzahl n der Laufwerke; Armpositionierung und Umdrehungswartezeit bleiben gleich.

Eine technisch etwas einfachere Möglichkeit ist die Verzahnung („data interleaving"), bei der aufeinanderfolgende Blöcke einer Datei auf verschiedenen Plattenstapeln abgelegt werden, oft einfach reihum. Dazu müssen die Platten nicht mehr synchron laufen. Man kann dann noch eine von zwei Zugriffsarten verwenden: Bei der einen liest man in jeder Runde je einen Block von jeder Platte (wie bei den Streifen). Das ergibt eine gute Lastbalancierung, erfordert aber größere Puffer. Bei der anderen Zugriffsart wird in jeder Runde nur ein Block von einer Platte gelesen, so dass sich erst über n Runden hinweg der Zugriff auf alle n Platten ergibt. Die Lastbalancierung verlangt hier einen gezielten Versatz, bei dem etwa der erste Strom auf Stapel 1 beginnt, der zweite dagegen auf Stapel 2 usw. Abschließend soll noch erwähnt werden, dass Streifen und Verzahnung auch kombinierbar sind.

Die bisher betrachteten Magnetplatten sind also geeignet, um Audio- und Videoströme zeitgerecht von ihnen auslesen zu können. Allerdings sind sie immer noch zu teuer, um auch in großen (Video-) Servern als einziges Speichergerät eingesetzt zu werden. Dort kommen zusätzlich die sog. *Tertiärspeicher* zum Einsatz, also z. B. Magnetbänder und optische Platten, oft mit Wechselautomaten. Sie sind zu langsam für direkte Wiedergabe und werden deshalb zusammen mit Magnetplatten eingesetzt, die dann als Cache verwendet werden. Ein Ansatz kann dazu sein, die Anfangssegmente aller Medienobjekte (von wenigen Minuten Dauer) auf Platte zu halten. Das reduziert die Latenz beim Abruf eines Objekts, das auf dem Tertiärspeicher liegt. Die Zeit, die mit dem Anfangssegment abgedeckt wird, sollte gerade ausreichen, um das ganze Objekt nachzuladen. Allerdings belegen die Anfangssegmente in ihrer Gesamtheit auch schon ziemlich viel Speicherplatz. Wenn der nicht zur Verfügung steht oder nicht bereitgestellt werden soll, muss damit gerechnet werden, dass ein Video vor dem Abspielen erst ganz auf eine Platte geladen wird. Das erzeugt eine hohe Latenz, ist aber nicht kritisch bei Anwendungen mit wenigen populären Objekten, die sich meist schon im Cache befinden. Oft sind die Zugriffsmuster auch vorhersehbar, z. B. in Lernumgebungen, so dass das Nachladen bereits früher angestoßen werden kann. In sehr großen Systemen wird es darüber hinaus mehrere solche Platten-Caches in einem Netz geben. Die Konsistenz ist dabei erfreulicherweise kein Problem, da Anwendungen wie Video on Demand (VoD) die Daten nur lesen. Ein prominenter Prototyp ist das Berkeley Distributed VoD System [R$^+$ 95, RBB 96, BR 96], in dem mehrere Archiv-Server mit Tertiärspeicher genutzt werden. Sie werden ergänzt durch Metadaten an anderen Standorten und eine Anfragesprache für die Suche und die Planung der Wiedergabe.

5.1.3 Multimedia-Dateisysteme

Nachdem nun die elementaren und sehr hardware-nahen (geräteorientierten) Techniken vorgestellt worden sind, stellt sich die Frage, wie man darauf aufbauend höhere Dienste definieren kann. Der erste Abstraktionsschritt führt wie bei den formatierten Daten auf eine Dateischnittstelle. Dabei kann man sich jedes Medienobjekt als eine eigene Datei vorstellen. Auch die Operationen können die bekannten sein: **open, close, read** usw. Da hier die Aktivität allein vom Client ausgeht, spricht man auch von einer Client-Pull-Schnittstelle. Die Besonderheit besteht nur darin, dass mit einem periodischen Aufruf von **read** gerechnet wird und die oben beschriebenen Scheduling-Mechanismen aktiviert werden. Beim **open** erfolgen Zulassungssteuerung und Prefetch; im weiteren Verlauf werden auch die periodischen Prefetches ausgeführt. Interaktionen des Benutzers wie **pause** und **resume** werden einfach dadurch realisiert, dass die **read**-Aufrufe ausgesetzt und wieder aufgenommen werden – was der Server erkennen und umsetzen muss.

Dies orientiert sich, wie gesagt, sehr stark an herkömmlichen Dateischnittstellen. Man kann aber auch noch stärker auf Medienobjekte eingehen und eine Server-Push-Schnittstelle definieren, die als stromorientiert angesehen werden kann. Der Client benutzt dann direkt Operationen wie **play, pause, resume**. Der Server sendet nach der Initialisierung periodisch Daten an den Client, ohne auf dessen **read**-Aufrufe zu warten. Für die typischen Abläufe in Medien-Servern ist das sicher effizienter.

Nach Festlegung der Schnittstelle sind die internen Verwaltungsstrukturen zu entwerfen, die vor allem die Zuordnung der Blöcke zu Dateien leisten müssen. Noch wichtiger als bei gewöhnlichen Dateien ist bei kontinuierlichen Medienobjekten die Unterstützung des sequenziellen Zugriffs auf die Blöcke. Als Katalogstrukturen kommen dafür in Frage:

- eine verkettete Liste aller Blöcke;
- eine „file allocation table" (FAT) wie in DOS, die einen Zeiger auf jeden einzelnen Block

enthält;

- ein Index (Baumstruktur) wie in UNIX.

Auch hybride Strukturen sind denkbar, etwa die Kombination von Verkettung und Index, die sequenziellen ebenso wie wahlfreien Zugriff unterstützt. Der hohe Wartungsaufwand, der mit solch komplexen Strukturen verbunden ist, kann in Systemen mit wenigen Änderungen (VoD) als akzeptabel angesehen werden. Evtl. kann man sogar noch zusätzliche Verkettungen einführen, um das Vor- und Zurückspulen zu beschleunigen.

Neben Dateien mit nur einem Medienobjekt sind auch multi-mediale Dateien zu verwalten, mit getrennter Behandlung der medialen Teile und zusätzlicher Synchronisierungsinformation.

Zwar wurde eben der sequenzielle Zugriff in den Vordergrund gestellt, doch müssen die Dateistrukturen natürlich auch noch das Bearbeiten von Medienobjekten erlauben. Das Ziel ist dabei, das Kopieren ganzer Objekte möglichst zu vermeiden. Ein verbreiteter Ansatz erklärt die Objekte als unveränderlich und beschränkt Änderungen auf das Umsetzen von Zeigern[2]. Das erfordert dann allerdings eine „Müllabfuhr" (Garbage collection), um nicht länger benutzte Teil-Objekte irgendwann auch einmal löschen zu können. Ein Problem bleibt dann aber immer noch: Bei vielen kleinen Einfügungen und Löschungen sind auch Zeiger immer noch zu aufwändig (für eine reibungslose Wiedergabe). Der Verwaltungsaufwand sollte vielmehr der Größe der Änderung entsprechen. Dazu gibt es folgenden Vorschlag: Es wird ein minimaler Füllgrad für die Blöcke ermittelt, so dass eine kontinuierliche Wiedergabe noch möglich ist. Der Abschnitt, der eingefügt oder gelöscht werden soll, belegt eine bestimmte Anzahl voller Blöcke und einen nur teilweise gefüllten. Diese werden in die FAT eingefügt bzw. aus ihr gelöscht, und dann werden die Daten zwischen benachbarten Blöcken so lange umverteilt, bis der Füllgrad erreicht ist.

Im Zusammenhang mit der stromorientierten Schnittstelle sind schon die interaktiven Steuerungsfunktionen erwähnt worden, die dort direkt als Dateisystem-Aufrufe angeboten werden. Neben pause und resume erwartet man vor allem auch noch das Vor- und Zurückspulen, also fast forward und fast backward bzw. rewind. Schon pause/resume kann die Pufferverwaltung sehr stören, z. B. bei gemeinsamer Nutzung eines Stroms durch mehrere Zuschauer. Das Spulen ist noch anspruchsvoller. Es kann erfolgen als Abspielen mit höherer Geschwindigkeit, wodurch die Datenrate aber u. U. zu hoch wird, oder als normale Wiedergabe mit dem Übergehen von Daten, die sich allerdings mit der Komprimierung vertragen muss: Wenn nur Differenzen gespeichert sind, muss deren Bezugspunkt auch verfügbar sein.

Für das Vorspulen mit Übergehen, das man wegen seines geringeren Ressourcenverbrauchs immer bevorzugen wird, sind folgende Ansätze denkbar: Man kann dafür eine eigene, hochkomprimierte Datei vorsehen (wie z. B. die D-Rahmen bei MPEG, siehe Unterabschnitt 3.6.1). Das erfordert keine zusätzlichen Speicherungsmethoden, erhöht aber den Speicherplatzbedarf und bietet auch nur eine schlechte Qualität der Wiedergabe. Alternativ kann man die normalen Blöcke des Medienobjekts als relevant oder irrelevant für das Spulen kennzeichnen. Das passt sehr gut mit skalierbaren Komprimierungsverfahren zusammen. Andererseits sind die relevanten Blöcke immer gerade die größeren, so dass die Datenrate höher ist als beim normalen Abspielen.

---

[2]Dies wird im Abschnitt 9.2 noch ausführlich behandelt.

5.1.4   Zusammenfassung

Es sollte deutlich geworden sein, dass Multimedia-Speicher-Server grundlegend anders realisiert werden müssen als normale Datei-Server: Sie müssen die Zeitabhängigkeit der Objekte berücksichtigen (der folgende Abschnitt wird die Möglichkeiten der Echtzeit-Verarbeitung ausführlich beschreiben), und sie haben einen deutlich höheren Ressourcen-Bedarf. Es gibt schon Produkte in diesem Bereich, so z. B. den LANServer Ultimedia der IBM [BH 94, BFSH 93], der Video und Audio für entsprechend ausgerüstete PC's ausliefern soll, und den Media Server von Oracle [LOP 94], der auf Video on Demand zugeschnitten ist und bis zu 25.000 Videoströme leisten können soll. Die Dienste von Betriebssystemen und Rechnernetzen müssen aber noch weiter ausgebaut werden. Voraussetzung dafür ist in jedem Fall, dass das Dateisystem die Dateitypen unterscheidet und sogar die Inhalte kennt, zumindest teilweise, um dann adäquate Platzierung, Treiber-Auswahl, Scheduling usw. vorzunehmen.

5.2   Echtzeit

Im letzten Abschnitt wurden verschiedene Optimierungen vorgestellt, die den besonderen Anforderungen von Medienobjekten Rechnung tragen sollen. Dabei ging es aber immer nur um eine deutliche Beschleunigung der Verarbeitung – ohne eine Kontrolle, ob man damit schnell genug geworden ist oder vielleicht sogar zu schnell. Kontinuierliche bzw. zeitabhängige Medienobjekte haben ja eine inhärente Zeit, was bedeutet, dass sie die Wiedergabe-Zeitpunkte ihrer Quanten exakt festlegen. Das heißt aber, dass das System weder zu schnell noch zu langsam sein darf. Veränderungen der Wiedergabe-Zeit, wie etwa Zeitraffer oder Zeitlupe bei Video, sind explizite Operationen des Anwenders und sollten sich nicht als Nebeneffekt von Engpässen oder Beschleunigungen im System ergeben. Damit ist man bei der typischen Aufgabe, der sich Echtzeitsystem seit langem annehmen, nämlich der periodischen Ausführung von Prozessen mit Terminen (engl. deadlines).

Für Multimedia benötigt man genauer nur die sog. weiche Echtzeit (engl. soft realtime). Es müssen nämlich nicht alle Termine gehalten werden; der Verlust eines einzelnen Bildes oder eines Messwerts beeinträchtigt die Wiedergabequalität nicht. Der Anteil der verpassten Termine sollte allerdings einen vorgegebenen Prozentsatz nicht übersteigen, und sie dürfen auch nicht geballt auftreten, weil sie dann ja doch wahrnehmbar sind. Weiche Echtzeit lässt sich mit deutlich niedrigerem Ressourcen-Einsatz erreichen.

Im folgenden werden einige Techniken behandelt, die sich als besonders geeignet erwiesen haben für den Einsatz in Multimedia-Systemen.

5.2.1   Statistische ratenmonotone Ablaufplanung

Die ratenmonotone Ablaufplanung nach Liu und Layland [LL 73] ist das klassische Verfahren im Bereich Echtzeit. Wenn die Zulassung erfolgen kann, werden sämtliche Termine gehalten. Für Multimedia ist das aber eigentlich zu strikt; wenn in einem Video ab und zu einmal ein Frame fehlt, wird das kaum wahrgenommen. Und es bedeutet ja auch eine gewisse Ressourcen-Verschwendung, weil man die stets für den schlechtesten Fall vorhalten muss. Das wird bei harter Echtzeit in Kauf genommen, bei Multimedia aber nicht.

Hier hatten Alia Atlas und Azer Bestavros von der Boston University die Idee, die Schwankungen im Ressourcen-Bedarf von Periode zu Periode einzubeziehen [AB 98b, AB 98a]. Die Beschreibung eines Tasks, also dessen, was periodisch ausgeführt werden muss, besteht dann aus der Periode, der Wahrscheinlichkeitsdichtefunktion für den Ressourcenbedarf pro Periode, und der Dienstgüte, die ausgedrückt wird als prozentualer Anteil der Perioden, in denen die Verarbeitung rechtzeitig beendet werden kann. Ein Task-System besteht aus mehreren solchen Tasks, typischerweise mit verschiedenen Perioden. Zunächst wird die Zulassung überprüft. Wenn sie erfolgt ist, tritt ein geeigneter Scheduler in Aktion. Er setzt sog. Allowances (Budgetrahmen) in Abhängigkeit von dem, was die anderen Tasks in derselben Periode getan haben. Für die Details sei auf [AB 98b] verwiesen.

5.2.2 Schwankungsbeschränkte Ströme

Eine andere Herangehensweise stellt das Modell der „schwankungsbeschränkten periodischen Ereignis-Ströme" (jitter-constrained periodic event streams) dar [Ham 97]. Hier werden ebenfalls periodische Prozesse beschrieben, jedoch nicht über ihren Ressourcen-Bedarf, sondern über die Ereignisse, die darin auftreten. Der Abschluss der Verarbeitung in einer Periode ist das typische Beispiel. Die Idee ist nun, Verspätungen zuzulassen, zugleich aber eine Obergrenze für die kumulative Verspätung zu verlangen. Die ist tatsächlich viel interessanter als ein individueller Ausreißer; der könnte durch eine sehr kurze Verarbeitung in der vorherigen oder der nächsten Periode kompensiert werden. Mit der Obergrenze für die kumulative Verspätung kennt man aber den schlechtestmöglichen Fall, der nicht aufgrund einer individuellen Periode auftritt, sondern über die ganze Folge der Perioden hinweg.

Das Modell benötigt nur drei Parameter: die Periode T, die maximale Verspätung τ und den minimalen Abstand D zwischen zwei aufeinander folgenden Ereignissen. Der Startzeitpunkt t_0 wird noch dazugenommen, wenn auch die Latenz berechnet werden soll. Schon diese wenigen Merkmale erlauben es, eine Fülle von Eigenschaften zu berechnen, z. B. die maximale Burst-Rate [Ham 97].

Das Modell passt sehr gut auf Medienströme. Es ließ sich sogar ausdehnen auf die Größe der zu verarbeitenden Datenpakete [HMMW 01]. Diese schwankt ja ebenfalls, und wieder ist die maximale kumulative Abweichung das Merkmal, mit dem man etliche Eigenschaften berechnen kann, so vor allem die Puffergrößen.

Eine Zusammenfassung mit der statistischen Ablaufplanung wird angestrebt, sie ist aber noch nicht fertig.

5.2.3 Ungenaue Berechnungen

Eine weitere Technik aus dem Bereich der Echtzeit-Systeme lässt sich gerade bei der Verarbeitung von Multimedia-Daten sehr gut einsetzen: die ungenauen Berechnungen (engl. imprecise computations) [CLL 90]. Die Idee ist dabei, die Verarbeitung so zu strukturieren, dass frühzeitig ein akzeptables Ergebnis geliefert werden kann. Stehen dann noch Ressourcen zur Verfügung, wird die Verarbeitung fortgesetzt und das Ergebnis verbessert. Das kann man beim sog. progressiven Bildaufbau auch visuell sehr gut verfolgen: Das Bild ist zunächst sehr grob gerastert und wird mit der Zeit immer feiner. Das soll im folgenden etwas ausführlicher betrachtet werden.

Das Ziel beim Einsatz der ungenauen Berechnungen ist es, sog. *Timing-Fehler,* bei denen ein Echtzeit-Prozess sein Ergebnis zu spät abliefert, zu vermeiden. Die Idee von Chung et al. besteht darin, Ergebnisse von schlechterer, aber akzeptabler Qualität rechtzeitig verfügbar zu machen, wenn Ergebnisse in der gewünschten Qualität nicht rechtzeitig erstellt werden können. Sie gehen davon aus, dass Echtzeit-Prozesse *monoton* gestaltet werden können. Dabei ist ein monotoner Prozess so definiert, dass die Genauigkeit der Zwischenergebnisse nur zunimmt, wenn mehr Zeit verbraucht wird, aber niemals wieder abnimmt. Dafür gibt es etliche Beispiele aus der Praxis, so z. B. iterative Prozesse, Mehrphasen-Prozesse und partielle Datenbank-Anfragen. Das Ergebnis, das bei vollständiger Ausführung entsteht, wird als genau angenommen.

Systeme mit ungenauen Berechnungen benötigen eine Laufzeitunterstützung zur Aufzeichnung von Zwischenergebnissen. Das sind Programmiersprachenprimitive, die es dem Programmierer erlauben, Variablen für aufzuzeichnende Zwischenergebnisse, die Zeitpunkte der Aufzeichnung und eine Menge von Fehlerindikatoren zu spezifizieren. Bei vorzeitigem Abbruch werden die Zwischenergebnisse und die Fehlerindikatoren verfügbar gemacht. Auf der Basis der Fehlerindikatoren entscheidet der Klient dann, ob das Zwischenergebnis nutzbar bzw. *akzeptierbar* ist.

Das Scheduling für periodische Prozesse dient nun der Einhaltung von Terminen in Systemen mit ungenauen Berechnungen. Ein monotoner Prozess kann dabei jederzeit beendet werden, nachdem er akzeptierbares Ergebnis erzeugt hat. Er wird modelliert als *Task,* der aus einem *Pflichtteil* (mandatory part) und einem *Wahlteil* (optional part) besteht. Ein akzeptierbares Ergebnis liegt erst nach Abschluss des Pflichtteils vor.

Ein Ablaufplan (schedule) wird als *ausführbar* eingestuft, wenn in ihm der Pflichtteil jedes Tasks vor dem Termin beendet ist. Soweit noch Zeit bleibt für einen Wahlteil, verfeinert und verbessert er das Ergebnis des Pflichtteils. Der Fehler im Ergebnis wird zunehmend reduziert, wenn der Wahlteil länger ausgeführt werden kann.

Für die weiteren Überlegungen ist eine Unterscheidung von Anwendungen nach bestimmten Merkmalen erforderlich. Sie habe jeweils sog. Lastmodelle. Das *Lastmodell 1* liegt vor bei Anwendungen vom Typ N: Hier ist nur der *durchschnittliche* Effekt von Fehlern beobachtbar und relevant. Lastmodell 2 (s. unten) wird sich dann mit dem kumulativen Effekt befassen. Bild- und Sprachverarbeitung sind typische Beispiele für das Lastmodell 1. Die unabhängige Einheiten der Berechnung werden *Jobs* vom Typ N genannt. Sie laufen gleichzeitig ab und setzen sich aus einer Folge von Tasks zusammen, die periodisch ist. Die Qualität eines periodischen Jobs vom Typ N ist definiert als durchschnittlicher Fehler in etlichen aufeinander folgenden Perioden. Es kann bei solchen Jobs durchaus vorkommen, dass keiner der Wahlteile ihrer Tasks fertig wird.

Die Ablaufplanung für das Lastmodell 1 verlangt eine konservative und vorhersagbare Strategie für die Pflichtteile, kommt aber mit einer weniger konservativen Strategie für die Wahlteile mit bestmöglicher Nutzung der Prozessorzeit aus. Das erzeugt dann zwar schlechtere, aber immer noch nutzbare Ergebnisse bei vorübergehender Überlast.

Das *Lastmodell 2* gehört zu Anwendungen vom Typ C, bei denen Fehler in verschiedenen Perioden einen kumulativen Effekt haben. Das bedeutet: Ab und zu müssen genaue Ergebnisse erzeugt werden. Typische Beispiele sind Verfolgung (tracking) und Steuerung (control). In einem Job vom Typ C muss der Wahlteil in mindestens *einer* von etlichen aufeinander folgenden Perioden *vollständig* ausgeführt werden.

Für beide Lastmodelle sollen nun mathematische Modelle aufgestellt werden. Dazu sind einige Variablen einzuführen: Gegeben sei eine Menge J von K Jobs. Jeder Job J_k in J ist eine unabhängige Einheit der Berechnung, die aus einer periodischen Folge von Anforderungen zur Ausführung derselben Berechnung (Tasks) besteht. Die *Wiederholungsperiode* p_k des Jobs J_k definiert das Zeitintervall zwischen zwei aufeinander folgenden Anforderungen. Die erste Periode jedes Jobs beginnt bei Null. Jede Anforderung ist ein *Task*. Die *Ausführungszeit* des Tasks in jeder Periode von J_k wird als τ_k bezeichnet. J_k ist also spezifiziert durch das Paar (p_k, τ_k). Der Task in Periode j des Jobs J_k wird als $T_{k,j}$ geschrieben. Als *minimale Ausführungszeit* m_k wird die Prozessorzeit genommen, die jeder Task in J_k benötigt, um ein akzeptierbares Ergebnis zu erzeugen. Als *Bereitschaftszeit* eines Tasks betrachtet man den Zeitpunkt, vor dem eine Ausführung nicht beginnen kann. Und der *Termin* eines Tasks ist der Zeitpunkt, zu dem oder vor dem ein akzeptierbares Ergebnis vorliegen muss. Bereitschaftszeit und Termin eines Tasks $T_{k,j}$ sind gerade der Beginn und das Ende der Periode j von J_k. Die zugewiesene Zeit $\sigma_{k,j}$ muss mindestens so groß sein wie m_k. Ein Fehler $\epsilon_k(\sigma_{k,j})$ entsteht, wenn $\sigma_{k,j} < \tau_k$.

Bei Anwendungen vom Typ N (Lastmodell 1) ist für einen ausführbaren Ablaufplan der durchschnittliche Fehler aller Ergebnisse als Maß zu verwenden. Dazu wählt man eine Anzahl Q_k von aufeinander folgenden Perioden, für die der durchschnittliche Fehler berechnet wird. Am Ende von Periode l mit $l \geq Q_k$ beträgt der durchschnittliche Fehler von Job J_k

$$E_k(l) = \frac{1}{Q_k} \sum_{j=l-Q_k+1}^{l} \epsilon_k(\sigma_{k,j})$$

Um auf einen gemeinsamen Durchschnitt für alle Jobs zu kommen, bestimmt man das kleinste gemeinsame Vielfache p ihrer Perioden und setzt $Q_k = p/p_k$, so dass:

$$E_k(l) = \frac{p_k}{p} \sum_{j=l-p/p_k+1}^{l} \epsilon_k(\sigma_{k,j})$$

Der durchschnittliche Fehler über alle Jobs in J in einem gemeinsamen Fenster von Q_k Perioden, die in l enden, ergibt sich dann als

$$E(l) = \sum_{k=1}^{K} w_k E_k(l)$$

wobei w_k ein nicht negatives konstantes Gewicht und $\sum_{k=1}^{K} w_k = 1$ ist.

Dabei ist allerdings die Aufteilung in Pflicht- und Wahlteil noch nicht berücksichtigt, so dass noch ein weiteres, modifiziertes Modell entwickelt werden muss. Dazu sind aus einer Menge J von Jobs zwei abhängige Mengen zu machen: die Pflichtteil-Menge M und die Wahlteil-Menge O. Zu jedem Job $J_k = (p_k, \tau_k)$ in J gibt es dann einen Job $M_k = (p_k, m_k)$

in der Pflichtteil-Menge M und einen Job $O_k = (p_k, \tau_k - m_k)$ in der Wahlteil-Menge O. Die Bereitschaftszeit und der Termin von $T_{k,j}(M)$ sind dieselben wie von $T_{k,j}$, die Ausführungszeit ist gerade m_k. Die Bereitschaftszeit von $T_{k,j}(O)$ ist die Fertigstellungszeit von $T_{k,j}(M)$, der Termin ist derselbe wie der von $T_{k,j}$.

Bei Anwendungen vom Typ C: müssen die Kosten $\beta(\epsilon_k(\sigma_{k,j}))$ modelliert werden als monotone, nicht abnehmende Funktion des Fehlers. Zu Beginn der Periode l von J_k sind als kumulative Kosten entstanden:

$$\gamma_k(l) = \sum_{j=n+1}^{l-1} \beta(\epsilon_k(\sigma_{k,j}))$$

mit $T_{k,n}$ als letztem Task ohne Fehler und $l > n$. Ein Zeitfehler tritt dann ein, wenn die einem Task zugeteilte Zeit kleiner ist als m_k oder wenn die kumulativen Kosten eine Obergrenze erreichen.

Bei der Entwicklung von Algorithmen für Typ-N-Jobs ist einzubeziehen, dass die Worst-case-Performance von prioritätsgesteuerten Strategien zur Ablaufplanung von Tasks in periodischen Jobs in Multiprozessorsystemen inakzeptabel schlecht ist. Daher wird typischerweise erst eine Zuordnung der Jobs zu den Prozessoren ein für allemal vorgenommen, um dann die Ablaufplanung der Jobs eines Prozessors unabhängig von den Jobs anderer Prozessoren durchführen zu können. Die optimale Zuordnung von Jobs zu einer Menge von Prozessoren ist NP-vollständig. Als Heuristik wird meist ein ratenmonotoner Best-fit- (oder First-fit-) Algorithmus eingesetzt. Dabei muss man die Jobs aufsteigend sortieren nach Periode (also absteigend nach Rate) und in dieser Reihenfolge auf die Prozessoren verteilen. Ein Job „passt" noch auf einen Prozessor, wenn wenn er zusammen mit den schon zugeteilten Jobs nach der ratenmonotonen Ablaufplanung ausführbar ist.

Hier ist nun die minimale Ausführungszeit zu verwenden (anstelle der gesamten Ausführungszeit). Dazu definiert man den *Minimalausnutzungsfaktor* eines Jobs J_k als $u_k = m_k/p_k$ (also als den Anteil der minimalen Ausführungszeit an der Periode). Seien n Jobs mit einem Minimalausnutzungsfaktor von insgesamt $u = \sum_{k=1}^{n} u_k$ schon einem Prozessor zugeteilt. Ein zusätzlicher Job mit Periode p, Ausführungszeit τ und minimaler Ausführungszeit m führt, wenn er auch noch zugeteilt wird, zu einem Minimalausnutzungsfaktor von insgesamt $u + m/p$ für die dann $n + 1$ Jobs. Der Job wird nur zugeteilt, wenn

$$u + \frac{m}{p} \leq (n+1)(2^{1/(n+1)} - 1)$$

Das ist das Kriterium der ratenmonotonen Ablaufplanung.

Seien J die Menge von K Jobs auf einem Prozessor und M und O Pflichtteil- und Wahlteil-Menge von J. Der Gesamtauslastungsfaktor der Jobs in J ist dann

$$U = \sum_{k=1}^{K} \frac{\tau_k}{p_k}$$

Er kann größer als $K(2^{1/K} - 1)$ sein. J ist also nicht präzise planbar nach dem ratenmonotonen Verfahren. Der Minimalausnutzungsfaktor

$$u = \sum_{k=1}^{K} \frac{m_k}{p_k}$$

(= Gesamtausnutzungsfaktor der Pflichtteil-Menge M) muss aber kleiner als $K(2^{1/K} - 1)$, so dass M präzise planbar ist. Der Wert von u wird oft kleiner als 1 sein (etwa 0,82 bei $K = 2$ und $\ln 2$ bei großen K). Demnach gibt es einen Anteil der Prozessorzeit, der von den Tasks in M nicht genutzt wird. Dieser steht den Tasks in der Wahlteil-Menge O zur Verfügung. Um den durchschnittlichen Fehler noch weiter zu verkleinern, kann man dem Prozessor weniger Jobs zuteilen, als möglich wäre.

Die Scheduling-Algorithmen für Typ-N-Jobs arbeiten nach dem folgenden Schema: Die Tasks erhalten zunächst eine hohe Priorität. Diese wird reduziert, nachdem sie genug Prozessorzeit verbraucht haben, um ein akzeptierbares Ergebnis zu erzeugen.

Dazu haben Chung das folgende Theorem aufgestellt und bewiesen: Die Strategie, Jobs in M eine höhere Priorität zu geben als den Jobs in O und sie dann präzise nach dem ratenmonotonen Algorithmus zu planen, garantiert die Einhaltung aller Termine unabhängig davon, wie die Jobs in O eingeplant werden.

Für weitere Algorithmen zur Zuweisung von Prioritäten an Wahlteil-Jobs sei hier auf den Artikel selbst verwiesen [CLL 90]. Dort wird auch noch das Scheduling für Typ-C-Jobs beschrieben. Die Kostenfunktion $\beta(x)$, die 1 ist für $x > 0$ und null für $x = 0$ (mit x als Fehler), muss unter einer gegebenen Obergrenze bleiben.

Damit steht ein Verfahren bereit, dass sehr gut auf die Multimedia-Verarbeitung anwendbar ist. Voraussetzung dafür ist jedoch, dass die Programmierung stets die Unterteilung in Pflicht- und Wahlteil vornimmt, was heute noch nicht allzu oft der Fall ist.

5.3 Multimedia-Kommunikation

Multimedia-Kommunikation ist inzwischen ausführlich untersucht worden; vgl. die Kap. 14 und 15 von [Ste 99]. Ein wichtiges Ziel war dabei immer der Austausch von Multimedia-Daten zwischen verschiedenartigen Systemen. Es sollte mindestens möglich sein, das Objekt beim Empfänger darzustellen (zu drucken oder anzuzeigen). In der nächsthöheren Stufe sollte es dann möglich sein, das Layout zu verändern (ein primitives Beispiel: A4 nach US Letter), um eine bessere Darstellung zu erreichen. Die letzte Stufe verlangt auch noch die Möglichkeit, das Objekt beim Empfänger zu editieren, also den Inhalt zu bearbeiten. Dies hat seinen Niederschlag gefunden in einer Fülle von Austauschformaten, die jeweils auf einer dieser Stufen anzusiedeln sind. Sie sind oft medienspezifisch, können inzwischen aber auch multimedial ausgelegt sein (z. B. MHEG).

Diese Austauschformate sind deshalb interessant für Multimedia-DBS, weil sie neutrale und vollständige Datenstrukturen definieren müssen, also letztlich ein Schema erzeugen. Darin sind Informationen sehr vieler (oder gar aller?) Anwendungen darstellbar, und genau das will man mit einem Datenbank-Schema ja auch erreichen. Insofern haben sie wichtige Vorarbeit geleistet, und es ist für die Schemata zu überprüfen, ob sie die gleiche Mächtigkeit erreichen. Allerdings fehlen den Austauschformaten die Operationen zum Zugriff und zur Veränderung, so dass sie kein Datenmodell darstellen.

Das zweite Ziel war die Einhaltung einer bestimmten Dienstgüte, also einer Auslieferungsqualität beim Empfänger. Das ist für die zeitabhängigen Mediendaten besonders kritisch und erfordert Ressourcenreservierung wie auch Adaption zur Laufzeit. Dies betrifft nur die Ressourcen des Netzes und ist somit nicht ohne weiteres auf die Ressourcen eines Rechners übertragbar. Die Spezifikation der angestrebten Qualität ist aber davon unabhängig, und die kann auch auf Datenbanken übertragen werden.

6 Datenmodelle für Multimedia

Die Entwicklung von Konzepten für MMDBVS muss mit einer Diskussion des Datenmodells beginnen. Das Datenmodell ist eine Art (formale) Sprache, in der die Benutzer Ausschnitte der Wirklichkeit beschreiben können. Zum Datenmodell gehören immer auch Operationen zum Erzeugen, Lesen, Verknüpfen, Ordnen, Ändern, Suchen und Löschen der Daten. Das Datenmodell bestimmt die Sicht der Benutzer auf die Daten; die Implementierung bleibt verborgen und kann von einem DBVS auf ganz unterschiedliche Art und Weise durchgeführt werden.

Stand der Technik ist derzeit das relationale Datenmodell [Cod 70], das die beiden anderen „klassischen" Datenmodelle, das hierarchische und das netzwerkorientierte, in der Praxis weitgehend abgelöst hat. Inzwischen sind zahlreiche neue Datenmodelle vorgeschlagen und teilweise experimentell erprobt worden, die den Anspruch erheben, wesentlich leistungsfähiger zu sein als das relationale. Dazu zählen z. B. semantische, funktionale und objektorientierte Datenmodelle [HM 81, Shi 81, MSOP 86]. Hier ist die Vielfalt sehr groß, und es kommen immer noch neue Vorschläge hinzu. Leider sind die Ansätze nicht miteinander verträglich; Anwendungen, die mit einem dieser neuen Datenmodelle erstellt wurden, lassen sich nur mit sehr großem Aufwand auf ein anderes Datenmodell übertragen. Ein klarer Favorit, der die entscheidenden Modellierungskonzepte unter einem gemeinsamen Dach konsistent und überschaubar miteinander verbindet, ist noch nicht zu erkennen. Allerdings sind einige Konzepte inzwischen auch in die relationalen DBVS aufgenommen worden. Man bezeichnet sie dann als „objektrelationale" DBVS [SBM 99], und die entsprechenden Erweiterungen sind auch schon in der neuen Norm SQL:1999 berücksichtigt worden [Tür 03]. Die damit verbundenen Möglichkeiten sind auch für Multimedia ausgesprochen hilfreich, wie z. B. [Dun 03] demonstriert und es wie auch in den folgenden Abschnitten gezeigt wird.

Einige Ansätze zur Realisierung von MMDBVS haben die Vielfalt der Datenmodell noch weiter vergrößert, indem sie gleich ihr eigenes Datenmodell definierten. Das wird hier vermieden. Statt dessen wird versucht, die für Mediendaten benötigten Datentypen so zu definieren, dass sie sich anschließend in verschiedene Datenmodelle einbetten lassen. Mit anderen Worten: Es wird eine vom Datenmodell unabhängige Definition dieser Datentypen angestrebt (Abschnitt 6.1).

Dass eine Einbettung in ein bestimmtes Datenmodell dann noch zusätzliche Modellierungsmöglichkeiten eröffnen kann, wird in der Betrachtung der beiden Fälle objektrelational und objektorientiert deutlich (Kapitel 7 und 8). Die dabei zu berücksichtigenden Anforderungen an ein Multimedia-Datenmodell sind bereits mehrfach genannt worden: Es muss wie alle anderen Datenmodelle formatierte Daten darstellen können, daneben aber auch

Mediendaten[1]. Dazu kommen dann noch Beziehungen (Relationships). Zwar gibt es die in vielen Datenmodellen schon, doch haben sie in der Regel nicht die spezielle Bedeutung, die im Zusammenhang mit Mediendaten benötigt wird (vgl. Abschnitt 2.1.3). Das Angebot herkömmlicher Datenmodelle zur Verwaltung formatierter Daten und ihrer Beziehungen soll also in MMDBVS weiterhin zur Verfügung stehen.

Wie schon festgestellt wurde (s. Abschnitt 3.1), treten diese Medienobjekte immer zusammen mit Beschreibungen auf. Außerdem sind sie untereinander und mit beliebigen formatierten Daten verknüpft. Das kann folgende Formen annehmen:

- Attribute von Entities
Ein Objekt (Person, Auto, Schiff usw.) kann zusätzlich noch durch sein Bild, seine Handschrift und sein Geräusch (Stimme) beschrieben werden. Das Medienobjekt gibt ein Merkmal des dargestellten Entities wieder.

- Komponenten von Komplexen Objekten
Ein Dokument setzt sich aus einer variablen Anzahl von Medienobjekten zusammen: aus Textblöcken, Bildern, Graphiken und möglicherweise akustischen Anmerkungen. Die Medienobjekte sind nun nicht mehr nur Attribute, sondern eigene Entities. Zwischen ihnen und dem Entity Dokument besteht eine Relationship, nämlich eine Aggregationsbeziehung. Die Betrachtung von ODA hat gezeigt (Abschnitt 3.8.2), dass es noch zahlreiche Zwischen-Entities wie Kapitel und Abschnitte geben kann. Auch unter den Komponenten selbst bestehen weitere Beziehungen, die beispielsweise eine gleichzeitige Darstellung (auf einer Seite) definieren. Die strengste Form ist die Synchronisationsbeziehung zwischen den Bildern und der Tonspur eines Videofilms, die meist implizit durch die synchrone Abspeicherung auf Videoband dargestellt wird.

- Alternativdarstellung der gleichen Information
Die gleiche Information lässt sich oft in verschiedenen Medien darstellen, z. B. einmal als Tabelle und einmal als Kurve. Nicht immer ist die Erzeugung der einen Darstellung aus der anderen mit vertretbarem Aufwand möglich, so dass es sinnvoll sein kann, beide als Medienobjekte explizit abzuspeichern. Zwischen diesen Medienobjekten sollte dann eine Art Äquivalenzbeziehung verwaltet werden, damit je nach Verfügbarkeit von Ausgabegeräte und Neigung des Benutzers vom DBVS die eine oder andere ausgewählt werden kann. Falls die Darstellung in einem anderen Medium problemlos zur Laufzeit abgeleitet werden kann (wie es bei der Erzeugung von gesprochener Sprache aus Text der Fall ist, nicht jedoch bei der schematischen Darstellung des Textinhalts), braucht sie natürlich nicht explizit gespeichert zu werden, und damit entfällt auch die Äquivalenzbeziehung.

Das Datenmodell sollte diese verschiedenen Typen von Beziehungen zwischen Medienobjekten und formatierten Daten bzw. von Medienobjekten untereinander kennen und bei der Ausführung von Operationen berücksichtigen.

Wenn das Anwendungsprogramm ein Medienobjekt nur aus der Datenbank holt, um es ohne weitere Bearbeitung auf einem Ausgabegerät darzustellen, ist das „Materialisieren" des Objekts in den lokalen Datenstrukturen des Programms, das wegen der typischen Größe dieser Objekte durchaus aufwändig ist, eigentlich überflüssig. Deshalb hat man sich in einigen

---

[1]Dass diese Mediendaten intern auch auf formatierten Daten beruhen, tut hier nichts zur Sache. Auf der „mikroskopischen" Ebene wollen nur sehr wenige Benutzer mit den Mediendaten arbeiten

MMDBVS (z. B. in ORION, Unterabschnitt 8.2) dafür entschieden, die Ein-/Ausgabegeräte dem DBVS bekanntzumachen und Operationen anzubieten, die eine direkte Ein- und Ausgabe von Medienobjekten ohne Umweg über das Programm realisieren. Dadurch kann man das unnötige Kopieren der großen Objekte vermeiden. Analog lässt sich auch für die Kommunikation mit anderen Rechnern argumentieren, also für das Versenden von (Multi-)Medienobjekten.

Das erweitert die Funktionalität eines DBVS natürlich beträchtlich, und deshalb erscheint es unangebracht, es generell für MMDBVS zu fordern. Hier sollten auch die Funktionen eines Betriebssystems berücksichtigt werden, das ja ohnehin den Datenaustausch zwischen Anwendungsprogramm und DBVS zu regeln hat. Dieser Datentransfer könnte im Fließmodus (Pipelining) erfolgen, ohne dass das DBVS wissen muss, ob an der Empfängerseite eine Datenstruktur gefüllt, ein Gerät betrieben oder eine Übertragungsleitung belegt wird. Das Anwendungsprogramm führt dann nur noch eine Art logische Verschaltung durch und lenkt die Datenströme in die eine oder andere Richtung, ohne sie in lokalen Datenstrukturen vollständig zu materialisieren. Ähnliche Gedanken sind bereits in [Ste 89] beschrieben.

Im folgenden werden zunächst die neuen Datentypen eingeführt. Ausführlich werden Text und Image behandelt, weil damit die meisten Erfahrungen gemacht wurden; die Übertragung der dabei verwendeten Prinzipien auf die anderen Datentypen ist jedoch sehr einfach möglich. Anschließend (in den nächsten beiden Kapiteln) sollen die Einbettungen in ein objektrelationales und in ein objektorientiertes Datenmodell demonstriert werden. Dabei wird sich zeigen, wie viel man allein durch die konsistente Erweiterung der verfügbaren Modellierungskonstrukte und Anfragesprachen erreichen kann.

6.1   Neue Datentypen

Als zentrale Aufgabe ist nun also die Definition der Datentypen (oder Klassen) für die Mediendaten anzusehen. Insbesondere die Menge der auf Text, Rasterbild, Graphik usw. angebotenen Operationen muss sorgfältig ausgewählt werden.

Bevor auf die jeweiligen Mediendatentypen konkret eingegangen wird, sind noch einige allgemeine Überlegungen anzustellen, die für alle gemeinsam gelten.

Es wird den Datenbank-Forschern und -Entwicklern gelegentlich vorgeworfen, dass sie immer mehr Anwendungsfunktionen in ein DBVS aufnehmen und sich dadurch aneignen wollten. Die Konzepte der Gespeicherten Prozeduren („stored procedures") und der Methoden in objektorientierten Datenbanken machen das möglich, und sie werden ja auch genutzt, meist mit der Begründung, dass nur dadurch die gewünschte Effizienz erreicht werden kann, weil ein direkter Zugriff auf die internen Speicherungsstrukturen möglich ist. Es soll hier aber versucht werden, den Satz von Operationen zu den Mediendatentypen möglichst klein zu halten, schon um die Übersicht zu erleichtern. Lesende Operationen haben allein die Aufgabe, zur Datenunabhängigkeit beizutragen; sie sollen keine komplexen Auswertungen vornehmen. Und für ändernde Operationen gilt, dass sie die Konsistenz der Daten zu erhalten haben. Dass sich dennoch eine stattliche Menge von Operationen ergibt, ist wohl unvermeidlich.

Die Diskussion muss sich noch einmal der Frage zuwenden, ob das MMDBVS primär als ein Endbenutzersystem oder als ein Baustein in einem Programmpaket zu betrachten ist, ob also bevorzugt eine interaktive oder eine Programmschnittstelle zu realisieren ist (vgl. Abschnitt 2.2 ab S. 29). Leider können die Operationen der Mediendatentypen nicht davon unabhängig entworfen werden. Die Übergabe eines Bildes oder einer Graphik an ein Programm erfolgt ganz anders als die Darstellung auf einem Bildschirm oder Drucker, und auch die interaktiv ausgeführten Operationen (Editieren) sind andere als die, die ein Programm benötigt. Im interaktiven Betrieb muss das DBVS die angeschlossenen Ein-/Ausgabegeräte kennen, was sonst dem Anwendungsprogramm und dem Betriebssystem überlassen bleiben kann. Im folgenden wird in den Vordergrund gestellt, dass das MMDBVS einem Anwendungsprogramm die Aufgaben der Speicherung abnimmt und selbst nicht direkt mit dem Endbenutzer kommuniziert.

Daraus ergeben sich mindestens die beiden Operationen zur *Übergabe eines Medienobjekts* vom Programm an das DBVS und umgekehrt (z. B. store und retrieve oder auch write and read). Das umfasst immer die Rohdaten und die Registrierungsdaten, ggf. auch noch Beschreibungsdaten. Es sind zahlreiche Varianten dieser Operationen möglich, die beispielsweise direkt aus Dateien lesen bzw. in Dateien schreiben oder ganz bestimmte Formate der Medienobjekte in den Anwendungsprogrammen voraussetzen.

Die dritte obligatorische Operation betrifft die inhaltsorientierte *Suche*, also die Auswahl von Medienobjekten nach bestimmten Kriterien. Es ist praktisch unmöglich, dies an ein Anwendungsprogramm zu delegieren. Das Durchreichen einer großen Menge von Texten (Bildern, Graphiken, ...) an ein Programm, das dann selbst feststellt, ob die gewünschte Information enthalten ist oder nicht, ist mit einem viel zu hohen Aufwand verbunden. Das DBVS muss zumindest eine Vorauswahl treffen können, was voraussetzt, dass es etwas über den Inhalt der Medienobjekte weiß. Je mehr Information über den Inhalt dem DBVS zur Verfügung steht, desto besser können die Ergebnisse dieser Vorauswahl sein. Da DBVS potenziell sehr große Mengen von Medienobjekten verwalten, ist die Unterstützung dieser Funktion eine zentrale Aufgabe. Sichtbar nach außen wird dies in Form von *Vergleichsoperationen* zu den Mediendatentypen, die ein gespeichertes Medienobjekt (seinen Inhalt) mit einer Beschreibung vergleichen. „Beschreibung" kann dabei sehr vieles heißen, etwa ein Beispiel-Medienobjekt oder auch ein Text. Neben dem einfachen Booleschen Vergleich (Übereinstimmung ja oder nein) wird auch noch die Berechnung eines Ähnlichkeitsmaßes benötigt. Es ist also davon auszugehen, dass es mehrere dieser Vergleichsoperationen pro Mediendatentyp geben muss, die unterschiedliche Qualitäten von Suche realisieren. Das hat sich in der Betrachtung der einzelnen Medien im Kapitel 3 schon herauskristallisiert.

Für die Realisierung der drei genannten Operationen ist es unabdingbar, dass das DBVS die Medienobjekte nicht einfach als lange Felder behandelt („long fields" [HL 82] oder BLOBs), sondern sie nach Typen unterscheiden und ihre Strukturen zumindest teilweise interpretieren kann.

Im Prinzip würden diese drei Operationen auf den Medienobjekten, eingebettet in die Funktionalität eines der üblichen Datenmodelle für formatierte Daten, ausreichen, um eine Vielzahl von Multimedia-Anwendungen zu realisieren. Weitere Operationen sind möglich; ihr Nutzen hängt jedoch sehr stark von der Anwendung ab.

Ob unter den Zugriffsoperationen der Multimedia-Datentypen auch *Änderungsoperationen* sein sollten, ist eine schwierige Frage. Denkt man über Änderungsoperationen auf Texten nach, hat man unmittelbar den allgemein bekannten Funktionssatz eines Texteditors vor Augen; bei Graphik analog den eines graphischen Editors. Beides überfrachtet ein DBVS. Alternativ könnte man den ganzen Text oder die ganze Graphik auch einfach an ein Anwendungsprogramm (einen Editor) übergeben (in einem von diesem Programm selbst bestimmten Format), die Änderungen dort außerhalb des DBVS ausführen lassen und anschließend das Medienobjekt wieder abspeichern[2]. Das sollte bei umfangreichen Änderungen auf jeden Fall möglich sein, und die Operationen dafür sind ja sowieso schon vorhanden, doch erscheint es andererseits beim Hinzufügen eines einzelnen Worts oder einer Linie ziemlich übertrieben und ineffizient. Es kann auch einmal notwendig sein, Änderungsoperationen auf ganze Mengen von Medienobjekten anzuwenden, z. B. die Ersetzung der Farbtabelle in einer Serie von Bildern. Da wäre es sicher ungünstig, wenn alle Bilder nacheinander in ein Programm geladen und zurückgeschrieben werden müssten. Hier hätte man dann doch gern einige „elementare" Editieroperationen in der Datenbank zur Verfügung. Es besteht also ein Zielkonflikt, der in den vorliegenden Entwürfen von Zugriffsoperationen durchaus unterschiedlich aufgelöst wird.

Der hier zugrunde gelegte Ansatz realisiert die drei obligatorischen Operationen und eine erweiterbare Menge von Änderungsoperationen auf Medienobjekten. Das kann so weit gehen, wie in [Loc 88] beschrieben, wo im MMDBVS für jedes Medium die volle Funktionalität eines Editors bereitgestellt wird. Dies sollte jedoch nicht allgemein vorgeschrieben werden.

Der Datentyp eines Speicherobjekts (einer Folge von Bits) kann aufgefasst werden als Menge der zulässigen Werte oder als Menge der auf dieses Speicherobjekt anwendbaren Operationen [CW 85]. Im Hinblick auf die neuen Datentypen für Multimedia scheint die zweite Betrachtungsweise wesentlich besser geeignet zu sein. Um die Erweiterung ohne Bruch durchzuführen, soll kurz noch einmal an trivialen Beispielen vorgeführt werden, was die Verwendung von elementaren Datentypen wie integer oder float bedeutet.

Auf Objekten des Typs integer sind Operationen wie $+, -, \times$ und $/$ zugelassen, für die der Typ der beiden Operanden integer sein muss und der Ergebnistyp auch wieder integer ist. Es gibt noch weitere Operationen wie $=, \neq, >, <, \geq, \leq$ usw., die, auf zwei integer-Objekte angewandt, ein Objekt vom Typ boolean liefern. Ganz analoge Operationen gibt es auf Objekten des Typs float. Dass diese Operationen das gleiche Symbol verwenden wie die von integer[3], ändert nichts daran, dass es sich um andere Operationen handelt; sie sind anders implementiert, und der Programmierer, der sie verwendet, weiß das auch ganz genau. Zwischen den Typen integer und float gibt es wechselseitige Abbildungsoperationen wie z. B. round oder ceiling. Auch wenn solche Typanpassungen in manchen Programmiersprachen implizit, also ohne Verwendung eines Operators erfolgen können, müssen sie doch in der Semantik der Sprache explizit behandelt werden.

char oder character ist ein weiteres Beispiel für die elementaren Datentypen, die in Datenmodellen verwendet werden können. Oft wird char zwangsweise mit dem Typkonstruktor Array verknüpft, von dem unten noch die Rede sein wird. Wenn man einen einzelnen char für

---

[2] Bei dieser Vorgehensweise muss darauf geachtet werden, dass nicht ein anderer Benutzer auf demselben Medienobjekt ändert und es dann beim Zurückschreiben zu „lost update" kommt. Hier sollte ein Mechanismus eingesetzt werden, der seit langer Zeit als „Check out, check in" bekannt ist; siehe etwa [KLMP 84].

[3] Namen und Symbole von Operationen können „überladen" werden.

sich betrachtet, so gibt es relativ wenige Operationen, die darauf anwendbar sind. Pascal-
und C-Programmierern ist die Umsetzung in einen integer geläufig. Die wichtigste Operation ist vermutlich die Ausgabe; der Vergleich mit anderen Zeichen wird allerdings auch oft
benötigt.

Schließlich gibt es noch den bereits erwähnten Datentyp boolean (oder bit, wenn man eine
speicherungstechnische Betrachtung bevorzugt). Auf ihm sind alle Operationen der Booleschen Algebra definiert; sie erzeugen jeweils wieder ein Objekt vom Typ boolean.

Aus den Basistypen kann man mit Hilfe sog. Typkonstruktoren (man spricht auch von generischen Typen) neue, komplexere Typen erzeugen. Die wichtigsten sind Listen (bei fester
Länge: Arrays), Mengen und Tupel. Auf diesen generischen Typen sind wiederum ganz
bestimmte Operationen zugelassen, z. B. bei Listen die Ermittlung der Länge, der Zugriff
auf einzelne Elemente, die Konkatenation, die Bildung einer Teilliste oder die Anwendung
einer Operation des verwendeten Basistyps auf alle Elemente. Man kann hier auch von
parametrisierten Typen sprechen, weil ein Typ oder mehrere Typen als Elementtypen in
die Definition der Liste, des Tupels oder der Menge eingehen. Diese Parameter-Typen werden dann als Operanden- und Ergebnis-Typen der Operationen zu den generischen Typen
eingesetzt. Auch bei generischen Typen bleibt es also dabei, dass die Operationen stark
typgebunden sind.

Die neuen Datentypen für Medienobjekte könnten nun über diese Typkonstruktoren eingeführt werden, also z. B. als Tupel von Listen usw. Das erscheint jedoch angesichts des
gewünschten Umgangs mit ihnen nicht sinnvoll. Primär sollen Operationen auf dem Medienobjekt als Ganzem ausgeführt werden, ohne dass die Benutzer die Abbildung auf die
Elementtypen zur Kenntnis zu nehmen brauchen. Deshalb werden die Medien-Datentypen
als neue Basistypen eingeführt, neben den beschriebenen integer, float usw.

Es ist kein Problem, zu diesen Datentypen auch noch besondere Operationen bereitzustellen, die eine Abbildung in zusammengesetzte Typen vornehmen können, also etwa zu einem
Bild die Pixelmatrix erzeugen (als byte [] [] oder als Relation mit Tupeln, die jeweils einen
Pixelwert definieren). Jeder dieser zusammengesetzten Typen legt aber notwendigerweise
ein bestimmtes Speicherungsformat fest, das für die eine Anwendung geeignet sein mag, für
die andere jedoch nicht. Deshalb muss es möglich sein, verschiedene solcher Abbildungsoperationen für den gleichen Medien-Datentyp zu definieren, von denen keine einen Rückschluss
auf das intern tatsächlich verwendete Speicherungsformat zulässt.

Mit der Verbreitung der objektorientierten Programmierung sind Generalisierungshierarchien allgemein bekannt geworden, und sie sind auch für die multimedialen Datentypen
sinnvoll, wie man sich leicht überlegt. Es erscheint jedoch besser, zunächst einmal die Datentypen für sich einzuführen. Die Generalisierungshierarchien werden dann am Beispiel
von Image eingeführt.

Um die Darstellung möglichst präzise und eindeutig zu machen, müssen die Datentypen,
vor allem ihre Operationen, nun in einer programmiersprachlichen Notation hingeschrieben
werden. Dazu wird im folgenden Java verwendet, weil diese Sprache im Augenblick sehr
verbreitet ist und außerdem die erforderliche Konzepte in einer modernen und vereinfachten
Form anbietet. Das soll natürlich nicht heißen, dass die Implementierung auch nur in Java
erfolgen kann. Vielmehr sollte eine Übertragung auf andere Programmiersprachen wie C++

und Smalltalk im Bedarfsfall sehr leicht möglich sein. Die Diskussion von SQL/MM im Abschnitt 6.6 unten wird ja auch noch eine weitere Syntax für dieselbe Aufgabe zeigen. Dem Prinzip von Java folgend, beginnt die Darstellung mit einer Schnittstelle (interface) für die Datentypen. Die ist zwar nicht instanziierbar, zeigt aber, was vom Datentyp benötigt wird. Dann erst folgt die Definition einer Klasse (class), die instanziierbar ist, aber auch in höherem Maße sprachabhängig.

6.2   Der Datentyp Text

Die Definition der neuen Basis-Datentypen wird nun am Beispiel von Text illustriert; im nächsten Abschnitt wird Image genauer vorgestellt.

Die vorangegangenen Kapitel haben deutlich gemacht, dass Text mehr sein muss als etwa nur char []. Auf einem Objekt vom Typ Text muss es vielmehr Operationen geben, die diverse Informationen über dieses Objekt abrufen:

```
interface Text {
        public int length ( );
        public int alphabet ( ); // 0 == ISO Latin-1, ...
        public int alphabetSize ( );
        public int language ( ); // 0 == English, 1 == German, ...
        public char charAt (int n);
        public byte [] getASCII ( );
        public byte [] getEBCDIC ( );
        public String getUnicode ( );
        usw.
};
```

Text hat immer eine Länge (Zahl der verwendeten Zeichen). An die Stelle der Codierung, an die man bei Texten auf Rechnern immer sofort denkt („ASCII-Text"), tritt der Zeichenvorrat, das verwendete Alphabet[4]. Die verwendete Codierung bleibt verborgen; die Zugriffsoperationen bestimmen wahlweise eine Codierung, in der der Text ausgeliefert wird. Bei charAt ist das, wie von Java vorgegeben, Unicode.

Text wird in vielen Fällen als zeilenstrukturiert angesehen, was aber eher schon einen Untertyp definiert. In der Tat kann die Einteilung in Zeilen informationstragend sein, so etwa bei Gedichten. Die Einteilung in Worte ist dagegen von der Sprache und vom Zeichenvorrat abhängig, aber sie ist im Prinzip bei jedem Text möglich. Mit Bezug auf diese Strukturen sind weitere Operationen denkbar, wie man sie aus Systemen als Werkzeuge kennt:

```
        public int lineCount ( );
```

liefert die Zahl der Zeilen in einem Text,

```
        public int wordCount ( );
```

---

[4]Wenn „ASCII" nur in diesem Sinne verstanden wird, ist er als Wert hier auch wieder zulässig. Schließlich ist damit implizit auch ein Zeichenvorrat definiert.

liefert die Zahl der Worte[5],

```
    public char [] line (int lineNo);
```

holt aus einem Text die Zeile mit der angegebenen laufenden Nummer,

```
    public char [] word (int wordNo);
```

holt aus einem Text das Wort mit der angegebenen laufenden Nummer.

Es ist offensichtlich, dass es noch sehr viel mehr Operationen dieser Art geben kann und muss, mit denen man sich Teile des Textes geben lassen kann oder kleine Auswertungen über ihnen durchführt. So wichtig diese Detailsicht in einigen Anwendungen sein mag, so störend wirkt sie sich in anderen aus, die nur eine ganzheitliche Sicht auf das Textobjekt wünschen, z. B. weil sie es als kleinen Baustein in einem Dokument verwenden. Hier sind umfassendere Operationen zum Kopieren oder auch zum Anzeigen und Ausdrucken gefordert:

```
    public boolean print (Printer p);
    public boolean display (Window w);
```

Diese Operatoren liefern als Ergebnis nur eine Bestätigung, dass der Ausgabevorgang erfolgreich durchgeführt wurde. Ihre Wirkung liegt primär in dem „Seiteneffekt", den sie auf die angegebenen Geräte haben.

Neben den bisher angesprochenen Operatoren, die nur lesenden Zugriff auf das Textobjekt ausüben, soll es auch noch Änderungsoperationen geben. Sie sind so auszulegen, dass sie wieder ein konsistentes Textobjekt erzeugen. Das betrifft vor allem die gemeinsame Änderung von Rohdaten und Registrierungsdaten.

```
    public void replaceLine (int lineNo, char [] newLine);
    public void insertLine (int lineNo, char [] newLine);
    public void concatenate (Text t);
```

Die direkte Änderung des gegebenen Textobjekts entspricht der Idee der Abstrakten Datentypen, hat aber einige Nachteile, was die spätere Einbettung in eine Anfragesprache angeht. Dafür wäre es besser, stets ein neues, geändertes Textobjekt zu erzeugen und das alte nur zu lesen. Das wäre die rein funktionale Sicht, werteorientiert, aber nicht objektorientiert. Die erste der beiden oben gezeigten Änderungsoperationen sähe dann zum Beispiel so aus:

```
    public Text replaceLine (int lineNo, byte [] newLine);
```

Beide Lösungen haben Vor- und Nachteile, und es kann sogar erwünscht sein, sie nebeneinander zur Verfügung zu haben[6]. Die Diskussion wird im Zusammenhang mit der Anfragesprache noch einmal aufgegriffen.

Um ein Objekt vom Typ Text zu erzeugen, muss eine Operation bereitgestellt werden, die Objekte anderer Typen auf Text abbilden kann. Da damit nun auch die Instanziierung verbunden ist, muss nun in Java eine Klasse definiert werden, zu der es einen Konstruktor geben sollte. Dann könnte der Kopf eines solchen Konstruktors wie folgt definiert werden:

---

[5]Eigentlich sollte als Ergebnistyp hier long int oder etwas Ähnliches verwendet werden, um nicht implizit eine Längenbeschränkung von Text einzuführen. Da es hier aber um diese „gewohnten" Datentypen gar nicht geht, wird hier int einfach als Stellvertreter für den jeweils geeigneten Zahlentyp eingesetzt. Bei Text sollte man am ehesten von 64 Bit ausgehen.
[6]Vgl. in Java String und StringBuffer!

```
class TextClass implements Text {
    public TextClass (
            int length,
            int charLength,
            int code,              // 0 == ASCII, 1 == EBCDIC, ...
            int formatter,         // 0 == none, 1 == PostScript, ...
            byte endOfLine,
            byte [] characters
    );
    ...
}
```

Mit einer solchen Operation wird eine möglichst breite Einsetzbarkeit angestrebt: Sie erlaubt es, sehr viele Arten von Text aus ganz unterschiedlichen Systemumgebungen in ein (Datenbank-) Objekt vom Typ Text zu überführen. Der Nachteil ist eine gewisse Umständlichkeit, die darin besteht, dass eine lange Reihe von Parametern angegeben werden muss, deren Werte doch „selbstverständlich" sind. Nichts spricht dagegen, weitere Konstruktoren zum Erzeugen von Textobjekten zu realisieren, die auf eine bestimmte Umgebung zugeschnitten sind und deshalb mit erheblich weniger Parametern auskommen. Unterstellt man etwa eine UNIX-Umgebung, so lässt sich eine Operation

```
    public TextClass (String filename) {
        ...
    };
```

definieren, die allein mit dem Dateinamen als Parameter auskommt und alle übrigen Parameter so versorgt, wie es der UNIX-Kontext vorgibt. Vergleichbare Operationen sind auch für andere Umgebungen denkbar.

Alle genannten Operationen auf dem Datentyp Text haben nur Beispielcharakter. Sie sollen deutlich machen, dass man solche oder ähnliche Operationen auf jeden Fall braucht, wenn man den Datentyp Text einführen will. Nur über sie kann mit den Textobjekten in einer Multimedia-Datenbank überhaupt gearbeitet werden. Es sollte stets möglich sein, weitere Operationen, die auf eine bestimmte Anwendungsumgebung zugeschnitten sind, zu definieren. Das kann direkt durch Erweiterung des Typs geschehen oder auch durch Spezialisierung.

6.3   Der Datentyp Image

Wie schon bei Text ist es auch beim Datentyp Image wichtig hervorzuheben, dass er ausschließlich durch die anwendbaren Operationen beschrieben ist. Über die interne Struktur sollen die Benutzer nur ungenaue Vorstellungen haben. Das heißt, sie wissen zwar, dass es eine Farbtabelle und eine Pixelmatrix gibt, aber nicht, wie diese aufgebaut sind. Manche dieser Eigenschaften können dann auch virtuell sein, was bedeutet, dass sie gar nicht explizit gespeichert sind, sondern aus anderen Eigenschaften abgeleitet werden.

Zum lesenden Zugriff auf existierende Bildobjekte müssen wieder Operationen bereitstehen, die auf jede einzelne Komponente zugreifen können:

```
interface Image {
    public int height ( );
    public int width ( );
    ...
}
```

Weitere Operationen könnten statistische Auswertungen über den Bildern vornehmen:

```
public int pixelcount (byte [] pixelvalue);
```

zählt die Häufigkeit, mit der ein bestimmter Pixelwert vorkommt.

Beim Lesen eines Bildes aus der Datenbank können die elementaren Bestandteile (Pixel) abgerufen werden, es kann aber auch eine Abbildung auf die spezifischen Datenstrukturen einer Rechnerumgebung vorgenommen werden. Auf SUN-Rechnern z. B. wurden Rasterbilder einige Zeit lang in einer Datenstruktur namens Pixrect verwaltet, die zahlreiche der oben explizit angegebenen Bestandteile umfasst [Sun 86]. Diese kann man auch direkt erzeugen:

```
public Pixrect getPixrect ( );
```

In einer interaktiven Umgebung ist das Anschauen des Bildes wohl die häufigste Art der Nutzung, so dass sie auf jeden Fall durch eine eigene Operation unterstützt werden sollte:

```
public boolean display (Device d);
```

Schließlich sollte die Änderung eines Bildes ermöglicht werden, und auch hier ist wieder auf Konsistenzerhaltung zu achten: Die Änderung der Rohdaten allein ohne entsprechende Anpassung der Registrierungsdaten wie auch der umgekehrte Fall müssen auf jeden Fall vermieden werden. Die folgenden Operationen stellen erneut nur Beispiele dar; hier ist sehr viel mehr möglich.

```
public Image window (int x0, int y0, int x1, int y1);
```

schneidet den außerhalb des Fensters liegenden Teil des Bildes weg („crop"),

```
public Image replaceColormap (
    Code encoding,
    int colormapLength,
    int colormapDepth,
    int [] [] colormap
);
```

ersetzt die Farbtabelle des Bildes durch eine andere,

```
public Image replacePixelvalue (
    int x, int y,
    byte [] pixelvalue
);
```

ersetzt einzelne Pixelwerte.

Wie schon bei Text erläutert, können diese Operationen auch als Prozeduren realisiert werden (d. h. mit Ergebnistyp void), wenn das als die geeignetere Lösung erscheint.

Die für die Erzeugung eines Datenobjekts vom Typ Image angebotene Operation

```
class ImageClass implements Image {
    public ImageClass (
            int height,
            int width,
            int depth,
            float aspectRatio,
            Code encoding,
            int colormapLength,
            int colormapDepth,
            int [] [] colormap,
            byte [] pixelmatrix
    );
    ... }
```

legt in keiner Weise fest, welches interne Speicherformat zur Darstellung von Rasterbildern in der Datenbank tatsächlich verwendet wird. Auch ein Parameter wie encoding gibt nur die in den anderen Parametern colormap und pixelmatrix verwendeten Codierungen an, die es dem System erlauben, die entsprechenden Parameterwerte korrekt zu interpretieren und in das eigene interne Format zu übersetzen.

Wie schon bei Text kann auch bei Image mit weiteren Erzeugungsoperationen auf den speziellen Kontext eingegangen werden. Als Beispiel wird wieder das bereits eingeführte Pixrect von SUN genommen. Farbtabellen werden getrennt in einer eigenen Datenstruktur Colormap abgelegt, die gleichfalls alle beschreibenden Parameter umfasst. In dieser Umgebung bietet sich der folgende Konstruktor an:

```
    public ImageClass (Pixrect pr, Colormap cm);
```

Analog sind die Datentypen Graphic, Sound und Video definiert worden. Auf die Darstellung wird hier verzichtet, weil sie keine neuen Aspekte enthält.

6.4   Inhaltsangaben und Vergleiche

Die Ergänzung der Mediendatentypen um die Inhaltsangaben wird nach dem gleichen Prinzip vorgenommen wie die Definition der anderen Operationen. Wie bereits in Abschnitt 3.1 auf S. 40 erläutert, müssen dabei insbesondere Vergleichsoperationen definiert werden.

Da es sich bei den Inhaltsangaben um abhängige Komponenten handelt, die ohne das Medienobjekt keine Existenzberechtigung haben, werden sie mit dem Objekt verkapselt. Das erfordert einige zusätzliche Operationen auf den Medienobjekten. Sie werden hier am Beispiel von Image gezeigt, lassen sich aber praktisch unverändert auf alle anderen Mediendatentypen übertragen. Die Darstellung zeigt die Prozeduren.

```
interface Image {
        ...
    public void newDescr (String descr);
```

fügt dem Bild die Inhaltsangabe in descr hinzu und ersetzt dabei ggf. die bisherige Inhaltsangabe.

    public void **extendDescr** (String descr);

ergänzt die bisherige Inhaltsangabe (sofern vorhanden) um die in descr gegebene.

    public int **descrLength** ( );

liefert die Länge der Inhaltsangabe.

    public String **getDescr** ( );

gibt die Inhaltsangabe als String aus.

    public boolean **contains** (String query);

prüft, ob die Inhaltsangabe query „enthält", d. h. ob sie auf den Suchausdruck in query
passt. Das ist ein Repräsentant für eine Reihe von Vergleichsoperationen, die auf Bildern
wie auf den anderen Mediendatentypen definiert werden können. In diese Form sind die
Operationen zu bringen, die im Abschnitt 3.4.2 ab S. 63 vorgestellt wurden.

6.5   Generalisierung

Die Allgemeinheit der Operationen auf den Inhaltsangaben legt es nahe, eine *Generalisie-*
rungshierarchie aufzubauen, in der ein übergeordneter Datentyp (eine Superklasse) Media-
Object eingerichtet wird, zu dem die Operationen definiert sind, die auf alle Medienobjekten
angewendet werden können. Denkbar wäre dann z. B. auch eine (virtuelle oder abstrakte)
Methode output, deren konkrete Realisierung vom jeweils vorliegenden Mediendatentyp
abhängig wäre.

Die Generalisierungshierarchie kann weiterhin genutzt werden, um mit Hilfe von Subklassen
einige Unsauberkeiten zu vermeiden, die die bisher für Image definierten Operationen aufweisen. So gibt es zum Beispiel Bilder mit einer Pixeltiefe 1, die keine Farbtabelle benutzen.
Eine Null in einem Pixel bedeutet einfach weiß, eine Eins schwarz. Für die Druckerausga-
be und für eine große Klasse von Bildschirmen (Bitmap-Displays) sind solche Bilder sehr
wichtig. Bei ihnen ist allerdings die Definition von Operationen wie colormapLength und
getColormap sinnlos. Zugleich gibt es andere Operationen, die nur auf solchen Bitmap-
Bildern sinnvoll auszuführen sind [GS 83]. Ähnlich lässt sich für Bilder mit Graustufen
argumentieren. Deshalb bietet es sich an, für die drei Typen von Bildern eigene Subklassen
vorzusehen, wie es in Abb. 6.1 dargestellt ist.

Die Subklassen von Image repräsentieren auch den unterschiedlichen Informationsgehalt
von Rasterbildern. Wenn man sich vorstellt, dasselbe Foto einmal als Bitmap, dann als
Graustufenbild und schließlich als Farbbild zu erfassen, wird intuitiv klar, dass das Farbbild
am meisten Information enthält und das Bitmap-Bild am wenigsten. Die Umwandlung
eines Farbbilds in ein Grauwertbild, bei der der Helligkeitswert einer Farbe errechnet oder
aus einer Tabelle gelesen wird, ist immer mit einem Informationsverlust verbunden. Das
gilt auch für die Umwandlung eines Grauwertbilds in ein Bitmap-Bild, bei der entweder
ein Schwellenwert für die Entscheidung zwischen Schwarz und Weiß benutzt oder aber ein
einzelnes Pixel durch ein Pixelquadrat ersetzt wird, in dem ein Schwarzweiß-Muster den

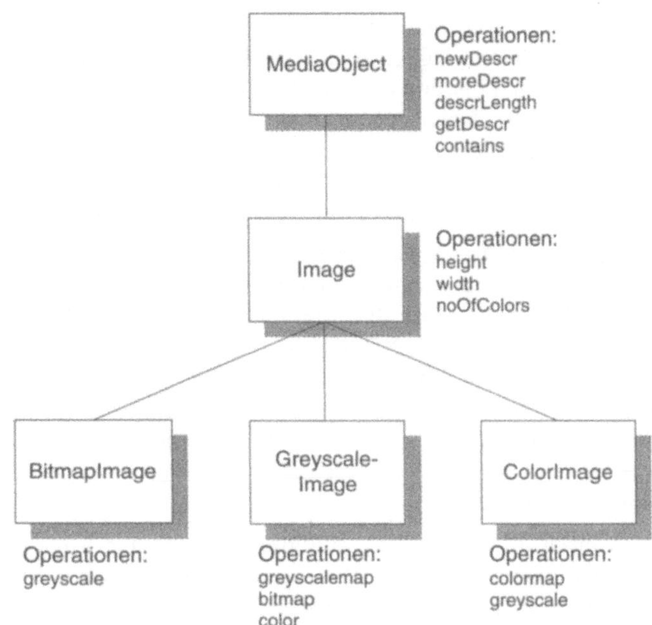

Abbildung 6.1 Klassenhierarchie für Rasterbilder

Eindruck des Grauwerts zu erzeugen versucht. Dieser Informationsverlust wird durchaus in Kauf genommen, wenn eine Darstellung auf ganz bestimmten Ausgabegeräten erfolgen muss. Deshalb sind die Operationen **greyscale** bei **ColorImage** und **bitmap** bei **GreyscaleImage** vorzusehen.

Umgekehrt kann ein Bitmap-Bild immer auch als Grauwertbild mit nur zwei Graustufen interpretiert werden; eine entsprechende Umsetzung ist ohne Informationsverlust möglich, erzeugt aber eben nicht das „wirkliche" Grauwertbild, das eine Schwarzweißkamera vom gleichen Motiv erzeugt hätte. Wenn man das „vergisst", erzeugt man doch wieder einen Informationsverlust. Das gilt analog auch für die Interpretation von Grauwertbildern als Farbbildern, wobei hier allerdings nur in Ausnahmefällen (Nachtaufnahmen) der trügerische Eindruck erweckt werden kann, dass bei der Aufnahme nur Grauwerte zu sehen waren. Die Beispiele zeigen erneut, wie wichtig es ist, die Entstehungsgeschichte eines Rasterbilds zu kennen. Man kann durchaus geteilter Meinung sein, ob die Operationen **greyscale** bei **BitmapImage** und **color** bei **GreyscaleImage** überhaupt angeboten werden sollten – und sei ihre Semantik noch so eindeutig und klar.

Jedes Rasterbild muss entweder ein Bitmap-Bild, ein Graustufenbild oder ein Farbbild sein, und es gehört immer nur genau einer der drei Subklassen an. Deshalb verfügt jede davon über eigene Konstruktoren. Die hier vorgenommene Spezialisierung von Rasterbildern ist also disjunkt und vollständig. Das Datenbanksystem muss die Einhaltung einer solchen Integritätsbedingung garantieren können.

Orthogonal zu der eher aufnahmetechnisch bedingten Einteilung nach Bitmap, Grauwert und Farbe können Bilder auch nach inhaltlichen Kriterien klassifiziert werden, so z. B. danach, ob es sich bei ihnen um rechnerintern erzeugte oder mit einer Kamera aufgenommene Bilder handelt. Noch genauer kann man dann in der zweiten Gruppe Passbilder, Satellitenfotos, Luftbildaufnahmen, Röntgenbilder und viele andere unterscheiden. Ihnen lassen sich jeweils ganz spezielle Operationen zuordnen, die vor allem Aufgaben der Bilderkennung wahrnehmen können, und zwar deutlich besser als bei beliebigen Bildern

Eine konkrete Anwendungssituation kann noch speziellere Subklassen bilden, deren Operationen auf diese Situation zugeschnitten sind. In einem Krankenhaus, in dem aufgrund der verfügbaren Geräte die Röntgenbilder stets als Grauwertbilder erfasst werden, könnte eine Klasse OurHospitalXRayImage als Subklasse von GreyscaleImage und zugleich als Subklasse von XRayImage eingerichtet werden. Damit stünden ihr ohne Programmieraufwand sofort alle Operationen ihrer beiden Superklassen zur Verfügung; nur die neu hinzukommenden Operationen müssten noch implementiert werden. Natürlich setzt dieses Beispiel voraus, dass das System netzartige Strukturen in der Klassenhierarchie (multiple Vererbung) zulässt.

Die Definition einer Klassenhierarchie wurde hier am Beispiel der Rasterbilder gezeigt; sie läßt sich aber in gleicher Weise auch für die anderen Mediendatentypen durchführen, wie eine Projektarbeit an der Universität Kaiserslautern gezeigt hat [Zim 91]. Dabei wurde das Wissensbankverwaltungssystem KRISYS zugrundegelegt [Mat 88], in dem die wichtigsten Modellierungsmittel der objektorientierten Systeme zur Verfügung stehen.

Ein Vergleich mit dem in Abschnitt 8.2 vorgestellten „Multimedia Information Manager" (MIM) zeigt, dass man die Einteilung in Subklassen durchaus auch anders vornehmen kann. Es wird wohl noch eine Zeit lang so sein, dass Hersteller und Anwender eigene Klassenhierarchien für Medienobjekte definieren, bis sich aus den Erfahrungen zahlreicher Anwendungen heraus eine allgemein akzeptierte Obermenge bildet.

6.6   SQL/MM

Tatsächlich hat diese Art des Entwurfs von Mediendatentypen auch schon konkret ihren Niederschlag gefunden in der Normung. In Ergänzung von SQL:1999, aber als eigene Norm ISO/IEC 13249 wurde SQL/MM definiert [ME 01]. Das hat natürlich Gewicht, und selbst wenn es noch kaum Implementierungen dazu gibt, so ist doch zu untersuchen, was da genormt wurde. Die Norm ist aufgeteilt in bisher fünf Pakete: ein Rahmenwerk, Volltext, Vektorgraphik, Rasterbild und Data Mining. Naheliegenderweise werden hier die drei mittleren in den Vordergrund gestellt. Wie schon in den letzten Abschnitten richtet sich der Augenmerk dabei auf die Operationen.

In der folgenden Darstellung wird schon die Syntax von SQL:1999 verwendet, die eigentlich erst im nächsten Kapitels eingeführt werden soll. Mit ihr besteht eben keine Unabhängigkeit vom Datenmodell mehr, sondern es wird implizit eine Entscheidung für die aktuell gültige Norm zu relationalen Datenbanken getroffen. Trotzdem wird diese Syntax verwendet, denn sie ist so in den Normungsdokumenten enthalten. Sie ist auch leicht verständlich. An

Stelle der Klassen werden die sog. „User-defined Types" (UDT's) verwendet, zu denen eben die Operationen (hier: Funktionen bzw. „User-defined Functions", UDF's) definiert sind. Eine Rückübersetzung in die neutrale Java-Syntax, die bisher benutzt wurde, kann als Übungsaufgabe durchgeführt werden.

6.6.1   SQL/MM Full Text

Die Darstellung bezieht sich auf die Version vom 10.12.2001 [ISO 01a], die inzwischen sicher schon überholt ist. Allerdings ist das Prinzip bereits deutlich erkennbar, und die nachfolgenden Änderungen im Detail spielen keine allzu große Rolle mehr.

Das Paket spezifiziert einen UDT FullText für die Text-Daten und einen weiteren UDT FT_Pattern für Suchmuster. FullText weist vier Suchmethoden auf, von denen sich jeweils zwei nur in ihrem Parametertyp unterscheiden: Das ist entweder eine Zeichenkette oder ein Muster vom Typ FT_Pattern. Die Methodennamen sind also überladen. Die beiden Contains-Methoden realisieren eine Boolesche Suche; sie liefern als Ergebnis also nur Ja oder Nein. Die beiden Rank-Methoden ermitteln dagegen eine (implementierungsabhängige) Gleitpunktzahl, die für ein Ranking verwendet werden kann. Des weiteren verfügt FullText über zwei Konstruktoren. Der eine erzeugt ein Textobjekt aus einer Zeichenkette, während der andere zusätzlich auch noch die Sprache des Textes registriert. Und schließlich gibt es noch eine Funktion FullText_to_Character zum Erzeugen einer Zeichenkette, also für die Ausgabe des Textes.

In der Syntax von SQL:1999 führt das auf die folgenden UDT-Definitionen[7]:

```
create type FullText as (
      Contents character varying (FT_MaxTextLength),
      Language character varying (FT_MaxLanguageLength),
      . . .
)
method Contains (pattern FT_Pattern)
      returns integer
method Contains (pattern character varying (FT_MaxPatternLength))
      returns integer
method Rank (pattern FT_Pattern)
      returns double precision
method Rank . . .
method FullText (String character varying (FT_MaxTextLength))
      returns FullText
method FullText (
      String . . . ,
      Language character varying (FT_MaxLanguageLength)
) returns FullText;
```

---

[7]Die SQL-Normungsvorschläge lösen sich nur langsam von der Großbuchstaben-Schreibweise, die noch aus alten Großrechner-Tagen mit Walzen- oder Kettendruckern stammt. In Abweichung vom ISO-Text, aber in Übereinstimmung mit den meisten am Markt verfügbaren Systemen und um einer besseren Lesbarkeit willen werden hier Kleinbuchstaben verwendet.

```
create cast (FullText as
       character varying (FT_MaxTextLength)
       with FullText_to_Character);

create type FT_Pattern as
       character varying (FT_MaxPatternLength);
```

Die Werte von FT_Pattern müssen Ausdrücke einer in Backus-Naur-Form beschriebenen Sprache sein. Die Auswertung wird durch Regeln über den Symbolen der Sprache beschrieben. Das lässt sich am einfachsten durch eine Reihe von Beispielen verdeutlichen. Als Textobjekt dient dabei aText mit dem Inhalt: „In diesem Abschnitt wird der Standard SQL/MM vorgestellt. Dieser Standard definiert Typen und Routinen für Medienobjekte." Das einfachste Suchmuster ist ein einzelnes Wort:

```
aText.Contains (' "Abschnitt" ') = 1
```

Diese Gleichung soll besagen, dass die Anwendung von Contains auf das Textobjekt aText den Wert „true" (bzw. 1) liefert.

Es kann auch nach einer ganzen Menge von Worten gesucht werden, die dann durch Platzhalter („Wildcards") an bestimmten definiert wird:

```
aText.Contains (' "Abschnitt_" ') = 0
```

Enthielte das Textobjekt auch noch das Wort „Abschnitte", hätte dieser Vergleich eine 1 geliefert.

In den Suchmustern kann auch auf einen Thesaurus Bezug genommen werden, der dann Erweiterungsmuster zu einem Wort generiert, also z. B. ähnliche Wörter, allgemeinere Wörter, speziellere Wörter, Synonyme oder die Abstammung:

```
aText.Contains ('
       thesaurus "Informatik"
       expand synonym term of "Norm"
') = 1
```

Dabei wird unterstellt, dass der Thesaurus „Informatik" zu dem Wort „Norm" das Synonym „Standard" liefert, das in der Informatik nun einmal gern anstelle des eigentlich richtigen „Norm" verwendet wird.

Reihenfolge und Abstände mehrerer Wörter können in Form eines Kontextmusters festgelegt werden:

```
aText.Contains ('
       ("Vortrag") near "Standard"
       within 0 sentences in order
') = 1
```

Und schließlich mittels sog. Konzeptmuster auch noch auf die Bedeutung eines Textes Bezug genommen werden:

```
aText.Contains ('
       is about "Internationaler Standard
       zur Volltextsuche"
') = 1
```

Dabei wird offen gelassen, wie denn so ein **is about** implementiert werden könnte.

Dies alles waren Beispiele für einzelne Such-Phrasen. Die können nun weiter kombiniert werden, am einfachsten durch Aufzählung von Einzelwortmustern oder auch als Mengen von Phrasen, die dann als konjunktiv verknüpft aufgefasst werden. Und schließlich besteht noch die Möglichkeit, Muster mit beliebigen Booleschen Operatoren zu verknüpfen.

Ein einfaches Muster soll herangezogen werden, um auch noch die Verwendung im Kontext einer Beispielanfrage zu zeigen:

```
select * from myDocs
where Doc.Rank(' "Standard" ') > 0.8
```

Wie die UDT-Definition gezeigt hat, kann zu einem Text die Sprache definiert werden, in der er verfasst worden ist. Darauf kann man in einigen Mustern auch Bezug nehmen. Das System sollte die Information auswerten, um die richtige Erkennung von Wort-, Satz- und Absatzgrenzen vorzunehmen (bei Kontextmustern). Bei Erweiterungsmustern sollte die richtige Expansion erfolgen, z. B. für ähnliche Wörter. Auch die Behandlung von Stoppworten ist ja sprachabhängig, wie das kleine Wort „die" veranschaulicht: Im Englischen würde man es wohl kaum als Stoppwort einstufen, im Deutschen dagegen immer. (engl. „die" vs. dt. „die"). Weiterhin wird die Suche durch eine Wortnormalisierung unterstützt, die eine einheitliche Transkription vornimmt: „Müller" wird ersetzt durch „Mueller".

6.6.2 SQL/MM Spatial

Der Datentyp Spatial entspricht dem, was ansonsten in diesem Buch als „Graphik" bezeichnet wird. Er ist entsprechend komplex, was auch dadurch unterstrichen wird, dass die Version vom 10.12.2001, die hier zugrundegelegt ist, 581 Seiten umfasst [ISO 01b].

Spezifiziert werden UDT's für 2D-Daten (Punkte, Linien, Flächen) und Kollektionen davon. Das schließt Routinen für die Manipulation, die Suche und den Vergleich von räumlichen Daten sowie für das Konvertieren zwischen den UDT's und Zeichen- oder Binärdarstellungen ein. Die einzelnen Typen werden, wie es hier besonders sinnvoll erscheint, in einer Generalisierungshierarchie organisiert. Der Wurzeltyp heißt ST_Geometry. Zu jedem Geometrieobjekt gehört ein SRID (spatial reference system identifier), der das räumliche Referenzsystem spezifiziert. Er beruht auf den bekannten Referenzsystemen: dem geographisches Koordinatensystem (mit Längen- und Breitengrad), dem Projektionskoordinatensystem (mit X und Y) oder dem Geozentrisches Koordinatensystem (mit X, Y und Z). Beschrieben werden sie in einem Ausdruck gemäß folgender BNF:

```
<spatial reference system> ::= <projected cs> | <geographic cs> | <geocentric cs>

<geographic cs> ::= GEOGCS <left delimiter>
      <double quote> <name> <double quote> <comma>
      <datum> <comma>
      <prime meridian> <comma>
      <angular unit>
<right delimiter>
```

Für Elemente einer Kollektion vom Typ ST_Geometry und innerhalb einer Spalte mit dem

Typ ST_Geometry muss stets dasselbe Referenzsystem gewählt werden.

Im einzelnen gibt es nun die folgenden Typen: Als „nulldimensional" kann der Punkt betrachtet werden: ST_Point. Die eindimensionalen Objekte heißen insgesamt ST_Curve, wobei erst die Subtypen instanziierbar sind, die eine bestimmte Interpolation zwischen den Einzelpunkten festlegen: ST_LineString nimmt eine lineare Interpolation vor, ST_CircularString eine kreisförmige und ST_CompoundString eine Mischform aus beidem. ST_Surface umfasst dann die zweidimensionalen Objekte, unter denen ST_CurvePolygon durch eine externe und n interne ST_CompoundString-Umrandungen definiert wird, während ST_Polygon nur ST_LineString-Umrandungen verwendet.

Zusätzlich gibt es noch Kollektionsobjekte, die das leisten, was man aus vielen Zeichensystemen als „Gruppieren" kennt. Sie verlangen, wie bereits erwähnt, das gleiche Referenzsystem für alle Elemente. Es gibt ST_MultiPoint, ST_MultiCurve, ST_MultiLineString, ST_MultiSurface und ST_MultiPolygon, wobei der Name hinreichend verdeutlicht, welche Art von Elementen jeweils zugelassen ist.

Auf ST_Geometry und damit allen Subtypen sind die folgenden Methoden definiert: Durchschnitt (als Punktmengendurchschnitt), Differenz und Vereinigung, Abstandsberechnung, Tests (contains, overlaps, touches, crosses, ...), und das Ermitteln des Referenzsystems. Dazu kommen dann noch etliche weitere Methoden auf den Subtypen wie etwa length bei ST_Curve sowie area und perimeter bei ST_Surface.

6.6.3 SQL/MM Still Image

Außer dem ISO-Dokument in der Version vom 10.12.2001 [ISO 01c] gibt es hier erfreulicherweise auch noch eine Darstellung von Herrn Stolze [Sto 01], der im entsprechenden Komitee mitgewirkt hat. Der Normungsvorschlag spezifiziert die UDT's SI_StillImage für die BildDaten selbst, SI_Feature für die Merkmale von Bildern und SI_FeatureList für Listen von solchen Merkmalen. Bei SI_StillImage wird interessanterweise die Liste der Attribute, also die interne Repräsentation offengelegt, und man kann dann tatsächlich auch darauf Bezug nehmen:

```
create type SI_StillImage as (
      SI_content binary large object (SI_MaxContLength),
      SI_contentLength integer,
      SI_format character varying (8),
      SI_height integer,
      SI_width integer,
      ...
)
```

Das Attribut SI_content ist dabei so zu verstehen, dass es auch den Header, die Farbtabellen und dergleichen umfasst, also alle Registrierungsdaten und evtl. auch noch Beschreibungsdaten. Es wird als „Container" für das ganze Bild betrachtet. Das Attribut SI_format benennt dann das Format, in dem das Bild in diesem Container abgelegt ist, vergleichbar dem Suffix in Dateinamen. Hier unterscheidet der Vorschlag „unterstützte" und „benutzerdefinierte" Formate. Unterstütze Formate kann das DBVS selbst lesen, so dass es den

Inhalt des BLOBs interpretieren und z. B. Bildeigenschaften extrahieren kann. Benutzerdefinierte Formate dagegen verwaltet das DBVS nur als Namen; die Interpretation bleibt den Anwendungen überlassen.

Man erkennt deutlich, dass Datenunabhängigkeit hier kaum eine Rolle spielt, also die Anforderungen aus den früheren Abschnitten dieses Kapitels nur in geringem Umfang umgesetzt werden. Man hat sich offenbar mehr an den Vorbildern aus Dateisystemen orientiert als am Umgang von Datenbanken mit Typen.

Das schlägt sich dann auch in den Operatoren nieder. SI_StillImage verfügt über zwei Konstruktoren, von denen der erste einfach ein BLOB als Eingabe erwartet, der zweite dagegen außer dem BLOB auch noch eine Formatangabe entgegen nimmt. Dann gibt es zwei Änderungsmethoden: Die erste ersetzt den Content durch ein neues BLOB, und man kann nur hoffen, dass die anderen Attribute konsistent angepasst werden. Die zweite ändert das Format, und das soll den Inhalt des Content konvertieren. So etwas ist mit Datenunabhängigkeit schon gar nicht verträglich; man stelle sich eine Operation vor, in einer Datenbank die interne Darstellung eines Integers von little endian nach big endian konvertiert! Die Formatänderung ist natürlich nur bei unterstützten Formaten möglich. Und schließlich gibt es noch zwei lesende Methoden zur Erzeugung von Miniaturen („Thumbnails").

```
method SI_StillImage (
      content binary large object (SI_MaxContLength)
) returns SI_StillImage
```

```
method SI_StillImage (
      content binary large object (SI_MaxContLength),
      format character varying ( ... )
) returns SI_StillImage
```

```
method SI_setContent (
      content binary large object (SI_MaxContLength)
) returns SI_StillImage
```

```
method SI_changeFormat (
      targetFormat character varying ( ... )
) returns SI_StillImage
(nur für unterstützte Formate)
```

Für die Beschreibungsdaten können Bildmerkmale erfasst und gespeichert werden, in eigenen Spalten neben den Bildern. Der Basistyp SI_Feature hat die folgenden Subtypen:

- SI_AverageColor repräsentiert das ganze Bild durch eine einzige Farbe, eben die Durchschnittsfarbe;
- SI_ColorHistogram verwaltet die Häufigkeiten von Farbgruppen (wie in Unterabschnitt 3.4.2 eingeführt);
- SI_PositionalColor geht von einer Zerlegung des Bildes in Rechtecke aus, für die dann jeweils eine Durchschnittsfarbe angegeben wird;
- SI_Texture enthält die Größe von wiederholten Elementen, Helligkeitsvariationen und die dominierende Richtung.

Alle Merkmale verfügen über die Methode SI_Score, die die Distanz eines Bildes zum Merkmal berechnet und einen Gleitpunktwert zwischen 0 und 1 zurückgibt. Alle Subtypen von SI_Feature haben eine Funktion zur Merkmalsextraktion (mit dem gleichen Namen wie der Subtyp), die auf ein Bild als Argument angewendet wird und ein Objekt des Subtyps als Ergebnis liefert. Objekte der Subtypen SI_AverageColor und SI_ColorHistogram können außerdem auch noch direkt konstruiert werden durch das Hinschreiben von Konstanten. Die Syntax wird am Beispiel der Durchschnittsfarbe gezeigt:

create type **SI_Feature**

method **SI_Score** (image SI_StillImage)
    returns double precision

create type **SI_AverageColor** under SI_Feature as
    (**SI_AverageColorSpec** SI_Color)

method **SI_AverageColor** (
    RedValue integer,
    GreenValue integer,
    BlueValue integer
) returns SI_AverageColor

create function **SI_AverageColor** (image SI_StillImage)
    returns SI_AverageColor

Ein Bild kann durch mehrere Merkmale beschrieben werden, und damit man die Auswertung eines Vergleichs nicht selbst durchführen muss, wird die Möglichkeit geboten, sie in einer Liste von Merkmal-Wert-Paaren zusammenzufassen. Das leistet der Typ SI_FeatureList. Er verfügt ebenfalls über eine Methode SI_Score, die einen gewichteten Mittelwert der einzelnen Scores liefert:

self.SI_Features[1].SI_Score(img) * self.SI_Weights[1]
+ self.SI_Features[2].SI_Score(img) * self.SI_Weights[2] + ...
/ (self.SI_Weights[1] + self.SI_Weights[2] + ...)

Der Konstruktor initialisiert eine Liste mit genau einem Merkmal und einem Gewicht, die Methode SI_Append fügt dann ein weiteres Merkmal zusammen mit seinem Gewicht hinzu.

create type **SI_FeatureList** as (
    SI_Features SI_Feature array[SI_MaxFeatureNumber],
    SI_Weights double precision array[SI_MaxFeatureNumber]
)

method **SI_FeatureList** (firstFeature SI_Feature, weight double precision)
    returns SI_FeatureList

method **SI_Append** (feature SI_Feature, weight double precision)
    returns SI_FeatureList

Ein Beispiel fasst die Möglichkeiten im Kontext von SQL noch einmal zusammen. Dabei wird unterstellt, dass eine Relation **Logos** mit einem Bildattribut **Logo** zu durchsuchen ist. Als Vergleichsobjekt dient bspLogo, von dem die Textur und das Farbhistogramm ermittelt werden. Aus diesen Merkmalen wird eine Merkmalsliste aufgebaut, in die zunächst die Textur mit dem Gewicht 0,8 (Konstruktor) und dann auch noch das Farbhistogramm mit dem

Gewicht 0,2 (Methode SI_Append) eingetragen werden. Auf der so erstellten Merkmalsliste wird dann SI_Score aufgerufen, und zwar mit der Spalte Logo als Parameter. Der gewichtete Mittelwert der Ähnlichkeiten soll größer sein als 0,7.

```
select * from Logos where
SI_FeatureList (
        SI_Texture (bspLogo), 0.8
).SI_Append (
        SI_ColorHistogram (bspLogo, 0.2)
).SI_Score (Logo) > 0.7
```

6.6.4   Schlussbemerkung

Die Normung der Vorschläge zu SQL/MM wird in Kürze abgeschlossen sein. Einige Kritik wird noch berücksichtigt, aber am Konzept wird sich nicht mehr viel ändern. Es ist zu bedauern, dass hier nicht stärker die in der Literatur ja seit langem dokumentierten Ansätze Berücksichtigung fanden. So wird eher eine pragmatische Vorgehensweise festgeschrieben. Eine gewisse Uneinheitlichkeit ist ja auch nicht zu übersehen. Bei Spatial und Still Image findet sich durchgängig der Präfix ST bzw. SI, der bei Full Text noch fehlte. Und Full Text kennt eine Funktion Rank, die sich bei Still Image als Score wiederfindet. Da doch innerhalb der Typen spezialisiert wurde, hätte sich auch eine Generalisierung zu MM_Object oder etwas ähnlichem angeboten, bei dem dann eine (virtuelle) Methode MM_Score ihren Platz hätte finden können.

Die Umsetzung steht ja ohnehin noch bevor, und man wird sehen müssen, was dann tatsächlich in Produkten angeboten wird. [Sto 01] hat ja gezeigt, wie es bei Still Image mit DB2 gehen könnte. Das war aber nur ein Prototyp, der die schon vorhandenen Typen nutzte. Auf die direkte Umsetzung darf man gespannt sein.

6.7   Übungsaufgaben

Aufgabe 6.1. In den ersten Entwürfen eines Mediendatentyps image gab es auch noch eine Operation

```
void toRGB ( );
```

die das Bildobjekt dahingehend modifizierte, dass die Farben in RGB-Darstellung definiert wurde. Warum ist diese Operation inzwischen gestrichen worden? In welcher anderen Form ist sie aber immer noch denkbar? Geben Sie die entsprechende Definition der Methode in der gleichen Java-ähnlichen Syntax an.

Aufgabe 6.2. Die Definition der Mediendatentypen sollte so allgemein gehalten werden, dass der Aufruf der Operationen nach Möglichkeit interaktiv *und* von einem Programm aus erfolgen kann. Es wurde aber schon in Abschnitt 2.2 deutlich gemacht, dass beim Umgang mit Medienobjekten ein nicht zu vernachlässigender Unterschied zwischen beiden

Schnittstellen besteht. Ordnen Sie die in der folgenden Liste genannten (selbsterklärenden) Operationen des Datentyps image einer der beiden Schnittstellen oder auch beiden zu.

- getPixelmatrix
- getHeight
- displayInWindow
- createFromPixrect
- createFromFile
- replaceColormap

Aufgabe 6.3. Ein über einen Scanner eingelesenes Text-Dokument ist im Rechner zunächst ein Rasterbild, das dann durch optische Zeichenerkennung (OCR) in Text umgewandelt werden kann. Wie kann man es in einem Datenbank-Schema sinnvoll von anderen Rasterbildern unterscheiden, auf die OCR nicht angewandt werden soll? Nennen Sie mehrere Möglichkeiten.

Aufgabe 6.4. Skizzieren Sie den Mediendatentyp video (Stummfilm, also ohne Berücksichtigung von Ton). Geben Sie dazu mindestens eine Operation in jeder der Kategorien Erzeugen, Ausgeben, Modifizieren, Auswerten und Vergleichen an (in Java-Notation, mit den üblichen oder selbsterklärenden Basisdatentypen). Eine dieser Operationen sollte in der Lage sein, ein Einzelbild als Objekt des Typs image zu erzeugen (wie ein Frame Grabber).

Aufgabe 6.5. Überführen Sie die drei SQL/MM-Datentypen FullText, Spatial und StillImage in die datenmodell-neutrale Java-Notation, die in den ersten Abschnitten verwendet wurde.

Aufgabe 6.6. Verbessern Sie den SQL/MM-Datentyp SI_StillImage. Fügen Sie in der SQL:1999-Syntax weitere Methoden hinzu und streichen Sie ggf. anderen Methoden, um mehr Datenunabhängigkeit zu erreichen.

7 Objektrelationale Multimedia-Datenbanksysteme

Das letzte Kapitel hat die neuen Datentypen für Medienobjekte eingeführt und sich dabei bemüht, möglichst noch nicht auf ein Datenmodell Bezug zu nehmen. Das war in der Vorstellung von SQL/MM dann doch nicht mehr ganz zu vermeiden, aber das liegt in der Natur der Sache. Es fehlt nun noch die Modellierung multimedialer Datenobjekte, wie sie Abschnitt 3.8 eingeführt hat. Hier bietet es sich aber an, zunächst die Möglichkeiten der Datenmodelle auszunutzen, in denen ja Beziehungen und Aggregationen (wenn auch in unterschiedlicher Form) schon vorhanden sind. Das führt zu der Frage, wie den die Datentypen des letzten Kapitels in den Kontext dieser Datenmodelle eingebettet werden können und wie ihre Verwendung dann aussieht.

Das wird zunächst am Beispiel relationaler Datenbanksystemen untersucht. Heute spricht man eher von objektrelationalen Systemen, und gerade diese Erweiterungen sind ja sehr nützlich für Medienobjekte. Im Kern bleiben es aber immer noch relationale Systeme. Sie haben ohne Zweifel die größte praktische Bedeutung. Ihre wichtigsten Eigenschaften werden zunächst charakterisiert, wobei nur die betrachtet werden, die für Multimedia wichtig sind. Dann wird gezeigt, wie man Schemata entwerfen kann, die die eingebetteten Datentypen für Medienobjekte verwenden. Und zum Abschluss wird gezeigt, wie dann mit der Anfragesprache SQL, die die mit Abstand wichtigste Sprache für solche Systeme ist, auf die Daten in der Datenbank zugegriffen werden kann. Das nachfolgende Kapitel wird eine ähnliche Diskussion dann für die objektorientierten Datenbanken führen.

7.1 Charakterisierung

Objektrelationale DBS stellen den Versuch dar, relationale DBS so weiterzuentwickeln und mit neuen Konzepten anzureichern, dass sie zumindest einen Teil der Funktionalität ebenfalls anbieten können, die inzwischen von objektorientierten DBS her kennt. Das sind insbesondere Objektidentität, benutzerdefinierte Datentypen und Typhierarchien. Allerdings bleibt die Grundstruktur aller Datenorganisation und -speicherung immer noch die Tabelle, so dass alle diese Erweiterungen sich nach wie vor diesem Konzept unterordnen müssen.

Die Entwicklung begann bereits in den achtziger Jahren, damals noch unter der Bezeichnung „erweiterbare DBS". Hier sind insbesondere die Arbeiten zu (University-) Ingres hervorzuheben, die viele Ideen sehr früh einbrachten [SAHR 84]. Das wurde mit dem Nachfolgesystem Postgres [SR 86] noch deutlich ausgebaut. Die dort angebotenen Mechanismen zur Definition von Abstrakten Datentypen fanden mit dem sog. Object Manager sogar Eingang in die kommerziell vertriebene Version von Ingres (ab Version 6.3 [Ing 90]). Der Begriff „objektrelationale DBS" wurde dann wohl erstmals verwendet von UniSQL; breitere Bedeutung erlangte er allerdings erst mit Illustra und Informix sowie den dazu gehörenden Publikationen von Michael Stonebraker [SM 96, SBM 99]. Dann begannen sehr schnell auch die Hersteller der „großen" Systeme, insbesondere Oracle und IBM mit DB2, diese Konzepte in ihre DBVS aufzunehmen. Und schließlich hat sich auch die ISO dieser Sache angenommen und vieles davon in die Norm SQL:1999 eingebracht.

Damit ist nun ein gemeinsamer und homogener Stand erreicht, der zwar noch in den Produkten umgesetzt werden muss, der aber die Diskussion um die Menge der anzubietenden Konzepte zunächst einmal beendet hat. Deshalb wird hier nun auch SQL:1999 zur Grundlage gemacht. Neben der Norm selbst [Ame 99] werden dabei vor allem [EM 99] und die beiden Bücher [Gep 02] und [Tür 03] herangezogen.

Von den vielen neuen Möglichkeiten in SQL:1999 sind für Multimedia vor allem die folgenden von Bedeutung: Große Objekte (large objects) sind nun in den beiden Varianten Zeichenobjekt (character large object, CLOB) und Binärobjekt (binary large object, BLOB) in die Norm aufgenommen worden. Es gibt einige naheliegende Einschränkungen für Attribute mit diesem Typ: Die dürfen nicht als Primärschlüssel, als UNIQUE oder als Fremdschlüssel definiert werden, und auch in GROUP BY oder ORDER BY dürfen sie nicht verwendet werden. Damit man nicht – wie bei anderen Attributen – den Zugriff immer auf den ganzen Attributwert ausführen muss, gibt es den LOB locator als Mechanismus für den Client, mit dem es möglich ist, nur Teile des LOB zu bearbeiten. Für den Vergleich von Zeichenketten, in LOB's oder auch in normalen Attributen, gibt es nun neben like auch noch das Prädikat similar, das beim Vergleichsmuster reguläre Ausdrücke (fast) wie in UNIX erlaubt.

Noch wichtiger sind die strukturierten benutzerdefinierten Typen (structured user-defined types, UDT's)[1] Diese Typen verfügen über Attribute und Methoden. Auch die älteren Funktionen und Prozeduren, die bereits 1996 in einer Erweiterung der SQL-92-Norm definiert wurden [Eis 96], können auf Parameter mit diesen Typen angewendet werden. Prozeduren sind dadurch gekennzeichnet, dass keinen Rückgabewert liefern, aber sowohl Eingabe- als auch Ausgabeparameter besitzen können. Funktionen dagegen liefern einen Rückgabewert und besitzen nur Eingabeparameter. Als Oberbegriff für beide wird „Routine" genutzt.

Auf die in einigen objektorientierten Programmiersprachen übliche Unterscheidung von public, private und protected, die in ersten Versionen von SQL-3 noch enthalten war, hat man dann schließlich doch verzichtet. Kapselung wird dadurch erreicht, dass automatisch sog. Observer- und Mutator-Methoden deklariert werden, die dem Zugriff auf ein Attribut bzw. der Änderung eines Attributs dienen. Diese darf man allerdings nicht überladen [EM 99], so dass man den Zugriff eigentlich nur verhindern kann, wenn man die Rechte entsprechend einschränkt. Auch für den Vergleich von Werten mit diesem Typ müssen eigene Methoden definiert werden.

Typen können in Hierarchien organisiert werden. Dazu können die Typen als „instanziierbar" gekennzeichnet werden, wenn es direkt zu ihnen Werte geben darf. Andernfalls sind die Typen abstrakt oder virtuell, was bedeutet, dass nur die Subtypen Werte aufweisen können. Die Definition weiterer Subtypen kann dadurch verhindert werden, dass man einen Typ als

---

[1]Es gibt auch die „unstrukturierten" benutzerdefinierten Typen: Das sind nur Umbenennungen der Basisdatentypen, die verhindern sollen, dass man Äpfel mit Birnen vergleicht. Sie heißen deshalb auch unterschiedene Typen (distinct types).

final kennzeichnet. Dann muss er natürlich auch instanziierbar sein. Das Prinzip dieser Hierarchien ist die Substituierbarkeit: Wo immer ein Wert eines Typs eingesetzt werden darf, können auch die Werte von Subtypen stehen. Damit das erfüllt werden kann, müssen Attribute und Methoden eines Typs auch bei allen seinen Subtypen verfügbar sein, sprich: sie müssen vererbt werden.

Ein kleines Beispiel zeigt die Anwendung der bisher eingeführten Bestandteile eines Typs:

```
create type Student
        under Person
        as (
                MatrNr integer,
                Studienfach varchar(30),
                ...
        )
        instance method Durchschnittsnote ( )
                returns real
                language SQL
                deterministic
                contains SQL
        ...;
```

Die Methoden werden in den Typdefinition nur deklariert, d. h. es werden ihre Signaturen festgelegt. Die Implementierung kann später erfolgen (Anweisung create method). Man unterscheidet in der üblichen Weise Instanzenmethoden (instance method) und Klassenmethoden (static method). Die zusätzlichen Angaben zu einer Methode sind wie folgt zu interpretieren:

- returns legt den Typ des Rückgabewerts fest.
- language SQL gibt an, dass die Implementierung des Methodenrumpfs vollständig in SQL erfolgt. Dazu ist er in einer create-method-Anweisung aufzuschreiben (ggf. mit den prozeduralen Mitteln von SQL). Alternative kann language C, language Java oder language OLE angegeben sein. Dann ist externer Code einzubinden.
- deterministic besagt, dass unmittelbar aufeinander folgende Aufrufe mit den gleichen Parameterwerten immer wieder das gleiche Ergebnis erzeugen. Diese Information kann zu Optimierungen ausgenutzt werden, also etwa zur Materialisierung und Wiederverwendung der Ergebnisse. Es gibt also keinen internen Zustand der Methode, der bei jedem Aufruf aktualisiert wird, wie etwa ein Zähler.
- contains SQL besagt, dass die Methodenimplementierung SQL-Anweisungen enthält, die aber nicht auf die Daten der Instanz oder der Klasse Bezug nehmen, sondern nur auf andere Daten[2]. Alternative Angaben sind: no SQL, wenn keine SQL-Anweisungen vorkommen (auf die Attribute der Instanz kann mit self..Attribut direkt zugegriffen werden); reads SQL data, wenn die Attribute der Instanz nur gelesen werden; modifies SQL data, wenn die Attribute auch geändert werden.
- returns null on null input besagt, dass kein Ergebnis zurückgeliefert wird, wenn die Eingabeparameter Nullwerte aufweisen. Das kann im Beispiel nicht angegeben werden, weil es

---

[2]In der DB2-Referenz [IBM] steht wörtlich: „Indicates that SQL statements that neither read nor modify SQL data can be executed by the method" – was zunächst sehr verwirrt.

keinen Eingabeparameter gibt.

Zu jedem Attribut eines Typen werden, wie gesagt, zwei Methoden automatisch generiert:
Der Observer ist für den lesenden Zugriff zuständig.

```
instance method MatrNr ( )
    returns integer
    language SQL
    deterministic
    contains SQL
```

Da bei einem Aufruf einer Methode ohne Parameter die Klammern stets weggelassen werden
dürfen, unterscheidet sich der Aufruf dieser Methode optisch nicht vom normalen Attribut-
zugriff: Student1.MatrNr.

Der Mutator leistet die Änderung (Ersetzung) des Attributwerts.

```
instance method MatrNr (neuerWert integer)
    returns Student
    self as result
    language SQL
    deterministic
    contains SQL
    returns null on null input
```

Ein weiteres Beispiel soll den Bezug zu Multimedia stärker betonen:

```
create type ImageType
    under <Supertyp>
    as ( <Attributliste> )
    static method countImages ( )
        returns integer
        language SQL
        deterministic
        contains SQL
    instance method height ( )
        returns integer
        language SQL
        deterministic
        reads SQL data
    . . . ;
```

Es ein abschließend noch einmal betont, dass Tupel und Tabelle unverändert eine Sonder-
rolle spielen: Persistenz bleibt an das Einfügen von Tupeln in Tabellen gebunden, andere
Objekte oder Werte können nicht persistent gemacht werden. Auch sind Anfragen immer
nur an Tabellen möglich, und sie ergeben auch wieder Tabellen.

Die am Markt verfügbaren DBVS-Produkte enthalten diese Möglichkeiten teilweise schon.
Da sie mit ihrer Erweiterung jedoch schon vor der endgültigen Abfassung der Norm begonnen wurde, gibt es eine Reihe von Abweichungen, die hoffentlich in der Zukunft verschwinden
werden. Sie zu diskutieren, führt für den Zweck dieses Buches zu weit; eine gute Übersicht

ist im dritten Kapitel von [Tür 03] zu finden. Mit den Mitteln von SQL sind dann die spezifischen Datentypen für Multimedia zu definieren, und auch dort gibt es bereits etliche Produkte im Angebot, die nicht den später definierten Typen von SQL/MM entsprechen (siehe letztes Kapitel). Nach wie vor gibt es keine Unterstützung für die zeitabhängigen Medien. Die kann nicht allein aus der Definition der neuen Datentypen kommen, sondern bedarf auch der Unterstützung des zugrunde liegenden DBVS. In der Implementierung einer Methode wie video.play( ) muss man der Laufzeitumgebung des DBVS mitteilen können, dass es Zeitschranken für einige Operationen geben sollte. Dafür gibt es im Moment weder in SQL:1999 noch in den Produkten am Markt irgendwelche Ausdrucksmittel.

Geht man von einem DBVS mit SQL:1999 oder vergleichbarem Datenmodell aus, so bestehen nun drei Möglichkeiten, Multimedia-Daten zu verwalten: in einem CLOB oder BLOB, in einer separaten Datei, auf die aus den Relationen heraus über ihren Dateinamen verwiesen wird, und eben in einem Attribut, das einen der neuen Datentypen aufweist. Obwohl die beiden ersten in der Praxis sehr wohl anzutreffen sind, haben sie offensichtliche Nachteile: Von Datenunabhängigkeit kann man nicht sprechen; der Anwender arbeitet direkt mit der physischen Struktur der Objekte, und für die Konsistenz kann das DBVS auch nicht sorgen. Deshalb sollte die Einrichtung und Nutzung der Mediendatentypen das Ziel sein, und sie werden im folgenden vorausgesetzt. Weil SQL/MM noch nicht allen Anforderungen gerecht wird, beschränkt sich die Darstellung nicht nur darauf, sondern bezieht auch die anderen Konzepte ein, die das letzte Kapitel eingeführt und begründet hat.

7.2   Schemastrukturen

In einem objektrelationalen Datenbankschema sind die neuen Datentypen für Medienobjekte nun also als *Wertebereiche* (Domains) zugelassen. Attribute können demnach auch vom Typ text, image usw. sein[3]. Das kann z. B. so genutzt werden, dass zu jedem Angestellten auch noch ein Passbild direkt in dem Tupel, das diesen Angestellten beschreibt, mit abgespeichert wird:

```
Angestellter  (Pers-Nr   integer,

              . . .

              Passbild   image)
```

Natürlich sind in einem Tupel auch mehrere Attribute mit dem Typ image nebeneinander zugelassen, wenn die Anwendung es verlangt:

```
Insasse   (Ins-Nr          integer,

          . . .

          Vorderansicht    image,
          Seitenansicht    image,
          Fingerabdrücke   image)
```

Und schließlich können image-Attribute in einem Tupel auch noch mit anderen Medienob-

---

[3]Die Datentypen werden nun klein geschrieben, weil sie sich so besser in unter den anderen Datentypen einreihen. Letztlich ist das wohl Geschmacksache.

jekten kombiniert werden:

Auto	(Hersteller	varchar(50),
	Baujahr	integer,
	...	
	Foto	**image**,
	Motorengeräusch	**sound**)

Dies soll im folgenden kurz als *Relationenschema-Typ 1* bezeichnet werden, um es von den anderen, noch einzuführenden Schematypen zu unterscheiden. Schon hier kann festgehalten werden, dass damit die Attributbeziehung, die in Abschnitt 2.1.3 gefordert wurde, direkt dargestellt wird.

Nicht immer hat man es mit genau einem beschreibenden Bild oder genau einem Geräusch pro Entity zu tun. Statt dessen kann eine variable Anzahl von Texten, Bildern usw. pro Entity vorliegen, z. B. die Röntgenbilder eines bestimmten Patienten. Attribute mit mehreren Werten sind in normalisierten Relationen jedoch nicht zugelassen; sie können nur durch eine separate Relation dargestellt werden:

Patient	(Name	varchar(100),
	...	
	Passbild	image)
Röntgenbild	(Patientenname	varchar(100),
	Datum	date,
	Ansicht	varchar(30),
	Körperteil	varchar(40),
	Aufnahme	**image**)

Dies soll als *Relationenschema-Typ 2* bezeichnet werden. Die (Röntgen-)Bilder haben immer noch Attributcharakter, was auch darin zum Ausdruck kommt, dass sie über den Patientennamen identifiziert werden und dass es keine Bilder geben kann, die nicht einem Patienten zugeordnet sind. Prinzipiell können die Attribute Patientenname und Aufnahme zusammen als Primärschlüssel definiert werden, wenn das nicht auf implementierungstechnische Probleme stößt – man muss dann eben Eindeutigkeit von Bildern sicherstellen. Zugleich wird der Attributcharakter des Bildes aber dadurch abgeschwächt, dass nun jedes Bild durch ein eigenes Tupel dargestellt wird – wie ein Entity. Der Nachteil bei der Verwendung von Schemata dieses Typs ist der gleiche wie bei allen normalisierten Schemata: Zum Lesen und Ausgeben von Röntgenbildern zusammen mit der Patienteninformation ist eine Verbundoperation (Join) erforderlich. Das macht die Formulierung von Anfragen etwas umständlicher und ist in der Implementierung relativ aufwändig.

Es kann nun weiterhin vorkommen, dass nicht nur Entities durch eine variable Anzahl von Bildern dargestellt werden, sondern auch umgekehrt Bilder eine variable Anzahl von Entities zeigen. Als Beispiel sollen hier Aufnahmen von Pferderennen dienen. Da mag es wieder zu jedem Pferd ein „Portrait" geben, auf dem nur dieses eine Pferd in optimaler Darstellung und mit Auszeichnungen dekoriert zu sehen ist. Auf einem Rennfoto sind aber typischerweise mehrere Pferde „in Aktion" zu sehen, und zwar auf jedem Bild in anderer Zusammenstellung. Diese n:m-Beziehung muss im Relationenmodell durch eine explizite

Relation dargestellt werden:

Pferd	(Name	varchar(50),
	Alter	integer,
	. . .	)
Rennfoto	(Archivnr	integer,
	Datum	date,
	Ort	varchar(80),
	Aufnahme	**image**)
Ist_dargestellt_auf	(Pferdename	varchar(50),
	Archivnr	integer,
	Position	varchar(10)
	. . .	)

Das ergibt den *Relationenschema-Typ 3*. Hier wird die eigenständige Rolle eines Bildes nun sehr deutlich: Es können auch Bilder gespeichert werden, denen gar keine Pferde zugeordnet sind, sei es, weil auf ihnen keine zu sehen sind, oder sei es, weil noch niemand die abgebildeten Pferde identifiziert hat. Damit wird gegenüber den beiden anderen Relationenschemata eine größere Flexibilität erreicht. Der Preis dafür ist, dass man nun zwei Verbundoperationen benötigt, um alle Bilder zu einem Pferd oder umgekehrt die Angaben zu den auf einem Bild gezeigten Pferden zu erhalten.

In einer ersten Bewertung der Modellierung im Relationenmodell mit den neuen Datentypen für die Medienobjekte lässt sich feststellen, dass

- alle drei Typen von Beziehungen zwischen Medienobjekten und Entities (1:1, n:1, n:m) dargestellt werden können, wenngleich ohne spezielle Semantik,
- Medienobjekte als Attribute und als Entities auftreten können,
- der Zugriff bei einigen Relationenschemata umständlich sein kann und ein oder zwei Verbundoperationen benutzen muss.

Die Umständlichkeit des Zugriffs nimmt sogar noch zu, wenn einem Medienobjekt verschiedene Typen von Entities zugeordnet werden müssen, etwa wenn auf Bildern Schiffe, Autos und Flugzeuge zu sehen sein können und alle durch unterschiedliche Relationen dargestellt werden. Dann ist es unvermeidlich, mehrere Ist_dargestellt_auf-Relationen zu definieren, und zwar jeweils eine für jeden Entity-Typ. Gibt es n solcher Entity-Typen, so sind dann 2n Verbundoperationen nötig, um die Angaben zu allen auf einem Medienobjekt vertretenen Entities zu ermitteln. Hier entsteht erst mit SQL:1999 die Möglichkeit, eine Generalisierungshierarchie zu definieren wie sie in den objektorientierten Systemen schon lange gebräuchlich ist. Im genannten Beispiel könnte man dann für Schiff, Flugzeug und Auto einen übergeordneten Entity-Typ Fahrzeug definieren und die Ist_dargestellt_auf-Beziehung zwischen ihm und den Bildern einrichten (siehe Abschnitt 8.1).

Die Darstellung von Beziehungen, wie sie in Unterabschnitt 2.1.3 gefordert wurde, ist also nur ansatzweise möglich. Dabei stellt die Attributbeziehung noch das geringste Problem dar. Die Komponenten- oder Aggregationsbeziehung ist dagegen im relationalen Modell nicht direkt darstellbar; sie muss durch Attributwertegleichheit nachgebildet und zur Laufzeit ausgewertet werden. Die Äquivalenzbeziehung ist auch nicht verfügbar. Für sie müssten

neue Sprachmittel eingeführt werden. Das betrifft die Schemadefinition. Zu den Attributen
mit den Mediendatentypen könnten dann die äquivalenten Darstellungen in einem anderen
Medium angegeben werden, etwa als **presentation alternative** mit einem eigenen Namen und
einem eigenen Mediendatentyp. So könnte für eine Kurve (Datentyp graphic) zusätzlich
eine Tabelle (Datentyp text) abgespeichert werden, die die Ausgabe auch noch auf einem
Gerät ohne Graphikmodus zulässt:

```
create table Relation1 (
      Umsatz graphic
            presentation alternative
      Umsatztabelle text,
      . . .
);
```

7.3   Anfragen

Der Umgang mit einer relationalen Datenbank, in der neben den gewöhnlichen Attributen auch solche des Typs text, image, graphics usw. zu finden sind, wurde bislang nur sehr
oberflächlich charakterisiert, indem von Umständlichkeit und der Benutzung von Verbundoperationen die Rede war. Um hier ein genaueres Bild zu vermitteln, soll eine hypothe-
tische Einbettung der auf den neuen Datentypen definierten Operatoren in eine relationale
Anfragesprache vorgestellt werden. Dafür bietet sich die Sprache SQL an, die sich als
Standard-Anfragesprache durchgesetzt hat [ANS 86]. Die in den Anfragen verwendete Bei-
spielrelation wird noch einfacher gewählt als die bisher gezeigten Relationenschemata; sie
reicht mit ihren zwei Attributen für eine Veranschaulichung aber völlig aus:

```
Luftbildaufnahmen    (Nr    integer,
                      Bild   image)
```

Zum Einfügen von Tupeln muss in SQL die insert-Anweisung verwendet werden. Dabei werden die Werte der einzelnen Attribute als Konstanten oder als Programmvariablen übergeben. Damit nicht eine lange Liste von Parametern das Wesentliche unkenntlich macht, wird
als Beispiel den Fall gewählt, in dem das insert von einem Programm auf einem SUN-Rechner
ausgeführt und das abzuspeichernde Bild in einer Pixrect-Datenstruktur pr zusammen mit
einer Farbtabelle cm bereitgestellt wird:

```
insert into Luftbildaufnahmen
values (:nr, image(:pr, :cm));
```

Durch den vorangestellten Doppelpunkt werden Programmvariablen syntaktisch von Re-
lationen- und Attributnamen unterschieden. Es soll hervorgehoben werden, dass bereits
zum Übersetzungszeitpunkt eine Typüberprüfung stattfinden kann: Der erste Eintrag der
value-Klausel gehört zum Attribut Nr und muss daher vom Typ integer sein. Der zweite
Eintrag gehört zu Bild und muss vom Typ image sein. Der Übersetzer kennt die Parameter-
und Ergebnis-Typen der Operationen des Datentyps image und kann deshalb die entsprechenden Prüfungen durchführen. Dieses Prinzip wird auch bei allen folgenden Anweisungen
eingehalten.

Eine Erzeugungsoperation wie der Konstruktor image ist sinnvoll, wenn die insert-Anweisung von einem Programm abgesetzt wird. Bei der interaktiven Formulierung von Anweisungen kann dagegen kaum verlangt werden, dass der Benutzer das Bild als Konstante angibt. Hier sind andere Operatoren des Datentyps image gefragt, die ein Bild direkt von einer Kamera oder einem Scanner einlesen oder aber auf eine Datei zugreifen, in der das Bild in einem bestimmten Format abgelegt wurde:

```
insert into Luftbildaufnahmen
values (14537, image("Aufnahme8.neu"));
```

Dieses Beispiel macht noch einmal deutlich, dass sich Programmschnittstelle und interaktive Benutzerschnittstelle bei den neuen Mediendatentypen deutlich unterscheiden. Im folgenden wird nur noch die Programmschnittstelle vorgestellt, weil das ausreicht, um das Prinzip der Anfragesprachen-Erweiterung zu verdeutlichen. Für die interaktive Schnittstelle erfolgt die Einbettung analog, nur eben mit einigen anderen image-Operationen.

Sind erst einmal Tupel mit Bildattributen in der Datenbank gespeichert, können sie mit der update-Anweisung von SQL geändert werden[4]:

```
update Luftbildaufnahmen
set Bild = Bild.replaceColormap(:yuv, 4096, 24, :cm)
where Nr = 1286;
```

Das entspricht der Definition von replaceColormap auf S. 142 als Funktion. Anders geht es in SQL nicht; dazu später mehr. Auch hier gilt wieder, dass dem Attribut Bild nur ein Wert vom Typ image zugewiesen werden darf, was bereits zum Übersetzungszeitpunkt geprüft werden kann.

Zum Erzeugen von Inhaltsangaben kann dann eine Anweisung wie die folgende verwendet werden:

```
update Luftbildaufnahmen
set Bild = Bild.newDescr(
        "Eine Straße in felsigem Gelände\n
        Rechts drei flache Schuppen")
where Nr = 1234;
```

Die gleiche Anweisung mit extendDescr bewirkt die Ergänzung der Beschreibung zu einem Bild. Der Text-Parameter enthält eingeschränkten Text, wie er in Abschnitt 3.1 eingeführt worden ist.

Zur Suche nach bestimmten Tupeln (nach bestimmten Bildern) können die üblichen Ausdrücke von SQL benutzt werden. Der Vergleich von Attributwerten mit Konstanten, der dabei eine zentrale Rolle spielt, ist allerdings zunächst nur bei den Standard-Datentypen zugelassen. Bei den Mediendatentypen gibt es dafür spezielle Vergleichsoperationen.

Bei der Übergabe an ein Programm können Attribute vom Typ image nicht direkt Programmvariablen zugewiesen werden, weil die Typen der Variablen von Anwendung zu Anwendung verschieden sein können. Vielmehr muss eine Auswahl von Komponenten und

---

[4]Die Operationen sind in der Punkt-Notation geschrieben, die heute in objektorientierten Sprachen wie Java üblich ist und in SQL:1999 auch verwendet wird.

damit verbunden eine Typanpassung explizit durch geeignete image-Operationen erfolgen:

```
select Bild.getPixrect( ), Bild.getColormap( )
into :pr, :cm
from Luftbildaufnahmen
where Nr = :k;
```

In diesem Beispiel wird in der Variablen k eine Bildnummer vorgegeben, zu der das Bild
aus der Datenbank geholt werden soll, und zwar im Pixrect-Format. Eine Auswahl ist auch
über Eigenschaften des Bildattributs möglich, wenn es vorher durch Anwendung von image-
Operationen auf einen Datentyp abgebildet wird, auf dem Vergleichsoperationen definiert
sind:

```
select Bild.height( ), Bild.width( )
into :hoehe, :breite
from Luftbildaufnahmen
where Bild.pixelcount(:dunkelbraun) < 1000
and Bild.noOfColors( ) > 4095;
```

Alternativ können natürlich auch die Vergleichsoperationen des image-Datentyps selbst herangezogen werden:

```
select Bild.description( ), ...
from Luftbildaufnahmen
where Bild.contains("felsiges Gelände");
```

Dies soll vor allem die Einfachheit der Benutzerschnittstelle demonstrieren. Natürlich bleibt
den Benutzern nicht verborgen, dass mit ihren Inhaltsangaben intern irgendetwas geschieht.
So sollte die obige select-Anweisung neben anderen auch das Bild mit der Nr. 1234 liefern,
obwohl in dessen Beschreibung von „felsigem Gelände" die Rede ist und als Suchausdruck
„felsiges Gelände" angegeben wurde. Ferner wird es beim Abspeichern und beim Abfragen
Fehlermeldungen geben wie „Dieses Wort kenne ich nicht" oder „Diesen Text verstehe ich
nicht" – aus Gründen, die im Unterabschnitt 9.3.2 deutlich werden. Das ist der Preis, der
an der Benutzerschnittstelle für die gemessen am simplen Textvergleich deutlich bessere
Qualität der Suche gezahlt werden muss.

Erste Erfahrungen mit solchen Datenbanken liegen bereits vor [Sch 01]. Das zentrale Problem bleibt dabei, dass es keinerlei Unterstützung für die inhärente Zeit in einigen Medien
gibt. Das DBVS weiß zu wenig von den unterschiedlichen Anforderungen der Datentypen; es behandelt alle UDT's gleichartig, ob es sich nun um eine 2D-Punkt oder ein Video
handelt. Wenn es zusätzliche Informationen und Hinweise gibt, beziehen sie sich auf die
Optimierung von Anfragen, d. h. sie helfen, Kosten zu bestimmen.

Es haben sich auch schon einige prinzipielle Probleme mit der SQL-Einbettung gezeigt, auf
die kurz genannt werden müssen:

Der wiederholte Zugriff auf dasselbe Attribut, der erst durch die neuen, komplex strukturierten Attributwerte notwendig geworden ist, wird nicht unterstützt. Beispielsweise müssen
Programme oft erst Höhe und Breite eines Bildes lesen, um Speicherplatz in ausreichender
Größe anzulegen, bevor sie die Farbtabelle und schließlich die Pixelmatrix aus der Datenbank laden. Für den SQL-Interpreter sind das drei voneinander unabhängige Anweisungen,

die nur zufällig alle dasselbe Tupel und denselben Attributwert betreffen. Man muss sie also alle vollständig ausformulieren und profitiert bestenfalls davon, dass sich die Datenseiten nach der ersten Anweisung schon im Hauptspeicher befinden. Erfolgt der Zugriff über einen Cursor, so wird dieser durch ein fetch gar auf das nächste Tupel (mit einem anderen Bild) weitergeschaltet. Danach kann man sich das gerade betrachtete Tupel nur noch über einen Primärschlüsselzugriff zurückholen. Mit SQL:1999 eröffnet sich endlich die Möglichkeit, einen scroll-Cursor zu definieren und mit fetch relative 0 ein Tupel der Ergebnistabelle noch einmal zu holen ([MS 02], S. 465). Allerdings ist auch hier die Auswahl der anzuwendenden Operation Bestandteil der select-Anweisung (und damit der Cursor-Definition) und nicht Bestandteil der fetch-Anweisung.

In der insert-Anweisung ist die Kombination von values-Klausel (Angabe von Konstanten oder Programmvariablen) und subselect (Zusammenstellung der neuen Attributwerte über Datenbankzugriffe) nicht erlaubt. Das wäre z. B. dann sehr nützlich, wenn man den Ausschnitt eines Bildes aus der Datenbank in einem anderen Tupel abspeichern möchte. Die formatierten Attribute dieses neuen Tupels kommen dann in der Regel nicht aus der Datenbank, sondern aus dem Programm (so die neue Archivnummer). Ein Notbehelf ist die Angabe einer Konstanten in der select-Klausel, was allerdings nicht sehr verständlich aussieht:

```
insert into Luftbildaufnahmen
      select :neueNr, Bild.window (50, 50, 100, 100)
      from Luftbildaufnahmen
      where Nr = :alteNr;
```

Die Semantik der update-Anweisung, speziell der set-Klausel, ist die Wertersetzung, nicht die Wertmodifikation. Auf der rechten Seite der Wertzuweisung kann ein beliebig komplexer Ausdruck stehen, der nur den richtigen Ergebnistyp haben muss. Dadurch ist für das System i. Allg. nicht erkennbar, wann tatsächlich ein völlig neuer Attributwert konstruiert und wann nur der vorhandene geringfügig geändert wird. Sinnvoll wäre eine Variante der update-Anweisung, wie sie das folgende Beispiel zeigt:

```
update Luftbildaufnahmen
apply Bild.replaceColormap (:cm)
where Nr = 1234;
```

SQL-Anweisungen werden in der Syntax der Programmiersprachen wie Prozeduraufrufe behandelt, nicht wie funktionale Ausdrücke, die einen Wert haben. Deshalb sind Anweisungen wie die folgenden, die gerade bei den neuen Datentypen sehr nützlich wären, um aufwändige Kopiervorgänge zu vermeiden, leider nicht zugelassen:

```
var := select ... from ... where ...;
writeScreen(select Bild.pixelmatrix ( ) ... );
```

Es wäre sehr sinnvoll, wenn man die Methoden näher beschreiben könnte. Das hieße dann, lesende von schreibenden zu unterscheiden, und im Kontext von Multimedia vor allem, zeitabhängige von zeitunabhängigen.

Über all den genannten Unzulänglichkeiten des Relationenmodells bei der Datenmodellierung wie bei der Erweiterung der Anfragesprache sollen jedoch die Vorteile dieses Ansatzes nicht außer acht gelassen werden: Relationale DBVS bieten nach Jahren der Praxiserprobung eine stabile Umgebung – was man von den vielen neuen DBVS mit besseren Datenmodellen und Anfragesprachen noch nicht behaupten kann. Relationale Systeme sind darüber hinaus inzwischen recht verbreitet; die Erweiterung um die Mediendatentypen fordert vom Benutzer nur einen inkrementellen Lernaufwand und ist aufwärtskompatibel für die große Zahl bereits vorhandener Anwendungen. Existierende Datenbanksysteme können weiter genutzt und graduell durch Hinzunahme von neuen Attributen für die Mediendaten ausgebaut werden. Insgesamt erscheint die Systemumgebung der relationalen DBVS durchaus geeignet zum Einsatz der neuen Datentypen.

7.4   Übungsaufgaben

Aufgabe 7.1. Vergleichen Sie die Speicherung von Mediendaten in Dateien aus der Sicht einer Multimedia-Anwendung mit der Speicherung in einer Datenbank, die Format- und Geräteunabhängigkeit bietet. Welche Vor- und Nachteile haben beide? Was kann man bei der Datenbank machen, was bei Dateien gar nicht oder nur mit großem Aufwand möglich wäre?

Aufgabe 7.2. Definieren Sie ein relationales Schema für die Wettervorhersage in den Fernsehnachrichten. Dazu gehören einige Landkarten als Rasterbilder, der zu verlesende Text und ein Video mit dem Wolkenverlauf. Diese Daten sollen den verschiedenen Nachrichtensendungen (Datum, Uhrzeit) zugeordnet werden. Es kann davon ausgegangen werden, dass es nur ein Programm gibt.

Aufgabe 7.3. Betrachten Sie noch einmal das Relationenschema mit Pferden, Rennfotos und einer Darstellungsrelation zwischen ihnen. Schreiben Sie dazu Anweisungen in erweitertem SQL (mit den Operationen des Datentyps image), die die folgenden Aufgaben lösen. Sie können davon ausgehen, dass die Anweisungen in einem Programm stehen und dass alle Bilder im Pixrect-Format verarbeitet werden (also auf einem Sun-Rechner mit SunView).

a) Es ist in die Datenbank neu einzutragen, dass auf dem Rennfoto Nr. 243 die Pferde 17, 24 und 31 zu sehen sind, und zwar in dieser Reihenfolge auf den Positionen 1, 2 und 3.
b) Es sind alle Rennfotos zu ermitteln, auf denen das Pferd „Eldorado" die erste Position einnimmt.
c) Welche Pferde sind auf den Rennfotos abgebildet, die in Ascot geschossen worden sind und in deren Inhaltsbeschreibung von „Zieleinlauf" die Rede ist? Es werden nur die Nummern der Pferde benötigt.

Aufgabe 7.4. Gegeben sei das folgende Relationenschema, das die in diesem Kapitel eingeführten Mediendatentypen verwendet:

```
Satellitenfoto        (Nr            integer,
                       Datum         date,
                       Ort           varchar(80),
                       Aufnahme      image)
```

Baum	(Art	varchar(50),
	lateinischer_Name	varchar(50),
	Abbildung	image)

Baum_zu_sehen_auf	(Baum_Art	varchar(50),
	Satfoto_Nr	integer,
	Zustand	varchar(20))

Gewässer	(Typ	varchar(50),
	Name	varchar(20),
	...	)

Gewässer_zu_sehen_auf	(Gewässer_Typ	varchar(50),
	Satfoto_Nr	integer,
	Verschmutzung	varchar(70))

Schreiben Sie Anweisungen in erweitertem SQL (mit den Operationen des Datentyps image), die die folgenden Aufgaben lösen. Sie können davon ausgehen, dass die Anweisungen in einem Programm stehen und dass alle Bilder im Pixrect-Format verarbeitet werden (also auf einem Sun-Rechner mit SunView).

a) Die Analyse des Bildes Nr. 768 ergibt, dass dort auch Rotbuchen abgebildet sind, die als leicht erkrankt eingestuft werden. Sie sind in der Baum-Relation bereits aufgeführt, aber nun ist auch die Beziehung zum Bild 768 herzustellen und einzutragen.

b) Auf welchen Satellitenfotos sind ebenfalls leicht erkrankte Rotbuchen identifiziert worden? Es sollen die Bilder selbst geholt werden, wobei aber auf eine Cursor-Definition verzichtet werden kann.

c) Was ist gemäß den Eintragungen in der Datenbank auf dem Satellitenfoto 378 alles zu sehen?

d) Welche Gewässer sind auf dem Satellitenfoto zu sehen, dessen Inhaltsangabe von „Grundwasserverseuchung" spricht? Gefragt ist neben dem Typ auch der Name.

Aufgabe 7.5. Gegeben sei das folgende Relationenschema, das die in diesem Kapitel eingeführten Mediendatentypen verwendet:

Patient	(Nr	integer,
	Name	varchar(60),
	Passbild	image)

Röntgenbild	(Nr	integer,
	Patient	integer,
	Datum	date,
	Ansicht	varchar(10),
	Körperteil	varchar(30),
	Aufnahme	image)

Schreiben Sie in Anweisungen in erweitertem SQL, die die folgenden Aufgaben lösen. Sie können davon ausgehen, dass die Anweisungen in einem Programm stehen und dass alle Bilder im Pixrect-Format verarbeitet werden (also auf einem Sun-Rechner mit SunView).

a) Es ist ein Röntgenbild des Patienten Szyballa (den es nur einmal gibt) in der Datenbank

abzulegen, das in der Daten „Szyballa-32" im GIF-Format abgespeichert ist. Es zeigt das
linke Knie von vorn, und es wurde an dem Tag aufgenommen, der bereits in der Programmvariablen aufnahmedatum im richtigen Format abgelegt wurde. Die neue Bildnummer steht
in der Variablen nr bereit.

b) Die auf dem Bild zu sehende Kniescheibenzertrümmerung soll als Inhaltsangabe zu demselben Röntgenbild gespeichert werden.

c) Bilder, auf denen Kniescheibenschäden zu sehen sind, sollen ermittelt werden. Auf einen
SQL-Cursor kann dabei verzichtet werden; es ist einfach ein beliebiges der Bilder zu lokalisieren und in der Pixrect-Variablen r-bild abzulegen.

Aufgabe 7.6. Unter den in diesem Kapitel gemachten Voraussetzungen ist die folgende
SQL-Anweisung syntaktisch korrekt:

```
update Luftbildaufnahmen
set Bild = Bild.replacePixelvalue(235, 410, :blau)
where Nr = 2954812;
```

Welches Problem tritt dabei auf, und wie kann man es lösen? Beachten Sie bei Ihrer Antwort
auch die Verwendung in einer Anweisung wie:

```
select Bild.replacePixelvalue(150, 210, :gruen)
from Luftbildaufnahmen
where Nr = 2715;
```

8   Objektorientierte Multimedia-Datenbanksysteme

Die ersten Arbeiten zu Multimedia-Datenbanken wurden in den achtziger Jahren durchgeführt [Chr 85], und das war zugleich auch die Zeit, in der objektorientierte Datenbanken das dominierende Thema der Datenbank-Forschung und -Entwicklung waren. So verwundert es nicht, dass die ersten MMDBVS-Projekte davon ausgingen, dass multimediale Datenbanken unbedingt objektorientiert sein müssten [WK 87]. Objektorientierte MMDBVS sind also das ältere Konzept und vielleicht auch das elegantere. Sie haben es aber nie geschafft, praktische Relevanz zu erlangen.

Das liegt einerseits daran, dass sie bei weitem noch nicht einen so stabilen Zustand erreicht haben wie die relationalen DBVS. Es gibt eine Fülle von verschiedenartigen Ansätzen, Vorschlägen und Prototypen, die sich zum Teil gravierend unterscheiden. Dittrich gibt in [Dit 86] eine Übersicht und unternimmt eine erste grobe Einteilung. Ein Versuch, das ganze Spektrum möglicher Darstellungsmittel in einem objektorientierten Datenmodell und die zwischen ihnen bestehenden Abhängigkeiten aufzuzeigen, findet sich in [MMWM 93]. Es bestand lange Zeit keine Einigkeit darüber, welche Eigenschaften ein DBVS aufweisen muss, damit es die Bezeichnung „objektorientiert" zu Recht führen darf. Ein „Manifest" sollte hier Klarheit schaffen [ABD$^+$ 89], doch sind die darin aufgezählten Merkmale und vor allem ihre Beschreibung oft einfach nicht präzise genug.

Diese Problem wurde auch den Herstellern bewusst, und so bildeten sie Anfang der neunziger Jahre die Object Data Management Group (ODMG), um eine einheitliche Sprache für OODBVS zu schaffen, die eine ähnliche Wirkung haben sollte, wie sie SQL für die relationalen DBVS gehabt hatte. Die Vorschläge sind mehrfach in Buchform veröffentlicht worden, zuletzt in der Version ODMG 3.0 [CB 00], aber es handelt sich dabei eben nicht um eine Norm. Tatsächlich sind die Darstellung auch nicht eindeutig und lassen Raum für Interpretation, was bei einer Norm ja nicht sein darf. Aber es ist der einzige Versuch, eine Vereinheitlichung herbeizuführen, und zumindest in Teilen wurden die Konzepte in den Produkten auch umgesetzt. Soweit syntaktische Darstellungen benötigt werden, wird im folgenden deshalb die ODMG-Notation verwendet.

Generell wird nur auf die zentralen Eigenschaften objektorientierter DBVS Bezug genommen, die sich in der einen oder anderen Form bei allen Varianten finden. Eine gute Einführung in die Konzepte findet sich beispielsweise in [Nie 89].

8.1 Einbettung der Mediendatentypen

Die Mediendatentypen werden in objektorientierten Systemen direkt als *Klassen* repräsentiert, die dazugehörenden Operationen als *Methoden* dieser Klassen. Die Instanzen sollten verkapselt sein, so dass der Zugriff nur über die Methoden der Klasse erfolgen kann. Wie im objektrelationalen Modell können diese Klassen in einer Generalisierungshierarchie angeordnet werden, die eine wiederholte Definition von gemeinsamen Methoden vermeidet und die Einführung speziellerer Datentypen zulässt, auf denen zusätzliche Methoden definiert sind.

Die in den Abschnitten 6.2 und 6.3 vorgestellten Datentypen Text und Image sowie die analog definierten Typen Graphics, Audio und Video sind dann als Subklassen von MediaObject zu denken und erben dadurch dessen Methoden. Sie ergänzen sie um eigene Operationen, die auf den speziellen Mediendatentyp zugeschnitten sind, etwa height bei Image und length bei Text. Das System ORION bzw. die als Multimedia Information Manager (MIM) bezeichnete Sammlung von Klassen (siehe unten) sieht noch eine Schicht zwischen MediaObject und Text bzw. Image vor, die die Klassen „lineares Medienobjekt" und „räumliches Medienobjekt" enthält. Erstere fassen Text und Audio zusammen, letztere Bild, Graphik und Video. Zwar ließen sich Methoden wie length und height tatsächlich auch bei diesen Klassen definieren und dann vererben, doch erscheint die Einteilung in gerade diese beiden Klassen etwas willkürlich. Unter anderem Blickwinkel erscheint die Einteilung in „zeitabhängig" und „nicht zeitabhängig" viel wichtiger. Deshalb wird die Entscheidung über eine solche Zwischenschicht zunächst zurückgestellt.

Generalisierung und die Bildung von Klassenhierarchien lassen sich nicht nur bei den Medienobjekten sinnvoll einsetzen, sondern auch bei den Objekten (Entities), die sie darstellen oder beschreiben. Die Diskussion des objektrelationalen Datenmodells im letzten Kapitel hat gezeigt, dass man u. U. verschiedene Ist_dargestell_auf-Beziehungen modellieren und diese in der Suche alle explizit berücksichtigen muss. Generalisierung erlaubt es dagegen, Schiffe, Autos und Flugzeuge unter dem Oberbegriff Fahrzeuge zusammenzufassen und dessen Instanzen mit den Bildern zu verbinden. Welche Oberbegriffe (Superklassen) man zu diesem Zweck einrichtet, hängt ganz davon ab, welche Objekte auf Bildern, in Texten, in Graphiken usw. in einer Anwendung besonders relevant sind. Im allgemeinsten Fall, der möglicherweise bei Pressefotos gegeben ist, muss man auf die Klasse „Objekt" zurückgreifen.

Ein objektorientiertes Modell kann also den Schematyp 3 besser darstellen als das Relationenmodell. Wie sieht es bei den anderen Schematypen aus? Instanzen einer Klasse werden wie Tupel durch Attributwerte repräsentiert, deren Wertebereich in der Klassendefinition festgelegt ist. Im Unterschied zum klassischen Relationenmodell müssen diese Wertebereiche nicht aus einer vordefinierten Menge gewählt werden, sondern dürfen auch beliebige selbstdefinierte Klassen sein[1]. So kann die Klasse Angestellter für ihre Instanzen ein Attribut (eine „Instanzenvariable") Portrait vorschreiben, dessen Werte Instanzen der Klasse GreyscaleImage sein müssen. Das entspricht dem Schematyp 1 bei den Relationen. Objektorientierte Systeme verlangen keine Normalisierung für ihre Klassen und Instanzen, so dass

---

[1]Dies ist bei SQL:1999 nun mit den strukturierten benutzerdefinierten Typen auch erreichbar, aber es ist nicht so, dass dann einfach *jede* Tabelle auch als Wertebereich verwendet werden darf.

Attribute mit mehreren Werten zugelassen sind. Ggf. muss ein Typkonstruktor wie list oder
set verwendet werden. Folglich ist etwas dem Schematyp 2 entsprechendes überflüssig; das
Attribut Portrait könnte auch einfach mehrere Bilder enthalten.

Viele objektorientierte Systeme unterscheiden nicht sauber zwischen Attributen und Komponenten eines Objekts. Oft wird die Aggregation einfach mit Hilfe der Attribute dargestellt. Kim hat in seinem Artikel über „Composite Objects" die Unterschiede deutlich
gemacht [KBG 89]. Werden sie unterstützt, kann man aus einzelnen Medienobjekten nun
wirklich Multimedia-Objekte zusammenstellen, z. B. Dokumente oder Lernprogramme. Das
ODMG-Modell trennt Attribute sehr klar von Beziehungen, und während die Attribute nur
Werte aufnehmen können, werden Objekte über Beziehungen angebunden. Diese haben
allerdings keine besondere Semantik, so dass die von Kim gewünschten Merkmale (Exklusivität und Existenzabhängigkeit) nur halbwegs über Kardinalitätsbeschränkungen nachgebildet werden können.

Schwachstelle der objektorientierten Systeme ist die fehlende Mengenorientierung und damit
verbunden die Suche. Man hat dies erkannt und verschiedentlich versucht, Anfragesprachen
auch für objektorientierte DBVS zu definieren [Ban 89]. Im ODMG-Modell gibt es dafür die
Object Query Language (OQL), die sich an SQL orientiert und inzwischen sogar aufwärtskompatibel dazu ist. Sie bringt alle erwünschten Eigenschaften mit sich, doch sie entspricht
nicht dem primären Zugang zu Objekten, um dessentwillen die OODBVS (auch) beschaffen
wurden: der Dereferenzierung. Da die OQL zudem sehr komplex ist, finden sie sich leider
nur in wenigen Produkten.

Die Darstellung von Beziehungen, wie sie in Unterabschnitt 2.1.3 gefordert wurde, ist auch
hier möglich. Wiederum stellt die Attributbeziehung das geringste Problem dar. Die
Komponenten- oder Aggregationsbeziehung ist dagegen nicht als eigenes Konzept verfügbar;
sie wird oft nicht von der Attributbeziehung unterschieden. Im ODMG-Modell ist alternativ die Darstellung über Relationships möglich, die jedoch, wie die Fremdschlüssel-
Primärschlüssel-Beziehung im Relationenmodell, keine spezifische Semantik aufweist. Es
gibt Ansätze wie z. B. von Kim auch für ORION, die eine spezielle Behandlung von „Composite Objects" vorsehen [KBG 89]. Der Bedarf entstand ja nicht erst durch die Multimedia-
Objekte, sondern war bereits in Ingenieur-Datenbanken von Bedeutung [L+ 85]. Leider wird
sie nur selten angeboten.

Die Äquivalenzbeziehung ist in keinem Datenmodell verfügbar. Für sie müssten in objektorientierten Modellen (wie schon im Relationenmodell) neue Sprachmittel eingeführt
werden. Denkbar wäre im ODMG-Modell eine Beziehung mit der Bezeichnung presentatio-
nAlternative, für die das OODBVS eine Sonderbehandlung durchführen würde. So könnte
mit einer Kurve (Subklasse von Graphic) eine solche Beziehung zu einer Tabelle (Subklasse
von Text) definiert werden, die bei einer Ausgabe auf einem Gerät ohne Graphikmodus
benutzt wird:

```
interface Curve : Graphic {
    ...

    relationship Table presentationAlternative
        inverse Table.presentationAlternative;

    ...
}
```

8.2   Ein konkreter Ansatz: MIM unter ORION

Nach dieser allgemeinen Einführung in die OODBVS-Konzepte für Multimedia soll ein konkreter Ansatz vorgestellt werden, der die Modellierung einmal konsequent vorgenommen hat und einige interessante Ideen enthält. Er ist wirklich so implementiert worden, und das erscheint als Vorteil gegenüber einem hypothetischen MMDBVS.

Bereits 1985 begann man am MCC in Austin, Texas, mit der Entwicklung eines Multimedia-DBVS. Es wurde sehr früh die Entscheidung getroffen, dass dieses MMDBVS objektorientiert sein sollte. Das in CommonLISP implementierte System stand auf Anlagen des Typs Symbolics und SUN (unter UNIX) den Anteilseignern des MCC zur Verfügung. Eine kommerzielle Version wurde unter dem Namen ITASCA vertrieben; sie hat keine große Bedeutung am Markt erlangt.

Der Name ORION bezeichnet das objektorientierte DBVS ohne einen speziellen Bezug zu Multimedia. Der kommt erst durch eine Klassenbibliothek hinzu, das *Multimedia Information Manager* (MIM) genannt wird. Sie ist in [WK 87] ausführlich beschrieben. Die Umgebung des objektorientierten DBVS erleichtert es dem Benutzer, eigene Typen von Medienobjekten als Subklassen einzubringen und dabei über den Vererbungsmechanismus von den schon im MIM bereitgestellten Operationen zu profitieren.

Eine Besonderheit des MIM ist, dass alle Geräte als Objekte in ORION repräsentiert werden, und zwar sowohl die Ein-/Ausgabegeräte als auch die Speichergeräte. Für Ausgabegeräte etwa wird eine Klassenhierarchie bereitgestellt, wie sie in Abb. 8.1 schematisch dargestellt ist. Die Kanten des Graphen repräsentieren die Generalisierungsbeziehung, wobei die Subklasse wie üblich unterhalb der Klasse gezeichnet ist. Die hervorgehobene (grau unterlegte) Klasse text-pres-device ist ein Beispiel für die Erweiterungen, die ein Benutzer selbst vornehmen kann; sie gehört nicht zum Lieferumfang des MIM.

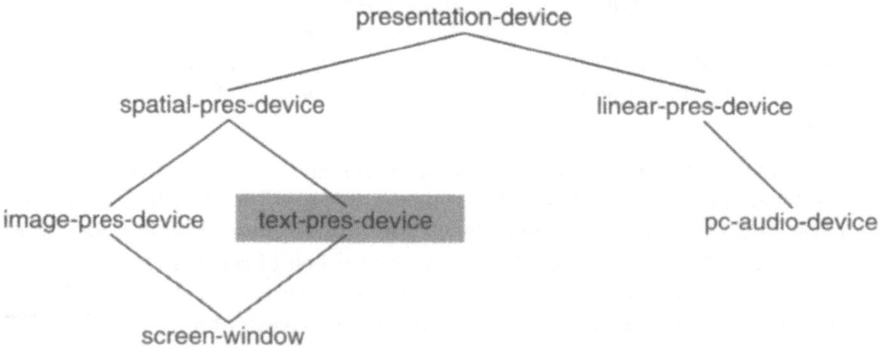

Abbildung 8.1 Klassenhierarchie für Ausgabegeräte im MIM

Die Instanzen der Klassen in dieser Hierarchie sind allerdings nicht eineindeutig den Ausgabegeräten zugeordnet, sondern spezifizieren darüber hinaus auch noch

- wo auf dem Gerät dargestellt wird (z. B. auf welchem Teil eines Bildschirms),

• welcher Ausschnitt eines Medienobjekts dargestellt wird.

Folglich kann es mehrere Instanzen geben, die ein und dasselbe physische Gerät repräsentieren. Man kann sie mit Einschränkungen auch als „Ausgabeformate" für Medienobjekte auffassen. So definiert beispielsweise die Klasse spatial-pres-device folgende Attribute für ihre Instanzen:

> upper-left-x,
> upper-left-y,
> width,
> height.

Die Werte dieser Attribute bestimmen den Ausschnitt eines Medienobjekts (z. B. eines Rasterbilds), der auf einem räumlichen Ausgabegerät erscheinen soll. In der Subklasse screen-window spezifizieren dann die Attribute

> win-upper-left,
> win-upper-right,
> win-width,
> win-height

zusätzlich den Ausschnitt eines Bildschirms, der für die Darstellung benutzt werden soll. In screen-window sind nun auch Methoden definiert, und zwar

> present,
> capture,
> persistent-pres.

Sie können zur Ausgabe eines bestimmten Medienobjekts und ggf. zum Wiedereinlesen aufgerufen werden (s. unten).

Ganz analog ist in MIM eine Klassenhierarchie für Eingabegeräte definiert (Abb. 8.2). Die hervorgehobenen Klassen image-capture-device und keyboard stellen wieder mögliche Benutzererweiterungen dar.

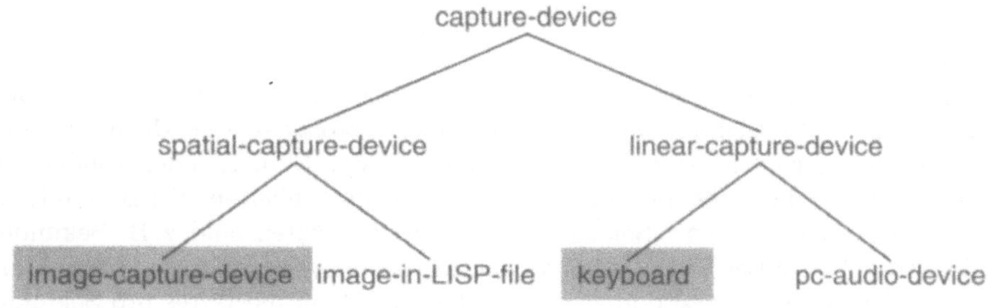

Abbildung 8.2 Klassenhierarchie der Eingabegeräte in MIM

Auch hier sind die Instanzen der Klassen wieder mehr als nur die spezifischen Eingabegeräte. Sie geben auch noch an, welcher Teil eines Multimedia-Objekts erfasst wird und wie das Gerät dabei eingestellt ist. Folglich kann es zu einem physischen Gerät wieder mehrere Instanzen des Typs capture-device geben. Instanzen der Subklasse spatial-capture-device weisen folgende Attribute auf:

>   upper-left-x,
>   upper-left-y,
>   width,
>   height.

Das spezifiziert den Ausschnitt eines räumlichen Medienobjekts, der durch die Eingabe vom Gerät erzeugt oder ersetzt wird. Die Fläche außerhalb dieses Rechtecks kann unverändert bleiben oder auf „Hintergrund" gesetzt werden. Die benutzerdefinierte Klasse image-capture-device könnte die Attribute

>   cam-width,
>   cam-height,
>   bits-per-pixel

und eine Methode capture vorsehen.

Gespeicherte Medienobjekte sind ebenfalls in einer Klassenhierarchie organisiert. Dabei wird wieder zuerst nach räumlichen und linearen Medienobjekten unterschieden. Rasterbilder und Graphiken sind als räumlich einzuordnen, Text und Audio als linear. Dazu gibt es jeweils Subklassen (Abb. 8.3).

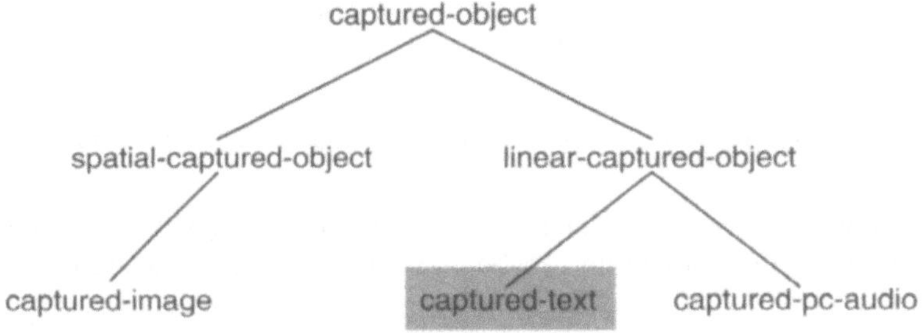

Abbildung 8.3 Klassenhierarchie der gespeicherten Medienobjekte im MIM

In der Klasse captured-object werden für alle Subklassen die folgenden Attribute festgelegt: storage-object verweist auf eine Instanz der Klasse storage-device, die unten eingeführt wird. Das Attribut logical-measure benennt die elementaren Einheiten der Rohdaten aus der Sicht des Benutzers, die nicht mit den systemtechnischen Einheiten Bit, Byte oder Speicherwort übereinstimmen müssen. Solche logischen Maßeinheiten sind z. B. Sekunden bei Audio oder Einzelbilder bei Video. Das Verhältnis von physischer zu logischer Maßeinheit wird im Attribut phys-logic-ratio angegeben. Das sind dann die Bytes pro Sekunde Audio oder die Bytes, die ein Einzelbild bei Video belegt.

Die Subklasse spatial-captured-object fügt die Attribute width, height und row-major hinzu. Das letztere gibt an, ob die Abspeicherung zeilenweise oder spaltenweise erfolgt. Schließlich gibt es noch ein Attribut bits-per-pixel, und es wird deutlich, dass es sich hier (wie auch schon bei der logischen Maßeinheit der Superklasse) um typische Registrierungsdaten handelt.

Für die Speicherung stehen Geräte zur Verfügung, die genau wie die Ein- und Ausgabegeräte abschnittweise genutzt und durch Instanzen der Klasse **storage-device** dargestellt werden (Abb. 8.4). Die Subklasse **mag-disk-storage-device** besitzt zum einen die Attribute **block-list** und **allocated-block-list**. Die Blockliste enthält die Nummern aller Blöcke, die ein bestimmtes Medienobjekt belegt. Die zweite Blockliste gibt die tatsächlich angelegten Blöcke an; dies wird im Zusammenhang mit Versionen noch erläutert (Abschnitt 9.2). Dann gibt es noch die Attribute **min-object-size-in-disk-pages** und **seg-id**. Das erstere gibt die Anzahl der Blöcke an, die bei jeder Vergrößerung des Medienobjekts hinzugenommen werden, während das zweite das Segment der Platte identifiziert, in dem neue Blöcke belegt werden können.

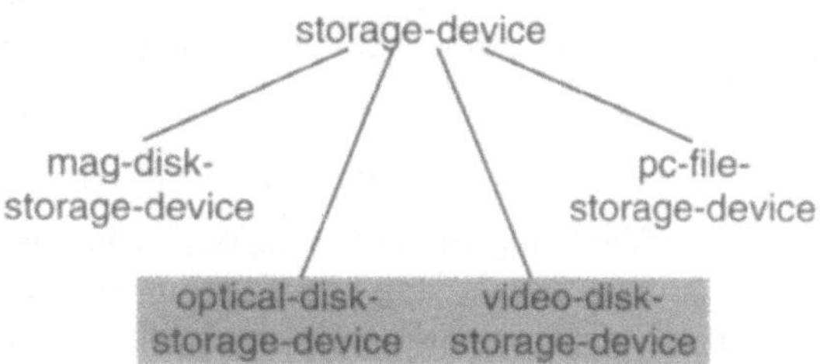

Abbildung 8.4 Klassenhierarchie für Speichergeräte im MIM

Schließlich gibt es noch in Klassen organisierte Datenobjekte, die einen einzelnen Lese- oder Schreibvorgang repräsentieren (Abb. 8.5). Sie werden dynamisch erzeugt und nach Abschluss der Ein- oder Ausgabe wieder gelöscht. Dabei enthält **disk-stream** das in beiden Fällen benötigte Attribut **storage-object**, das auf die zu lesende oder zu überschreibende Instanz der Klasse **storage-device** verweist. In **read-disk-stream** gibt es zusätzlich das Attribut **read-block-list**, das eine Positionsmarkierung darstellt und den jeweils nächsten zu lesenden Block eines Medienobjekts identifiziert. Die gleiche Rolle spielt das Attribut **write-block-list** in **write-disk-stream**.

Abbildung 8.5
Klassenhierarchie für Lese- und Schreibvorgänge im MIM

Das Zusammenwirken dieser Klassen und der geschachtelte Aufruf von Methoden sollen nun am Beispiel der Ausgabe eines Rasterbilds demonstriert werden. Dazu wird angenommen, dass es in einer Anwendung eine Klasse **Fahrzeug** gibt, die für ihre Instanzen u. a. die Attribute **Abbildung** vom Typ **captured-image** und **Ausgabegerät** vom Typ **image-pres-device** definiert. Zur Beschreibung eines Fahrzeugs gehört also auch ein Ausgabegerät, auf dem sich die Abbildung des Fahrzeugs am vorteilhaftesten reproduzieren lässt. Außerdem enthält die Klasse eine Methode **Zeige-Bild**, die die Ausgabe der gespeicherten Abbildung auf dem vorgesehenen Ausgabegerät veranlasst.

Um das zu erreichen, muss **Zeige-Bild** die Nachricht **present** an das Objekt senden, das das Ausgabegerät repräsentiert, und ihm in einem Parameter das auszugebende Bild nennen.

Wenn man annimmt, dass solche Sende- oder Aufruf-Anweisungen in einer LISP-artigen Syntax den Methodennamen, das Empfänger-Objekt und die Parameter spezifizieren, könnte die entsprechende Anweisung im Rumpf von Zeige-Bild so aussehen:

(present Ausgabegerät Abbildung)

Die durch das Attribut Ausgabegerät identifizierte Instanz der Klasse image-pres-device führt daraufhin ihre Methode present aus. Ihre Attribute upper-left-x, upper-left-y, width und height geben an, welcher Ausschnitt des Bildes zu zeigen ist (s. oben). Dieser rechteckige Ausschnitt wird in lineare Koordinaten umgerechnet. Das geht nur durch Zugriff auf die Instanz von captured-image, die durch den Parameter Abbildung identifiziert wird, weil dort Attribute wie row-major, sprich: die Registrierungsdaten verfügbar sind.

Nun wird das gespeicherte Bild zum Lesen geöffnet:

(open-for-read Abbildung [start-offset])

Die durch Abbildung benannte Instanz von capture-image führt die Methode open-for-read aus. Dabei erzeugt sie eine neue Instanz von read-disk-stream, deren Namen (Objektidentifikator) sie an das image-pres-device zurückliefert. Falls vorhanden, dient die Angabe start-offset zur Initialisierung der read-block-list. Das Ausgabegerät sendet nun (in Fortsetzung der Ausführung von present) diesem Stream eine Nachricht zum Lesen:

(get-next-block read-disk-stream)

Der Stream selbst wiederum sendet:

(get-block storage-object read-block-list)

Rückgabewert dieses Aufrufs ist eine Adresse im Puffer, unter der der gewünschte Block zu finden ist. Anschließend erhöht der Stream den Zeiger und liefert die Pufferadresse als Ergebnis der Methode get-next-block an das image-pres-device zurück.

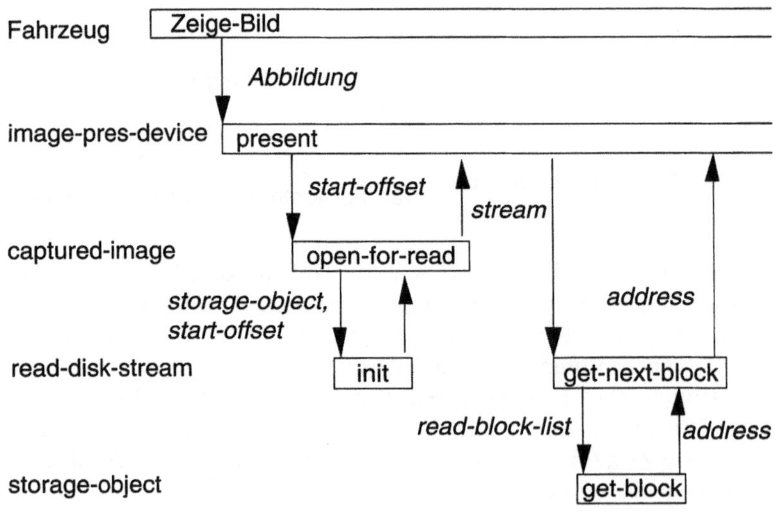

Abbildung 8.6 Geschachtelter Aufruf von MIM-Methoden bei der Ausgabe eines Bildes

Abb. 8.6 stellt den bisher beschriebenen Ablauf graphisch dar. Links sind die Namen der Klassen aufgeführt, von denen jeweils genau eine Instanz involviert ist. Die Rechtecke deuten die Ausführung einer Methode an, die mit den kursiv geschriebenen Parametern aufgerufen wird und den ebenfalls kursiv geschriebenen Wert zurückliefert. Im weiteren Verlauf übergibt nun das Ausgabegerät den Inhalt des gelesenen Blocks an die Hardware und teilt anschließend dem Stream mit, dass der Pufferrahmen wieder verfügbar ist:

> (free-block read-disk-stream)

Nach dem Lesen und Freigeben aller Blöcke des Bildes wird mit

> (close-read read-disk-stream)

der Lesevorgang abgeschlossen. Der Stream kann dann wieder gelöscht werden.

Die Klasse captured-object stellt für ihre Instanzen noch weitere Methoden bereit. Mit make-captured-object-version werden eine neue Version des gespeicherten Medienobjekts und implizit auch eine neue Version des belegten Speichergeräts (storage-device) erzeugt. Alte und neue Version belegen zunächst dieselben Blöcke auf der Platte. Wie Änderungen der neuen Version vorgenommen werden, ohne die alte Version zu modifizieren, wird weiter unten in Abschnitt 9.2 gezeigt. Die Methode copy-captured-object erzeugt eine Kopie des Medienobjekts, in dem kein Bezug zum Original mehr verwaltet wird, jedoch auch wieder eine neue Version des Speichergeräts, so dass auch hier die Blöcke zunächst gemeinsam benutzt werden können.

Schließlich gibt es noch die Methoden delete-captured-object und delete-part-of-captured-object. Die letztere erwartet die Parameter start-offset und delete-count, die angeben, von welcher Byte-Position an wie viele Bytes gelöscht werden sollen. Diese Operation ist gefährlich, wenn sie ohne gleichzeitige Änderung der Registrierungsdaten oder ohne Rücksicht auf die logischen Maßeinheiten ausgeführt wird; sie ist wohl nicht für den Endbenutzer gedacht.

Für die Flexibilität des Systems bei der Abbildung auf Speichergeräte und Blöcke ist es sehr nützlich, wenn der Benutzer bei der Definition von Ausschnitten eines Medienobjekts nur die logischen Maßeinheiten verwendet. Bei linearen (eindimensionalen) Medien müssen Startpunkt und Länge angegeben werden, bei räumlichen (zweidimensionalen) Medien, wie gezeigt, die Koordinaten der linken oberen Ecke nebst Höhe und Breite. Logische Maße sind etwa bei Bildern die Pixel, bei Tonaufnahmen die Sekunden und bei Animation und Video die Einzelbilder. Die Attribute logical-measure und phys-logic-ratio in den Instanzen der Klasse captured-object erlauben dem System intern die Umrechnung in Bytes.

Einige Ausgabegeräte unterstützen die sog. persistente Präsentation von Medienobjekten. Das bedeutet, dass das Medienobjekt nach der Ausgabe noch im Speicher des Geräts erhalten bleibt. Dort kann die Anwendung (bzw. der Benutzer) es modifizieren, und es kann anschließend wieder in die Datenbank übernommen werden wie von einem Eingabegerät. Deshalb wurden oben in der Klasse screen-window neben present auch noch die Methoden persistent-pres und capture definiert. persistent-pres liefert eine interne Kennung physical-resource zurück, die bei einem anschließenden capture wieder angegeben werden muss:

> (capture presentation-device captured-object physical-resource)

Auch die Klassen für die temporären Lese- und Schreibvorgänge (s. Abb. 8.5) besitzen noch weitere Methoden. Diese ermöglichen eine Steuerung des Darstellungs- oder Aufzeichnungsvorgangs durch den Benutzer. So kann man z. B. beim Abspielen von akustischen Aufzeichnungen Pause, Fortfahren, Vorlauf und Rücklauf veranlassen. Diese Funktionen werden umgesetzt in Aufrufe des presentation-device an den read-disk-stream:

```
(forward read-disk-stream count)
(backward read-disk-stream [count])
```

Bei einem backward ohne count wird bis an den Anfang zurückgespult. Der Parameter count ist in Bytes anzugeben, so dass zuvor im presentation-device eine Umsetzung der logischen Maßeinheiten erfolgen muss.

Die Abspeicherung der Medienobjekte den Blöcken eines Segments erfolgt so, dass Änderungen von Teilen auch wirklich nur lokale Änderungen durchgeführt werden und nicht etwa das ganze Objekt als geändert betrachtet wird und beträchtlichen Speicherplatz belegt (z. B. für die Protokollierung). Diese Technik wird im nächsten Kapitel in Abschnitt 9.2 zusammen mit ähnlichen Speicherungsverfahren vorgestellt.

ORION zusammen mit dem MIM stellt den bisher umfassendsten Vorschlag für ein MMDBVS dar. Es bietet seinen Benutzern große Flexibilität, denn die mitgelieferte Klassenhierarchie kann durch Spezialisierung um eigene Subklassen ergänzt werden, die zusätzliche Bearbeitungs- und Zugriffsoperationen aufweisen. Die Darstellung des Systems in der Literatur lässt jedoch noch einige Fragen offen. So ist die im MIM gewählte Klassenhierarchie keinesfalls die einzig mögliche. Die vorrangige Einteilung der Medien in eindimensionale (lineare) und zweidimensionale (räumliche) ist nicht zwangsläufig; in manchen Anwendungen kann die Unterscheidung von visuellen, akustischen und gemischten Medien wichtiger sein. Ebenso könnte man nach zeitabhängigen und statischen Medien unterscheiden, was nicht zuletzt für die Leistungsfähigkeit des Systems von großer Bedeutung sein kann. Eine derartige Modifikation der Klassenhierarchie käme jedoch einer Reimplementierung des MIM gleich.

Auch zu den Methoden im MIM gibt es Alternativen. Im oben geschilderten Beispiel der Ausgabe eines Rasterbilds wird dem Gerät die Nachricht gesandt: „Stelle das als Parameter genannte Bild dar". Nichts spricht dagegen, die gleiche Wirkung durch eine Nachricht an das Bild zu erzielen: „Stelle dich auf dem als Parameter genannten Gerät dar". Es lässt sich nicht ohne weiteres feststellen, welches die bessere Lösung wäre; für solche Entscheidungen fehlen immer noch die Bewertungskriterien.

Die in der Klasse storage-device und ihren Subklassen getroffene Unterscheidung von magnetischen und optischen Platten ist sicher notwendig, doch sollte sie nicht an der Gerätetechnik, sondern an abstrakteren Eigenschaften festgemacht werden, damit zukünftige Techniken ebenfalls eingeordnet werden können. Es bieten sich Subklassen für Direktzugriffsspeicher und sequenzielle Speicher an, orthogonal dazu Subklassen für nur lesbare, einmal beschreibbare und beliebig oft beschreibbare Datenträger.

Das Problem der Suche nach Medienobjekten ist im MIM bisher überhaupt nicht thematisiert worden. Es scheint so, als ob die Benutzer dafür selbst eigene Methoden erstellen müssten. Das wäre ihnen möglicherweise sogar recht, weil sie dann sehr viel Anwendungswissen einbringen könnten; allgemeine Suchmethoden sind notwendigerweise schwächer. Das Problem ist jedoch, dass das System dann nichts über die Vorgehensweise dieser Suchmethoden weiß und sie deshalb nicht durch geeignete Speicherabbildung und Zugriffspfade unterstützen kann. Und schließlich gibt es auch keinerlei Unterstützung für zeitabhängige Medien.

8.3 Bewertung

Die vorherigen Abschnitte haben nach einer allgemeinen Einführung einen konkreten Ansatz detailliert vorgestellt, der in der Literatur sehr gut dokumentiert ist. In die Bewertung von OODBVS für Multimedia muss man auch einbeziehen, wie OODBVS allgemein positioniert sind. Sie haben es nie geschafft, einen signifikanten Anteil an der Verwaltung von Produktionsdaten zu übernehmen. Dagegen haben sich die relationalen und nun inzwischen objektrelationalen Systeme viel besser behaupten und ihre Stellung noch ausbauen können, so dass viele Aktivitäten gerade auch im Bereich Verwaltung von Multimedia-Daten sich auf sie konzentrieren; SQL/MM ist ja ein Ergebnis davon. Ein Grund, der immer wieder angeführt wird, ist die mangelnde Robustheit der OODBVS. Das ist auch gar nicht verwunderlich, wenn man bedenkt, wie klein die Entwicklerteams in den Herstellerfirmen sind – im Vergleich mit denen, die etwa an Oracle oder IBM's DB2 arbeiten. Da muss der Schwerpunkt auf der Funktionalität liegen, und so „nachrangige" Dinge wie Backup und Administration bleiben auf eher rudimentäre Konzepte beschränkt. Genau das wirkt sich aber im Produktionsbetrieb nachteilig aus. Ein zweiter Punkt betrifft die Aufwärtskompatibilität. Lange Zeit sah es so aus, als müssten Datenbankanwendungen von Grund auf neu entwickelt werden, wenn sie mit einer objektorientierten Datenbank arbeiten sollten. Das konnte sich kaum eine Firma erlauben. Inzwischen ist ja z. B. die OQL aufwärtskompatibel zu SQL, aber sie ist ja nicht das, was eigentlich benutzt werden soll. Ein wesentlicher Effekt beim Einsatz eines OODBVS (auch bezüglich der Leistungsfähigkeit) besteht ja darin, dass kein „Impedanz-Missverhältnis" mehr besteht, weil die Objekte der Programmiersprache direkt auch die Objekte der Datenbank sind. Das hat etliche positive Effekte, verlangt dann aber eben doch die vollständige Reorganisation der Datenbank mit einem dann Objekt-Schema – und zerstört damit die Kompatibilität restlos. Diese beiden Gründe haben dazu geführt, dass OODBVS heute nur in wenigen Anwendungen zum Einsatz kommen und auch für Multimedia bei weitem nicht die Bedeutung erlangt haben, die man in der achtziger Jahren erwartet hatte. Der Ansatz, die Datentypen so weit wie möglich unabhängig von einem Datenmodell zu entwerfen, zahlt sich deshalb heute aus.

Wenn man nun noch einmal die objektrelationalen und die objektorientierten DBVS nebeneinander betrachtet, kann man feststellen: Es besteht allgemein Einigkeit darin, dass neue Datentypen angeboten und verwaltet werden müssen, entweder im Kontext eines objektorientierten Systems wie bei ORION oder in einem relationalen System wie bei SQL/MM. In allen Systemen sind die Ansätze zur inhaltsorientierten Suche aber nur rudimentär vorhanden. Spezielle Beziehungen zwischen Medienobjekten (Synchronisation, Äquivalenz) werden nicht angeboten, nur generische Beziehungen, denen man die gewünschte Semantik selbst unterlegen muss. Und die Unterstützung der Zeitabhängigkeit fehlt noch vollständig. Es sind also bei allen bisher entwickelten Systemen Defizite im Hinblick auf die in den Kapiteln 2 bis 5 aufgestellten Anforderungen zu erkennen.

8.4 Übungsaufgaben

Aufgabe 8.1. Vergleichen Sie die vier Systemkonzepte

1. Datei,
2. Datenbank mit „binary large objects" (BLOB's),
3. objektrelationale Datenbank (mit Mediendatentypen) und
4. objektorientierte Datenbank

bezüglich einiger Kriterien. Bringen Sie dazu die vier Konzepte in eine Reihenfolge, die zu jedem im folgenden genannten Kriterium jeweils das beste und das schlechteste Konzept benennt.

- Formatunabhängigkeit
- Zugriffsgeschwindigkeit
- Software-Kosten, Installationsaufwand
- semantische Ausdrucksfähigkeit
- Geräteunabhängigkeit

Aufgabe 8.2. Übertragen Sie einige zentrale Konzepte des MIM in das ODMG-Modell.

9 Implementierung

Nachdem zuvor alle Voraussetzungen aufgeführt worden waren und die drei letzten Kapitel nun die Ziele in Form eines Dienstangebots an die Anwendungen ausformuliert haben, ist die Lücke zu schließen, die zwischen heutigen DBVS und dem Angebot von Betriebssystemen (Kap. 5) auf der einen Seite und einem vollständigen MMDBVS auf der anderen noch besteht. Die Implementierung kann ein normales DBVS erweitern oder auch ein spezielles System daneben stellen; das wird noch zu diskutieren sein. Auf jeden Fall müssen etliche Implementierungskonzepte eingeführt oder angepasst werden, die auf den besonderen Charakter der Multimedia-Daten Rücksicht nehmen. Die werden nun der Reihe nach besprochen.

9.1 Verwaltung der Speichergeräte

Ob ein MMDBVS, wie in ORION vorgeschlagen, auch die Ein- und Ausgabegeräte selbst verwalten muss und bis zu welcher Ebene das dann gehen sollte, ist durchaus eine offene Frage. Die Verwaltung der Speichergeräte gehört dagegen unbestritten zu den Aufgaben eines MMDBVS. Wie in Kapitel 4 dargestellt, sind dabei auch neuartige Geräte mit spezifischen Eigenschaften, z. B. WORM-Platten oder Videorecorder, zu berücksichtigen. Es stellt sich die Frage, wann diese Geräte zu benutzen sind und für welche Daten.

Einige Systeme machen es sich hier einfach und delegieren die Entscheidung an die Benutzer. Sie stellen die Geräte als getrennte „Behälter" für Daten zur Verfügung und legen Medienobjekte auf Wunsch darin ab. Die spezifischen Eigenschaften der Speicher müssen die Systeme nur insoweit kennen, als sie die Wirkung von Operationen beeinflussen; Änderungen auf WORM-Platten sind eben nicht möglich. Eine vergleichende Bewertung der Geräte findet nicht statt. Die Benutzer müssen selbst die Eigenschaften genau kennen und bei der Verteilung der Datenobjekte auf die Datenträger berücksichtigen.

Besser ist es, wenn das System selbst entscheidet, auf welchem Datenträger es welche Daten ablegt. Manche Eigenschaften der Daten, die bei dieser Entscheidung eine Rolle spielen, müssen die Benutzer explizit festlegen. Das ist typischerweise Zustandsinformation zu den Medienobjekten, die den Bearbeitungszustand und die Zulässigkeit von Änderungen beschreibt: noch in Arbeit, stabil, festgeschrieben, freigegeben, ... Wo möglich, sollte das System die Eigenschaften aber durch Beobachtung (Messung) auch selbst ermitteln. Bei der Größe der Datenobjekte ist das einfach; ob auch Statistiken über die Häufigkeit von lesenden und ändernden Zugriffen (sequenziell, wahlfrei usw.) geführt werden können, hängt davon ab, welchen Zusatzaufwand das bedeutet. Ziel bleibt, dass das System selbst die

Datenobjekte nach den ihren Eigenschaften und nach benutzerübergreifenden Regelungen auf die verfügbaren Speicher verteilt. Stellt es im Laufe der Zeit eine Änderung der Eigenschaften oder des Benutzungsprofils fest, so sollte es ggf. auch eine Verlagerung auf andere Datenträger vornehmen (z. B. Archivierung).

Auch die „interne" Benutzung von bestimmten Speichern durch das System ist möglich, wenn entsprechende Speicherungsstrukturen und Einbringstrategien benutzt werden. In ORION z. B. hat man sich entschieden, Blöcke (Slots) auf der Platte nie zu ändern, sondern eine geänderte Seite immer auf einen neuen Block zurückzuschreiben (siehe unten in 9.2.1). Dann lässt sich eine WORM-Platte benutzen, ohne dass die Benutzer etwas davon merken.

9.2 Speicherungsstrukturen

Bei der Abbildung von Sätzen (Tupeln) auf Seiten ist der neuen Aspekt nun, dass diese jetzt sehr lang werden können (bis zu mehreren GB). Das ist nicht so neu; auch in Ingenieuranwendungen und geowissenschaftlichen Systemen hatte man schon mit diesem Problem zu tun. Allerdings gehen Multimedia-Daten oft noch eine Größenordnung weiter. Auf jeden Fall muss nun mit Sätzen gerechnet werden, die mehr als eine Seite belegen. Zugleich sind mit den Datentypen Operationen definiert worden, die nur Teile eines Medienobjekts lesen oder ändern. Das ist neu für DBVS, denn bisher galt eher der Attributwert als die kleinste Einheit. Nun gibt es auch die Änderung von Abschnitten in einem Attributwert, z. B. das Einfügen einer Textzeile, das Ersetzen eines Bildausschnitts durch ein anderes Bild („Einblendung"). Es ist ganz wichtig zu erreichen, dass diese Operationen nicht doch wieder durch das Ersetzen des ganzen, eben sehr großen Attributwerts implementiert werden. Statt dessen muss die Information über den Teil, der wirklich geändert wird, auch an die tieferen Schichten weitergegeben werden. Und dort müssen dann Mechanismen bereitstehen, die diese Änderungen auf Speicherungsstrukturen abbilden können.

Dazu gibt es inzwischen einige Vorschläge, und zwei repräsentative Kandidaten sollen hier vorgestellt werden. Der Blocklisten-Ansatz des bereits im letzten Kapitel vorgestellt ORION stellt einen ersten Versuch auf diesem Gebiet dar, und der Speicherverwalter von Exodus verfeinert ihn weiter, indem er von einer Liste zu einer Baumstruktur übergeht.

9.2.1 Die Blocklisten von ORION

Den Entwicklern von ORION war sehr schnell klar, dass sie Mediendatenobjekte nicht wie normale Datenobjekte behandeln dürfen, die bei einer Änderung einfach insgesamt überschrieben werden. Weiterhin waren optische Speicher sehr aktuell und versprachen sehr hohe Kapazität bei geringen Kosten. Das führt zu der Entscheidung, Blöcke grundsätzlich nicht zu überschreiben, sondern neue Blöcke zu belegen. Die aktuelle Version des Datenobjekts benutzt dann die unveränderten Blöcke weiter und greift nur an den (wenigen) Stellen, an denen geändert worden ist, auf die neuen Blöcke zu. Die Speicherverwaltung von ORION, die das umsetzt, ist nur für Magnetplatten (mag-disk-storage-device) realisiert worden. Sie hält sich jedoch an das Prinzip, dass existierende Blöcke nicht überschrieben werden, so dass die Übertragung etwa auf WORM-Platten ohne Änderung möglich sein müsste.

Zur Erinnerung an die Darstellung im letzten Kapitel: Alle gespeicherten Objekte sind in Instanzen der Klasse storage-device abgelegt, die den Ausschnitt eines Speichergeräts repräsentieren, der von dem Objekt belegt wird (vgl. Abb. 8.4 auf S. 175). Das Attribut block-list einer solchen Instanz enthält eine Liste von sog. Blockeinträgen mit folgenden Bestandteilen:

(block-id start-offset length)

Durch start-offset und length wird angegeben, welcher Teil des Blocks von einem Medienobjekt benutzt wird. Abb. 9.1 zeigt ein Beispiel, in dem der Einfachheit halber eine Blocklänge von 1000 Byte zugrundegelegt wird. Ein Medienobjekt von 3000 Byte Länge belegt dann zunächst genau drei Blöcke.

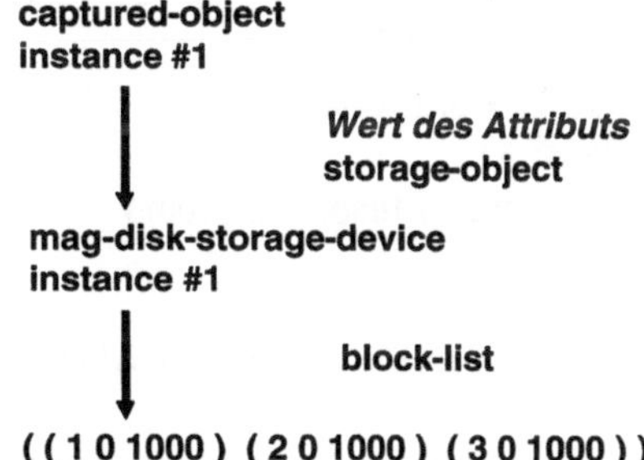

Abbildung 9.1
Anfängliche Blockliste eines Medienobjekts

Wenn nun durch Aufruf der Methode make-captured-object-version eine neue Version dieses Medienobjekts erzeugt wird, entstehen neue Instanzen von captured-object und von mag-disk-storage-device. Beide verweisen über ein Attribut parent-version auf ihre Vorgänger-Versionen. Die Blocklisten bleiben zunächst dieselben, bis eine Änderung der neuen Version vorgenommen wird. Wenn hinter den ersten 900 Byte des Medienobjekts 1200 Bytes durch 1000 andere ersetzt werden, wird der neue Inhalt in einem eigenen Block Nr. 4 abgelegt. Vom ersten Block können weiterhin die ersten 900 Byte verwendet werden, der zweite Block wird übergangen, und im dritten Block gehören nur noch die letzten 900 Byte zur neuen Version. Das Ergebnis ist in Abb. 9.2 dargestellt.

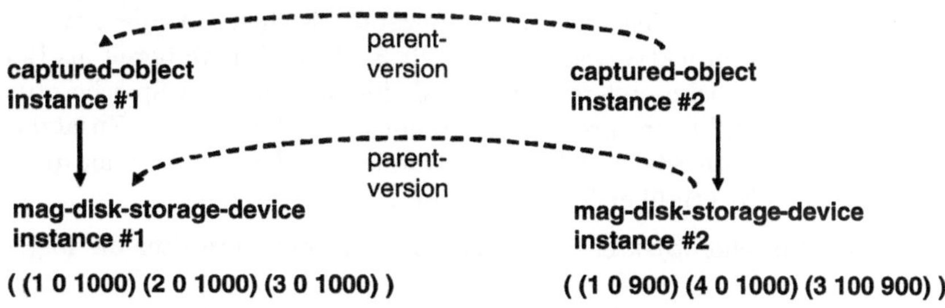

Abbildung 9.2 Blockliste einer neuen Version nach Änderung

In dieser Situation kann man an die alte Version immer noch die Nachricht copy-captured-object senden, um so neben der neuen Version auch noch eine Kopie zu erzeugen. Es entstehen wiederum zwei Instanzen von captured-object und mag-disk-storage-device, wobei nun die Instanz, die das Medienobjekt repräsentiert, völlig unabhängig vom Original ist. Das Speichergerät ist dagegen wieder eine neue Version und verweist über parent-version auf den Vorgänger. Die Wirkung einer Änderung ist die gleiche wie bei einer neuen Version. Werden hinter den ersten 400 Byte 800 Byte neu eingefügt, so kommen diese wieder in einen eigenen Block (mit der Nummer 5). Vom ersten Block werden die ersten 400 Byte verwendet und dann nach den neuen 800 Byte in Block 5 auch noch die folgenden 600 Byte, so dass der erste Block sowohl an erster als auch an dritter Position in der Blockliste auftaucht. Abb. 9.3 veranschaulicht das Ergebnis.

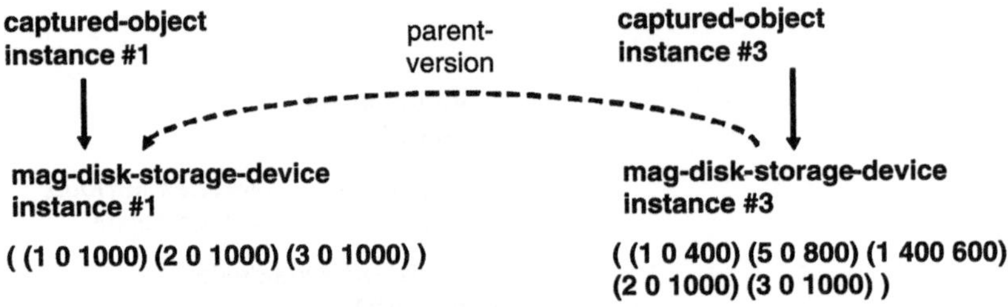

Abbildung 9.3 Blockliste einer Kopie nach Änderung

Auf diese Weise kann man für Medienobjekte nach und nach eine Versionshierarchie erzeugen. Sobald eine neue Version verfügbar ist, können Medienobjekte „eingefroren" werden. Das bedeutet, dass keine Änderungen mehr zugelassen sind. Es ist natürlich auch möglich, veraltete Versionen zu löschen. Dann muss geprüft werden, ob die von ihnen belegten Blöcke freigegeben werden können oder ob sie vielleicht noch von anderen Objekten benutzt werden. Zu den Details s. [WK 87].

9.2.2   Der Speicherobjektverwalter von EXODUS

Ein weiterer Vorschlag entstand im Rahmen des Exodus-Projekts an der University of Wisconsin in Madison [CDRS 86]. Exodus steht für „EXtensible Object-oriented Database System"[1]. Von den vielen Ideen und Konzepten ist hier vor allem ein Baustein von Interesse: der Speicherobjektverwalter. Er stellt Speicherobjekte bereit als Behälter für beliebig lange Sätze, also insbesondere auch für Medienobjekte. Ein Speicherobjekt (SO) ist dabei eine ungetypte, nicht interpretierte Byte-Folge variabler Länge. Zusätzlich gibt es noch die Datei als Menge von Speicherobjekten. Dateien werden wie gewohnt über Namen angesprochen, Speicherobjekte über Identifikatoren (ID's).

Auf diesen Speicherobjekten und Dateien bietet der Verwalter die folgenden Operationen an:

---

[1]Das U des Akronyms sucht man in der Langfassung vergeblich. Es ist den Entwicklern nicht gelungen, ein Wort zu finden, das an dieser Stelle inhaltlich einigermaßen passt und mit U beginnt ...

Datei-Scan: gib die Objekt-Id des nächsten SO in der Datei;
Erzeugen oder Löschen eines SO in einer Datei;
Lesen: identifiziert ein Byte-Intervall in einem SO und liefert einen Zeiger auf diese Bytes
zurück (dabei implizites Einlesen in den Hauptspeicher);
Freigeben von zuvor gelesenen Bytes („unpin");
Schreiben: meldet, dass zuvor gelesene Bytes geändert wurden;
Einfügen und Löschen von Bytes an einer Position;
Anhängen von Bytes an das Ende;
begin, commit, abort transaction .

Außerdem ist es noch möglich, Hinweise zur Leistungssteigerung zu geben. Sie beziehen
sich beispielsweise darauf, wo ein SO abzulegen ist („in der Nähe von SO x"), wie lang ein
SO ungefähr wird, ob es allein in einer Seite liegen soll usw. Diese „performance hints"
ändern die Wirkungsweise der Operationen nicht, sie beeinflussen nur die Geschwindigkeit,
mit der die Operationen ausgeführt werden.

Mit solchen Operationen könnten auch Multimedia-Datenbanken gut arbeiten. Sie würden
ja benutzt in der Implementierung der Methoden zu den Mediendatentypen. Wichtig ist
aber nun noch die interne Realisierung der Operationen, die ja das unnötige Umkopieren
immer noch vermeiden muss. Damit stellt sich die Frage der Abbildung der SO auf Seiten,
und die ist in Exodus wie folgt gelöst: Die Objekt-Id (OID) besteht aus der Seitennummer
und einer Slot-Nummer in dieser Seite, also einem Index in einer Tabelle, in der dann die
relative Anfangsadresse des SO in dieser Seite zu finden ist (wie bei allgemein bekannten
TID-Konzept). Neu ist nun die Unterscheidung kurzer und langer SO, die im übrigen für
die aufrufenden Schichten nicht sichtbar ist. Kurze SO werden direkt in der Seite abgelegt,
die die OID benennt. Lange SO werden dagegen durch eine Verwaltungsstruktur, den sog.
Header repräsentiert. Dieser besteht aus einer Liste von Zähler-Seitennummer-Paaren. Der
Zähler entspricht dabei der laufenden Nummer des letzten SO-Bytes in der Seite mit der
dazugehörenden Seitennummer. Diese Seiten, auf die der Header verweist, werden nun
exklusiv von den Bytes dieses SO belegt, stehen also anderen SO nicht mehr zur Verfügung.
Sie müssen diese Seite nicht immer komplett belegen, das gibt dann Raum für Einfügungen.
So weit ist der Unterschied zu den Blocklisten von ORION noch nicht sehr groß. Neu ist,
dass zwischen dem Header und den Seiten mit den SO-Bytes auch noch Zwischenknoten
eingeführt werden können, die selbst wieder wie der Header strukturiert sind und für die
ihnen zugeordneten Bytes dieselbe Organisation vornehmen wie der Header für das gesamte
SO. Damit entsteht eine Baumstruktur (Abb. 9.4), in der sich das SO über alle Blattknoten
erstreckt.

Es ist dabei zu beachten, dass die Nummerierung in jedem Teilbaum wieder mit 1 beginnt.
Damit wird erreicht, dass ein Teilbaum über seinen Bytes wirklich genau so organisiert
ist wie der Baum des gesamten SO. Im der Wurzel des rechten Teilbaums stehen deshalb
die Byte-Nummern 192 und 365 – und nicht etwa 613 und 786. DA man in den rechten
Teilbaum aber nur absteigt, wenn man in der Wurzel über die 421 gegangen ist, braucht
man diese nur zu addieren.

Bei Änderungen am SO werden neue Versionen angelegt. Dabei werden nur diejenigen
Seiten kopiert und angepasst, die sich in der neuen Version unterscheiden. Im Beispiel
wird angenommen, dass am Ende des SO 36 Byte zu löschen sind. In Abb. 9.5 wird sogar

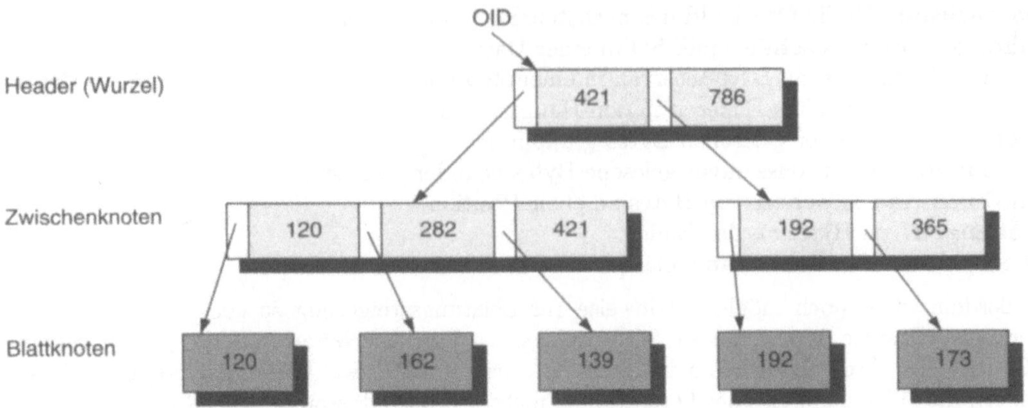

Abbildung 9.4 Speicherungsstruktur für ein langes Speicherobjekt in Exodus

für die Seite mit den letzten 173 Bytes eine Kopie angelegt; im Sinne der Vorgehensweise bei ORION könnte man die alte Seite in diesem besonderen Fall sogar weiter verwenden. Ohne Zweifel sind aber die beiden Header darüber anzupassen, und das ergibt dann die neue Version 2. Version 1 bleibt erhalten; es wird nur eine Markierung in ihren Headern angebracht, die deutlich macht, dass sie zu einer alten Version gehören.

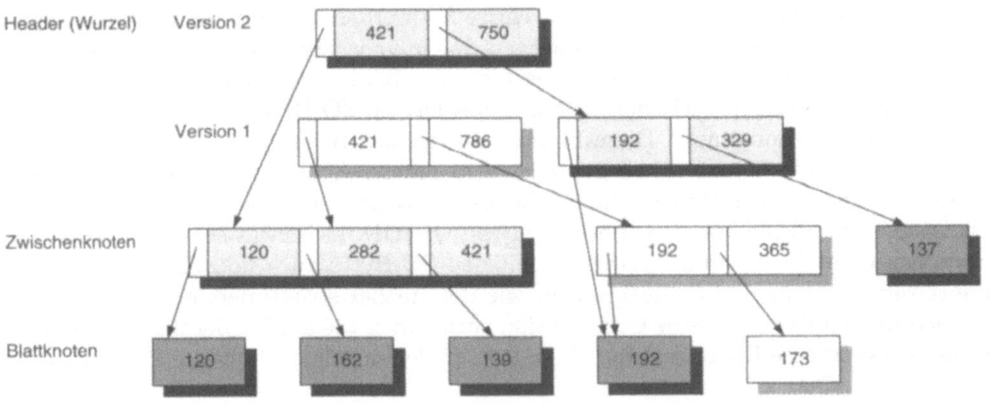

Abbildung 9.5 Speicherungsstruktur nach dem Löschen von 36 Byte am Ende

Der Speicherobjektverwalter führt auch eine Synchronisation der Zugriffe durch. Dazu benutzt er das übliche Zwei-Phasen-Sperrprotokoll auf den Byte-Intervallen. Optional können auf ganzen SO gesperrt werden. Auf den Headern in den Bäumen der langen SO werden dagegen nur Kurzzeitsperren gesetzt. Das bedeutet einen Verzicht auf das Zwei-Phasen-Sperrprotokoll mit den Ziel, die gegenseitigen Behinderungen zu reduzieren und dadurch den Durchsatz zu erhöhen. Eingebettet in das Konzept der Mehrebenen-Transaktion ist das auch ohne Beeinträchtigung der Ablaufintegrität möglich.

Zur Wiederherstellung im Fehlerfall werden bei kurzen SO's Before- und After-Images aufgezeichnet, und es erfolgt Update in Place. Bei langen SO's kommt dagegen eine Kombination von Schattenspeicherkonzept und logischer Übergangsprotokollierung zum Einsatz, die sich die ohnehin stattfindende Versionierung zunutze macht: Der Header wird erst geschrieben, wenn die neue Version komplett auf dem sicheren Speicher ist. Bis dahin werden die Namen und Parameter der Änderungsoperationen protokolliert, so dass sie bei einem Wiederaufsetzen mit der alten Version nach einem Fehler erneut ausgeführt werden können.

Die Pufferverwaltung belegt für ein angefordertes Byte-Intervall sog. Pufferblöcke, die aus mehreren aufeinander folgenden Kacheln zusammengesetzt sein können. Damit wird für die Anwendungen die durchgängige Adressierung erreicht. Dann kann die Byte-Sequenz eines langen SO stückweise aus den Blattknoten gelesen und dicht in den Pufferblock gepackt werden. Das folgende Beispiel unterstellt eine Seitengröße von 200 Byte. Wenn dann aus dem in Abb. 9.4 dargestellten SO das Byte-Intervall 181 − 491 gelesen wird, benötigt die Pufferverwaltung für diese 311 Bytes zwei aufeinander folgende Kacheln. Es finden sich $421 − 180 = 241$ Bytes im linken Teilbaum des SO, die übrigen $491 − 421 = 70$ Bytes im rechten. Im linken Teilbaum kann der linke Blattknoten übergangen werden, denn $120 < 181$. Vom mittleren Blattknoten sind die letzten $282 − 180 = 102$ Bytes zu lesen und an den Anfang des Pufferblocks zu schreiben. Der rechte Blattknoten wird mit seinen 139 Bytes vollständig übernommen und direkt im Anschluss in den Pufferblock geschrieben. Was auf Blattknoten-Ebene mit Lücken versehen war (am Ende des mittleren Blattknotens waren ja 38 Bytes unbelegt), wird also im Pufferblock lückenlos zusammengefügt. Die noch fehlenden 70 Bytes, die dem rechten Teilbaum entnommen werden müssen, liegen alle im linken Blattknoten, da $70 \leq 192$. Sie komplettieren das Byte-Intervall im Pufferblock (Abb. 9.6).

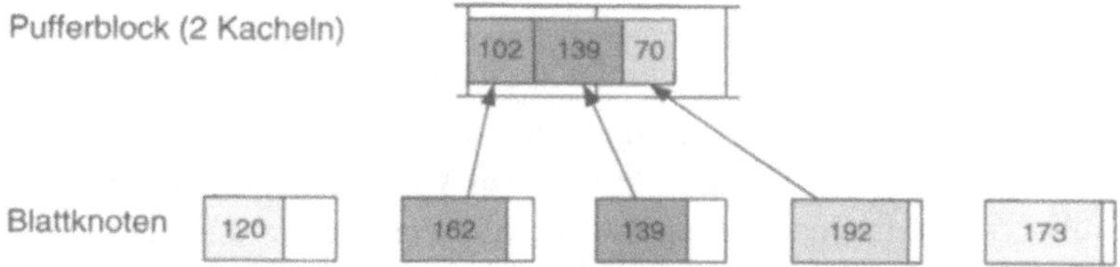

Abbildung 9.6 Pufferblock aus zwei Kacheln mit einem Byte-Intervall

In dem Byte-Intervall, das im Pufferblock der Anwendung zur Verfügung steht, kann auch geändert werden, und dann muss nach einem „unpin" zurückgeschrieben werden. Damit das möglich ist, gibt es zu jedem Pufferblock einen „Scan Descriptor", der die Herkunft der Bytes enthält.

Mit diesen beiden Vorschlägen von ORION und Exodus kann der Bezug hergestellt werden zu den Konzepten, die in Unterabschnitt 5.1.3 vorgestellt worden sind.

9.3   Indexstrukturen

In der Definition der Mediendatentypen wurden Vergleichsoperationen eingeführt, die der Anwender für die Formulierung von Suchausdrücken verwenden kann. Nun darf die Implementierung natürlich nicht darin bestehen, dass das System ein gespeichertes Medienobjekt nach dem anderen holt und mit dem Suchargument vergleicht. Vielmehr muss eine schnelle Vorauswahl möglich sein, so dass dieser detaillierte Vergleich allenfalls noch in einer kleinen Menge stattfinden muss. Diese Aufgabe übernehmen in Datenbanken die Indexstrukturen, von denen es inzwischen einen großen Vorrat gibt. Nicht alle sind in jedem DBVS implementiert; viele beschränken sich auf eine Variante des B-Baums und Hashing. Erweiterbare DBVS wollen ihren Anwendern auch die Möglichkeit geben, selbst Indexstrukturen hinzuzufügen. Informix geht da wohl unter den Produkten am weitesten. Allerdings ist der Aufwand dafür nicht zu unterschätzen.

Also ist die Frage, welche allgemeinen Indexstrukturen es gibt, die auch auf die Mediendatentypen anwendbar sind. Eine erste Idee, die schon im Zusammenhang mit Postgres aufkam [SR 86], verlangte für die Datentypen einfach eine totale Ordnung. Das ist sogar heute noch in SQL:1999 zu finden als benutzerdefinierte Ordnung (siehe S. 64ff. in [Tür 03]). Man benötigt dazu eine Vergleichsoperation kleiner-gleich, die auf zwei beliebige Werte anwendbar ist und immer ein Ergebnis liefert. Das ist in der Tat nicht abwegig, denn mehr braucht beispielsweise ein B-Baum über die Werte eines Datentyps gar nicht zu wissen. Was allerdings für Punkte im zweidimensionalen Raum sehr leicht fällt, ist für Texte und Bilder nicht so einfach. Wann ist ein Bild kleiner als ein anderes? Das kann man sicher definieren, aber es ist dann sehr künstlich und nützt für die Suche nicht sehr viel – vor allem auch deshalb, weil die auf Ähnlichkeit abzielt.

Tatsächlich benötigt man an Stelle solcher eindimensionaler Strukturen viel eher mehrdimensionale, in denen sich Ähnlichkeit als Abstand definieren lässt. Das ist bei den Farbhistogrammen so und auch schon bei den Schlagworten zu einem Text. Dazu gibt es inzwischen sehr viele Arbeiten [BBK 01, Hen 02], und in Kürze wird ein Buch erscheinen, dass u. a. dieses Thema ausführlich behandelt [Sch 03].

Die Darstellung hier beschränkt sich deshalb auf die Indexstrukturen für Text, die als Beispiel für ähnliche Strukturen in anderen Medien dienen können. Außerdem wird eine medienübergreifende Behandlung von Inhaltsangaben vorgestellt, die in dieser Form nicht sehr verbreitet ist und die sonst üblichen Techniken sinnvoll ergänzen kann.

9.3.1   Dateistrukturen für Text

Bei Text ist sogar die flache Speicherung denkbar und in vielen Dateisystemen üblich. Dabei liegen ein oder mehrere Textobjekte in einer Datei, die nicht weiter indexiert ist. In diesen Dateien sucht man dann mit Werkzeugen wie grep, awk usw. direkt nach Textmustern. Das ist nicht sehr effizient und kommt nur für kleine Textmengen in Frage. Immerhin ist aber der Speicherbedarf gering, da keine Hilfsstrukturen angelegt werden.

Das ändert sich schon bei den Signaturen. Dabei handelt es sich um Bitmuster, die ein ganzes Textobjekt oder Abschnitte davon darstellen und aus den Texten durch wortweise

Anwendung von Hash-Funktionen gewonnen werden [Dep 86]. Aus der Anfrage wird dann mit denselben Hash-Funktionen ebenfalls ein Bitmuster erzeugt, das mit den gespeicherten Signaturen verglichen werden kann. Durch Überlagerung von Bits verschiedener Worte in einer Signatur kann es zu Pseudo-Übereinstimmungen kommen, die dann noch durch direkten Vergleich der Textmuster aus der Ergebnismenge entfernt werden müssen. Die Signaturen leisten also eine Vorauswahl.

Geht man von der Volltextsuche auf die Schlagwortsuche über, bieten sich invertierte Dateien an. Sie enthalten zu jedem vorkommenden Schlagwort eine Liste der Identifikatoren sämtlicher Textobjekte, denen das Schlagwort zugeteilt wurde. Statt von Schlagworten spricht man bei invertierten Dateien lieber von *Termen*, was den zweifachen Vorteil größerer Allgemeinheit und geringerer Wortlänge hat. Jeder Eintrag der Indexstruktur (jede Zeile) hat den folgenden prinzipiellen Aufbau:

> (Term: Satz-ID, Satz-ID, ...)

Das unterstützt zunächst einmal den schnellen Zugriff, ausgehend von den Schlagworten in der Anfrage, zu den Einträgen. Es ermöglicht auch die Auswertung von logischen Verknüpfungen zwischen den Schlagworten in der Anfrage:

OR wird ausgeführt durch Vereinigung der beiden ID-Listen (ohne Duplikate);
AND fordert den Durchschnitt der Listen;
AND NOT bildet die Differenz.

Zwei wichtige Faktoren werden in dieser Darstellung noch ignoriert: die Reihenfolge der Terme und Gewichtungen. Man möchte in den Anfragen ja auch Abstandsoperatoren einsetzen, also z. B.:

> (Term i within sentence Term j)

wenn die Terme im selben Satz vorkommen sollen, oder

> (Term i adjacent Term j)

wenn die Terme unmittelbar benachbart vorkommen sollen. Das erfordert zusätzliche Informationen in den Einträgen der invertierten Datei. Zu jeder Satz-ID muss dann auch noch ein Tripel (Absatz-Nr., Satz-Nr., Wort-Nr.) abgelegt werden[2]. Diese Angaben werden sinnvollerweise erst nach den Booleschen Verknüpfungen (vornehmlich nach AND) ausgewertet.

Zum zweiten sollten auch noch Term-Gewichte in die invertierte Datei aufgenommen werden. In einem ersten Ansatz kann dafür die Häufigkeit des Auftretens in einem Dokument verwendet werden, und zwar über alle Variationen hinweg, also vor der Stammbildung. Dem liegt die Annahme zugrunde, dass häufig vorkommende Terme wichtiger für das Dokument sind. Enthält eine Anfrage einen Term, so drückt sein Gewicht den Grad der Übereinstimmung mit dieser Anfrage aus und macht dadurch ein Ranking möglich. Es muss also möglich sein, solche Gewichte mit in den Einträgen der invertierten Datei zu speichern:

> (Term i: (Satz-Id j, Gewicht j), ...)

Wie die Gewichte tatsächlich berechnet und in der Anfrageauswertung genutzt werden, ist schon in Unterabschnitt 3.2.3 vorgestellt worden. Typischerweise werden sie auch noch auf

---

[2]Eigentlich sogar jeweils eine Liste dieser Angaben, denn ein Term kann ja in einem Textobjekt mehrfach vorkommen

das Intervall [0,1] normalisiert, bevor sie dann in der invertierten Datei ihren Platz finden.

9.3.2   Auswertung von eingeschränktem Text als Inhaltsangabe

Wie in Abschnitt 7.3 gezeigt wurde, kann ein Benutzer eingeschränkten Text für Inhaltsangaben zu Medienobjekten und dann auch für Suchanfragen verwenden. Dabei war noch
offen geblieben, wie dies intern realisiert wird – für den Benutzer soll das idealerweise ja
auch keine Rolle spielen. Natürlich ist der Nachweis zu erbringen, dass man überhaupt eine
Lösung finden kann.

Ein experimenteller Lösungsansatz zur internen Behandlung der Inhaltsangaben ging von
der hier beschriebenen Benutzerschnittstelle aus [LMW 90]. Als Inhaltsangaben waren Folgen von Nominalphrasen zugelassen, was aber keine grundsätzliche Entscheidung darstellte.
Eine Erweiterung auf vollständige Sätze konnte dann auch recht schnell nachgeliefert werden [Row 99]. Beispiele für Nominalphrasen, die bei der Beschreibung etwa von Bildern
auftreten können, sind:

- ein roter Wagen vor einem grau gestrichenen Haus;
- spielende Kinder im Vorgarten;
- ein älterer Mann auf dem Bürgersteig, von links nach rechts gehend.

Diese Nominalphrasen wurden intern, nahezu unsichtbar für den Benutzer, in Prädikate
umgesetzt, um die jeweilige Formulierung auf ihre „Bedeutung" zurückzuführen und u. a.
auch Synonyme zu behandeln. Prädikate wurden als Zieldarstellung gewählt, weil sie in
ihrer Darstellungsmächtigkeit anderen Wissensrepräsentationen entsprechen und man im
Rechner gut mit ihnen umgehen kann, z. B. durch Verwendung der Programmiersprache
Prolog [CM 81]. Dies wurde gestützt durch die Feststellung von John Sowa [Sow 90], dass
der Versuch einer präzisen Definition ihrer Semantik auch die anderen Methoden wieder auf
die Logik zurückführt.

Die Umsetzung der Textbeschreibungen in Prädikate war Aufgabe eines Parsers. Dieser akzeptierte eine Folge von (englischen) Nominalphrasen (noun phrases) und schlug jedes darin
vorkommende Wort in einem Wörterbuch nach, das dazu die Wortart (Substantiv, Verb,
Adjektiv usw.), den Stamm und eine Liste von Prädikaten, die die relevante Bedeutung des
Wortes wiedergeben, enthielt. Der Eintrag für das Wort „tree" sah zum Beispiel so aus[3]:

```
noun(tree,[plant(+)])
```

Dem Prädikat plant wurde ein Argument + mitgegeben; in dieser Anwendungsumgebung
reichte es nämlich aus, Bäume als „große Pflanzen" zu charakterisieren. In der Tat war das
Wörterbuch für die Beschreibungen von Luftbildaufnahmen (aerial photographs) erstellt
worden. In einem System mit Fotos und Graphiken für den biologischen Unterricht müsste
man beim Auftreten von „tree" sicherlich ganz andere Prädikate einsetzen. Wie viel Bedeutung man einem Wort mit seinem Wörterbuch-Eintrag zumisst, hängt also vom gewählten
Anwendungsbereich ab.

Die folgenden Beispiele benutzen immer Bilder. Es sollte aber schon jetzt deutlich geworden

---

[3]Der Parser selbst wurde in Prolog geschrieben, so dass auch das von ihm benutzte Wörterbuch die Prolog-
Syntax benutzt.

sein, dass man Nominalphrasen ohne Probleme auch bei den anderen Medien verwenden
kann. Schlagworte sind als Sonderfall mit abgedeckt, aber man kann eben doch mehr
ausdrücken, wenn auch noch Attribute und Partizipialkonstruktionen eingesetzt werden
können.

Der Parser ergänzte die im Wörterbucheintrag angegebenen Prädikate um künstliche Objektbezeichner und fügte ggf. weitere Prädikate hinzu. Künstliche Objektbezeichner mussten eingeführt werden, weil in den Textbeschreibungen meist keine Eigennamen, sondern
allgemeine Begriffe verwendet werden. Nur so konnten das „Haus rechts oben" und das
„Haus vorne links" auf einem Bild unterschieden werden. Sollten doch einmal Eigennamen
auftreten („London", „Einstein"), so gab es dafür im Wörterbuch entsprechend Einträge,
und die Namen wurden direkt als Objektbezeichner verwendet. Zusätzliche Prädikate erzeugte der Parser aufgrund der syntaktischen Analyse. Das Wort „trees" wurde von seinem
Endungs-S befreit und dann zum Aufsuchen des Wörterbuch-Eintrags verwendet. Die Information über die Mehrzahl wurde aber aufgehoben und als eigenes Prädikat mit demselben
Objektbezeichner abgelegt:

> plant(o2,+), plural(o2)

Prädikate mit einer Argumentliste aus Konstanten oder Variablen werden in Prolog als
Literale bezeichnet. Die vom Parser erzeugte Liste von Literalen ist wie folgt zu lesen: Auf
dem Bild gibt es ein Objekt o2, für das das Prädikat plant mit dem zusätzlichen Argument
+ erfüllt ist. Anders ausgedrückt, gibt es da auf dem Bild ein Objekt, das die Eigenschaft
hat, eine große Pflanze zu sein. Außerdem trifft für dieses Objekt noch das Prädikat plural
zu, es kommt also in der Mehrzahl vor.

Indem er ein Wort nach dem anderen so umsetzte, erzeugte der Parser für jede Nominal-
phrase eine Menge von Literalen, die durch Objektnamen verknüpft waren. Aus „tall trees
in the middle" wurde somit:

> plural(i3), plant(i3,+), height(i3,+),
> inside(i3,j3), region(j3), xcoordinate(j3,0),
> ycoordinate (j3,0)

Eine Beschreibung konnte aus mehreren Nominalphrasen bestehen, die alle in der angegebenen Weise übersetzt wurden. Das Ergebnis war eine Liste von Literalmengen. Es musste
eine Liste sein, weil die Reihenfolge noch von Bedeutung war; nachfolgende Nominalphrasen
konnten sich durch Verwendung bestimmter Artikel auf vorhergehende beziehen. Abb. 9.7
zeigt ein Beispiel.

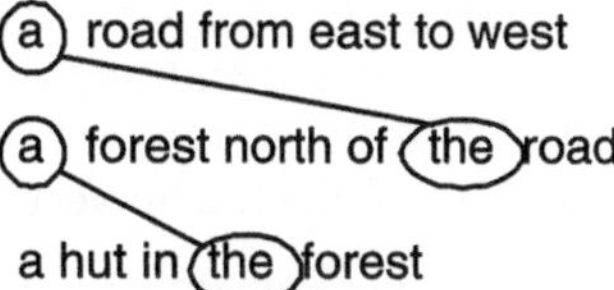

Abbildung 9.7
Anaphorische Referenzen

Man bezeichnet dies als anaphorische Referenzen oder kurz Anaphora. Sie mussten aufgelöst werden, indem ein künstlicher Objektbezeichner, zu dem es einen bestimmten Artikel gibt, durch einen anderen künstlichen Objektbezeichner aus einer der vorhergehenden

Literalmengen, der die gleichen Prädikate erfüllte, ersetzt wurde. Die Suche erfolgte dabei rückwärts durch die Literalmengen. Dieses Verfahren ist relativ kompliziert und kann hier nur angedeutet werden. Man ist hier auf die Unterstützung der Computer-Linguistik angewiesen.

Nach Auflösung der anaphorischen Referenzen konnten die Literalmengen der Nominalphrasen zu einer einzigen Literalmenge vereinigt werden. Sie stellte nun die interne Inhaltsangabe eines Medienobjekts dar, die in der Suche zum Vergleich herangezogen werden konnte. Diese Literalmenge musste zusammen mit dem Medienobjekt abgespeichert werden. Es wird später noch die Frage zu stellen sein, welche Art der Abspeicherung zur Beschleunigung der Suche beitragen kann.

Man könnte die vom Benutzer angegebenen Nominalphrasen nach der Umsetzung in die Literalmenge sogar löschen, denn sie haben ihren Zweck erfüllt. Um die Operation getDescr ausführen zu können, benötigte man dann allerdings einen Sprachgenerator, der aus der Literalmenge wieder eine Folge von Nominalphrasen erzeugte. Damit erhielten die Benutzer nicht wieder ihre ursprüngliche Eingabe, sondern eine sinngemäße Wiedergabe, eine Art Nacherzählung, so als ob das System die Beschreibung verstanden hätte und nun mit eigenen Worten wiederzugeben versuchte. Ob eine solche Lösung mit den verfügbaren Mitteln so realisiert werden kann, dass sie für die Benutzer akzeptabel ist, müsste noch untersucht werden. Im ersten Ansatz wurden sicherheitshalber die Original-Phrasen mit abgespeichert.

Nominalphrasen eines Suchausdrucks, die in der Operation contains angegeben werden können, setzte der Parser genau so wie die Inhaltsangaben in Literalmengen um. Der einzige Unterschied bestand darin, dass anstelle künstlicher Objektbezeichner nun Variablen erzeugt wurden. Variablen sind in Prolog dadurch gekennzeichnet, dass sie mit einem Großbuchstaben beginnen. Ihre Verwendung bringt zum Ausdruck, dass nicht nach dem bestimmten Baum eines bestimmten Bildes gesucht wird, sondern nach irgendeinem Bild mit einem Baum. Die Suchphrase „trees in the middle" wurde demnach umgesetzt in:

    plural(M7), plant(M7,+), inside(M7, M8),
    region(M8), xcoordinate(M8,0), ycoordinate(M8,0)

Man kann das so lesen: Gesucht wird ein Medienobjekt mit zwei dargestellten Objekten, die alle angegebenen Prädikate erfüllen, wenn das eine für M7 eingesetzt wird und das andere für M8. In der Terminologie von Prolog spricht man von einer Bindung der Variablen an die konkreten Objektbezeichner eines Medienobjekts, und das können sowohl künstliche Objektbezeichner als auch Eigennamen sein. Gesucht wird eine Bindung, die dazu führt, dass die Menge der Beschreibungsliterale eines Medienobjekts, als logische Konjunktion aufgefasst, die Menge der Suchliterale, ebenfalls als Konjunktion, impliziert. Im Beispiel oben liefert eine Bindung M7 = i3 und M8 = j3 das Gewünschte. Die logische Implikation lässt sich so interpretieren, dass die Beschreibung mehr enthalten darf („tall trees in the middle"), als die Suche verlangt („trees in the middle").

Damit ist das Prinzip der Suche in den Literalmengen der Inhaltsangaben beschrieben. Sie ließ sich direkt mit Prolog realisieren, doch das war noch nicht die geeignete Lösung für eine Datenbank-Umgebung. Dennoch erlaubte sie ein Experimentieren mit den Literalmengen und der Suche, bevor die Entscheidung über eine aufwändige Anpassung oder Erweiterung des DBVS-Codes zu treffen war.

Beim Arbeiten mit einem solchen Suchmechanismus in einer experimentellen Multimedia-Datenbank zeigte sich sehr schnell, dass die Prädikate ohne zusätzliche semantische Beziehungen nicht alle gesuchten Medienobjekte finden konnten. Nahm man als Beispiel die Inhaltsangabe „a car with a red body" (ein Auto mit roter Karosserie), so wurde daraus eine Literalmenge wie die folgende (abhängig vom Wörterbuch):

> car(x1), has(x1,x2), body(x2), color(x2,red)

Eine Frage nach einem roten Auto erzeugte aber ein Suchliteral wie:

> car(V1), color(V1,red)

V1 kann nicht an x1 gebunden werden, denn es gibt kein Literal color(x1,red), und V1 kann auch nicht an x2 gebunden werden, weil car(x2) nicht gilt.

Bei der Lösung solcher Probleme erweist es sich als nützlich, dass man es mit Prädikaten zu tun hat. Man kann die Beschreibungen um Regeln ergänzen, die aus den vorhandenen weitere Literale ableiten. Die Regel, die das obige Problem beseitigt, lautet:

> if car(C), has(C,B), body(B), color(B,Col)
> then color(C,Col)

oder in Prolog-Schreibweise:

> color(C,Col) :- car(C), has(C,B), body(B), color(B,Col).

Umgangssprachlich besagt die Regel, dass die Farbe der Karosserie eines Autos auch als die Farbe des Autos gelten soll. Eine andere Regel könnte die Transitivität des Prädikats „nördlich" in das System einbringen:

> north(01,02) :- north(01,X), north(X,02).

Welche Arten von Regeln bzw. semantischen Beziehungen zwischen Prädikaten definiert und in der Suche benutzt werden sollen, liegt ganz in der Entscheidung der speziellen Anwendung. Das MMDBVS stellt nur den Mechanismus zur Definition bereit und sorgt für eine effiziente Realisierung.

In einer ersten Bewertung dieses Ansatzes kann man sagen, dass die Handhabung für den Benutzer sehr einfach ist. Dennoch ist der Erfolg bei der Suche nicht an die Übereinstimmung der Formulierungen gebunden, sondern durch den Vergleich von Bedeutungen bestimmt. Dadurch wird ein Kompromiss zwischen einfacher Eingabe und der Möglichkeit der Ausnutzung von Semantik bei der Suche erreicht. Ein kritisches Problem ist der Entwurf eines geeigneten Wörterbuchs, das für die Qualität der Suche entscheidend sein kann. Die Lösung ist stark anwendungsabhängig und kann deshalb nur vom Datenbank-Administrator ermittelt werden, der dazu zumindest Richtlinien, besser noch Entwurfswerkzeuge erhalten sollte.

Ein MMDBVS soll sehr große Mengen von Medienobjekten verwalten können; entsprechend viele Literalmengen werden durch die beschriebene Methode der Erfassung von Inhaltsangaben entstehen. Sie sequenziell mit einer gegebenen Anfrage-Literalmenge zu vergleichen ist sicher keine effiziente Lösung. Tatsächlich ist eine Unterstützung der Suche durch Indexstrukturen möglich, die sich aber von den bisher in DBVS gebräuchlichen deutlich unterscheiden. Man sich nur vor Augen führen, welche Datenbestände gespeichert sind und wie die Suche in ihnen vonstatten geht. Abb. 9.8 zeigt beispielhaft zwei Medienobjekte, hier zwei Bilder, mit ihren Literalmengen.

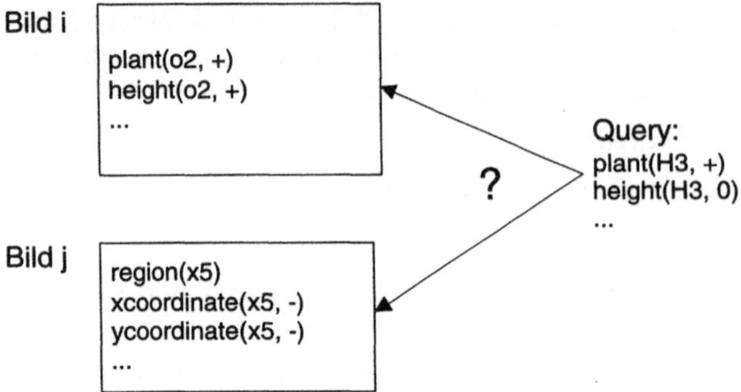

Abbildung 9.8 Schematische Darstellung der Suche in den Literalmengen

Zu jedem Element der Suchmenge (jedem Bild) gibt es eine Menge von Literalen, die über gemeinsame Objektbezeichner verknüpft sind. Bei Vorgabe einer Query, die selbst wieder eine Literalmenge ist, muss prinzipiell jede Beschreibungs-Literalmenge einzeln darauf geprüft werden, ob sich in ihr eine Bindung der Variablen finden lässt, die alle Query-Literale wahr macht. Es ist zu beachten, dass die künstlichen Objektbezeichner nur innerhalb einer Literalmenge eindeutig zu sein brauchen. Auf einem anderen Bild kann der Name x5 für ein ganz anderes Objekt vergeben werden.

Gesucht werden nun Datenstrukturen für die Literalmengen. Dabei ist zu berücksichtigen, dass die Aufgabe hier einfacher ist als bei der Speicherung von Horn-Klauseln in Prolog, und zwar aus folgenden Gründen:

• Die Terme, d. h. die Argumente der Prädikate, sind nur Eigennamen, künstliche Objektbezeichner, Zahlen oder Quantifikatoren (+, −, 0, . . .), nicht jedoch Variablen oder Funktoren.

• Es liegen hauptsächlich Fakten vor und nur wenige Regeln.

• Die Reihenfolge der Literale ist ohne Bedeutung.

• Falls eine Anfrage in einer Literalmenge durch verschiedene Bindungen mehrfach erfüllt ist (es wird nach einem Auto gesucht, und das Bild zeigt mehrere davon), reicht die erste Bindung schon aus, um das Medienobjekt zu qualifizieren.

Andererseits ist die Aufgabe aber schwieriger als bei den üblichen DB-Zugriffspfaden:

• Eine Anfrage enthält eine variable Anzahl von „Suchschlüsseln", nämlich Literalen.

• Die Verknüpfung der Literale durch die Terme muss auch übereinstimmen; man hat es praktisch mit einem Vergleich von Graphen zu tun.

Nach Untersuchung einiger Suchverfahren einschließlich der sie unterstützenden Zugriffspfade kommt man sehr bald auf ein zweistufiges Verfahren, in dem zwei unterschiedliche Datenstrukturen verwendet werden. Zunächst erfolgt eine Vorauswahl der Medienobjekte allein aufgrund der Prädikate, also unter Vernachlässigung der Argumente. Man kann sich darauf verlassen, dass das Ergebnis dieser Vorauswahl immer eine Obermenge der sich tatsächlich qualifizierenden Medienobjekte bildet. Die werden in dem anschließenden zweiten Schritt des Verfahrens durch eine Einzelprüfung in dieser Menge identifiziert. Die Vorauswahl setzt voraus, dass bekannt ist, wie oft jedes Prädikat (mit jeweils anderen Argumenten) in der Literalmenge eines Medienobjekts vorkommt. Angenommen, ein Prädikat kommt n-mal vor, $n \geq 0$. Wenn dieses Prädikat in einer Anfrage m-mal gefordert wird und $m > n$ ist, kann das entsprechende Medienobjekt ohne weitere Betrachtung aus der Ergebnismenge der Anfrage ausgeschlossen werden.

Zur Bereitstellung der Information, wie oft ein Prädikat in den Beschreibungsliteralen eines Medienobjekts vorkommt, bietet sich eine Matrix als Hilfsstruktur an, auf die sehr effizient zugegriffen werden kann. Abb. 9.9 skizziert eine solche Matrix.

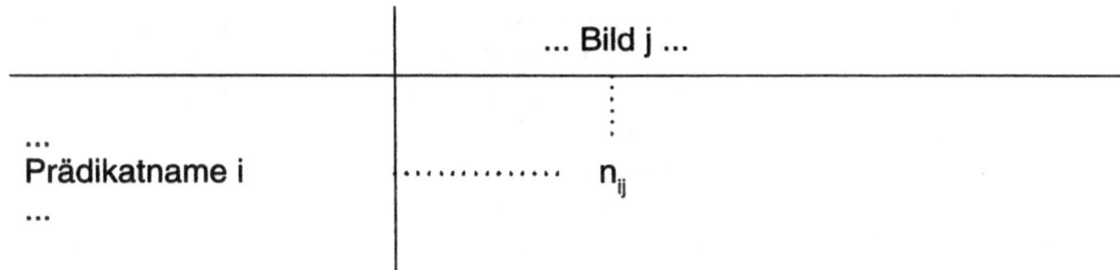

Abbildung 9.9 Matrix der Häufigkeiten des Auftretens von Prädikaten in den Beschreibungsliteralen von Medienobjekten

Jede Zeile der Matrix ist einem Prädikat zugeordnet, jede Spalte einem Medienobjekt[4]. Ein Eintrag gibt jeweils an, wie oft das Prädikat in der Beschreibung des Medienobjekts vorkommt. Wenn die Prädikate selektiv sind, was sie ja sein sollten, ist diese Matrix dünn besetzt. Das kann zur Komprimierung bei der Abspeicherung ausgenutzt werden. Dabei ist zu berücksichtigen, wie die Matrix bei der Vorauswahl zu einer Suche benutzt wird: Jede Anfrage erzeugt eine Literalmenge, in der wiederum Prädikate mit einer bestimmten Häufigkeit vorkommen. Sie entscheiden über die zu prüfenden Zeilen der Matrix. Von diesen Zeilen muss so etwas wie die Durchschnittsmenge gebildet werden, und zwar auf folgende Weise:

Wähle das Prädikat mit der größten Selektivität aus;
Für alle Einträge der zugehörigen Matrixzeile:
    Wenn die Häufigkeit größer ist als die in der Anfrage geforderte:
        Prüfe, ob für alle anderen Anfrage-Prädikate
        die Häufigkeit in derselben Spalte
        ebenfalls größer ist als die in der Anfrage geforderte;
        Wenn ja, nimm das Medienobjekt dieser Spalte in das Ergebnis auf.

Die Selektivität eines Prädikats ist definiert als der Anteil der Einträge, die gleich Null sind, an der Gesamtzahl der Spalten. Dieser Wert ist als eine Art Zeilensumme der Matrix leicht zu ermitteln und bei Änderungen zu aktualisieren. Durch Auswahl des Prädikats mit der größten Selektivität minimiert man die Anzahl der Durchläufe in der äußeren Schleife. Das Ergebnis ist das gleiche, wenn man zu jedem Prädikat der Anfrage die entsprechende Zeile der Matrix durchläuft, die Nummern der Spalten mit $n \geq m$ ermittelt und anschlie-

---

[4]Die umgekehrte Lösung ist natürlich auch möglich.

ßend den Durchschnitt dieser Mengen von Spaltennummern bildet. So oder so erhält man eine Liste von Spaltennummern, die jeweils genau ein Medienobjekt identifizieren. Die dadurch beschriebene Menge von Medienobjekten ist allerdings, wie schon angemerkt, nur eine Obermenge der gesuchten; unter ihnen gibt es sog. „false drops", die in der anschließenden Detailprüfung herausfallen. Ein Beispiel: Wenn nach blauen Autos gesucht wird, liefert die Vorauswahl auch Medienobjekte ab, die Autos und blaue Gegenstände enthalten.

Die Einzelprüfung im zweiten Schritt greift nun auf die vollständige Literalmenge eines jeden Medienobjekts der vorläufigen Ergebnismenge zu und prüft in ihr jede mögliche Variablenbindung. Sie geht hier genau so vor wie der Backtracking-Algorithmus eines Prolog-Interpreters, nur dass bei Auffinden einer gültigen Bindung sofort abgebrochen werden kann und nicht nach weiteren Bindungen gesucht werden muss; das Medienobjekt weist dann den in der Query verlangten Inhalt auf und qualifiziert sich. Da ein schneller Zugriff auf die Literalmenge über die Identifikation eines Medienobjekts gewährleistet sein muss, eine sequenzielle Verarbeitung jedoch bei der Suche nicht erforderlich ist, bietet sich eine gestreute Speicherung (Hashing) der Literalmengen an. Die Mengen der Medienobjekte werden in vielen Anwendungen durchaus wachsen und schrumpfen, so dass adaptive Hash-Verfahren benutzt werden sollten. Es kommen etwa das Virtuelle Hashing [Lit 80], das Dynamische Hashing [Lar 78] und das Erweiterbare Hashing [F$^+$ 79] in Frage.

Die Vorauswahl soll dazu dienen, die Zahl der einzeln zu überprüfenden Literalmengen deutlich zu reduzieren. Andererseits kostet sie natürlich auch etwas, zum einen Speicherplatz für die Matrix, zum anderen Rechenzeit und Ein-/Ausgabeoperationen bei der Auswertung. Dass sie dennoch einen Nutzen erbringt, lässt sich an einem Zahlenbeispiel verdeutlichen:

Es sei ein Datenbestand von 1 Million Medienobjekten gegeben – das ist die Größenordnung, die MMDBVS handhaben können sollten. Die Matrix sei zeilenweise und unkomprimiert abgespeichert mit jeweils einem Byte pro Spalte. Dann kann ein Prädikat in der Beschreibung eines Medienobjekts bis zu 256mal vorkommen, was aller bisherigen Erfahrung nach ausreicht. Zur Abspeicherung aller Daten einschließlich der Matrix sollen Blöcke von 2000 Byte bereitstehen. Folglich belegt jede Matrixzeile 500 Blöcke. Die entscheidende Operation bei der Vorauswahl ist die Schnittmengenbildung für zwei Matrixzeilen. Sie kostet 1000 E/A-Operationen[5].

Diesem Aufwand muss nun die dadurch zu erreichende Einsparung im zweiten Schritt gegenübergestellt werden. Dabei geht die Selektivität der beiden geschnittenen Matrixspalten ein. Wenn man die – sehr zurückhaltend – einmal in beiden Fällen mit 99 % ansetzt, so ergibt sich für die Schnittmenge unter der üblichen Unabhängigkeitsannahme eine Selektivität von (99 % × 99 % ≈) 98 %. Das heißt, dass sich die Menge der im zweiten Schritt zu betrachtenden Literalmengen um ein Prozent reduziert.

Sowohl von der typischen Größe der Literalmengen her als auch wegen der gestreuten Speicherung empfiehlt sich die Zuteilung eines ganzen Blocks zu jeweils einer Literalmenge. Für eine Million Medienobjekte bedeutet das eine Million Blöcke. Ein Prozent davon sind dann 10.000 Blöcke. Die Schnittmengenbildung kostet demnach 1.000 Zugriffe auf den Sekundärspeicher und spart dafür 10.000. Die Vorauswahl besteht aus einer Folge von

---

[5]Der oben in Pseudo-Code angegebene Algorithmus geht noch effizienter vor, so dass diese Abschätzung eine Obergrenze liefert.

Schnittmengenbildungen, von denen jede diesen Einsparungseffekt hat. Und dabei wurde noch eine sehr schlechte Selektivität der beiden Prädikate unterstellt. Das bedeutet, dass selbst die „schwammigen" Prädikate, die in fast allen Beschreibungen vorkommen, noch zu einer signifikanten Reduktion der E/A-Zugriffe beitragen können.

Tatsächlich ergab sich in den ersten experimentellen Anwendungen mit eher nachlässig entworfenen Wörterbüchern schon eine mittlere Selektivität von 70 %. Man kann also davon ausgehen, dass die Reduktion durch die Schnittmengenbildung meist noch sehr viel drastischer ausfällt als nur um ein Prozent.

Eine umfangreiche Validierung dieser Indexstrukturen mit einer größeren Zahl von Medienobjekten steht noch aus. Sie erfordert auch die Erstellung neuer Wörterbücher und die fortlaufende Verbesserung der vorhandenen. Auch der anwendungsneutrale Parser muss laufend überarbeitet werden [Row 99]. Das hier vorgeschlagene Konzept stellt nur einen Rahmen dar, in dem es noch viele Freiheitsgrade und Optimierungsmöglichkeiten gibt.

9.4   Transaktionskonzept

Zu Transaktionen in MMDBVS gibt es noch nicht sehr viele Arbeiten. Während sich [Lu 99] und [Dun 03] zu diesem Thema ausschweigen, gibt es in [KB 96] immerhin das Kapitel 8 zu diesem Thema. Darin wird auf das Problem getrennter Speicherungssysteme für strukturierte und multimediale Daten hingewiesen sowie auf lange, geschachtelte und kooperierende Transaktionen. Das sind aber meist die aus anderen Bereichen bekannten Probleme mit nur wenigen Besonderheiten für Multimedia. Hier soll versucht werden, gerade diese Besonderheiten herauszustellen. Eine Wiederholung allgemeiner Aspekte von Transaktionen erfolgt nicht; dazu gibt es inzwischen hervorragende Literatur (Teil V von [HR 99]).

Die erste Frage ist, was bei Arbeiten mit Multimedia-Daten überhaupt die Einheiten des konsistenzerhaltenden Übergangs sind. Man muss sicher damit rechnen, dass strukturierte Daten und Multimedia-Daten gemeinsam geändert werden und nur beide Änderungen zusammen wieder Konsistenz herstellen. Auch wird es wohl vorkommen, dass verschiedene Medienobjekte eines Dokuments gemeinsam verändert werden; man denke etwa an den Austausch eines Bildes und die Anpassung des Textes, der auf dieses Bild Bezug nimmt. Aus Sicht der Anwendung ergibt sich hier nichts Neues; man klammert einfach diese Operationen zu einer Transaktion zusammen.

Intern im MMDBVS ergeben sich allerdings beträchtliche Probleme dadurch, dass die einzelnen Operationen der Transaktion nun sehr große Datenmengen betreffen können. Als Beispiel sei die Lautstärkeveränderung bei Audio genannt, die den Wert jedes einzelnen Samples modifiziert. Vergleichbare Probleme gab es bei den strukturierten Daten auch schon, aber sie traten eher selten auf: Das Löschen einer ganzen Relation ist ein solcher Fall. In vielen DBVS erfuhr er eine Sonderbehandlung. So wurde die Relation nur als gelöscht markiert, und erst am Ende der Transaktion wurde der Speicherplatz dann wirklich freigegeben. Das ersparte eine große Menge an Protokolldaten (Before-Images). Analog kann man bei Mediendatenobjekte auch verfahren, wobei das natürlich nur beim Löschen funktioniert.

Ein weiterer Aspekt ist, dass die Operationen auf den Mediendatentypen aus dem gleichen
Grund recht lange laufen und dabei auch in etliche Fehlersituationen geraten können. Die
ändernden Operationen müssen atomar sein, denn die interne Darstellung bleibt dem Anwender verborgen, und eine nur teilweise erfolgte Änderung kann ihm gar nicht dargestellt
werden. Im Fehlerfall wird Atomarität durch das Zurücksetzen in den Anfangszustand
gewährleistet. Das geht auch hier, allerdings zieht damit das Scheitern einer Änderungsoperation auf einem Medienobjekt das Scheitern der ganzen Transaktion nach sich, und in
der sind u. U. schon einige Änderungen auf anderen Medienobjekten erfolgreich ausgeführt
worden. Als Lösung bieten sich geschachtelte Transaktionen an [Mos 82]. Ihre Anwendung
ist in Abb. 9.10 skizziert. Jede Änderungsoperation eines Mediendatentypen wäre dann
eine eigene Subtransaktion, die im Fehlerfall allein zurückgesetzt werden könnte, ohne die
eigentliche Anwendungstransaktion zu beeinträchtigen. Der Programmierer dieses Transaktion müsste den Fehlercode behandeln, der dann zurückgeliefert würde. Er könnte also auf
anderem Wege versuchen, die Anwendungstransaktion doch noch zum erfolgreichen Ende
zu bringen. Andererseits könnte er aber auch **abort** aufrufen, wenn er dafür keine Möglichkeit mehr sieht. Diese Wahlmöglichkeit wird ihm durch den Einsatz der geschachtelten
Transaktion eröffnet.

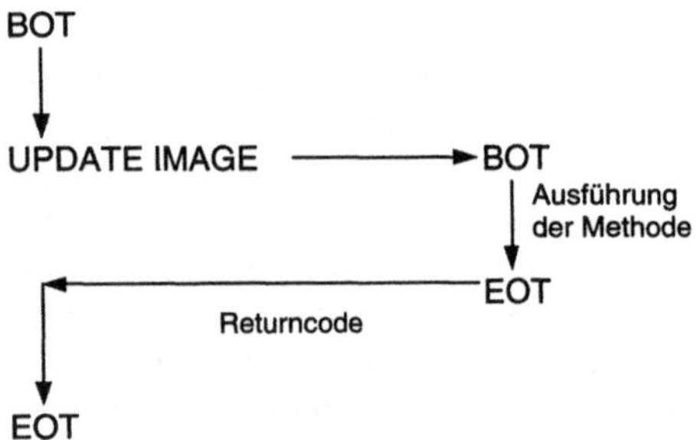

Abbildung 9.10
Operation eines Mediendatentypen als geschachtelte Transaktion

Das größte Hindernis beim Einsatz der geschachtelten Transaktionen war immer der damit
verbundene Implementierungsaufwand. Die Protokolldatei muss viel aufwändiger strukturiert sein, damit das Zurücksetzen nur der Subtransaktion möglich ist. Andererseits wird das
Prinzip in vielen DBVS sowieso schon praktiziert, denn wenn eine SQL-Änderungsoperation
scheitert, erwartet der Anwender auch ganz selbstverständlich, dass dann nichts passiert ist
bei den Daten, und einige mengenorientierte Änderungen können schon Änderungen auf
etlichen Tupeln durchgeführt haben, bis der Fehler auftrat. Diese Subtransaktionen sind
aber meist nicht kenntlich gemacht, sondern einfach fest in den DBVS-Code integriert, und
oft werden auch Speziallösungen gewählt wie die oben beim Löschen geschilderte. Ähnliches
wäre durchaus auch bei den Änderungsoperationen von Mediendatentypen denkbar.

Generell muss Atomarität bei einigen Operationen noch einmal überdacht werden. Man
kann sicher auf die Idee kommen, die Aufzeichnung eines Videos als Transaktion ablaufen
zu lassen, weil Konsistenz erst wieder besteht, wenn die Aufnahme abgeschlossen ist. Tritt
vorher ein Fehler auf, wird die (Sub-) Transaktion zurückgesetzt und das Video damit
aus der Datenbank entfernt. Das ist dann ein konsistenter Zustand, aber es gibt wohl
auch Anwendungen, die doch lieber das unvollständige Video hätten als gar nichts. Hier
gibt es also abgestufte Konsistenzbegriffe, die mit dem einfachen Alles-oder-Nichts nur

unzureichend unterstützt werden können.

Die Synchronisation von Zugriffen im Mehrbenutzerbetrieb hat bisher als kleinstes Granulat das Tupel, evtl. auch einmal das Attribut verwendet. Sie sieht sich nun konfrontiert mit sehr großen Attributwerten, und man sollte überlegen, ob jetzt nicht sogar Teile von Attributen als Granulat in Frage kommen. Der Exodus-Speicherobjektverwalter (siehe oben im Unterabschnitt 9.2.2) bietet das mit der Sperrung von Byte-Intervallen ja auch schon an. Man könnte das dadurch erreichen, dass man auf Seitensperren zurückgeht. Die waren bisher oft als zu grobgranular abgetan worden, sie finden sich aber trotzdem in einigen DBVS. Allerdings sind Seiten keine Anwendungseinheiten, so dass man mit ihnen weiterhin Daten sperrt, die die Anwendung eigentlich nicht benötigt und die nur zufällig mit in der Seite liegen.

Wenn man eine Ebene höher die Aktivitäten der Anwender betrachtet, stellt man fest, dass es wohl doch ausreicht, ganze Medienobjekte als Einheit zu sperren. Ein gemeinsames Ändern von Texten, Bildern etc. in der Datenbank ist eher nicht zu erwarten. Wenn man sich die in Abschnitt 7.2 diskutierten Schemata noch einmal vor Augen führt, dann machen sie eine Aufteilung großer multimedialer Dokumente in mehrere Medienobjekte ja doch recht einfach. Das ergibt dann Kapitel und Abschnitte bei Texten oder Szenen bei Video, und die werden jeweils als eigene Medienobjekte verwaltet. Zwischen ihnen bestehen Aggregationsbeziehungen, so dass sie bei Bedarf zum Dokument zusammengesetzt werden können. Das passiert dann aber endgültig erst nach dem Bearbeiten. Wenn ein solches Szenario als repräsentativ angesehen werden kann, genügt es völlig, Medienobjekte als kleinstes Sperrgranulat zu führen.

Analog ist die Frage nach dem Granulat der Protokollierung zu stellen. Es darf ja bekanntlich nicht größer sein als das des Sperrens, kleiner aber sehr wohl. Wie schon mehrfach erwähnt, ist die besondere Situation bei Mediendaten die, dass mit wenigen Operationen große Datenmengen geändert werden können. Einzelne Attributwerte, die von diesen Änderungen betroffen sind, belegen u. U. etliche Seiten. In allen bisherigen Ansätzen (auch bei ORION und Exodus) wurde deshalb die Entscheidung getroffen, ein „Update in Place" zu machen, denn das hätte sehr umfangreiche Einträge in den Protokolldateien nach sich gezogen. Statt dessen werden für die Speicherung von Änderungen neue Blöcke herangezogen, und unter bestimmten Bedingungen (periodisch, keine Änderungsoperation aktiv usw.) wird dann allein durch das Umsetzen von Referenzen (Pointern) von Alt auf Neu umgeschaltet. Wenn beim Umschalten, wie allgemein üblich, laufende Transaktionen durchschnitten werden, ist nach einem Fehler der alte Zustand noch zu bereinigen. Dazu könnte tatsächlich wieder an Seitenprotokollierung gedacht werden, obwohl die in den letzten Jahren von der Eintragsprotokollierung verdrängt worden ist – allerdings immer unter der Annahme, dass Einträge kleiner sind als Seiten, und die ist hier ja nicht mehr erfüllt.

9.5 Leistungsverhalten

Neben der Funktionalität steht natürlich auch die hinreichende Leistungsfähigkeit (Performance) eines MMDBVS zur Diskussion. Sie ist gegenüber herkömmlichen DBVS sowohl wegen der Größe der zu behandelnden Daten als auch wegen der Echtzeitanforderungen bei

Ton und Video erheblich schwieriger zu erreichen. Ziel muss es deshalb sein, die Kopier-
und Abbildungsvorgänge innerhalb des MMDBVS zu minimieren. Leider läuft das der
Forderung nach Datenunabhängigkeit diametral entgegen. Hier ist nach geeigneten Kom-
promissen zu suchen.

Ein verbreiteter Ansatz besteht darin, die Bedienung der Ein- und Ausgabegeräte direkt
an das MMDBVS übertragen (so etwa bei ORION und anderen). Dadurch werden die
Anwendungsprogramme aus der Übertragungs- und Abbildungskette herausgenommen. Ein
solches „Durchschalten" kann auch innerhalb des MMDBVS sehr sinnvoll sein. So kann man
sich einen Fließmodus (Pipelining) vorstellen, bei dem gleichzeitig:

- Block $n - 1$ asynchron geschrieben,
- Block n umgesetzt, codiert oder komprimiert und
- Block $n + 1$ asynchron gelesen wird.

Idealerweise wird dann der Durchsatz allein von der Übertragungsrate der beiden beteiligten
Geräte, also des Speichers und des Ein-/Ausgabegeräts, begrenzt. Natürlich wird dabei Unterstützung von seiten des Betriebssystems benötigt, mindestens asynchrone Ein-/Ausgabe,
evtl. auch noch schnelle Prozesskommunikation.

9.6   Architekturvorschlag für ein Multimedia-DBVS

Nachdem nun einzelne Aspekte der Implementierung von MMDBVS betrachtet wurden,
stellt sich die Frage, wie man diese zu einem Gesamtsystem zusammenfügen kann. Bei
einem Software-System dieser Komplexität ist eine Zerlegung in Bausteine (Moduln) un-
ausweichlich. Dabei orientiert man sich zum Beispiel an Schichtenmodellen, die helfen, die
Teilaufgaben und stufenweisen Abstraktionen zu identifizieren, wenngleich sie nie als starre
Vorgabe für die Modulbildung benutzt werden [Här 78, HR 83, HR 85]. In gleicher Weise,
wie es im bekannten Fünf-Schichten-Modell eines DBVS für die Speicher gemacht wurde,
lassen sich auch Abstraktionsschichten für die Ein-/Ausgabegeräte definieren; vergl. Abb.
9.11. Diese Abbildung suggeriert zunächst einmal, dass das MMDBVS nichts von den E/A-
Geräten weiß, sondern deren Bedienung vollständig dem Anwendungsprogramm überlässt.
Sie deutet aber zugleich auch an, dass zwischen den Abbildungsschichten links und rechts
Übergänge geschaffen werden können. Man kann sogar an eine Integration auf verschiedenen Ebenen denken. Das Ziel, eine möglichst gute Performance zu erreichen, verlangt, dass
diese Integration eher in den tieferen Schichten hergestellt wird.

Dieser Architekturvorschlag beleuchtet zunächst nur einen Aspekt, nämlich die Ansteuerung
der Ein-/Ausgabegeräte. Es sind aber auch Eingriffe in die fünf Schichten erforderlich. So
verändert sich die Transaktionsverwaltung, wie im vorletzten Abschnitt gezeigt wurde, aber
auch die Pufferverwaltung, wie der Exodus-Speicherobjektverwalter deutlich macht. Hier
ist nun die grundlegende Frage zu stellen, ob das durch direkte Änderung und Erweiterung
eines gegebenen DBVS realisiert werden sollte oder dadurch, dass man ein zweites, auf
multimediale Daten zugeschnittenes DBVS daneben stellt und beide Systeme über eine
gemeinsame Schnittstelle zugänglich macht. Beide Ansätze haben ihre Vor- und Nachteile,
und beide werden seit Jahren verfolgt und genutzt, ohne dass sich ein klarer Gewinner

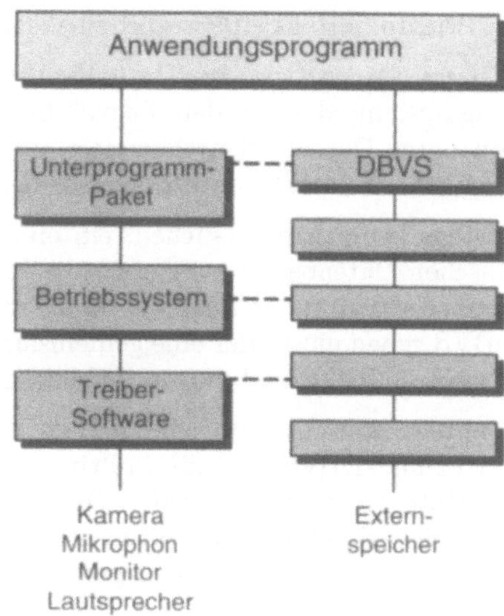

Abbildung 9.11
Abstraktionsschichten für Speicher und E/A-Geräte
in einem MMDBVS

herauskristallisiert hätte. Deshalb müssen sie beide hier diskutiert werden.

Bereits 1987 gab es dazu einen Artikel von Y. Masunaga, der ein „formales Rahmenwerk"
für MMDBVS erörterte [Mas 87]. Allerdings sind die eingeführten Definitionen nicht so
formal, wie man es vom Titel her erwarten würde. Am Anfang steht ein „Konzeptuelles
Modell". Es dient der Erfassung und Darstellung von Ausschnitten der realen Welt durch
den menschlichen Betrachter. Es bestimmt, für welche Aspekte und Sinneseindrücke man
sich besonders interessiert, ob man also mehr zuhört oder hinschaut bzw. sich auf die Farben
konzentriert (wie ein Maler) oder vor allem Texte beachtet und liest. Der damit erfasste
Teil der Wirklichkeit wird in einem Symbol-System beschrieben, und dieses Symbol-System
entspricht dem Medium. Jedes Konzeptuelle Modell benutzt genau ein Medium.

Bislang war ganz bewusst noch nicht vom Einsatz eines Rechners die Rede; das Gesagte soll
ganz allgemein und auch für klassische Medien auf Papier und anderen Trägern gelten. Zur
Darstellung des Konzeptuellen Modells im Rechner wird dann ein „Logisches Repräsenta-
tionsmodell" eingeführt, das man mit einem Konzeptuellen Schema für Datenbanksysteme
nach ANSI/SPARC vergleichen kann [ANS 75]. Es verwendet ein anderes Symbol-System,
nämlich das Datenmodell. Für jedes Medium gibt es ein eigenes Logisches Repräsentati-
onsmodell, das demnach eine medienspezifische Datenbank beschreibt. Hier können also
jeweils zugeschnittene Speicherungsstrukturen zum Einsatz kommen.

Die Integration der verschiedenen Medien erfolgt nun zunächst auf der Ebene der Konzeptuellen Modelle durch ein „Konzeptuelles Multimedia-Modell", das dann auf eine separate
Multimedia-Datenbank abgebildet wird. Diese besitzt ein eigenes Logisches Repräsenta-
tionsmodell, das Multimedia-Datenbankschema, und verwaltet ihren Datenbestand neben
(oder über) den medienspezifischen Datenbanken. Die Medienobjekte, die in den medienspezifischen Datenbanken abgelegt sind, werden über Verweise eingebunden und heißen
dann „Referred Objects": In der Multimedia-DB gibt es für sie Stellvertreter-Objekte, die

im Prinzip nur aus einem solchen Verweis bestehen.

Bislang war nur von den Datenbanken selbst die Rede, nicht von dem Datenbankverwaltungssystem, das für den Zugriff benötigt wird. Es könnte ein einziges sein, dass alle genannten Datenbanken verwaltet, oder auch ein Verbund von DBVS. Masunaga sah drei mögliche Architekturen für eine solches DBVS, und diese Einteilung ist bis heute relevant:

Erstens kann man versuchen, ein einziges DBVS zu erstellen, das sowohl die medienspezifischen Datenbanken wie auch die Multimedia-Datenbank verwalten kann. Dabei ist zu unterscheiden, ob es für jede der Datenbanken eine eigene Aktivierung (eine Instanz) des DBVS geben muss oder eine gemeinsame für alle zusammen. Das zweite entspricht dem Ansatz von ORION und macht die logische Trennung der Datenbanken eigentlich überflüssig[6].

Zweitens kann man für jede Medien-DB ein eigenes Sekundär-DBVS bereitstellen und dazu ein Primär-DBVS, das die Multimedia-DB verwaltet und bei Bedarf die Sekundär-DBVS als Unterprogramme aufruft. Dies kommt der Tatsache entgegen, dass es bereits etliche medienspezifische DBVS gibt, z. B. die Bilddatenbanken und die Information-Retrieval-Systeme, die in Kapitel 3 vorgestellt wurden. Der Architekturvorschlag in [Loc 88] (siehe unten) ähnelt diesem Konzept.

Drittens kann man sich schließlich noch eine Konföderation von gleichberechtigten DBVS vorstellen, die jeweils für eine medienspezifische Datenbank zuständig sind und alle gemeinsam auf die Multimedia-DB zugreifen. Die Vorteile dieser Lösung bleiben unklar. Eine Autonomie der einzelnen Medien ist kein Ziel, und die beteiligten DBVS müssen neu implementiert werden, so dass man dann eigentlich auch wieder die erste Architektur wählen könnte.

Ein ähnlich umfassenderer Vorschlag ist in [Loc 88] dokumentiert; hier werden ähnlich wie bei Masunaga medienspezifische Datenverwaltungssysteme (DVS) unter einem gemeinsamen Dach zusammengefasst. Sie setzen auf einem objektorientierten DBVS auf, das für die Abspeicherung der Objekte einen Speicherobjektverwalter wie den von Exodus benutzt. Für Animation und Video gibt es daneben auch noch einen Videospeicher, der die besonderen Funktionen eines Videorecorders verfügbar macht; da kann man sich die heute üblichen Medien- und Video-on-Demand-Server vorstellen. Die Medien-DVS werden ergänzt um einen „Mixed-Object-Manager" und einen „Interrelationship-Manager", die beide ebenfalls die objektorientierte Datenbank benutzen und deren Rolle aus den bekannten Aufgaben eines MMDBVS hervorgeht. Die Verwaltung von „Mixed Objects", also typischerweise von Dokumenten, rechtfertigt ja erst den Begriff Multimedia. Und dass Beziehungen unterschiedlichen Typs zwischen Medienobjekten zu verwalten sind, ist auch schon mehrfach angesprochen worden. Über den Medien-DVS, dem Mixed-Object-Manager und dem Interrelationship-Manager sitzt dann noch eine Schnittstelle für den Benutzer, die eine homogene Sicht realisieren und Anfragen auf die Einzelsysteme verteilen muss. Die Ausgestaltung dieser Schnittstelle wird durch den Vorschlag noch offengelassen. Allerdings wird angestrebt, medienspezifische Editoren (z. B. Pixeleditoren) mit in das System zu integrieren. Inzwischen liegt ein Vorschlag vor [Ber 02b], der auf der Basis der OQL eine erste Umsetzung dieses Konzepts darstellt. Siehe dazu auch das Projekt Imos im Abschnitt 9.7

---

[6]Die physische Trennung bleibt aber in jedem Fall sinnvoll, weil man unterschiedliche Speicherabbildungen vornehmen möchte, bis hin zur Auswahl bestimmter Speichergeräte.

unten.

Die Realisierung der im Abschnitt 9.3 vorgestellten Verfahren zur inhaltsorientierten Suche stellt noch andere Anforderungen an die Architektur eines MMDBVS. Neben den formatierten Daten und den Medienobjekten sind auch noch die Wörterbücher mit den Regeln und vor allem die Literalmengen abzuspeichern. Als zusätzliche Moduln, die diese Daten erzeugen und benutzen, sind der Parser, ein Vergleicher und ggf. auch ein Generator für die Ausgabe in den Code des DBVS aufzunehmen. Zur Verwaltung der Literalmengen in Matrix und Hash-Bereich bietet sich ebenfalls ein eigener Modul „Literalverwaltung" an, der Parser, Vergleicher und Generator von den Details der Abspeicherung isoliert. Das Zusammenspiel dieser Moduln ergibt sich aus ihrer Aufgabe, die in Abschnitt 9.3 vorgestellt wurde. Eine ausführliche Beschreibung der resultierenden Architektur und möglicher Erweiterungen ist in [LMW 90] zu finden.

Zum Schluss ist noch auf den Aspekt der Verteilung hinzuweisen, der sich durch die Arbeit mit immer leistungsfähigeren Arbeitsplatzrechnern ergibt. Diese sollen auf Hintergrund-Archivsysteme zugreifen können, in denen große Mengen von Multimedia-Daten gesammelt werden. Die Benutzer an den Arbeitsstationen werden in diesen Archiven suchen und dabei einige Dokumente (Filme, ...) flüchtig oder auch genauer anschauen. Dazu müssen hohe Übertragungskapazitäten bereitgestellt werden, also z. B. mittels einer Glasfaser-Verbindung. Und es muss unterschieden werden, ob nur eine transiente Ausgabe ohne Speicherung in der Arbeitsstation erfolgen soll oder ein „Überspielen" der Daten zur netzunabhängigen Ausgabe oder zur weiteren Bearbeitung. Je nach Anwendung kann beides sinnvoll sein. Arbeitsplatz einerseits und Archiv andererseits können dabei durchaus unterschiedliche Sichten und Organisationsformen für die Datenbestände vorsehen: Endbenutzer kommen dank der Verbreitung des WWW mit Hypermedia sehr gut zurecht („Point and Click"), während effiziente deskriptive Zugriffe im Server eher ein objektrelationales oder objektorientiertes DBS (mit Mediendatentypen) nahelegen. Weiter ist zu klären, wie den Arbeitsstationen ein Einbringen von Daten in den zentralen Bestand des Archivs gestattet werden kann. In der Regel muss hier ein „Archivar" zwischengeschaltet werden, der u. a. Signaturen und Klassifikationsschlüssel nach einheitlichen Kriterien vergibt.

9.7 Eigene Arbeiten

Einige Antworten auf die oben gestellten Fragen wurden in Projekten gesucht, die der Autor in Dresden und Erlangen durchgeführt hat. Sie sollen hier in aller Kürze vorgestellt werden.

KANGAROO steht für „Kernel Architecture for Next Generation Archives of Realtime-Operable Objects" [MR 97]. Wie schon im Vorgängerprojekt MOSS [KMMW 93] bestand die Herausforderung darin, Datenunabhängigkeit und Echtzeitfähigkeit in einem System zu vereinigen. Dieses System sollte ausschließlich Mediendatenobjekte verwalten („Single-Media Objects", SMO's), keine formatierten Daten und auch keine Multimedia-Objekte. Dafür benötigte es nur ein festes Schema, nämlich genau die medienspezifischen Abstrakten Datentypen (MADT's), die in Kapitel 6 vorgestellt wurden. Trotz dieser Vereinfachung blieb eine Fülle von Aufgaben zu lösen: die inhaltsorientierte Suche, die flexible Anbindung von

Speichergeräten, Komprimierungstechniken, Pufferverwaltung unter Echtzeit-Bedingungen
(Ausgabe in Netze und auf Geräte), Ressourcenbelegung, Prozess-Konzepte und die Zusam-
menarbeit mit dem Betriebssystem. Der Vorteil des separaten Systems bestand darin, dass
Lösungen hier wirklich frei gesucht werden konnten. Sie waren dann auch Performance-
Untersuchungen auszusetzen, bevor man sich der Frage näherte, wie sie denn in ein objek-
trelationales System integriert werden könnten.

Das Datenmodell war, wie gesagt, sehr schlicht definiert; es bestand nur aus einem festen
Satz von MADT's, nämlich TEXT, GRAPHIC, IMAGE, SOUND und VIDEO. Zu jedem
dieser Typen konnten Instanzen eingerichtet und verwaltet werden. Für den Zugriff wurden
Objektidentifikatoren erzeugt, sog. „Media Object ID's" (MOID's). Alternativ wurde ein
typbezogener Scan angeboten, mit dem man sich sukzessive alle Bilder oder alle Videos
holen konnte. Und schließlich gab es noch die Suche, die das oben dargestellte semantische
Matchen von natürlichsprachlichen Inhaltsangaben verwendete.

KANGAROO war immer nur als Experimentiersystem gedacht. Trotzdem war ein Einsatz vorstellbar, in dem es in Kooperation mit einem relationalem oder objektorientiertem
DBS arbeitete. Tatsächlich ergab sich eine Industriekooperation, in der eine bisher noch
mit Negativen und Papierabzügen realisierte Bildsammlung auf MOSS und KANGAROO
übertragen werden konnte. Die dazugehörige relationale Datenbank hatte immer schon auf
die Bildnummer verwiesen und konnte das auch weiterhin tun. Der Unterschied war nur,
dass niemand mehr aufstehen und an das Regal gehen musste, um das Bild zu holen, sondern dass das nun mit einer geeigneten Oberfläche durch einen Mausklick erledigt werden
konnte. Selbst wenn sich also nicht der volle Funktionsumfang eines MMDBVS erreichen
lässt, sind doch auch schon für KANGAROO sinnvolle Einsatzszenarien zu erkennen. Eine
generische Lösung ist dann im Projekt Imos verfolgt worden, siehe unten.

In einer Kooperation mit einer strukturierten Datenbank (relational oder objektorientiert)
ist davon auszugehen, dass die MOID's dort als Attributwerte gespeichert sind, wie es Abb.
9.12 veranschaulicht.

Die Benutzung dieser beiden getrennten Speicherungssysteme in einem Anwendungsprogramm muss man sich dann so vorstellen, dass zunächst auf die strukturierten Daten zugegriffen wird und man sich dort die MOID's besorgt:

```
select Bild into :id from Röntgenbild
where PatNr = 37894578;
```

Erst danach erfolgt der Zugriff auf KANGAROO unter Verwendung der zuvor ermittelten
MOID's:

```
pr = Image.getPixrect (id);
```

Um es noch einmal deutlich zu sagen: Das bleibt hinter dem zurück, was im Kapitel 7 gefordert wurde. Danach sollte der Zugriff in einer einzigen Anfrage möglich sein. Hier gibt es
aber keine systemübergreifenden Anfragen. Und man kann sich auch leicht vorstellen, dass
bei übergreifenden Änderungen mit beiden Systemen ein Zwei-Phasen-Freigabe-Protokoll
(two-phase commit, 2PC) gefahren werden muss.

Ein Bestandteil des Datenmodells fehlt noch, der sich erst in der geschilderten Art der ko-
operierenden Benutzung ergeben hat: Es gibt ja einen Suchmechanismus in KANGAROO.

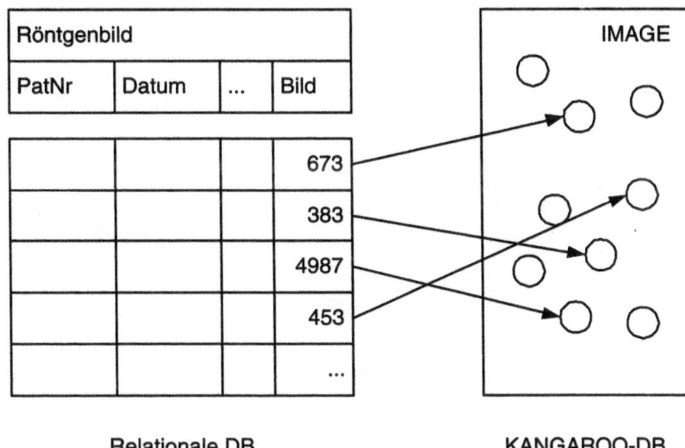

Abbildung 9.12 Relation mit MOID's als Verweisen auf Medienobjekte in KANGAROO

Der liefert als Ergebnis die MOID's der Objekte, die sich qualifiziert haben, und die lassen sich ohne Probleme auf der relationalen Seite benutzen, um die Tupel mit diesen MOID's zu ermitteln. Das Problem besteht nur darin, dass der Suchraum auf der KANAGROO-Seite so wenig eingeschränkt ist. Man kann ja nur in der Menge aller Bilder suchen, und davon wird i. Allg. nur ein Teil als Röntgenbild in der zugehörigen Relation verzeichnet sein. Die Treffermenge von KANGAROO kann also viel zu groß sein.

Um hier Abhilfe zu schaffen, genügte ein simples Mengenkonzept in KANGAROO. MO-(Such-)Mengen haben einen Namen und können durchsucht werden. Die daraus resultierende Menge von MOID's sollte deutlich kleiner sein, als wenn über alle Bilder gesucht würde, und sie kann wiederum verwendet werden, um auf die Relation zuzugreifen (Abb. 9.13).

Es ist ohne Probleme möglich, eine n:m-Beziehung zwischen diesen Mengen und den MO's zu erlauben. Jedes Medienobjekt kann dann also in beliebig vielen Mengen gleichzeitig enthalten sein. Die schon vorhandenen MADT's werden nun u. a. auch jeweils als eine solche Menge aufgefasst, mit der Besonderheit, dass ein Medienobjekt bei seiner Erzeugung genau einer dieser Mengen zugeordnet wird und bis zu seiner Löschung auch in dieser Menge bleiben muss. Die sonst erlaubten Operationen insert und remove sind auf diesen fünf Mengen nicht gestattet. Davon abgesehen können Mengen aber sehr flexibel eingerichtet und genutzt werden, wie die Abb. 9.14 andeutet.

Weil die Flexibilität so groß ist und man Medienobjekte sehr frei zwischen den Mengen hin- und herschieben kann, muss man diese Freiheit manchmal auch einschränken können. Um bei dem Beispiel zu bleiben: Ein Textobjekt möchte man in der Menge „Röntgenbilder" vermutlich nicht haben. Auch das ist leicht zu ergänzen, indem man Mengenrelationen als Integritätsbedingungen zulässt. Die typischen Beispiele zeigen sehr schnell, dass man nur die Teilmengenbeziehung und die Disjunktheit benötigt, also etwa:

IMAGE $\supseteq$ Röntgenbilder

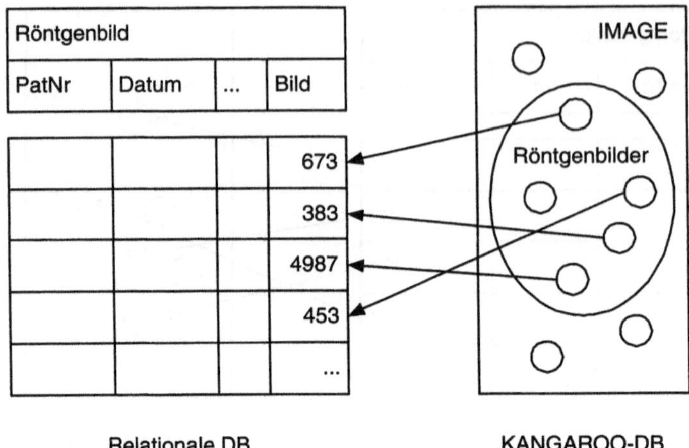

Abbildung 9.13 Suchmengen in KANGAROO

Häuser ∩ Röntgenbilder = ∅

Zur Vervollständigung benötigt man nun nur noch ein paar Operationen auf den Mengen: insert und remove fügen ein Medienobjekt einer Menge hinzu oder entfernen es wieder aus ihr; ein Scan liest nacheinander alle Medienobjekte einer Menge, die Suche ist die Operation, um derentwillen die Suchmengen überhaupt eingerichtet wurden, und die üblichen Mengenoperationen Vereinigung, Schnitt und Differenz können sehr leicht auch noch angeboten werden.

Die Architektur von KANGAROO ist schichtenorientiert, aber da sie nur für den Prototyp Gültigkeit hat, wird sie hier nicht vorgestellt; bei Bedarf ist sie in [MR 97] zu finden.

Dsmily   steht für „Distributed Scalable Multimedia Information retrievaL sYstem". Dieses Projekt hat sich auf das Suchproblem konzentriert. Im oben gezeigten Szenario mit KANGAROO und einem relationalen DVS kann man in einem der beiden Systemen suchen und dann im jeweils anderen die zu den Ergebnissen passenden Daten abrufen. Wenn man aber in beiden Systemen sucht, muss man anschließend die Ergebnismengen selbst mischen. Hier setzt Dsmily an. Erreicht wurde schließlich eine Erweiterung des probabilistischen Information Retrievals auf verteilte und heterogene Server [Bau 99a, Bau 97]. Einer davon konnte KANGAROO sein, aber die Lösung ist allgemeiner. Um aus der Sicht der globalen Suche den beteiligten Servern nicht zu viele Einschränkungen zu machen, wurden verschiedene Indexierungen in ihnen zugelassen – eine Herausforderung, der sich die früheren Projekte auf diesem Gebiet nicht gestellt hatten. Das ist mit dem Attribut „heterogen" gemeint.

Zweitens war der Ansatz von Anfang an auf Skalierbarkeit ausgerichtet. Es gibt in der Architektur keinen zentralisierten Such-Server, sondern eine Baumstruktur von gleichartigen Suchknoten, die Anfragen an ihre untergeordneten Suchknoten oder Server weitergeben und die von dort zurückkommenden Ergebnismengen mischen, und zwar mit einem Ranking. Ein Server muss zu jedem suchbaren Objekt eine ID und eine Feature-Menge (z. B.

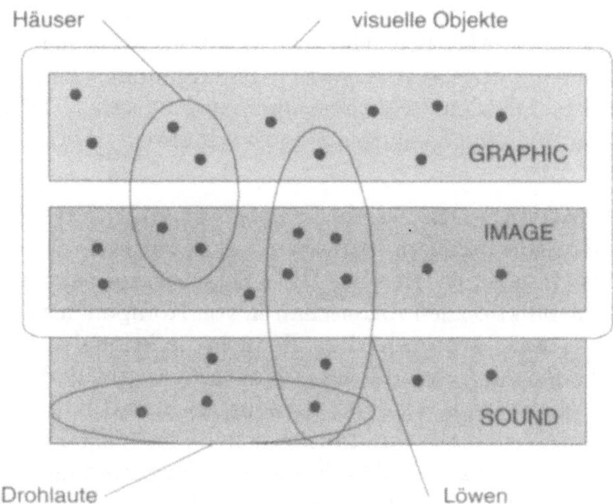

Abbildung 9.14 Beziehungen zwischen Suchmengen und MADT's

Schlagworte) liefern können und Anfragen bei Bedarf in seine Features übersetzen. Auf höherer Ebene (in den inneren Knoten des Baums) werden ganze Server wiederum durch Features beschrieben. Das benötigt man für das Auswahlkriterium [Bau 99b]. Schließlich will man eine Anfrage nicht einfach an alle nachgeordneten Server weiterleiten, sondern nur an die, die mit der größten Wahrscheinlichkeit relevante Objekte zur globalen Ranking-Liste beitragen.

Imos wird später häufiger als FMDBMS bezeichnet [Ber 02b]. Die erste Abkürzung stand für „Interoperabilität von Medienobjekt-Servern", die zweite dann für „Föderiertes Multimedia-Datenbank-Management-System". Damit wurde ein einheitlicher Zugang geschaffen zu den nunmehr drei verschiedenen Typen von Servern: den Datenbanksystemen für die strukturierten Daten, den Medien-Servern vom Typ KANGAROO und den Suchknoten von Dsmily. In einem globalen Schema können Beziehungen zwischen Objekten aus allen beteiligten Servern hergestellt werden, die eine interne Datenbank verwaltet. Und es können globale Anfragen an das Gesamtsystem gestellt werden, die von einer aufwändigen Anfrageverarbeitung analysiert, auf die verschiedenen Server aufgeteilt und schließlich durch Mischen der Teilergebnisse beantwortet werden.

Memo.real begann 1998 als Teilprojekt des SFB 358 an der TU Dresden. Es widmete sich dem Entwurf von echtzeitfähigen, datenunabhängigen Medienobjekt-Speicherungssystemen und stand damit in der direkten Nachfolge von KANGAROO. Dabei konzentrierte es sich allein auf den Teil, der in Echtzeit abgewickelt werden muss: Die Konvertierung von Medienobjekten bei der Ausgabe. Die Arbeiten begannen mit einigen Messungen an Konvertern [Mär 99]. Der Schwerpunkt lag dann auf der Entwicklung mathematischer Modelle für das Verhalten von Konvertern, und hier vor allem unter Verwendung der schwankungs-

beschränkten Ereignisströme, die hier schon in Unterabschnitt 5.2.2 vorgestellt wurden
[Mär 00, MMW 02]. Dies war die Voraussetzung dafür, die Konvertierungen dann einem
Echtzeit-Betriebssystems zur Ablaufplanung übergeben zu können. Das in Dresden entwickelte „Dresden Real-time Operating System" (DROPS) benötigte genau diese Beschreibung, um eine Ablaufplanung durchführen zu können [Sch 02a, SML$^+$ 03].

COMQUAD-DB ist die jüngste Aktivität in der Kette, und in ihr werden die Erfahrungen aus den anderen Projekten auf die Entwicklung von Komponenten-Software übertragen.
Das Projekt ist Teil einer DFG-Forschergruppe, die sich insgesamt das Ziel gesetzt hat, die
nicht-funktionalen Eigenschaften von Komponenten zu erfassen und im Entwicklungsprozess
so zu berücksichtigen, dass die nicht-funktionalen Eigenschaften des aus Komponenten auf-
zubauenden Anwendungssystems stets kontrolliert werden können. Zu diesen Eigenschaften
zählen beispielsweise der Ressourcen-Bedarf sowie Antwortzeit und Durchsatz, aber auch
Adaptionsfähigkeit und Sicherheit [ABF$^+$ 02]. Das Projekt COMQUAD-DB untersucht in
diesem Rahmen die Abbildung und Durchsetzung quantitativer Anforderungen an Komponenten. Darunter ist die allgemeine Formulierung, Darstellung und Nutzung von Aussagen
des folgenden Typs zu verstehen: „Damit die Komponente eine Antwortzeit von 2 s garantieren kann, braucht sie einen xy-Prozessor und eine E/A-Rate von mindestens ...". Die
früheren Arbeiten legen nahe, dies speziell für Konverter als Komponenten zu untersuchen
und dadurch die vorhandenen Resultate einfließen zu lassen.

9.8   Übungsaufgaben

Aufgabe 9.1. Zu einem Medienobjekt vom Typ image sei die folgende Liste von Prädikaten
als Inhaltsangabe gespeichert:

>   baum(o7), plural(o7), innerhalb(o7,k2), region(k2),
>   x-koordinate(k2,+), y-koordinate(k2,−), an(o7,f4),
>   strasse(f4), breit(f4).

Geben Sie die Bedeutung dieser Prädikate in natürlicher Sprache wieder. Beachten Sie, dass
nicht nach den Nominalphrasen gesucht wird, aus denen diese Prädikate möglicherweise
einmal entstanden sind. Es geht nur um die Information, die in den Prädikaten enthalten
ist, unabhängig davon, wie sie erstellt worden sind. Und es geht nur um die Information,
die einer maschinellen Weiterverarbeitung (etwa einem Prolog-Interpreter) zugänglich ist,
und nicht um das, was man als menschlicher Betrachter sofort assoziiert.

Aufgabe 9.2. Angenommen, zu einem Bild seien die folgenden Prädikate als Inhaltsbeschreibung gespeichert:

>   car(u1), color(u1,blue), in(u1,h2), region(h2),
>   xcoordinate(h2,0), ycoordinate(h2,0), action(u1,park),
>   in-front-of(u1,b4), house(b4), has(b4,f2), roof(f2), color(f2,red).

Wie lässt sich der Bildinhalt, der durch diese Prädikate dargestellt wird, umgangssprachlich beschreiben? Genauer: Welche Nominalphrasen könnten vorgelegen haben, wenn die

Übersetzungstechnik aus diesem Kapitel zur Erzeugung der Prädikate verwendet worden ist? Sie können den Text deutsch oder englisch formulieren. Achten Sie aber bitte auf die Feinheiten des Ausdrucks.

Aufgabe 9.3. Versierten Benutzern (sog. Wissensingenieuren) kann der direkte Zugriff auf die Prädikate gestattet werden, die der Parser aus den Nominalphrasen erzeugt. Dafür lassen sich sehr einfach weitere Operationen auf den Mediendatentypen definieren. Definieren Sie solche Operationen für den Datentyps MediaObject.

Aufgabe 9.4. Skizzieren Sie die Fehlerbehandlung in Operationen der Mediendatentypen, die als Implementierung einer Subtransaktion mit lokalem Zurücksetzen verwendet werden kann.

10 Zusammenfassung und Ausblick

In diesem Buch wurde der Einsatz von Datenbank-Technik für Multimedia-Anwendungen untersucht. Ausgangspunkt war die These, dass man die Erfahrung, die man mit Datenbanksystemen seit den siebziger Jahren machen konnte, auch auf die Verwaltung multimedialer Daten übertragen sollte. Das bedeutet zuallererst einmal, dass *Datenunabhängigkeit* hergestellt werden sollte. Für multimediale Daten ist dabei besonders auf Unabhängigkeit vom Speichergerät und auf Formatunabhängigkeit zu achten. Das führt dann sehr direkt auf Datenabstraktion oder Datenkapselung, also auf die Einführung Abstrakter Datentypen für Medienobjekte. Diese Datentypen wurden ausführlich vorgestellt, wenngleich die Diskussion um die wirklich benötigte Menge von Operationen noch immer nicht abgeschlossen ist. SQL:1999 hat das Problem weithin bekannt gemacht; es ist zu hoffen, dass dies nun zu einer Weiterentwicklung mit breiter Beteiligung führt.

Diese Datentypen kann man ggf. auch ohne ein Datenbanksystem verwenden, und man hat immer noch die Vorteile der Datenunabhängigkeit. Das ist auch eine Möglichkeit, „Datenbank-Technik für Multimedia-Anwendungen" einzusetzen, wie es der Untertitel des Buches nahegelegt hat.

Wenn aber ein Datenbanksystem verwendet wird, dann sollten die Datentypen in seinem Kontext bereitstehen. Das ist für objektrelationale wie objektorientierte DBVS gleichermaßen machbar; beides ist vorgestellt worden. Die Einbettung ist ziemlich nahtlos möglich, die jeweiligen Anfragesprachen SQL bzw. OQL erlauben den einfachen Umgang mit den Operationen der Datentypen.

Es muss noch einmal betont werden, dass damit der Anspruch der Datenbanksysteme aufrechterhalten wird, ein universelles, anwendungsneutrales System darzustellen. Es ist völlig unstrittig, dass Spezialsysteme wie Medien-Server ihnen in bestimmten Anwendungen überlegen sind – dafür können sie andere dann gar nicht unterstützen. Insbesondere geht es immer auch darum, die Medienobjekte modifizieren zu können, mit Synchronisation im Mehrbenutzerbetrieb und Ausfallsicherheit.

Die effiziente Implementierung solcher MMDBVS steht erst noch am Anfang. Es gibt viele Arbeiten im Bereich der Indexstrukturen für alle möglichen Arten der Suche – weit mehr, als hier genannt wurden. Mit GEMINI deutet sich eine Verallgemeinerung an, die durch die Vorgehensweise im Unterabschnitt 9.3.2 vorbereitet worden ist. Aber etwa bei Pufferverwaltung und Transaktionen wird es sehr viel spärlicher. Und bei Echtzeitunterstützung steht die Forschung noch ziemlich am Anfang. Insbesondere die Integration in ein DBVS wird noch viel Arbeit erfordern. Erste Konzepte liegen vor, es ist mit der Realisierung in separaten Systemen begonnen worden, aber die Herausforderung bleibt, daraus für die Nutzer, also die Entwickler von Multimedia-Anwendungen, eine homogene Entwicklungsplattform zu bilden, die ihnen alle diese Mechanismen anbietet und leicht zugänglich macht.

A   Glossar

Kursiv geschriebene Begriffe werden in einem eigenen Eintrag erläutert.

Anwendung Die Benutzung eines (DV-) Systems zur Lösung einer informationstechnischen Aufgabe. Die Realisierung eines bestimmten Informationssystems mit einer Auswahl von Werkzeugen (darunter das in diesem Buch besonders interessierende *DBVS*). Eine Anwendung definiert Datenbestände (das Schema einer Datenbank) und Anwendungsprogramme.

Anfragesprache (eigentlich Datenbank-Anfragesprache, engl. Database Query Language) Formale Sprache zur Formulierung von Selektions-, Auswertungs- und Änderungsoperationen auf einer Datenbank. Ein *Datenbank-Verwaltungssystem (DBVS)* nimmt eine Anfrage (Query) entgegen und wertet sie aus. Als Ergebnis liefert es die gewünschten Daten oder eine Bestätigung der erfolgreich ausgeführten Änderung.

Animation (Zeichentrickfilm) Erzeugung eines Bewegungsablaufs aus einer Folge von *Graphiken*. Aufzeichnung als *Video* möglich.

Audio Oberbegriff für die verschiedenen technischen Möglichkeiten, sich beim Umgang mit Rechnern des akustischen Mediums zu bedienen. Beginnt mit einfachen akustischen Signalen (Beep) und geht bis zu der Möglichkeit, mit dem Rechner *Tonaufnahmen* zu machen wie mit einem Diktiergerät oder Tonkonserven zur Ergänzung einer Information abzurufen.

Beschreibungsdaten Optionale Komponenten eines *Medienobjekts*, die Angaben zur Struktur und zum Inhalt des Medienobjekts machen. B. werden vor allem zur Durchführung einer *inhaltsorientierten Suche* benötigt. Sie können *formatierte* oder *unformatierte Daten* sein.

Bilddatenbank (engl. Pictorial Database oder Image Database). Eine Datenbank, in der *Rasterbilder*, evtl. auch noch *Graphiken* abgelegt sind. B. stellen meist das Bild in den Mittelpunkt und richten Schemadefinition wie Operationen darauf aus. Benutzt werden B. zur Unterstützung von Bildanalyse und -verarbeitung [CF 80].

Browser Dienstprogramm (Werkzeug) zu einem *Hypermedia*-System, das es erlaubt, beim Navigieren durch das Geflecht der Knoten und Links die Übersicht zu behalten. Ein B. stellt üblicherweise verschiedene graphische Visualisierungen des Netzes zur Verfügung, die (durch Auswahl bestimmter Link-Typen) auf die Bedürfnisse der Benutzer zugeschnitten sein können. Oft zeigen sie auch die Historie des Navigierens auf, um nach einem „Abschweifen" die Rückkehr zum ursprünglichen Pfad zu erleichtern [Fos 88]. Die Bedeutung hat sich mit der Verbreitung des WWW stark gewandelt; heute wird jedes Programm zum Betrachten einzelner Knoten als Browser bezeichnet. Ein Teil der genannten Funktionen findet sich dabei noch (Historie), andere wie die Visualisierung eher selten.

CD-I („**Compact Disk – Interactive**") Nutzungsform einer *CD-ROM*, bei der durch hardware-gestützte Komprimierung auch *Animationen* und *Video* abgespeichert werden können. Primär für den Unterhaltungsmarkt gedacht: Abspielgeräte zum Anschluss an Hifi-Anlage und Fernseher, nicht so sehr an Rechner. Direkter Konkurrent zu *DVI*. Inzwischen überholt, siehe *DVD*.

CD-ROM („**Compact Disk – Read Only Memory**") Datenträger (*optische Platte*), der während seiner Herstellung beschrieben werden muss und danach von Benutzer nur noch gelesen werden kann. Kapazität 650 MB, genormtes Speicherungsformat, preisgünstige Abspielgeräte. Geeignet für die Verbreitung von Daten in vielen Kopien (Standard-Software, Kataloge, Lexika, Wirtschaftsdaten, Handbücher usw.).

Datenbanksystem (DBS) Zusammenfassung von *Datenbank-Verwaltungssystem (DBVS)* und Datenbank, d. h. einem Datenbestand auf Hintergrundspeichern, der vom DBVS verwaltet wird. Ohne DBVS ist die Datenbank nicht benutzbar; man braucht also immer beides.

Datenbank-Verwaltungssystem (DBVS) System-Software-Paket, das das Einrichten und Betreiben von Datenbanken ermöglicht.

Datenfusion (engl. Data Fusion) Verarbeitungsprozess, in dem ermittelt wird, ob auf zwei *Medienobjekten*, die unterschiedlichen *Medien* angehören, dasselbe Objekt dargestellt ist. Beispiel: Das Foto zeigt ein Auto; gibt die *Tonaufnahme* das Motorengeräusch dieses Autos wieder?

Datenmodell Formale Sprache zur Beschreibung von (abstrakten) Datenobjekten sowie von Operationen zur Erzeugung, Selektion, Manipulation und zum Löschen dieser Datenobjekte.

Deskriptor *Schlagwort*, das aus einem *Thesaurus* stammen muss und zur Angabe der in einem *Text* oder *Medienobjekt* behandelten Themen verwendet werden darf.

Dokument (hier: elektronisches Dokument) *Multimedia-Objekt*, das primär für eine Interpretation durch menschliche Betrachter (Lesern, Zuhörern) gedacht und daher einer maschinellen (algorithmischen) Interpretation nur relativ schwer zugänglich ist.

DSP („**Digital Signal Processor**") Programmierbare elektronische Schaltung, deren Zweck es ist, eine Zahlenfolge in eine andere Zahlenfolge umzusetzen. Wird typischerweise zur Filterung und zur Komprimierung eingesetzt. Die Zahlenfolgen sind dann Messwerte, z. B. die zu einer *Tonaufnahme* oder einem *Signal*. Ein DSP verfügt über lokalen Speicher und kann eine begrenzte Menge von Zahlen puffern [Min 89].

DVI („**Digital Video Interactive**") Nutzungsform einer *CD-ROM*, bei der es mit hochgradiger, hardware-gestützter (Echtzeit-) Komprimierung gelingt, *Video* von bis zu 60 Minuten Dauer abzuspeichern [Rip 89]. Direkter Konkurrent von *CD-I*.

DVD („**Digital Versatile Disk**") Nachfolge der *CD-ROM*. Äußere Abmessungen genau wie diese, Kapazität aber 4,7 bis 8,5 GB. Abspielgeräte können auch CD-ROM lesen. Zunächst für Video gedacht, aber auch allgemein als Datenspeicher verwendbar.

Formatierte Daten Daten, die als Variablenwerte, Feldinhalte oder Attributwerte verwaltet werden und folgende Bedingungen erfüllen: Die Bedeutung ist durch den Variablennamen weitgehend beschrieben (z.B. „Gehalt"). Der Wertebereich ist endlich. Die Daten haben entweder feste Länge, oder es gibt eine Obergrenze für die Länge, die meist unter 100 Bytes liegt. Typische Beispiele für f. D. sind einzelne Zahlen (Festpunkt oder Gleitpunkt) und Zeichenketten (Strings).

Frame Grabber Hardware-Baustein (Steckkarte) zur Extraktion eines Standbilds aus einem Strom von Bewegtbildern (*Video*). Das Ergebnis wird als *Rasterbild* abgelegt.

Frames Datenstrukturen zur Repräsentation von Objekten, Situationen oder Kontexten der realen Welt, die wesentlich flexibler definiert sind als etwa Tupeln einer Relation. Ein F. besteht aus einer Menge von Slots, die Attributen vergleichbar sind, neben einfachen Werten aber auch Prozeduren, komplette andere F., Default-Werte und anderes enthalten können. Die Slots sollten als „Erwartungen" verstanden werden, die mit dem Auftreten des Konzepts, für das der F. steht, unmittelbar verbunden sind (z. B. Slot „Räder" in einem Frame „Auto") [Min 75, FK 85]. Das Wort „Frames" wird leider im Deutschen auch für Einzelbilder von Videos verwendet. Da das als überflüssiger Anglizismus erscheint, wird es in diesem Buch nur für die Datenstrukturen benutzt, die oben beschrieben wurden. Das deutsche Wort „Konzeptrahmen" hat sich nicht durchgesetzt.

Graphik (genauer: Vektorgraphik oder Vektorbild). Zweidimensionale Darstellung mit Hilfe von Linien, Flächen und Beschriftungen. Typische Beispiele sind Technische Zeichnungen, Flussdiagramme, Geschäftsgraphiken, Landkarten, mathematische Kurven, Schaltkreiszeichnungen.

Hypermedia Kombination von *Hypertext* und Multimedia. Hypertext-Knoten dürfen dann auch *Rasterbilder, Graphiken, Tonaufnahmen, Video* und dergleichen enthalten.

Hypertext Darstellungsform (evtl. auch Speicherungsform) für *Text*, bei der einzelne Abschnitte als Knoten eines Graphen aufgefasst und durch beliebige gerichtete oder ungerichtete Kanten („Links") miteinander verbunden werden. Neben der linearen Aufreihung der Abschnitte (Link „Fortsetzung") können beliebige Querverweise auf andere Knoten eingerichtet werden (Links „Quelle", „siehe auch", „Anmerkung" usw.). Man spricht deshalb auch von „nicht-linearem" Text.

Ikonen-Indexieren (Iconic Indexing) Verfahren zur Erzeugung eines Zugriffspfads, der die *Mustererkennung* auf *Rasterbildern* unterstützt. Dabei werden Pixelwerte stufenweise verdichtet, bis ein Bild nur noch als Matrix von sehr wenigen Pixeln dargestellt ist (z. B. 4×4). Anhand dieser „Ikonen" wird bei der Suche eine Vorauswahl getroffen [Tan 80, CSY 87].

Information Retrieval Oberbegriff für eine Klasse von Verfahren zur Suche nach *unformatierten Daten*, speziell *Texten*. In der Regel wird jeder im System verzeichnete Text durch eine Menge von *Deskriptoren* beschrieben. Eine Anfrage an das System nennt die gewünschten Deskriptoren und verknüpft sie ggf. in einem Booleschen Ausdruck („Multimedia" AND „Datenbank" AND NOT „Mensch-Maschine-Schnittstelle") [Geb 81, SM 83, May 97, Row 92]. Es gibt zahllose Varianten dieses einfachen Prinzips. Derzeit bemüht man sich, die Darstellung der Textinhalte durch mächtigere Ausdrucksmittel als die Deskriptoren vorzunehmen, beispielsweise durch *Frames*.

Inhaltsorientierte Suche Suche in einer Menge von *Medienobjekten*, bei der der Vergleich nicht auf der syntaktischen Ebene ausgeführt wird wie bei der *Mustererkennung*, sondern auf einer semantischen oder konzeptuellen Ebene.

Literal Hier im Sinne von Prolog [CM 81] ein Prädikat mit einer bestimmten Wertebelegung seiner Variablen, das als zutreffend („wahr") angenommen werden soll.

Medienobjekt (präziser: Mediendatenobjekt) Ein Datenobjekt, das eine Nachricht in einem bestimmten *Medium* darstellt, also z. B. ein *Text* oder eine *Tonaufnahme*. Ein M. fällt stets unter die *unformatierten Daten*.

Medienumsetzung (Media Translation) (auch: Medienwechsel) Die Übertragung einer Nachricht von einem *Medium* in ein anderes mit möglichst geringem Informationsverlust. Typische M. sind das Vorlesen eines geschriebenen *Textes* (Text nach Audio) und die

Erzeugung einer Schwingungskurve zu einer *Tonaufnahme* (Audio nach Graphik).

Medium Ein Nachrichtenträger, der über einen Vorrat an Darstellungsmitteln verfügt, mit denen eine Nachricht gestaltet oder formuliert werden kann. Für den Umgang mit Rechnern sind vor allem die Medien *Text* (Schrift), *Graphik, Rasterbild, Tonaufnahme* und *Video* relevant.

Multimedia-Anwendung Eine *Anwendung*, die Eingabedaten in verschiedenen *Medien* aufnehmen und Ausgabedaten in verschiedenen Medien anzeigen kann.

Multimedia-Daten Sammelbegriff für eine (möglicherweise heterogene) Menge von *Medienobjekten* oder auch ein einzelnes Medienobjekt.

Multimedia-Datenbank-Verwaltungssystem (MMDBVS) *Datenbank-Verwaltungssystem (DBVS)*, das neben *formatierten Daten* auch *Medienobjekte* integriert verwalten kann.

Multimedia-Objekt (auch „Mixed-Mode Object") Datenobjekt, das aus mehreren *Medienobjekten* zusammengesetzt ist, die möglicherweise verschiedenen *Medien* angehören. *Dokumente* stellen die wichtigste Klasse von M. dar.

Multimedia-System Rechnersystem (Zusammenfassung von Hard- und Software), auf dem eine *Multimedia-Anwendung* realisiert ist.

Mustererkennung (Pattern Matching) Verfahren zum Auffinden von Mustern in *formatierten* oder *unformatierten Daten*. Der Vergleich der Daten mit dem Suchmuster wird dabei auf der syntaktischen Ebene (der Zeichenebene) durchgeführt.

Optical Character Recognition (OCR) Buchstabenerkennung in *Rasterbildern*. Führt eine *Medienumsetzung* von Rasterbild nach *Text* durch. Oft als Software-Paket zu einem *Scanner* angeboten.

Optische Platte Oberbegriff für ein Vielzahl von (rotierenden) Datenträgern, die mit Hilfe eines Laser-Strahls geschrieben und gelesen werden.

Prädikat In der mathematischen Logik Aussageform, deren Wahrheitswert von der aktuellen Belegung der in ihr auftretenden Variablen abhängt. Schreibweise: $P(V_1, V_2, \ldots, V_n)$. Hier eingeschränkt auf den Namen, also P. Wenn also $P(x)$ als wahr angesehen wird, so heißt das, dass dem Individuum (dem Objekt) x die Eigenschaft (das Prädikat) P zukommt.

Pseudo-Reisen (engl. Surrogate Travelling) *Multimedia-Anwendung*, bei der man ein Reiseziel nicht nur passiv in einem *Video* betrachten kann, sondern sich sozusagen frei in dem Gelände „bewegt" und dadurch die Videosequenzen mit den entsprechenden Ansichten abruft oder gar, falls solche Aufnahmen von einer Ansicht nicht gemacht wurden, *Animationen* erzeugen lässt, die diese Lücke füllen [MD 89, Rip 89].

Rasterbild Matrix von Bildpunkten, die bei der Ausgabe einen geschlossenen optischen Eindruck hervorrufen soll. Die Rasterung ist allein für die Darstellung im Rechner erforderlich und soll bei der Ausgabe möglichst nicht sichtbar werden. Die wichtigste Klasse von R. sind digitalisierte Fotografien.

Registrierungsdaten Komponenten eines *Medienobjekts*, die zur korrekten Interpretation der *Rohdaten* und zur Identifikation des Medienobjekts (Unterscheidung von anderen Medienobjekten) obligatorisch sind. Interpretierende R. werden benötigt, um die Rohdaten zu strukturieren und eine möglichst originalgetreue Wiedergabe zu ermöglichen. Identifizierende R. sind typischerweise Datum, Uhrzeit, Aufnahmegerät usw., ohne die zwei ansonsten übereinstimmende Medienobjekte nicht auseinander gehalten werden könnten.

Rohdaten Komponenten eines *Medienobjekts*, die die Nachricht darstellen. R. sind immer *unformatierte Daten.* Im allgemeinen Fall sind sie nichts als eine lange Folge von Bits, deren Unterteilung und Interpretation nur mit Hilfe der *Registrierungsdaten* möglich ist.

Scanner Eingabegerät des Mediums *Rasterbild*, mit dem eine zweidimensionale Oberfläche ein Blatt Papier, eine Fotografie) zeilenweise abgetastet werden kann.

Schlagwort Wort oder Wortfolge, die ein in einem *Text* oder einem anderen *Medienobjekt* behandeltes Thema benennt. Im Unterschied zu einem Stichwort muss ein S. im Text selbst nicht vorkommen.

Semantisches Netz Datenstruktur zur Darstellung von Beziehungen zwischen Konzepten. Ein S. N. ist ein gerichteter knoten- und kantenmarkierter Graph. Die Knoten stellen Konzepte dar, die Kanten die Beziehungen. Besonders wichtige Arten von Beziehungen sind „hat" (z. B. zwischen den Konzepten „Auto" und „Räder") und „is-a" (zwischen „Auto" und „Fahrzeug").

Signal „Der eine Nachricht übertragende (und damit Information wiedergebende) zeitliche Verlauf einer physikalischen Größe" ([BG 73], S. 18f.). Hier eingeschränkt auf eine Folge von Messwerten (digitalisiertes S.), die nicht bereits einem der anderen *Medien* (*Rasterbild, Tonaufnahme, Video*) zugeordnet sind. Typische Beispiele sind Radar, Kernspin-Resonanzen, Sonar usw.

Signatur Bitmuster fester Länge, das aus einem Textabschnitt („Block") erzeugt wird, um die Volltextsuche effizienter durchführen zu können. Zu jedem Wort des Textabschnitts wird mittels einer Hash-Funktion ein Bitmuster gleicher Länge erzeugt. Die Signatur ist die logische Disjunktion all dieser Bitmuster. Bei der Suche nach einem bestimmten Wort wird ebenfalls die Hash-Funktion angewendet und ein Vergleich mit allen Signaturen durchgeführt. Nur die Blöcke, in deren Signatur sämtliche Bits des Suchmusters gesetzt sind, müssen noch buchstabenweise auf das Vorkommen des Wortes untersucht werden.

Synchronisationsbeziehung Beziehung zwischen zwei *Medienobjekten*, die eine gleichzeitige Darstellung (Ausgabe) verlangt. Besteht z. B. zwischen einer graphischen Abbildung und einen Textabschnitt oder einem Bild und einer akustischen Erläuterung. Die engste Form findet sich zwischen den Bilder und der Tonspur eines Videos.

Text Beliebig lange Folge von abdruckbaren Zeichen.

Thesaurus (Wortschatz) Verbindliche *Schlagwort*-Liste, die alle relevanten Themen und Begriffe eines Fachgebiets enthält. Die Schlagworte in einem Thesaurus, die zur Charakterisierung des Inhalts von *Texten* oder anderen *Medienobjekten* verwendet werden dürfen, heißen *Deskriptoren*. Ein Thesaurus kann auch Nicht-Deskriptoren enthalten, die dann immer mit einem Hinweis versehen sein müssen, was an ihrer Stelle als Deskriptor zu verwenden ist.

Tonaufnahme (hier: digitale Tonaufnahme) Beliebig lange Folge von ganzen Zahlen, die als Lautstärkepegel interpretiert werden.

Unformatierte Daten Beliebig lange Folge von (kleinen) formatierten Datenobjekten, z. B. Zahlen, Zeichen (Characters) oder Vektordefinitionen. Der Informationsgehalt ist in der Regel sehr hoch, maschineller Verarbeitung aber nicht ohne weiteres zugänglich. Die Struktur der Folge z. B. die Unterteilung eines *Textes* in Worte, Sätze, Absätze und Kapitel) kann sehr flexibel gewählt werden.

Video Beliebig lange Folge von *Rasterbildern* oder *Graphiken*, die mit einer *Tonaufnahme* (Tonspur) kombiniert wird.

Volltextsuche *Mustererkennung* in Texten.

WORM (**„Write Once, Read Many times"**) Spezielle Form einer *optischen Platte*, die einmal beschrieben und danach nur noch gelesen werden kann. Hohe Kapazität, sehr viele unterschiedliche Formatierungen. Inzwischen hat sich das Format der *CD-ROM* durchgesetzt, weil es dafür in fast jedem Rechner ein Abspielgerät gibt. Geeignet vor allem für Archivierungen und zum Festschreiben von Änderungsständen. Da nicht mehr gelöscht werden kann, was einmal geschrieben wurde, könnten W. als „dokumentenechte" Datenträger eine ähnliche Rolle übernehmen wie bisher nur Papierdokumente.

B   Abkürzungsverzeichnis

ADPCM	Adaptive Differential Pulse Code Modulation
ALV	Autonomous Land Vehicle
ANSI	American National Standards Institute
BLOB	Binary Large Object
BNF	Backus-Naur-Form
BS	Betriebssystem
CAV	Constant Angular Velocity
CCIR	Comit Consultatif International des Radio Communications
CD	Compact Disk
CIF	Common Intermediate Format
CLOB	Character Large Object
CLV	Constant Linear Velocity
COM	Common Object Model
CORBA	Common Object Request Broker Architecture
DBVS	Datenbank-Verwaltungssystem
DCT	Discrete Cosine Transformation
DivX	Digital Video Express
DPCM	Differential Pulse Code Modulation
DSP	Digital Signal Processor
DTD	Document-Type Definition
DVD	Digital Versatile Disk
EDF	Earliest Deadline First
Exodus	Extensible Object-oriented Database System
FBM	Fuzzy Bitmap
FCFS	First come, first served
FIFO	First in, first out
FMDBMS	Föderiertes Multimedia-Datenbank-Management-System
GB	Gigabyte
GEM	Graphics Environment Manager
GIF	Graphics Interchange Format
GSS	Grouped Sweeping Scheme
HDTV	High-Definition Television
HTML	Hyper-Text Markup Language
ID	Identifikation, Identifikator
IEC	International Electrotechnical Commission
IHS	Intensity, Hue, Saturation

IR	Information Retrieval
ISO	International Standards Organization
JPEG	Joint Photographic Experts Group
JTC	Joint Technical Committee
Kb	Kilobit (eigentlich 1024 Bit)
KB	Kilobyte (eigentlich 1024 Byte)
LOB	Large Object
LP	Long Play, Langspielplatte
LPC	Linear Predictive Coding
MB	Megabyte
MIDI	Music Instrument Digital Interface
MMDBVS	Multimedia-Datenbank-Verwaltungssystem
MP3	MPEG Layer III
MPEG	Motion Picture Experts Group
ms	Millisekunde
NIST	National Institute for Standards
NTSC	National Television Standards Committee (US-Fernsehnorm)
OCR	Optical Character Recognition
ODA	Open Document Architecture
ODMG	Object Data Management Group
OID	Objekt-ID
OODBVS	Objektorientiertes DBVS
OQL	Object Query Language
ORDBVS	Objektrelationales DBVS
PBM	Portable Bitmap
PC	Personal Computer, persönlicher Computer
PCM	Pulse Code Modulation
Pixel	Picture Element
QCIF	Quarter Common Intermediate Format
QoS	Quality of Service (Dienstgüte)
RAID	Redundant Array of Inexpensive Disks
RGB	Rot, Grün, Blau (red, green, blue)
RLE	Run-Length Encoding
s	Sekunde
SC	Sub-Committee
SGML	Standard Generalized Markup Language
SIGMOD	Special Interest Group on Management of Data
SO	Speicherobjekt (Exodus)
SOM	System Object Model
TID	Tuple Identifier
TIFF	Tagged Image File Format
UDF	User-defined Function (SQL:1999)
UDT	User-defined Type (SQL:1999)
VCR	Video Cassette Recorder
VHS	Video Home System (Norm für Video-Bandaufzeichnung)

VoD	Video on Demand
WG	Working Group
WORM	Write Once, Read Many times
XML	Extensible Markup Language
XviD	(keine Abk., sondern DivX rückwärts)

Literaturverzeichnis

[AB 98a]   Atlas, A. K.; Bestavros, A.: Multiplexing VBR Traffic Flows with Gua-
             ranteed Application-level QoS Using Statistical Rate Monotonic Scheduling.
             Technical Report BUCS-TR-98-011, Boston University, Computer Science
             Department, Boston 1998

[AB 98b]   Atlas, A. K.; Bestavros, A.: Statistical Rate Monotonic Scheduling. Technical
             Report BUCS-TR-98-010, Boston University, Computer Science Department,
             Boston 1998

[ABD⁺ 89]   Atkinson, M.; Bancilhon, F.; DeWitt, D.; Dittrich, K.; Maier, D.; Zdonick,
             S.: The Object-Oriented Database System Manifesto. In: W. Kim; J.-M.
             Nicolas; S. Nishio (Hrsg.), *Proc. 1st Int. Conf. on Deductive and Object-
             Oriented Databases (Kyoto, Japan, Dec. 1989)*. Amsterdam: Elsevier Science
             Publishers, B.V., 1989 S. 40–57

[ABF⁺ 02]   Aigner, R.; Berthold, H.; Franz, E.; Göbel, S.; Härtig, H.; Hußmann, H.;
             Meißner, K.; Meyer-Wegener, K.; Meyerhöfer, M.; Pfitzmann, A.; Röttger,
             S.; Schill, A.; Springer, T.; Wehner, F.: COMQUAD : Komponentenbasierte
             Softwaresysteme mit zusagbaren quantitativen Eigenschaften und Adapti-
             onsfähigkeit. Techn. Ber. TUD-FI02-10, Fachbereich Informatik, Technische
             Universität, Dresden Nov. 2002. Kurzfassung erscheint in *Informatik For-
             schung und Entwicklung*

[AIK 89]   Aonuma, H.; Imai, H.; Kambayashi, Y.: A Visual System of Placing Cha-
             racters Appropriately in Multimedia Map Databases. In: T. Kunii (Hrsg.),
             *Visual Database Systems, Proc. IFIP TC 2/WG 2.6 Working Conf. (Tokyo,
             Japan, April 1989)*. Amsterdam a.o.: North-Holland Publ. Comp., 1989 S.
             525–546

[ALO 97]   Adjeroh, D. A.; Lee, M. C.; Orji, C. U.: Techniques for Fast Partitioning of
             Compressed and Umcompressed Video. In: Thuraisingham et al. [TNB 97],
             1997 S. 133–151. A Special Issue of *Multimedia Tools and Applications*, An
             International Journal, Vol. 4, No. 2 (1997)

[AM 88]   Akscyn, R.; McCracken, D.: KMS: A Distributed Hypermedia System for
             Managing Knowledge in Organizations. Communications of the ACM **31**
             (July 1988) 7 820–835

[Ame 99]   American National Standards Institute: Information Technology – Databa-
             se Languages – SQL – Part 2: Foundation (SQL/Foundation) 1999. AN-
             SI/ISO/IEC 9075-2-1999

[ANS 75]   ANSI/X3/SPARC Study Group on Data Base Management Systems: Interim
             Report 75-02-08. FDT-Bulletin of ACM SIGMOD **7** (1975) 2

[ANS 86]   ANSI: The Database Language SQL. Document ANSI X3.133 1986

[Ari 76]   Arijon, D.: Grammar of the film language. New York: Hastings House 1976

[AS 86]   Ades, S.; Swinehart, D.: Voice Annotation and Editing in a Workstation
             Environment. In: *Proc. AVOIS '86 Voice Input/Output Systems Applications
             Conf. (Alexandria, VA, Sept. 1986)*. American Voice Input/Output Society,
             Palo Alto, CA, 1986 S. 13–28. Also XEROX Palo Alto Research Center,
             CSL-86-3, Sept. 1986

[Ban 89]   Bancilhon, F.: Query Languages for Object-Oriented Database Systems:
             Analysis and a Proposal. In: T. Härder (Hrsg.), *Datenbanksysteme für Büro,
             Technik und Wissenschaft, Proc. GI/SI-Fachtagung (Zürich, März 1989)*,
             Informatik-Fachberichte. Nr. 204. Berlin u. a.: Springer-Verlag, 1989 S. 1–18

[Bau 97]   Baumgarten, C.: Probabilistic Modeling of Distributed Information Retrie-
             val. In: *SIGIR '97 : Proc. 20th Annual Int. ACM SIGIR Conf. on Research
             and Development in Information Retrieval (Philadelphia, PA, USA, July 27–
             31, 1997)*. ACM, 1997 S. 258–266

[Bau 99a]   Baumgarten, C.: Probabilistic Information Retrieval in a Distributed Hete-
             rogeneous Environment. Diss., Fakultät Informatik, Technische Universität,
             Dresden 1999

[Bau 99b]   Baumgarten, C.: A Probabilistic Solution to the Selection and Fusion Pro-
             blem in Distributed Information Retrieval. In: *SIGIR '99 : Proc. 22nd An-
             nual Int. ACM SIGIR Conf. on Research and Development in Information
             Retrieval (Berkeley, CA, USA, August 15-19, 1999)*. ACM, 1999 S. 246–253

[BB 82]   Ballard, D.; Brown, C.: Computer Vision. Englewood Cliffs: Prentice-Hall
             1982

[BB 87]   Baecker, R.; Buxton, W. (Hrsg.): Readings in Human-Computer Interac-
             tion – A Multidisciplinary Approach. Los Altos, CA: Morgan Kaufmann
             Publishers, Inc. July 1987

[BBK 01]   Böhm, C.; Berchtold, S.; Keim, D.: Searching in High-dimensional Spaces –
             Index Structures for Improving the Performance of Multimedia Databases.
             ACM Computing Surveys **33** (2001) 3 322–373

[BCL 99]   Battista, S.; Casalino, F.; Lande, C.: MPEG-4: A Multimedia Standard for
             the Third Millenium, Part 1. IEEE MultiMedia **6** (Oct.-Dec. 1999) 4 74–83

[BCL 00]   Battista, S.; Casalino, F.; Lande, C.: MPEG-4: A Multimedia Standard for
             the Third Millenium, Part 2. IEEE MultiMedia **7** (Jan.-March 2000) 1 76–84

[Ber 02a]   Bernhardsen, T.: Geographic information systems : an introduction. 3. Aufl.
             New York [u.a.]: Wiley 2002

[Ber 02b]   Berthold, H.: A Federated Multimedia Database System. Dissertation, Tech-
             nische Universität Dresden, Fakultät Informatik Januar 2002

[Bes 88]   Besser, H.: Adding Analysis Tools to Image Data Bases: Facilitating Rese-
             arch in Geography and Art History. In: *Proc. RIAO 88 (Cambridge, MA)*,
             Bd. 2. 1988 S. 972–990

[BF 92]   Borenstein, N.; Freed, N.: MIME (Multipurpose Internet Mail Extensions):
             Mechanisms for Specifying and Describing the Format of Internet Message
             Bodies June 1992. RFC 1341

[BFSH 93]   Baugher, M.; French, S.; Stephens, A.; Horn, I. V.: A Multimedia Client to the IBM LAN Server. In: *Proc. ACM Multimedia*. 1993 S. 105–112

[BG 73]		Bauer, F. L.; Goos, G.: Informatik - Eine einführende Übersicht, Bd. 1. 2. Aufl. Berlin Heidelberg New York: Springer-Verlag 1973

[BH 94]		Baugher, M.; Humphrey, V. L.: OS/2 LAN Server Ultimedia Performance on the Token-Ring. In: *Proc. IEEE Int. Conf on Multimedia Computing and Systems (ICMCS)*. 1994 S. 275–284

[Bla 79]		Blaser, A. (Hrsg.): Database Techniques for Pictorial Applications. Berlin: Springer-Verlag 1979

[Bon 85]		Bono, P.: A Survey of Graphics Standards and Their Role in Information Interchange. IEEE Computer **18** (Oct. 1985) 10 63–75

[Bor 90]		Borenstein, N.: Multimedia Applications Development with the Andrew Toolkit. Englewood Cliffs, NJ: Prentice Hall 1990

[BR 89]		Burke, J.; Ryan, B.: Gigabytes On-line. Byte **14** (Oct. 1989) 10 259–264

[BR 96]		Brubeck, D. W.; Rowe, L.: Hierarchial Storage Management in a Distributed Video-On-Demand System. IEEE Multimedia **3** (1996) 3 37–47

[Bul 01]		Bulterman, D. C. A.: SMIL 2.0, Part 1: Overview, Concepts, and Structure. IEEE MultiMedia **8** (Oct.-Dec. 2001) 4 82–88

[Bus 45]		Bush, V.: As We May Think. Atlantic Monthly **176** (July 1945) 1 101–108

[C+ 76]		Chamberlin, D.; et al.: SEQUEL 2: A unified approach to data definition, manipulation, and control. IBM Journal of Research and Development **20** (1976) 6 560–575

[Cau 89]		Caulfield, H.: Computing with Light. Byte **14** (Oct. 1989) 10 231–237

[CB 00]		Cattell, R. G. G.; Barry, D. K.: The Object Database Standard : ODMG 3.0. San Francisco: Morgan Kaufmann Publ. 2000

[CB 02]		Castelli, V.; Bergman, L. D. (Hrsg.): Image Databases : Search and Retrieval of Digital Imagery. New York: Wiley 2002

[CBS 98]		Connolly, T.; Begg, C.; Strachan, A.: Datebase Systems : A Practical Approach to Design, Implementation, and Management. International Computer Science Series, 2. Aufl. Harlow, England: Addison-Wesley 1998

[CC 96]		Cutler, R.; Candan, K. S.: Multimedia Authoring Systems. In: Subrahmanian und Jajodia [SJ 96], 1996 S. 279–296

[CCK 81]		Chock, M.; Cardenas, A.; Klinger, A.: Manipulating Data Structures in Pictorial Information Systems. IEEE Computer **14** (Nov. 1981) 11 43–49

[CD 85]		Carey, M.; DeWitt, D.: Extensible Database Systems. In: *Proc. Islamorada Workshop on Large Scale Knowledge Base and Reasoning Systems (Febr. 1985)*. 1985 S. 315–330

[CDRS 86]	Carey, M. J.; DeWitt, D. J.; Richardson, J. E.; Shekita, E. J.: Object and file management in the EXODUS extensible database system. In: *Proc. 12th Int. Conf. on VLDB (Kyoto, Japan, Aug. 1986)*. 1986 S. 91–100

[CF 80]		Chang, S.; Fu, K. (Hrsg.): Pictorial Information Systems, Bd. 80 von *Lecture Notes in Computer Science*. Berlin a.o.: Springer-Verlag 1980

[CG 88]		Campbell, B.; Goodman, J.: HAM: a General Purpose Hypertext Abstract Machine. Communications of the ACM **31** (July 1988) 7 856–861

[Che 76]		Chen, P.: The entity-relationship model: toward a unified view of data. ACM Trans. on Database Systems **1** (1976) 1 9–36

[CHMWS 88]   Christmann, P.; Härder, T.; Meyer-Wegener, K.; Sikeler, A.: Which Kinds
             of OS Mechanisms Should Be Provided for Database Management?   In:
             J. Nehmer (Hrsg.), *Experiences with Distributed Systems : Proc. Int. Work-
             shop (Kaiserslautern, Sept. 1987)*, Bd. 309 von *Lecture Notes in Computer
             Science*. Berlin: Springer, 1988 S. 213–252

[Chr 85]   Christodoulakis, S.: Multimedia Data Base Management: Applications and
             Problems – A Position Paper. In: S. Navathe (Hrsg.), *Proc. ACM SIGMOD
             1985 Int. Conf. on Management of Data (Austin, TX, May 1985)*, Bd. 14
             von *ACM SIGMOD Record*. ACM Press, 1985 S. 304–305. No. 4

[Chr 88]   Christodoulakis, S.: Optical Disk Architectures and Multimedia Information
             Systems. Folienkopien zu einem Tutorium auf der SIGMOD'88 in Chicago

[Chr 02]   Chrisman, N.: Exploring geographic information systems. 2. Aufl. New York
             [u.a.]: Wiley 2002

[CK 81]   Chang, S.-K.; Kunii, T.: Pictorial Data-Base Systems. IEEE Computer **14**
             (Nov. 1981) 11 13–19

[CLL 90]   Chung, J.-Y.; Liu, J. W. S.; Lin, K.-J.: Scheduling Periodic Jobs That Allow
             Imprecise Results. IEEE Trans. on Computers **39** (Sept. 1990) 9 1156–1174

[CM 81]   Clocksin, W. F.; Mellish, C. S.: Programming in Prolog. Berlin a.o.:
             Springer-Verlag 1981

[Cod 70]   Codd, E.: The relational model for large shared data banks. Communications
             of the ACM **13** (1970) 6 377–387

[Com 87]   CompuServe Inc., Columbus, Ohio: GIF™– Graphics Interchange Format, a
             standard defining a mechanism for the storage and transmission of raster-
             based graphics information June 1987

[Con 87]   Conklin, J.: Hypertext: An Introduction and Survey. IEEE Computer **20**
             (Sept. 1987) 9 17–41

[CSY 87]   Chang, S.-K.; Shi, Q.-Y.; Yan, C.-W.: Iconic Indexing by 2-D Strings. IEEE
             Trans. on Pattern Analysis and Machine Intelligence **PAMI-9** (May 1987)
             3 413–428

[CW 85]   Cardelli, L.; Wegner, P.: On Understanding Types, Data Abstraction, and
             Polymorphism. ACM Computing Surveys **17** (Dec. 1985) 4 471–522

[Dep 86]   Deppisch, U.: S-Tree: A Dynamic Balanced Signature Index for Office Retrie-
             val. In: *Proc. 1986 ACM Conf. on Research and Development in Information
             Retrieval (Pisa, Sept. 1986)*. ACM, 1986 S. 77–87

[Dit 86]   Dittrich, K. R.: Object-Oriented Database Systems: The Notion and the Is-
             sues. In: *Proc. Int. Workshop on Object-Oriented Database Systems (Pacific
             Grove, CA, 1986)*. 1986 S. 2–6

[DKML 84]   Dittrich, K.; Kotz, A.; Mülle, J.; Lockemann, P.: Datenbankkonzepte
             für Ingenieuranwendungen: eine Übersicht über den Stand der Entwick-
             lung. In: *Proc. 14. GI-Jahrestagung (Braunschweig, Okt. 1984)*, Bd. 88 von
             Informatik-Fachberichte. Berlin u.a.: Springer-Verlag, 1984 S. 175–192

[DKML 85]   Dittrich, K. R.; Kotz, A. M.; Mülle, J. A.; Lockemann, P. C.: Datenban-
             kunterstützung für den ingenieurwissenschaftlichen Entwurf. Informatik-
             Spektrum **8** (Juni 1985) 3 113–125

[Dun 03]   Dunckley, L.: Multimedia Databases : An Object-Relational Approach. London: Addison-Wesley 2003

[Eis 96]   Eisenberg, A.: New Standard for Stored Procedures in SQL. ACM SIGMOD Record **25** (December 1996) 4 81–88

[EKPP 83]   Enderle, G.; Kansy, K.; Pfaff, G. E.; Prester, F.-J.: Die Funktionen des Graphischen Kernsystems. Informatik-Spektrum **6** (April 1983) 2 55–75

[EM 99]   Eisenberg, A.; Melton, J.: SQL:1999, formerly known as SQL3. ACM SIGMOD Record **28** (March 1999) 1 131–138

[Eng 63]   Engelbart, D.: A Conceptual Framework for Augmentation of Man's Intellect. In: *Vistas in Information Handling*, Bd. 1. Washington: Spartan Books, 1963 S. 1–29

[F$^+$ 79]   Fagin, R.; et al.: Extendible hashing – a fast access method for dynamic files. ACM Trans. on Database Systems **4** (1979) 3 315–344

[FC 84]   Faloutsos, C.; Christodoulakis, S.: Signature Files: An Access Method for Documents and its Analytical Performance Evaluation. ACM Trans. on Office Information Systems **2** (Oct. 1984) 4 267–288

[Fis 83]   Fischer, W.: Datenbanksysteme für CAD-Arbeitsplätze, Bd. 70 von *Informatik-Fachberichte*. Berlin u.a.: Springer-Verlag 1983

[FK 85]   Fikes, R.; Kehler, T.: The Role of Frame-Based Representation in Reasoning. Communications of the ACM **28** (Sept. 1985) 9 904–920

[Fos 88]   Foss, C.: Effective Browsing in Hypertext Systems. In: *Proc. RIAO 88 (Cambridge, MA, March 1988)*, Bd. 1. 1988 S. 82–98

[Fra 83]   Frank, A.: Datenstrukturen für Landinformationssysteme – semantische, topologische und räumliche Beziehungen in Daten der Geo-Wissenschaften. Mitteilungen 34, ETH Zürich, Institut für Geodäsie und Photogrammetrie 1983

[GB 84]   Gould, J.; Boies, S.: Speech Filing – An Office System for Principles. IBM Systems Journal **23** (1984) 1 65–81

[Geb 81]   Gebhardt, F.: Dokumentationssysteme. Berlin Heidelberg New York: Springer-Verlag 1981

[Gep 02]   Geppert, A.: Objektrelationale und objektorientierte Datenbankkonzepte und -systeme. 1. Aufl. Heidelberg: dpunkt.verlag 2002

[GH 94]   Gemmel, D.; Han, J.: Multimedia Network File Servers: Multichannel Delay Sensitive Data Retrieval. Multimedia Systems **1** (April 1994) 6 240–252

[GL 86]   Grosky, W.; Lu, Y.: Iconic Indexing Using Generalized Pattern Matching Techniques. Computer Vision, Graphics, and Image Processing **35** (Sept. 1986) 3 370–382

[GP 83]   Gründig, L.; Pistor, P.: Land-Informations-Systeme und ihre Anforderungen an Datenbank-Schnittstellen. In: J. Schmidt (Hrsg.), *Sprachen für Datenbanken, Fachgespräch auf der 13. GI-Jahrestagung (Hamburg, Okt. 1983)*, Bd. 72 von *Informatik-Fachberichte*. Berlin u.a.: Springer-Verlag, 1983 S. 61–75

[GS 83]   Guibas, L.; Stolfi, J.: A Language for Bitmap Manipulation. ACM Trans. on Graphics **1** (July 1983) 3 191–214

[Gut 77]   Guttag, J.: Abstract Data Types and the Development of Data Structures. Communications of the ACM **20** (June 1977) 6 396–404

[GVK⁺ 95]   Gemmel, D.; Vin, H.; Kandlur, D.; Rangan, P.; Rowe, L.: Multimedia Storage Servers: A Tutorial. IEEE Computer **28** (May 1995) 5 40–49

[Hal 88]   Halasz, F. G.: Reflections on NoteCards: Seven Issues for the Next Generation of Hypermedia Systems. Communications of the ACM **31** (July 1988)
7 836–852

[Ham 97]   Hamann, C.-J.: On the Quantitative Specification of Jitter Constrained Periodic Streams. In: *Proc. MASCOTS'97 – 5th Int. Workshop on Modeling,
Analysis, and Simulation of Computer and Telecommunication Systems (Haifa, Israel, January 12–15, 1997)*. IEEE Computer Society, 1997 S. 171–176

[Har 75]   Harter, S.: A Probabilistic Approach to Automatic Keyword Indexing. Journal of the American Society for Information Science **26** (1975) 197–206 and
280–289

[Här 78]   Härder, T.: Implementierung von Datenbanksystemen. München: Carl Hanser Verlag 1978

[Hen 00]   Henning, P. A.: Taschenbuch Multimedia. München Wien: Fachbuchverlag
Leipzig im Carl Hanser Verlag 2000

[Hen 02]   Henrich, A.: A Relaxed Algorithm for Similarity Queries Performed with
High-Dimensional Access Structures. In: *Proc. 2nd Int. Workshop on Multimedia Data Document Engineering (MDDE'02, Prague, March 2002)*, Bd.
2490 von *LNCS*. Springer-Verlag, 2002

[HL 82]   Haskin, R.; Lorie, R.: Using a Relational Database System for Circuit Design.
IEEE Database Engineering **5** (June 1982) 2 10–14

[HM 81]   Hammer, M.; McLeod, D.: Database description with SDM: a semantic database model. ACM Trans. on Database Systems **6** (1981) 3 351–386

[HMMW 01] Hamann, C.-J.; Märcz, A.; Meyer-Wegener, K.: Buffer Optimization in Realtime Media Servers Using Jitter-constrained Periodic Streams. Technical
Report SFB 358 - G3 - 01/2001, TU Dresden, SFB 358 May 2001

[Hor 85]   Horak, W.: Office Document Architecture and Office Document Interchange
Formats: Current Status of International Standardization. IEEE Computer
18 (Oct. 1985) 10 50–60

[HR 83]   Härder, T.; Reuter, A.: Database Systems for Non-Standard Applications.
In: *Proc. ICS '83 (Nürnberg, 1983)*. Stuttgart: Teubner Verlag, 1983 S. 452–
466

[HR 85]   Härder, T.; Reuter, A.: Architektur von Datenbanksystemen für Non-
Standard-Anwendungen. In: *Datenbanksysteme für Büro, Technik und
Wissenschaft, Proc. GI-Fachtagung (Karlsruhe)*, Bd. 94 von *Informatik-
Fachberichte*. Berlin u. a.: Springer-Verlag, 1985 S. 253–286

[HR 99]   Härder, T.; Rahm, E.: Datenbanksysteme : Konzepte und Techniken der
Implementierung. Berlin Heidelberg: Springer-Verlag 1999

[HS 94]   Halasz, F.; Schwartz, M.: The Dexter Hypertext Reference Model. Comm.
ACM **37** (February 1994) 2 30–39

[HS 00]   Heuer, A.; Saake, G.: Datenbanken : Konzepte und Sprachen. 2. Aufl. Bonn:
MITP 2000

[HSP 75]   Hunt, B.; Snyderman, M.; Payne, W.: Machine-assisted Indexing of Scientific Research Summaries. Journal of the American Society for Information

Science **26** (1975) 230–236

[IBM] IBM: IBM DB2 Universal Database: Online Information. URL http:// www.student.math.uwaterloo.ca/ ~cs448/ db2_doc/ html/ index.htm

[IEE 80] IEEE Computer Society: Proc. IEEE Workshop on Picture Data Description and Management (Asilomar, CA) Aug. 1980. Catalog no. 80CH1530-5

[Ing 90] Ingres: The INGRES DBMS Server : Object Management Extension 1990. Product information

[ISO 01a] ISO: (ISO/EIC Committee Draft) SQL Multimedia and Applications Packages (SQL/MM)–Part 2: Full-Text - Text for the continuation editing meeting. ISO/IEC JTC 1/SC 32/WG 4 December 2001

[ISO 01b] ISO: (ISO/EIC Committee Draft) SQL Multimedia and Applications Packages (SQL/MM)–Part 3: Spatial - Text for the continuation editing meeting. ISO/IEC JTC 1/SC 32/WG 4 December 2001

[ISO 01c] ISO: (ISO/EIC Committee Draft) SQL Multimedia and Applications Packages (SQL/MM)–Part 5: Still Image - Text for the continuation editing meeting. ISO/IEC JTC 1/SC 32/WG 4 December 2001

[JN 84] Jayant, N.; Noll, P.: Digital Coding of Waveforms. Englewood Cliffs: Prentice-Hall 1984

[KB 96] Khoshafian, S.; Baker, A. B.: MultiMedia and Imaging Databases. San Francisco: Morgan Kaufmann Publ. 1996

[KBG 89] Kim, W.; Bertino, E.; Garza, J.: Composite Objects Revisited. In: J. Clifford; B. Lindsay; D. Maier (Hrsg.), *Proc. 1989 ACM SIGMOD Int. Conf. on the Management of Data (Portland, OR)*, Bd. 18 von *ACM SIGMOD Record*. 1989 S. 337–347. No. 2

[KE 01] Kemper, A.; Eickler, A.: Datenbanksysteme : eine Einführung. 4. Aufl. München Wien: Oldenbourg 2001

[KL 85] Kaplan, G.; Lerner, E.: Realism in Synthetic Speech. IEEE Spectrum **22** (1985) 4 32–37. Reprinted in [BB 87], pp. 414–419

[KLMP 84] Kim, W.; Lorie, R. A.; McNabb, D.; Plouffe, W.: A Transaction Mechanism for Engineering Design Databases. In: U. Dayal; G. Schlageter; L. H. Seng (Hrsg.), *Proc. 10th Int. Conf. on Very Large Data Bases (VLDB'84, Singapore, August 27-31)*. Morgan Kaufmann, 1984 S. 355–362

[KMMW 93] Käckenhoff, R.; Merten, D.; Meyer-Wegener, K.: Concept and Implementation of a Multimedia-Object Storage System. In: T. Kirsche; H. Wedekind (Hrsg.), *Data Management for Advanced Applications*. Sonderforschungsbereich 182 „Multiprocessor- und Netzwerkkonfigurationen", Teilprojekt B4, 1993 S. 112–127. Zugleich Arbeitsberichte des IMMD, Band 26, Nr. 12, Erlangen, Sept. 1993

[Krö 88] Krönert, G.: Genormte Austauschformate für Dokumente. Informatik-Spektrum **11** (April 1988) 2 71–84

[Kru 89] Krug, H.: Systemvielfalt in der Videotechnik. Professional Production (Jan. 1989) 13–17

[Küs 86] Küspert, K.: Non-Standard-Datenbanksysteme. Informatik-Spektrum **9** (Juni 1986) 3 184–185. Das aktuelle Schlagwort

[KWT 74] Kunii, T.; Weyl, S.; Tenenbaum, J.: A Relational Data Base Schema for

Describing Complex Pictures with Color and Texture. In: *Proc. 2nd Int. Joint Conf. on Pattern Recognition (Lyngby-Copenhagen, Denmark, Aug. 1974)*. 1974 S. 310–316

[L⁺ 85] Lockemann, P. C.; et al.: Anforderungen technischer Anwendungen an Datenbanksysteme. In: *Datenbanksysteme für Büro, Technik und Wissenschaft, Proc. GI-Fachtagung (Karlsruhe, März 1985)*, Bd. 94 von *Informatik-Fachberichte*. Berlin u.a.: Springer-Verlag, 1985 S. 1–26

[Lar 78] Larson, P.: Dynamic hashing. BIT **18** (1978) 184–201

[LF 84] Lee, Y.; Fu, K.: Query Languages for Pictorial Database Systems. In: L. Bolc (Hrsg.), *Natural Language Communication with Pictorial Information Systems*. New York: Springer-Verlag, 1984 S. 1–142

[Lit 80] Litwin, W.: Linear hashing: a new algorithm for files and tables addressing. In: S. Deen; P. Hammersley (Hrsg.), *Proc. Int. Conf. on Data Bases (Aberdeen, 1980)*. London: Heydon, 1980 S. 260–276

[LL 73] Liu, C. L.; Layland, J. W.: Scheduling Algorithms for Multiprogramming in a Hard-Real-Time Environment. Journal of the ACM **20** (January 1973) 1 46–61

[LL 83] Lee, D.; Lochovsky, F.: Voice Response Systems. ACM Computing Surveys **15** (Dec. 1983) 4 351–374

[LMW 90] Lum, V.; Meyer-Wegener, K.: An Architecture for a Multimedia Database Management System Supporting Content Search. In: *Proc. Int. Conf. on Computing and Information (ICCI '90, Niagara Falls, Ontario, Canada, May 1990)*. 1990 S. 304–313

[Loc 88] Lockemann, P. C.: Multimedia Databases : Paradigm, Architecture, Survey and Issues. Report NPS52-88-047, Naval Postgraduate School, Monterey, CA Sept. 1988

[LÖON 01] Lin, S.; Özsu, M. T.; Oria, V.; Ng, R.: An Extendible Hash for Multi-Precision Similarity Querying of Image Databases. In: P. M. G. Apers; P. Atzeni; S. Ceri; S. Paraboschi; K. Ramamohanarao; R. T. Snodgrass (Hrsg.), *VLDB 2001 : Proc. 27th Int. Conf. on Very Large Data Bases (Roma, Italy, Sept. 11-14)*. Morgan Kaufmann, 2001 S. 221–230

[LOP 94] Laursen, A.; Olkin, J.; Porter, M.: Oracle media server : providing consumer based interactive access to multimedia data. In: *Proc. ACM SIGMOD Int. Conf. on Management of Data*. 1994 S. 470–477

[Lu 99] Lu, G.: Multimedia Database Management Systems. Artech House computing library. Boston, London: Artech House 1999

[Mac 81] Macleod, I.: A Database Management System for Document Retrieval Applications. Information Systems **6** (1981) 131–137

[Mar 82] Marr, D.: Vision. New York: W.H. Freeman and Co 1982

[Mar 83] Marty, R.: UNIX - Eine Einführung für den professionellen Software-Entwickler. Informatik-Spektrum **6** (November 1983) 4 191–204

[Mär 99] Märcz, A.: Leistungs- und Engpassanalyse eines H.263-Konverters. Großer Beleg, Technische Universität, Dresden November 1999

[Mas 87] Masunaga, Y.: Multimedia Databases: A Formal Framework. In: *Proc. IEEE CS Office Automation Symposium (Gaithersburg, MD, April 1987)*.

IEEE Computer Society, Washington: IEEE CS Press, 1987 S. 36–45

[Mat 88]   Mattos, N. M.: KRISYS – A Multi-Layered Prototype KBMS Supporting Knowledge Independence. Bericht 2/88, Zentrum Rechnergestützte Ingenieursysteme, Universität Kaiserslautern May 1988

[May 97]   Maybury, M. T.: Intelligent Multimedia Information Retrieval. MIT Press May 1997

[McM 87]   McManus, R.: The Reference ROM. PC World (April 1987) 236–239

[MD 89]   Mackay, W.; Davenport, G.: Virtual Video Editing in Interactive Multimedia Applications. Communications of the ACM **32** (July 1989) 7 802–810

[ME 01]   Melton, J.; Eisenberg, A.: SQL Multimedia and Application Packages (SQL/MM). ACM SIGMOD Record **30** (December 2001) 4 97–102

[Men 90]   Menssen, R.: Das CD-ROM-Buch. Berlin u.a.: Springer 1990

[Min 75]   Minsky, M.: A framework for representing knowledge. In: P. Winston (Hrsg.), *The Psychology of Computer Vision*. New York: McGraw-Hill, 1975 S. 211–277

[Min 89]   Mindell, D.: Dealing with a Digital World. Byte **14** (Aug. 1989) 8 246–256

[MMW 02]   Märcz, A.; Meyer-Wegener, K.: Bandwidth-based converter description for realtime scheduling at application level in media servers. In: *Workshop on System Design Automation (SDA 2002, Pirna, April 26)*. TU Dresden, SFB 358, 2002

[MMWM 93]   Mattos, N. M.; Meyer-Wegener, K.; Mitschang, B.: A Grand Tour of Concepts for Object-orientation from a Database Point of View. Data & Knowledge Engineering **9** (1992/93) 321–352

[Mos 82]   Moss, J.: Nested Transactions and Reliable Distributed Computing. In: *Proc. 2nd Symp. on Reliability in Distributed Software and Database Systems (Pittsburgh, PA, July)*. 1982 S. 33–39

[MR 97]   Marder, U.; Robbert, G.: The KANGAROO Project – Enhancing a Media Server with Data Independence. In: *Proc. 3rd Int. Workshop on Multimedia Information Systems (Como, Italien, Sept. 25–27, 1997)*. 1997 Auch in: Wissenschaftliche Beiträge zur Informatik, Heft 1/1997, TU Dresden, Fakultät Informatik, ISSN 0863-0798, S. 82–85

[Mär 00]   Märcz, A.: Entwurf eines Modells zur Konverterbeschreibung. Diplomarbeit, Technische Universität, Dresden August 2000

[MS 02]   Melton, J.; Simon, A. R.: SQL:1999 : understanding relational language components. The Morgan Kaufmann series in data management systems. San Francisco: Morgan Kaufmann 2002

[MSOP 86]   Maier, D.; Stein, J.; Otis, A.; Purdy, A.: Development of an Object-Oriented DBMS. In: *Proc. OOPSLA'86*. ACM, New York, 1986 S. 472–482

[NBE+ 93]   Niblack, W.; Barber, R.; Equitz, W.; Flickner, M.; Glasman, E. H.; Petkovic, D.; Yankera, P.; Faloutsos, C.; Taubin, G.: The QBIC Project: Querying Images by Content, Using Color, Texture, and Shape. In: W. Niblack (Hrsg.), *Storage and Retrieval for Image and Video Databases (31 January - 5 February 1993, San Jose, CA, USA)*, Bd. 1908 von *SPIE Proceedings*. 1993 S. 173–187

[Nel 67]   Nelson, T.: Getting it out of our system. In: G. Schlechter (Hrsg.), *Infor-*

mation Retrieval: A Critical Review. Washington, D.C.: Thompson Books, 1967 S. 191–210

[Nib 86]   Niblack, W.: An Introduction to Digital Image Processing. Englewood Cliffs, NJ: Prentice/Hall International 1986

[Nie 89]   Nierstrasz, O.: A Survey of Object-Oriented Concepts. In: W. Kim; F. H. Lochovsky (Hrsg.), *Object-Oriented Concepts, Databases, and Applications.* Reading, MA: Addison-Wesley, 1989 S. 3–21

[NKN 91]   Newcomb, S. R.; Kipp, N. A.; Newcomb, V. T.: HyTime : The Hypermedia/Time-based Document Structuring Language. Communications of the ACM **34** (Nov. 1991) 11 67–83

[PA 86]   Pistor, P.; Andersen, F.: Designing a Generalized NF2 Data Model with an SQL-type Language Interface. In: *Proc. 12th Int. Conf. on VLDB (Kyoto, Japan, Aug. 1986).* 1986 S. 278–285

[Pan 95]   Pan, D.: A Tutorial on MPEG/Audio Compression. IEEE MultiMedia **2** (Summer 1995) 2 60–74

[Par 75]   Parsons, D.: The Directory of Tunes and Musical Themes. Spencer Brown 1975. (vergriffen)

[Par 99]   Parker, D. J.: Defining DVD. IEEE MultiMedia **6** (Jan.-March 1999) 1 80–84

[Pou 89]   Pountain, D.: Digital Paper. Byte **14** (Febr. 1989) 2 274–280

[R$^+$ 95]   Rowe, L. A.; et al.: A Distributed Hierarchical Video-on-Demand System. In: *Proc. 1995 Int. Conf. on Image Processing (Washington DC, October).* 1995 S. 334–337

[RBB 96]   Rowe, L.; Berger, D.; Baldeschwieler, J.: The Berkeley Distributed Video-on-Demand System. In: T. Ishiguro (Hrsg.), *Proc. 6th NEC Research Symposium.* 1996

[Rip 89]   Ripley, G.: DVI - A Digital Multimedia Technology. Communications of the ACM **32** (July 1989) 7 811–822

[Rob 77]   Robertson, S. E.: The Probability Ranking Principle in IR. Journal of Documentation **33** (1977) 4 294–304

[Row 92]   Rowley, J.: Organizing Knowledge : An Introduction to Information Retrieval. Ashgate Publ. Comp. June 1992

[Row 99]   Rowe, N. C.: Precise and efficient retrieval of captioned images: The MARIE project. Library Trends **48** (Fall 1999) 2 475–495

[SA 77]   Schank, R.; Abelson, R.: Scripts, Plans, Goals and Understanding. Hillsdale, NY: Erlbaum 1977

[SAHR 84]   Stonebraker, M.; Anderson, E.; Hanson, E.; Rubenstein, B.: QUEL as a Data Type. In: B. Yormarck (Hrsg.), *SIGMOD '84 : Proc. of Annual Meeting (Boston, MA, June 18-21),* Bd. 14 von *ACM SIGMOD Record.* 1984 S. 208–214. No. 2

[SBM 99]   Stonebraker, M.; Brown, P.; Moore, D.: Object-Relational DBMSs : Tracking the Next Great Wave. The Morgan Kaufmann series in data management systems. San Francisco, CA: Morgan Kaufmann 1999

[Sch 97]   Schäuble, P.: Multimedia Information Retrieval. Kluwer Academic Publishers 1997

[Sch 01]   Schmidt, S.: Test von Oracle 8i *inter*Media im Hinblick auf eine multimediale Know-How Datenbank. Großer Beleg, Technische Universität Dresden November 2001

[Sch 02a]   Schmidt, S.: Entwicklung und Implementierung einer echtzeitfähigen Multimediakonverterschnittstelle. Diplomarbeit, Technische Universität Dresden Dezember 2002

[Sch 02b]   Schmitt, I.: Retrieval in Multimedia-Datenbanksystemen. Datenbank-Spektrum **2** (2002) 4 28–35

[Sch 03]   Schmitt, I.: Multimedia-Datenbanken. dpunkt.verlag 2003. In Vorbereitung

[Shi 81]   Shipman, D.: The functional data model and the data language DAPLEX. ACM Trans. on Database Systems **6** (1981) 1 140–173

[Sho 79]   Shoup, R.: Color Table Animation. Computer Graphics **13** (1979) 2 8–13

[SJ 96]   Subrahmanian, V. S.; Jajodia, S. (Hrsg.): Multimedia Database Systems : Issues and Research Directions. Artificial Intelligence. Berlin Heidelberg New York: Springer 1996

[SL 97]   Sajjanhar, A.; Lu, G.: A Grid Based Shape Indexing and Retrieval Method. Australian Computer Journal **29** (November 1997) 4 131–140. Special Issue on Multimedia Storage and Archiving Systems

[SM 83]   Salton, G.; McGill, M.: Introduction to Modern Information Retrieval. New York: McGraw-Hill 1983

[SM 96]   Stonebraker, M.; Moore, D.: Object-relational DBMS : the next great wave. The Morgan Kaufmann series in data management systems. San Francisco, CA: Morgan Kaufmann 1996

[SML⁺ 03]   Schmidt, S.; Märcz, A.; Lehner, W.; Suchomski, M.; Meyer-Wegener, K.: Quality-of-Service based Delivery of Multimedia Database Objects without Compromising Format Independence. In: *Proc. 9th Int. Conf. on Distributed Multimedia Systems (DMS'03, Miami, Florida, USA, Sept. 24-26)*. 2003

[SMR⁺ 85]   Simpson, C.; McCauley, M.; Roland, E.; Ruth, J.; Williges, B.: System Design for Speech Recognition and Generation. Human Factors **27** (1985) 2 115–141. Reprinted in [BB 87], pp. 400–413

[Sow 90]   Sowa, J. F.: Knowledge Representation in Databases, Expert Systems, and Natural Language. In: R. Meersman; Z. Shi; C.-H. Kung (Hrsg.), *Proc. IFIP TC2/TC8/WG 2.6/WG 8.1 Working Conf. on the Role of Artificial Intelligence in Databases and Information Systems (Guangzhou, PR China, July 4-8, 1988)*. Amsterdam: North-Holland Publ. Comp., 1990 S. 17–50

[Spr 86]   Sproull, R.: Frame-Buffer Display Architectures. In: *Annual Review of Computer Science*. Annual Reviews Inc., 1986 S. 19–46

[SR 86]   Stonebraker, M.; Rowe, L. A.: The Design of POSTGRES. In: *Proc. SIGMOD '86*, Bd. 15 von *ACM SIGMOD Record*. ACM Press, 1986 S. 208–214. No. 2

[SSO 84]   Swinehart, D.; Stewart, L.; Ornstein, S.: Adding Voice to an Office Computer Network. Techn. Ber. CSL-83-8, XEROX Palo Alto Research Center Febr. 1984. Also in Proc. IEEE GlobeCom '83 Conf. (Nov. 1983)

[Ste 89]   Steinmetz, R.: Synchronization Properties in Multimedia Systems. Technical Report 43.8906, IBM European Networking Center, Heidelberg May 1989

[Ste 99]   Steinmetz, R.: Multimedia-Technologie : Grundlagen, Komponenten und

Systeme. 2. Aufl. Berlin: Springer 1999

[Sto 01]   Stolze, K.: SQL/MM Part 5: Still Image : The Standard and Implementation Aspects. In: A. Heuer; F. Leymann; D. Priebe (Hrsg.), *Datenbanksysteme in Büro, Technik und Wissenschaft : 9. GI-Fachtagung (Oldenburg, 7.–9. März 2001)*, Informatik aktuell. Berlin: Springer, 2001 S. 345–363

[Sun 86]   Sun Microsystems, Inc., Mountain View, CA: Pixrect Reference Manual Febr. 1986. Part no. 800-1254-03, revision A of 17

[SW 86]   Schek, H.-J.; Waterfeld, W.: A Database Kernel System for Geoscientific Applications. In: *Proc. 2nd Int. Symp. on Spatial Data Handling (Seattle, July 1986)*. 1986 S. 273–288

[SW 88]   Smith, J.; Weiss, S.: An Overview of Hypertext. Communications of the ACM **31** (July 1988) 7 816–819

[Szi 95]   Szillat, H.: SGML : Eine praktische Einführung. Bonn: Int. Thomson Publishing 1995

[Tan 80]   Tanimoto, S.: Hierarchical Picture Indexing and Description. In: *Proc. IEEE Workshop on Picture Data Description and Management (Asilomar, CA)* [IEE 80], 1980 S. 103–105. Catalog no. 80CH1530-5

[Tay 99]   Taylor, J.: DVD-Video: Multimedia for the Masses. IEEE MultiMedia **6** (July-Sept. 1999) 3 86–92

[The 00]   The Cedars Project Team and UKOLN: Metadata for Digital Preservation : The Cedars Project Outline Specification. Draft for Public Consultation. URL http:// www.leeds.ac.uk/ cedars/ pubconf/ papers/ cedars.pdf

[TNB 97]   Thuraisingham, B.; Nwosu, K. C.; Berra, P. B. (Hrsg.): Multimedia Database Management Systems : Research Issues and Future Directions. Boston / Dordrecht / London: Kluwer Academic Publishers 1997. A Special Issue of *Multimedia Tools and Applications*, An International Journal, Vol. 4, No. 2 (1997)

[Tom 90]   Tomlin, C. D.: Geographic Information Systems and Cartographic Modelling. Prentice-Hall 1990

[TS 88]   Terry, D.; Swinehart, D.: Managing Stored Voice in the Etherphone System. ACM Trans. on Computer Systems **6** (1988) 1 3–27

[Tür 03]   Türker, C.: SQL:1999 & SQL:2003 : Objektrelationales SQL, SQLJ & SQL/XML. Heidelberg: dpunkt.verlag 2003

[TY 84]   Tamura, H.; Yokoya, N.: Image Database Systems: A Survey. Pattern Recognition **17** (1984) 1 29–44

[UW 97]   Ullman, J. D.; Widom, J.: A First Course in Database Systems. Upper Saddle River, NJ: Prentice-Hall International 1997

[Wed 88]   Wedekind, H.: Die Problematik des Computer Integrated Manufacturing (CIM) – Zu den Grundlagen eines strapazierten Begriffs. Informatik-Spektrum **11** (Febr. 1988) 1 29–39

[Wei 86]   Weikum, G.: Pros and Cons of Operating System Transactions for Data Base Systems. In: *Proc. Fall Joint Computer Conf. (Dallas, Texas)*. 1986 S. 1219–1225

[Wil 84]   Williams, G.: The Apple Macintosh Computer. Byte **9** (1984) 2 30–54

[Win 84]   Winston, P.: Artificial Intelligence. 2. Aufl. Reading, MA: Addison-Wesley

1984

[WK 87]   Woelk, D.; Kim, W.: Multimedia Information Management in an Object-Oriented Database System. In: P. M. Stocker; W. Kent (Hrsg.), *Proc. 13th Int. Conf. on VLDB (Brighton, England, Sept. 1987)*. Los Altos, CA: Morgan Kaufmann Publishers, 1987 S. 319–329

[WL 85]   Woelk, D.; Luther, W.: Multimedia Database Requirements - Rev.0. Technical Report DB-042-85, MCC, Austin, TX 1985

[YHMD 88]   Yankelovich, N.; Haan, B.; Meyrowitz, N.; Drucker, S.: Intermedia: The Concept and the Construction of a Seamless Information Environment. IEEE Computer **21** (Jan. 1988) 1 81–96

[YMvD 85]   Yankelovich, N.; Meyrowitz, N. K.; van Dam, A.: Reading and Writing the Electronic Book. IEEE Computer **18** (Oct. 1985) 10 15–30

[Zim 91]   Zimmer, R.: Darstellung von Multimedia-Objekten in einem Wissensbank-Verwaltungssystem. Projektarbeit, Universität Kaiserslautern, Fachbereich Informatik 1991

[Zoe 86]   Zoellick, B.: CD-ROM Software Development. Byte **11** (May 1986) 5 161–172

Index